FILM

AF505700

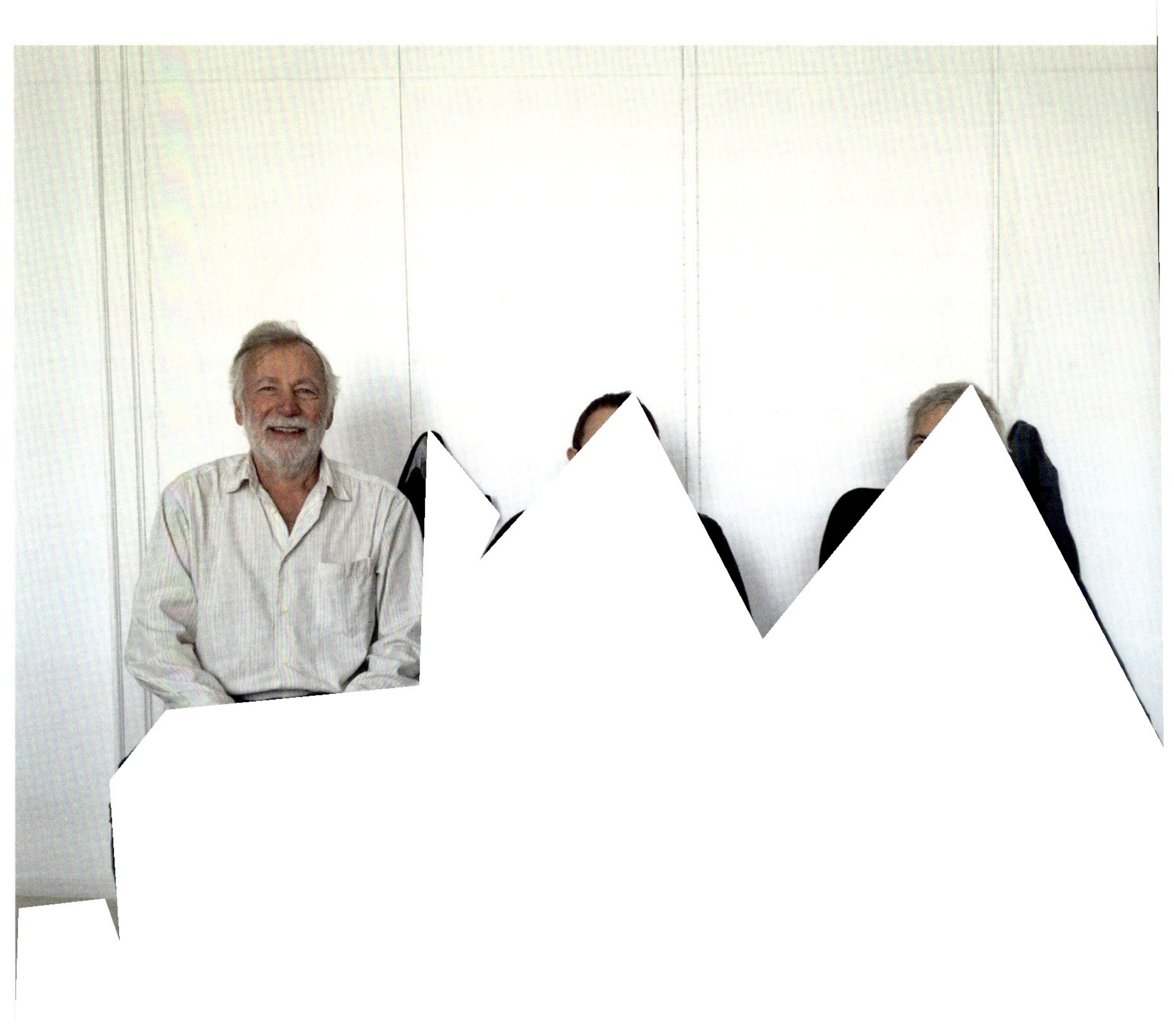

Hansjörg Mayer, Georg Bense and Rainer Wössner at gallery Wien Lukatsch, Berlin, 20

Muster möglicher Filmwelten

Patterns possible Filmworlds

Georg Bense   Hansjörg Mayer   Rainer Wössner

Walther König

gewidmet / dedicated to

Max Bense

Published 2014 by
Verlag der Buchhandlung Walther König,
Ehrenstrasse 4, 50672 Köln

Introduction: Stefan Ripplinger
Translation: Malcolm Green
Design: Kai-Morten Vollmer and Hansjörg Mayer

Printed in Germany

© 2014 Georg Bense, Hansjörg Mayer, Rainer
Wössner, Stefan Ripplinger, Verlag der Buchhandlung
Walther König

Bibliographic information:
published by the Deutsche Nationalbibliothek:

The Deutsche Nationalbibliothek lists this publication in
the Deutsche Nationalbibliografie; detailed
bibliographic data is available online at
http://dnb.d-nb.de

ISBN 978-3-86335-456-5

Distribution:

Germany and Europe:
Buchhandlung Walther König, Köln
Ehrenstrasse 4, 50672 Köln
Tel. +49 (0) 221 / 20 59 6-53
Fax +49 (0) 221 / 20 59 6-60
verlag@buchhandlung-walther-koenig.de

UK and Ireland:
Cornerhouse Publications
70 Oxford Street
GB - Manchester M1 5NH
Fon + (0) 161 200 1503
Fax + (0) 161 200 1504
publications@cornerhouse.org

Outside Europe:
D.A.P. / Distributed Art Publishers. Inc.
155 6th Avenue, 2nd Floor
USA - New York, NY 10013
Fon +1 (0) 212 627 1999
Fax +1 (0) 212 627 9484
eleshowitz@dapinc.com

Inhaltsverzeichnis   Contents

Das „Wie" und das „Was"

Unterwegs auf Seitenwegen der Filmlandschaft – vor 50 Jahren.

Wir waren Nachbarskinder, - Georg Bense, Hansjörg Mayer, Rainer Wössner. Zeitweise besuchten wir die gleiche Schule in Stuttgart. Spielten Fußball. Kickten auf einem staubigen Bolzplatz mit und gegeneinander. Wir wurden zusammen älter und wollten jung sein, aggressiv und kritisch. Nachts klebten wir Plakate gegen die Adenauer Regierung. Gegen die Wehrpflicht. AESTHETICA, PHILOSOPHICA, POLEMICA waren Programm einer Zeitschrift, die mein Vater Max Bense zusammen mit Elisabeth Walther herausgab und sich kritisch mit dem geistigen Klima in der Bundesrepublik Ende der fünfziger – Anfang der sechziger Jahre auseinandersetzte. Diesem Klima, das er als „neues deutsches Nivellement" wertete, wollte er mit seiner Zeitschrift „Augenblick" entgegen treten. Schnell wurde die Zeitschrift zu einem Forum kritischer Autoren wie Alfred Andersch, Hans Magnus Enzensberger und Arno Schmidt. Polemisch war der „Augenblick" jedoch nicht nur in politischer Hinsicht. Die von ihm vertretene Einheit von Tendenz und Experiment wandte sich massiv gegen den Mangel an Innovation im Land. Er verblüffte meine Freunde und mich mit Texten von Autoren, wie wir sie nie zuvor gelesen hatten. „Text" wurde für uns zum magischen Wort. Im „Augenblick" erschienen Texte. Autoren wie Ludwig Harig, Ferdinand Kriwet, Eugen Gomringer, Reinhard Döhl, Max Bense, schrieben Texte.

Wenn ich nicht nur ICH wäre, sondern WIR: wäre ich DU ER SIE ES. Da ich ICH bin und nicht WIR bin ich ICH und kann nur von mir reden. (Helmut Heißenbüttel)

In den deutschen Hochschulen und Universitäten wurde nach 1945 das so genannte Studium Generale eingerichtet. Ein Angebot als Orientierungshilfe zwischen dem Ende der Schulzeit und dem Beginn eines Studiums. Arbeitskreise mit wechselnder Thematik, Exkursionen und Diskussionsveranstaltungen sollten die geistige Welt an Universität und Hochschule transparent und verständlich machen, Möglichkeiten und Richtungen aufzeigen. In diesem Rahmen wurden an der Technischen Hochschule Stuttgart (heute Universität Stuttgart) vielfältige Arbeitskreise angeboten. Meine Freunde und ich interessierte besonders Hörspiel- Theater- und Filmarbeitskreise. Es dauerte nicht lange, bis wir keine Lust mehr hatten nur über Filme zu diskutieren, statt selber welche zu drehen. Schon früh merkten wir, dass in Deutschland der Film oft als Unterhaltungsmedium gewertet wurde. Es war die Zeit der „Trapp-Familie", Romy Schneider spielte „Monpti" und Horst Buchholz versuchte sich mit Karin Baal als „Halbstarker", ohne jedoch dem Vorbild „Die

The Question of "How" and "What"

Out and about on the byways of the movie world – 50 years ago.

We were all children from the same neighbourhood – Georg Bense, Hansjörg Mayer, and Rainer Wössner. At times we went to the same school in Stuttgart. Played soccer. Kicking a ball sometimes on the same side, sometimes the other, on the dusty sports ground. We grew up together and wanted to be young, abrasive and critical. At night we pasted up posters

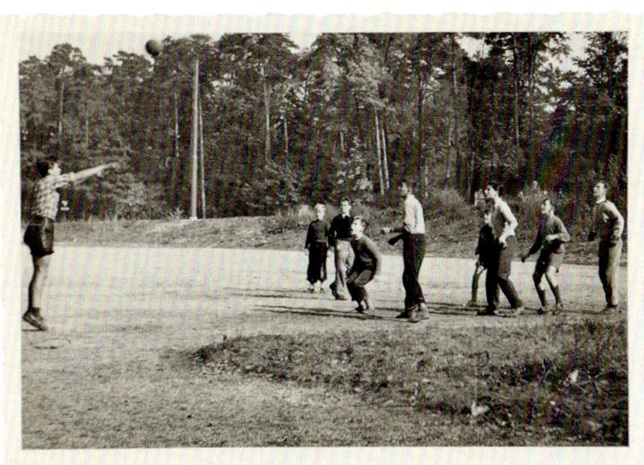

against Adenauer's government. Against conscription. AESTHETICS, PHILOSOPHY, POLEMICS were the agenda of the journal that my father, Max Bense, published together with Elisabeth Walther, which cast a critical eye on the intellectual climate in the Federal Republic during the fifties and early sixties. He wanted to counter this climate – which he branded as a "new German mediocratisation" – through this journal titled *Augenblick*. It swiftly developed into a forum for critical authors like Alfred Andersch, Hans Magnus Enzensberger and Arno Schmidt. Yet *Augenblick* was not only polemical in the political regard. The combination he championed of aggressive argument and experiment was directed in no small measure against the country's lack of innovation. He astonished me and my friends with texts by authors of a kind we had never previously encountered. "Text" became the magic word for us. *Augenblick* published texts. Authors like Ludwig Harig, Ferdinand Kriwet, Eugen Gomringer, Reinhard Döhl, and Max Bense wrote texts.

If I was not simply I but WE: if I were YOU HE SHE IT. Since I am ME and not WE, I am I and can only speak of myself. (Helmut Heißenbüttel.)

Something known as the "Studium Generale" was introduced to Germany's colleges and universities after the war as a means of providing orientation between the end of school and the start of a proper university

"

Saat der Gewalt" („Blackboard Jungle" 1955), eine Hollywood Produktion, gerecht werden zu können, die besonders durch die Titelmusik „Rock around the clock" von Bill Haley, zum Kultfilm wurde. Entscheidender Anstoß selber Filme zu machen war eine Veranstaltung der „Studentischen Filmarbeitsgemeinschaft im ASTA": Herbert Vesely, damals ein bekannter deutscher Jungfilmer, war eingeladen, seinen Film „nicht mehr fliehen" zu zeigen. Ein experimenteller Spielfilm, der von der Kritik mit viel Lob und Anerkennung bedacht wurde:

Seit 20 Jahren ist das der erste deutsche Film, der wieder einige beachtenswerte Hinweise auf die ästhetischen Möglichkeiten des Films enthält – ein Experiment gewiss, wie jedes Kunstwerk. (…) Er weist gerade die Merkmale moderner Kunst auf, die wir an den „künstlerischen Filmen" vermissen, ohne das er dabei Vorbilder aus anderen Kunstgattungen imitierte. Die Forderung, die längst so abgedroschen ist, dass man sie nur noch zögernd wiederholt, wird hier auf verblüffende Weise erfüllt: dass der Film „filmisch" werden, dass er zu sich selbst finden muss – und das heißt: dass er modern werden muss. (Enno Patalas 1956)

Nach der Vorführung am 13.Dezember 1956 gab es lange kontroverse Diskussionen mit dem Regisseur, an der sich neben Alfred Andersch, Max Bense, Hans Magnus Enzensberger auch der Stuttgarter Nervenarzt Ottomar Domnick beteiligte, der gerade mit seinem ersten Kinofilm „Jonas" großen Erfolg hatte und zur Biennale Berlin 1957 eingeladen war. Auch er wollte den *anderen, den modernen, den neuen Film.* Eine Forderung, die auch wir hatten, ohne natürlich an einen Kinoerfolg zu denken.

Ich habe diesen Film gemacht, ohne an das Publikum zu denken. Ich habe diesen Film gemacht, obwohl mir alle davon abrieten. Er ist ganz gegen die Regeln gedreht. (Ottomar Domnick in seiner Biografie)

Gegen die Regeln drehen, - das wollten wir auch. Neue Filmwege einschlagen, mit dem Medium experimentieren. Bewusst war uns allerdings, dass experimentieren mit der Eigenart des Films als eigenständige Kunstrichtung, keinesfalls darin bestehen konnte neue technische Mittel und Möglichkeiten zu erproben und sie auf alte Konzeptionen anzuwenden. Im Arbeitskreis „Geistiges Frankreich" wurden wir immer wieder mit neuen Texten zeitgenössischer Autoren aus Frankreich und Deutschland konfrontiert. Immer wieder tauchte auch die Frage auf, inwieweit es möglich sei, einen literarischen Text in Filmbildern wiederzugeben. Wobei wir uns von Anfang an vornahmen, eine Geschichte nicht einfach nachzuerzählen sondern mit Hilfe einer literarischen Filmsprache optisch zu interpretieren. „Filmarbeitsteam" tauften wir unser

course. It was a mixture of study groups with varying themes, excursions and public debates aimed at making college or university transparent and comprehensible, and showing the possibilities and potential directions. As part of this, the Technische Hochschule Stuttgart (now Universität Stuttgart) offered a wide range of study groups. My friends and I were particularly interested in those dealing with radio plays, theatre and film. And it was not long before we no longer could be bothered simply talking about films, but wanted to shoot them ourselves. We soon noticed that film in Germany is often regarded as a medium for entertainment. It was the era of *The Trapp Family*, Romy Schneider in *Monpti*, and Horst Buchholz trying to live up to being part of the *Teenage Wolfpack* together with Karin Baal – without however matching up to his model from the 1955 Hollywood production of *Blackboard Jungle*, which soared to cult status not least on account of the title music: Bill Haley's *Rock around the Clock*. The decisive impulse to take up the camera ourselves came from a meeting of the "Studentische Filmarbeitsgemeinschaft im ASTA": Herbert Vesely, a well-known young German film maker at that time, was invited to show his film *nicht mehr fliehen*. An experimental feature film that received a lot of praise and recognition from the critics:

This is the first German film in 20 years to have once again shown some notable signs of the aesthetic possibilities of film – an experiment, no doubt, like every artwork. … It displays the very features of modern art that we miss in "arty films", but without mimicking benchmark works from the other arts. The demand, now so hackneyed that one can only repeat it cautiously, is fulfilled here in a quite astonishing manner: that film must become "cinematic", and that it must find its own way – which is to say: it must become modern. (Enno Patalas 1956)

After the screening on 13 December 1956, there was a long and heated discussion with the director involving not only Alfred Andersch, Max Bense, and Hans Magnus Enzensberger, but also the Stuttgart neurologist Ottomar Domnick, who had just enjoyed a great success with his feature film *Jonas* and been invited to the Biennale Berlin 1957. He likewise wanted the *other, the modern, the new film.* A demand that we shared, without of course thinking of box office success.

I made this film without thinking about the audience. I made this film despite the fact that everyone advised me against it. It has been shot completely against the rules. (Ottomar Domnick in his biography)

Shooting against the rules – that's what we also wanted to do. Setting out in new directions, experimenting with the medium. Although we were perfectly aware that experimenting with the inherent properties of film as its own unique art form could by no means

3 Mann Team. Einer der ersten Filme des neu gegründeten FAT war „Der Fisch fliegt steil" nach einem Text von Claus Bremer. Ein Autor, der Anfang der sechziger Jahre zur Avantgarde der konkreten Poesie gehörte und dessen Text durch seinen visuellen Charakter zu einer filmischen Umsetzung geradezu aufforderte. Wie Domnicks „Jonas" sollte auch unser Film in einer nächtlichen Stadtlandschaft „spielen". Wobei mit „spielen" keine Handlung im Sinn eines äußeren Geschehens gemeint war. Wie unser Vorbild Domnick sind auch wir nachts auf der Suche nach Motiven mit der Kamera durch Stuttgart gegangen. Die Welt der Verkehrszeichen und künstlichen Lichtquellen, von der Neonreklame bis zu Autoscheinwerfern, schien uns als Beziehung zur Welt der Buchstaben und Sätze bei Nacht besonders geeignet. Mit Hilfe einer Rückspuleinrichtung unserer Kamera, einer Bolex H 16, waren Mehrfachbelichtungen möglich und wir konnten Bremers Text nicht nur durch Schnittfolgen sondern auch durch Doppel- und Dreifachbelichtungen filmisch umsetzen. In einem Arbeitskreis des Studium Generale stellten wir unseren Film zur Diskussion, in dem keine Menschen als Protagonisten vorkamen und in dem keine Geschichte erzählt wurde.

Die Ereignisse dieses Films bestehen im Entwurf von Übergängen aus der speziellen Welt der Worte in die visuelle Welt der Signale; denn weder die Worte noch die Signale sind einsam, unabhängig oder willkürlich: doch was sie bedeuten ist eine Sache aller anderen. (Max Bense, zur Uraufführung am 8.12.62.)

Auch Ottomar Domnick sah den Film. Er hatte gerade seinen dritten Film „Ohne Datum" fertig gestellt, in dem er den mit „Jonas" ein-geschlagenen Filmweg konsequent weiterverfolgt hatte.

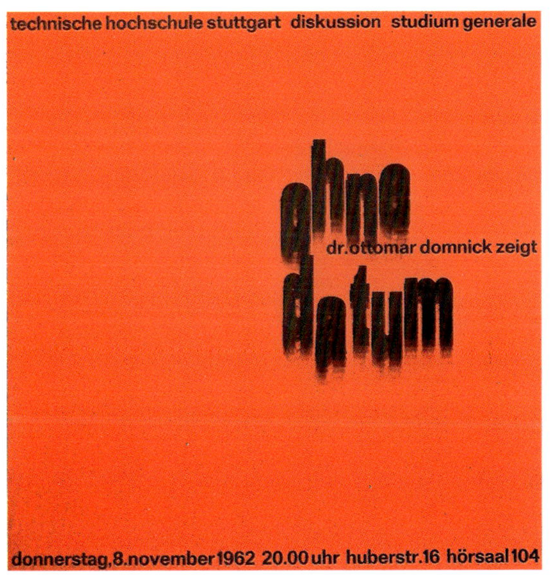

consist of trying out new technologies and possibilities and applying them to old concepts. In the study group "Intellectual France" we were confronted repeatedly with texts from contemporary authors from France and Germany. And time and again the question arose as to how far can one present a literary text in cinematic imagery. Although our aim from the very start was not simply to narrate a story but to interpret it visually using a literary film language. We called our three man outfit the "Filmarbeitsteam". One of the first films by the newly formed FAT was *The Fish Flies Steeply* after a text by Claus Bremer – an author who was part of the avant-garde of concrete poetry in the early sixties, and whose text simply demanded a filmic realisation on account of its visual character. Like Domnick's *Jonas*, our film was also supposed to "take place" in a nocturnal cityscape. Although "take place" was not supposed to mean that there was a plot in the sense of overt action. Like our model, Domnick, we also roamed Stuttgart by night searching for motifs with our camera. The world of traffic signs and artificial lighting, from the neon signs to car headlamps, seemed just right for catching the relationship to the world of letters and phrases at night. By using a re-winding device on our camera, a Bolex H 16, we were able to take multiple exposures and thus realise Bremer's text cinematically, not only through edited sequences, but also through double and triple exposures. We presented our film for discussion in a study group at the Studium Generale – a piece in which there were no people as protagonists and no story was told.

The occurrences in this film consisted on the draft level of transitions from the special world of words to the visual world of signals; because neither the words nor the signals are alone, independent or arbitrary: what they mean depends on all the rest. (Max Bense, on the premiere on 8.12.62.)

Ottomar Domnick also saw the film. He had just finished his third film, *Ohne Datum*, in which he rigorously continued in the direction he had embarked on in *Jonas*.

The film wants to convey the inner situation of a man who has entered a critical phase in his life. His thoughts are reflected in the things that surround him, and the things are reflected in his thoughts. (Ottomar Domnick 1962)

Domnick honoured – in the truest sense of the word - our film *The Fish Flies Steeply* by showing it as the support at the world premier of *Ohne Datum* in 1962 at the "Cinema" movie house in Stuttgart. The early Sixties were also a time of manifestos and declarations of intent aimed at opening up new horizons in film. Authors and directors sought and found new directions and possibilities in their films. We got in contact with them, paid them visits, and they came to Stuttgart.

Der Film will die innere Situation eines Mannes deutlich machen, der in die entscheidende Phase seines Lebens getreten ist. Die Gedanken des Mannes spiegeln sich in den Dingen um ihn herum, und die Dinge spiegeln sich in seinen Gedanken.(Ottomar Domnick 1962)

Unserem Film „Der Fisch fliegt steil" gab Domnick im wahrsten Sinne des Wortes die Ehre, ihn bei der Welturaufführung von „Ohne Datum" 1962 im Stuttgarter Cinema Filmtheater als Vorfilm zu zeigen. Der Beginn der Sechziger Jahre war auch eine Zeit der Manifeste und Absichtserklärungen zur Erschließung neuer Filmhorizonte. Autoren und Regisseure suchten und fanden neue Möglichkeiten und Richtungen für ihre Filme. Zu ihnen suchten wir Kontakte, besuchten sie und sie kamen nach Stuttgart. Aus Wien kam eine Gruppe junger Filmemacher : Peter Kubelka, Kurt Kren und Marc Adrian, die bis heute als Wegweiser des experimentellen Films gelten. Aus Köln kam Wolfgang Ramsbott und zeigte unter anderem seinen Film „Die Schleuse" den er zusammen mit dem Kinetiker Harry Kramer gedreht hatte. Ramsbott wurde später Professor für Experimentalfilm an der Universität der Künste in Berlin. Am 28.2.62 verkündete Alexander Kluge als Sprecher einer Gruppe junger Filmemacher anlässlich der West-deutschen Kurzfilmtage das berühmt gewordene „Oberhausener Manifest":

Papas Kino ist tot!"(…) „Der alte Film ist tot, wir glauben an den Neuen!"(…) „Wir erklären unseren Anspruch, den neuen deutschen Spielfilm zu schaffen.

26 Filmemacher unterzeichneten diese Erklärung. Neben Alexander Kluge auch Peter Schamonie und Edgar Reitz. Viel Inhaltliches war in dem Manifest nicht enthalten. Auch von einer neuen Ästhetik der Filmsprache war zu unserem Bedauern nicht die Rede. So blieben ausformulierte und durchdachte Qualitätsansprüche im Nebel des Unverbindlichen zunächst verborgen. In einigen Filmen der folgenden Jahre hat das Manifest dann doch Wirkung gezeigt, folgten dem Anspruch auch Ergebnisse. Die beiden bekanntesten „Oberhausener" sind heute Edgar Reitz („Heimat" 1984/2006) und Alexander Kluge („Abschied von Gestern" 1966). Viele frühe Filme aus dieser Zeit wie „Die Parallelstrasse" von Ferdinand Khittl, „Das Brot der frühen Jahre" von Herbert Vesely, „Schonzeit für Füchse" von Peter Schamoni oder der engagierte Dokumentarfilm „Notizen aus dem Altmühltal" von Strobel/Tichawsky sind heute weitgehend vergessen, genau wie Domnicks spätere Filme „Augenblicke" oder „NN", in denen immer mehr das Spiel der Dinge die Rolle des Menschen übernahm. Zu den wichtigsten Veröffentlichungen zu Beginn der 60 er Jahre, gehörte zweifellos Alfred Anderschs Essay „Das Kino der Autoren" in der Zeitschrift „Merkur" (April 1961). Ein Thesenpapier, das die Beziehungen zwischen Literatur und Film auf eine

A young group of film makers came from Vienna: Peter Kubelka, Kurt Kren and Marc Adrian, who remain to this day pioneers of experimental film. From Cologne came Wolfgang Ramsbott, who showed among other things the film *Die Schleuse*, which he made with the kineticist Harry Kramer. Ramsbott later became Professor of Experimental Film at the Universität der Künste in Berlin. On 28.2.62 Alexander Kluge acted as spokesman for a young group of film makers at the Westdeutsche Kurzfilmtage when he proclaimed the now famous "Oberhausener Manifesto":

Daddy's cinema is dead! … The old film is dead, we believe in the new film! …We declare our right to create the new German movie.

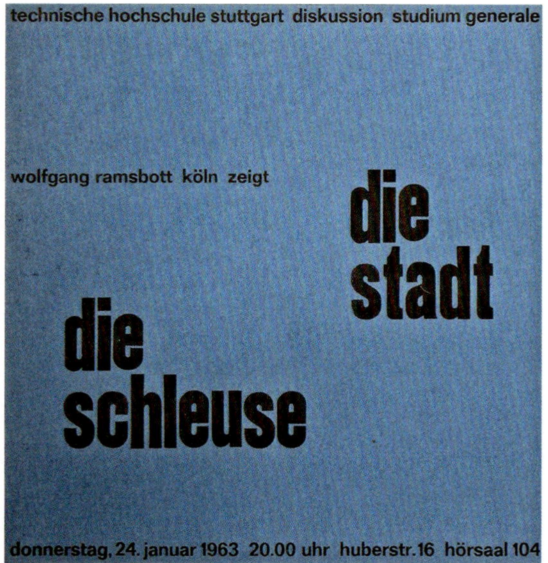

Twenty-six film makers signed this proclamation, including not only Alexander Kluge, but also Peter Schamonie and Edgar Reitz. Not that the manifesto had a great deal of content. Nor did it talk of a new aesthetic for film language, much to our regret. With that the claims to quality that had been thought out and formulated remained obscured for the time being in a cloud of non-commitment. But a couple of films in the following years did reveal the impact of the manifesto, meaning that the demands reaped some results. The most celebrated of the "Oberhausener" are still Edgar Reitz (*Heimat* 1984/2006) and Alexander Kluge (*Yesterday Girl* 1966). A lot of early films from the period, such as *Die Parallelstrasse* by Ferdinand Khittl, *The Bread of those Early Years* by Herbert Vesely, *No Shooting Time for Foxes* by Peter Schamoni, or the committed documentary *Notizen aus dem Altmühltal* by Strobel/Tichawsky are largely forgotten now, just like Domnick's later films *Augenblicke* and *NN*, in which the play of objects increasingly assumed the role of the people. Among the most important publications in

plausible Basis jenseits der bildenden Kunst stellte.

Der Film ist eine Kunstform des zeitlichen Ablaufs wie die Literatur und die Musik. Das Prinzip des zeitlichen Ablaufs in seiner Demonstration wie seiner Rezeption unterscheidet ihn prinzipiell von der bildenden Kunst, deren Ziel im Hervorbringen eines statischen und zeitlosen Gesamteindrucks, deren Ziel im Hervorbringen eines statischen Gesamteindrucks, des autonomen gerahmten Bildes eben, besteht. (Alfred Andersch 1961)

Natürlich hatten wir Eisensteins „Panzerkreuzer Potemkin" gesehen. „Citizen Kane" von Orson Welles. Prägend für meine Freunde und mich war „Hiroshima mon Amour". Ein französischer Film bei dem der Regisseur, Alain Resnais, eng mit der Schriftstellerin Marguerite Duras als Drehbuchautorin zusammengearbeitet hatte. Ein Film, in dem die Kritik *„revolutionäre Neuerungen in der Balance von Worten, Musik und Bildern sah,* insbesondere aber auch neue Wege entdeckte *in der Behandlung der Geschichte, in der sich Vergangenheit und Gegenwart miteinander vermischten und sich die subjektive Zeit nicht vom „jetzt" der Geschichte unterschied.*

Wir hatten verstanden, dass ein Film nicht nur aus „schönen" Bildern besteht. Die Gestaltung einer Einstellung, der Grundeinheit der Montage, musste im Sinne der Aufgabe einer Bildfolge erfolgen, die wiederum sich nach Inhalt und Struktur der literarischen Vorlage zu richten hatte, ohne jedoch in die Sinnlosigkeit pleonastischer Illustration zu verfallen.

Es ist nicht einzusehen, warum der Film sich nicht als visuelle Form der Literatur definieren könnte, wie das Theater eine visuelle Form der Literatur ist. Selbstverständlich wäre er dann immer noch in einem genügenden Maß nicht Literatur, wie das Theater in einem bestimmten Sinne nicht Literatur ist, sondern eben Theater, reine und vitale mise-en-scène. (Alfred Andersch 1961).

Anderschs „Kino der Autoren" war für uns eine Grundlehre, die wir bewusst versuchten mit ihren Einflüssen und Anregungen auf unsere Konzepte anzuwenden. Konzepte, die wir akribisch zu Drehbüchern und Schnittplänen ausarbeiteten. Unsere Experimentalfilme, die inzwischen ein halbes Jahrhundert alt sind, waren ein Versuch Wort und Bild in einer Synthese zu einer literarischen Filmsprache zu vereinen. Fernsehsendungen unserer Tage beweisen, dass solche Versuche noch immer Sinn machen würden. Denn nirgendwo geht man gleichgültiger, ideenloser und langweiliger mit Literatur und Autoren um als in den Fernsehprogrammen unserer Zeit.

Georg Bense, Mai 2014

the early 1960s was doubtless Alfred Andersch's essay "Das Kino der Autors" [= The Author's Cinema] in the journal *Merkur* (April 1961). This was a position paper that placed the relationship between literature and film on a plausible basis outside of the visual arts.

Film is an art form based on temporal progression, like literature and music. The principle of temporal progression differs essentially in both its demonstration and its reception from the visual arts, whose goal consists in producing a generally static and timeless impression: the autonomous picture in its frame. (Alfred Andersch 1961)

Obviously we had seen Eisenstein's *Battleship Potemkin*, and *Citizen Kane* by Orson Welles. A seminal influence for my friends and me was *Hiroshima mon Amour*, a French film by director Alain Resnais made in close collaboration with writer Marguerite Duras, who did the screenplay. A film in which the critics saw *"revolutionary innovations in the balance between words, music and pictures,* but also found in particular new methods *for treating the story, in which past and present mingled and the subjective did not differ from the "now" of the plot.*

We had grasped that a film did not consist simply of "beautiful" images. The way an angle is selected, the basic unit of the montage, had to accord with the task of creating a sequence of images, which had in turn to address the structure and content of the literary work, albeit without succumbing to the meaninglessness of pleonastic illustration.

There is no reason to see why the film cannot define itself as a visual form of literature, just as drama is a visual form of literature. Obviously it would continue not to be literature to a sufficient degree, just as drama is not literature in a certain sense but in fact drama, a pure and vital mise-en-scène. (Alfred Andersch 1961).

Andersch's *Autorenkino* was a basic lesson for us, which we consciously tried to apply with all its influences and suggestions to our concepts – concepts which we worked meticulously into film scripts and editing plans. Our experimental films, which are now around fifty years old, were an attempt to create a synthesis of word and image and with that a literary film language. The current fare offered by television demonstrates that similar attempts would still make sense. Because nowhere are literature and authors treated more indifferently, more unimaginatively and more tediously than in today's television programmes.

Georg Bense, May 2014

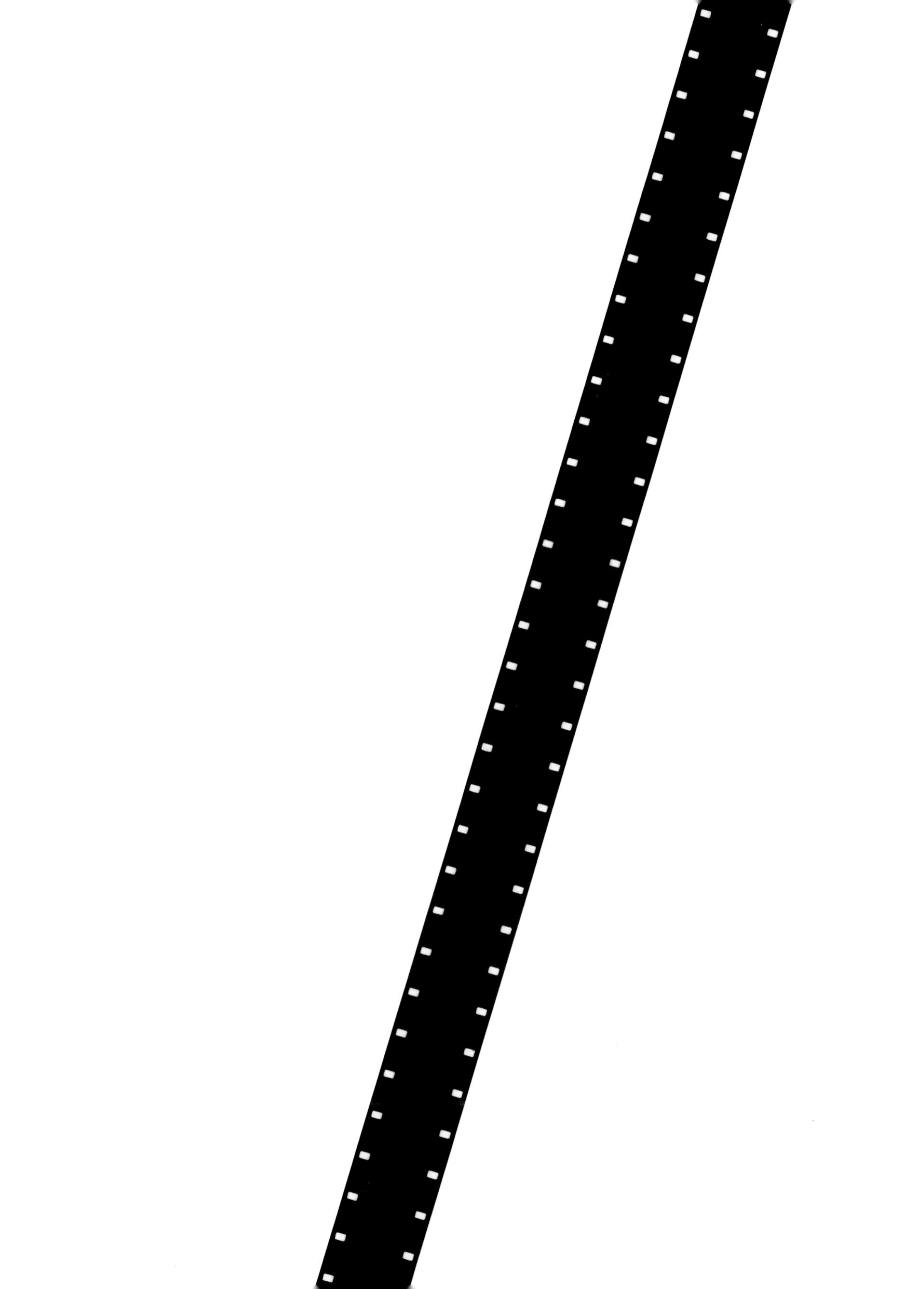

produktion studium generale   verleih domnick verlag und film

steil

georg bense zeigt

der fisch fliegt

mitarbeit rainer wössner   musik hansjörg mayer f. woessner

Der Fisch fliegt steil

Datenblatt FILM

Filmtitel: DER FISCH FLIEGT STEIL

Untertitel: Nach einem Text von Claus Bremer

---

ergänzende Angaben
Im Auftrag des Studium Generale der Technischen Hochschule Stuttgart 1962

Produktionsangaben

Kamera und Montage: Georg Bense
Musik: Hansjoerg Mayer und Freimut
      Wössner
Produktionsleitung: Rainer Wössner

Digitale Bearbeitung 2013:
      Wolf Quiel/Georg Bense

Verleih: Domnick Verlag + Film

Beitrag zur Welturaufführung von „Ohne
Datum", einem Kinofilm von Ottomar
Domnick, in Stuttgart 1962
Beitrag zum Festival des Experimental-
films in Knokke (Belgien) vom
25.12.63–2.1.64.

Technische Angaben

Filmmaterial
16mm schwarz/weiß, Magnetton

Filmlänge: 9'54

Darsteller / Sprecher
Text von Claus Bremer gelesen von:
Monika Bense
Wolfgang Matschke

Konzeptionelle Angaben

Versuch einer optischen Interpretation eines visuell/konkreten Textes von Claus
Bremer. Suche nach Möglichkeiten für Übergänge aus der speziellen Welt der
Wörter in die visuelle Welt der Signale und Verkehrszeichen. Worte und Sätze
schaffen durch ihre Gegensätzlichkeit zu den filmisch gestalteten Bildwelten neue
Sequenzen. Der Wortwelt Claus Bremers werden so weitere, neue ästhetische
Bereiche der Interpretation erschlossen, wobei das Thema, wenn auch in
verwandelter Form, erhalten bleibt.

data sheet FILM

title: THE FISH FLIES STEEPLY

subtitle: Based on a text by Claus Bremer

---

additional information

Commissioned by the Studium Generale, Technische Hochschule Stuttgart 1962

---

production details

Camera and Montage: Georg Bense
Music: Hansjoerg Mayer und Freimut
      Wössner
Head of Production: Rainer Wössner

Digitisation 2013: Wolf Quiel /
      Georg Bense

Distribution: Domnick Verlag + Film

Contribution to the world premiere of
Ohne Datum, a feature film by Ottomar
Domnick, in Stuttgart 1962
Contribution to EXPRMNTL – the Knokke
Experimental Film Festival in Belgium
from 25.12.63–2.1.64.

technical details

film material
16mm black and white film, magnetic
sound
length: 9'54

---

actor / voice-over
Claus Bremer's text was read by:
Monika Bense
Wolfgang Matschke

---

film concept

An attempt to give a visual interpretation of a concrete text by Claus Bremer; a
search for possibilities for cross-overs from the particular world of words to
the visual world of signals and traffic signs. Words and phrases create new
sequences through their contrast to the visual worlds conjured up by film. In
addition to Claus Bremer's world of words come new aesthetic realms of
interpretation, while still adhering to the subject – albeit in a transmogrified
form.

die ereignisse dieses films bestehen
im entwurf von übergängen aus der
speziellen welt der worte in die
visuelle welt der signale; denn weder
die worte noch die signale sind
einsam, unabhängig oder willkürlich.
doch was sie bedeuten, ist eine
sache aller anderen.

eine produktion des studium generale
der technischen hochschule stuttgart

fat
filmarbeitsteam zeigt:

der fisch fliegt steil

nach einem text von claus bremer

unter mithilfe von rainer wössner und wolfgang matschke

musik: hans jörg mayer und f. wössner

sprecherin: monika bense

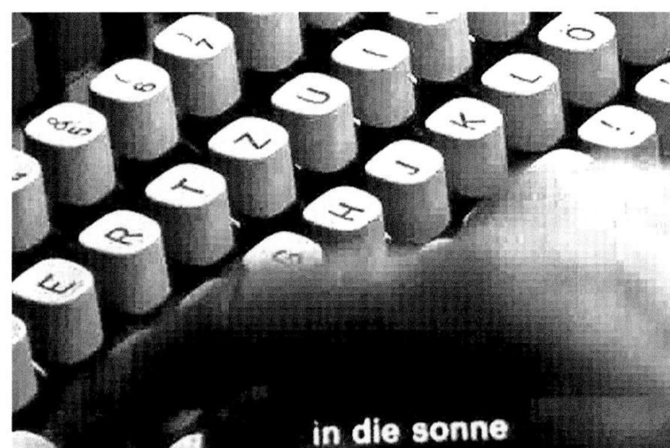
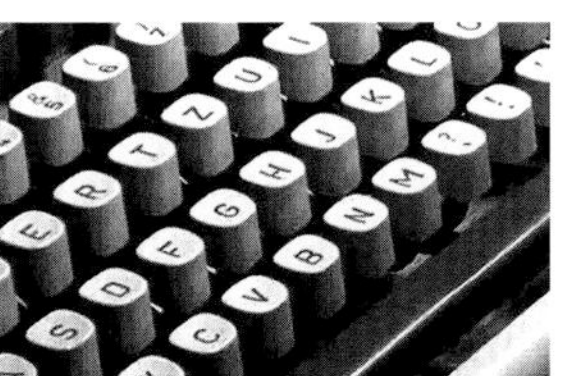

in die sonne

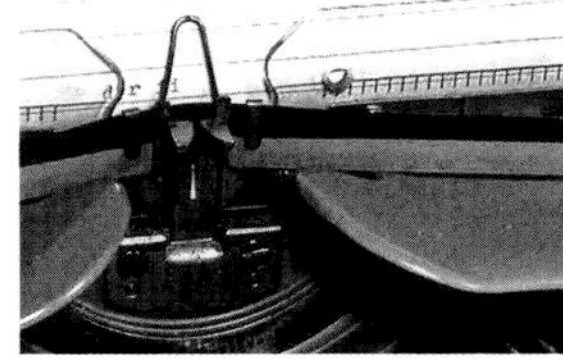
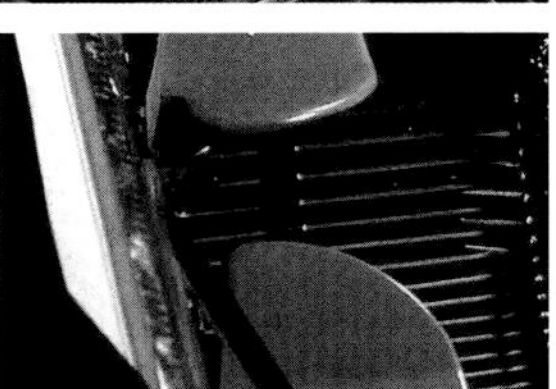
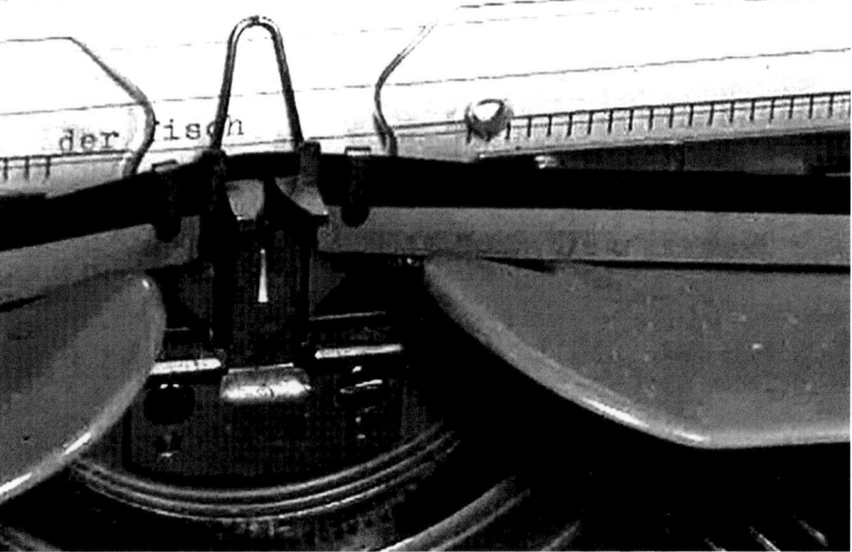

der fisch

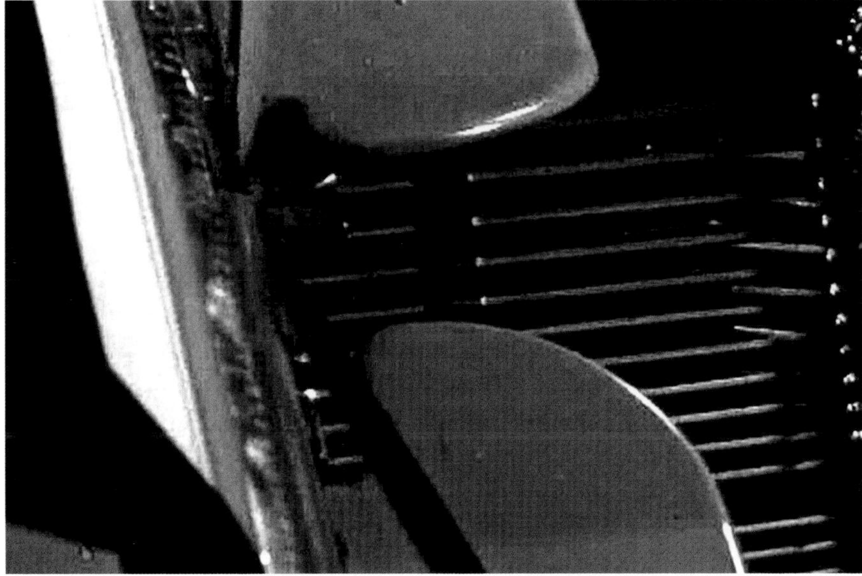
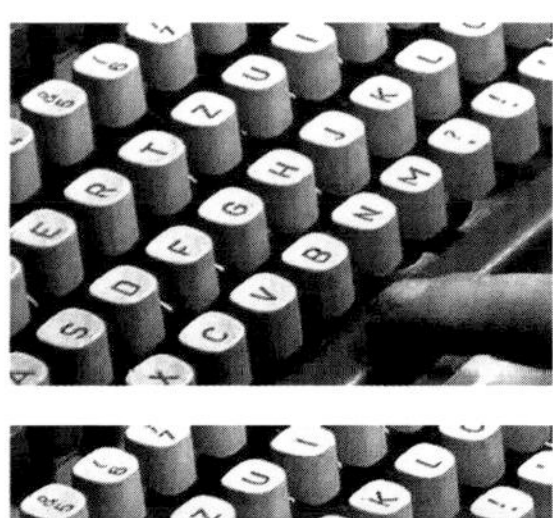
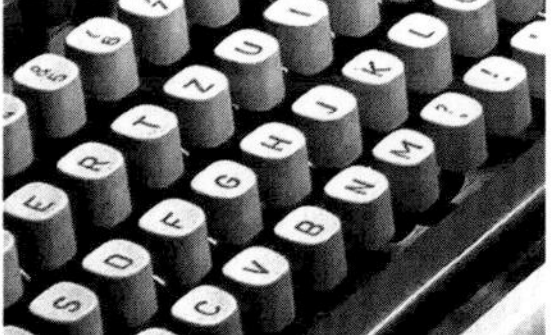

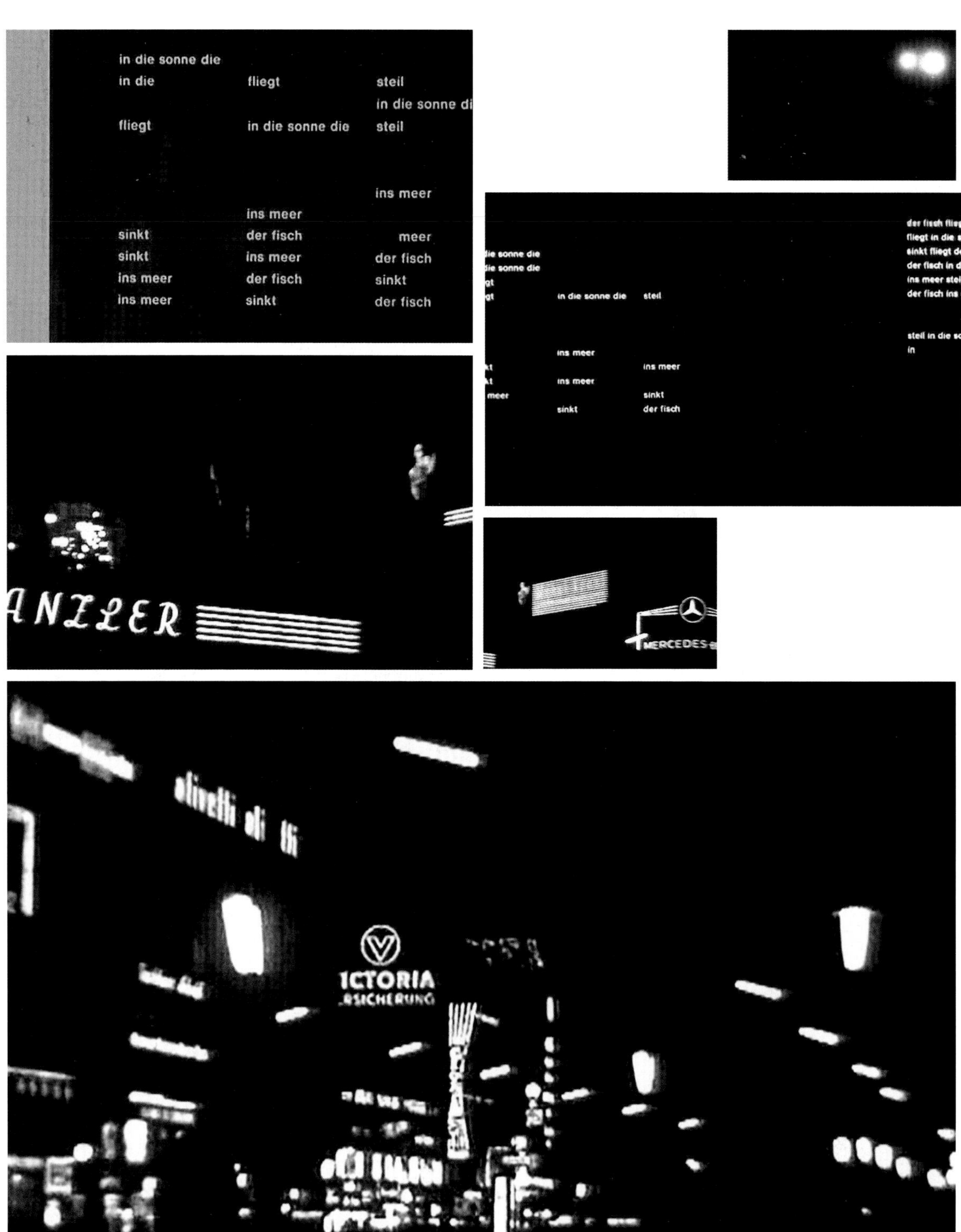

in die sonne die
in die   fliegt   steil
                                in die sonne di
fliegt   in die sonne die   steil
                                ins meer
                ins meer
sinkt   der fisch   meer
sinkt   ins meer   der fisch
ins meer   der fisch   sinkt
ins meer   sinkt   der fisch

die sonne die
die sonne die
gt
gt   in die sonne die   steil
                ins meer   ins meer
kt   ins meer
meer   sinkt
sinkt   der fisch

der fisch flieg
fliegt in die s
sinkt fliegt d
der fisch in d
ins meer steil
der fisch ins
steil in die so
in

ANZLER

MERCEDES

olivetti oli tti
VICTORIA
SICHERUNG

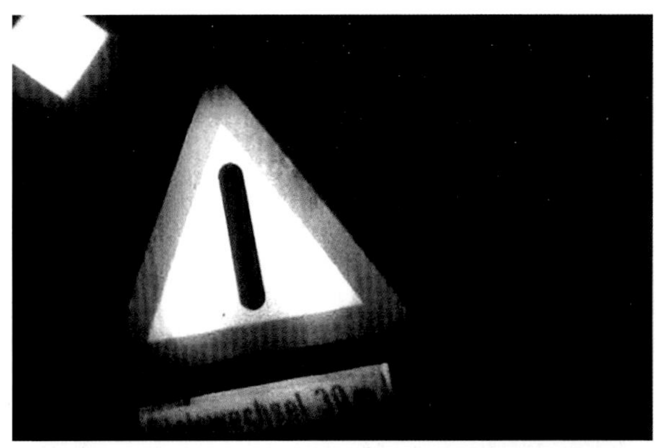
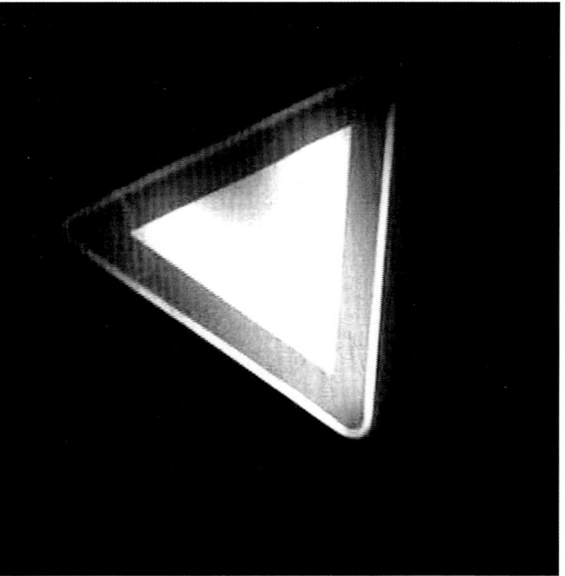
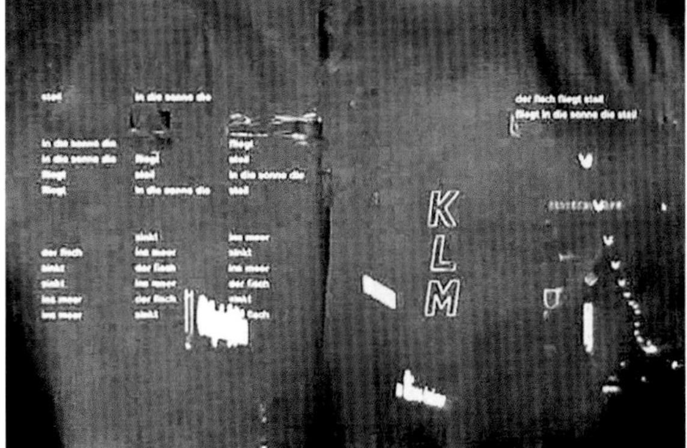

K
L
M

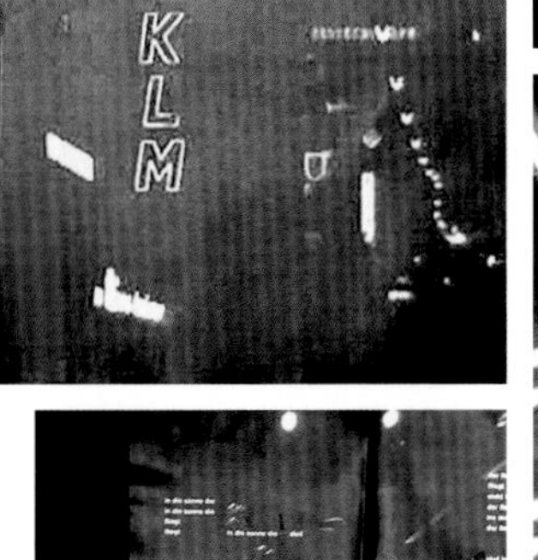
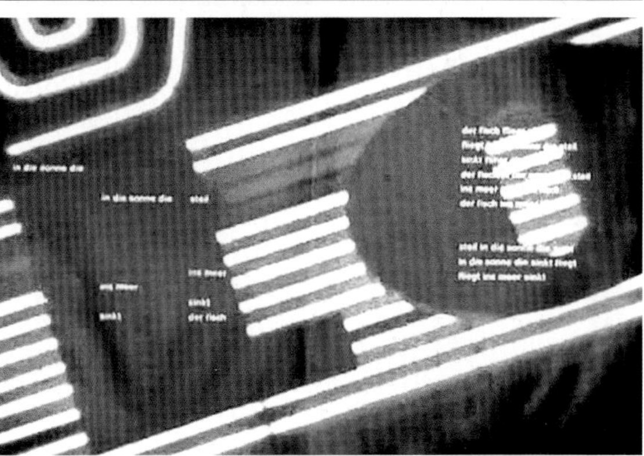
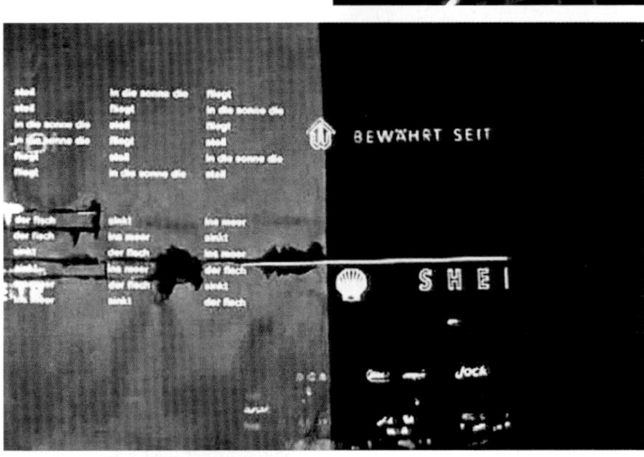

BEWÄHRT SEIT
SHEL
jock

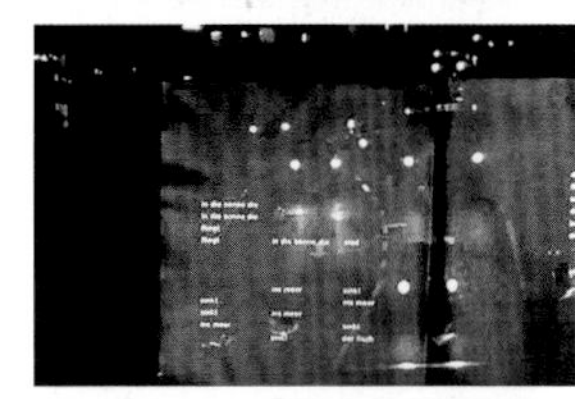
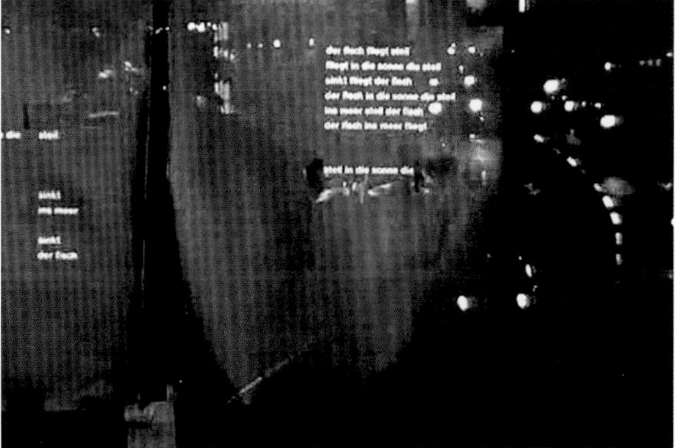
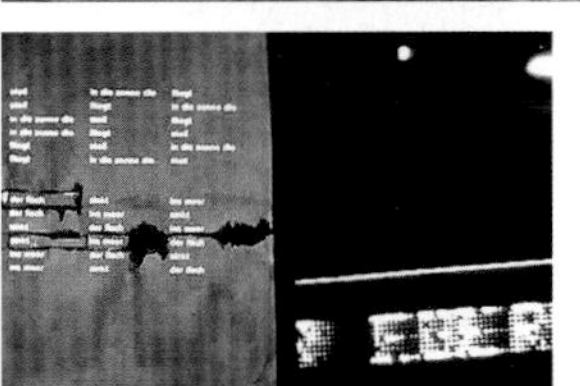

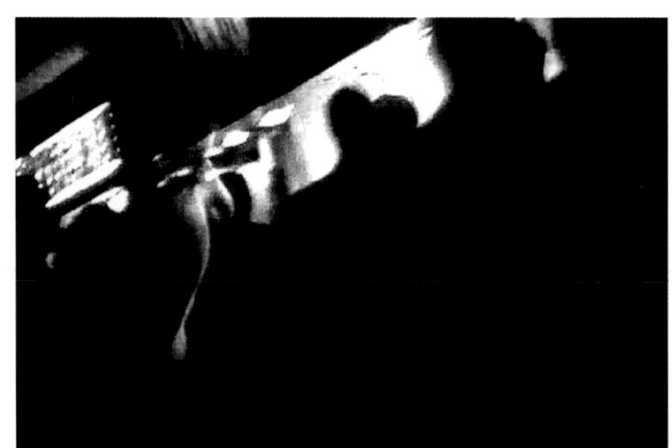 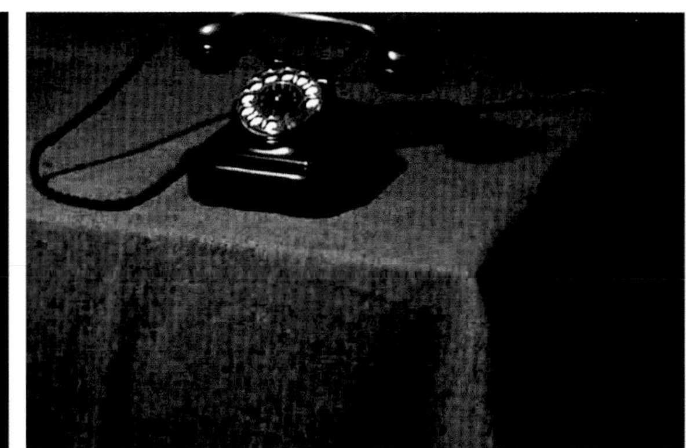

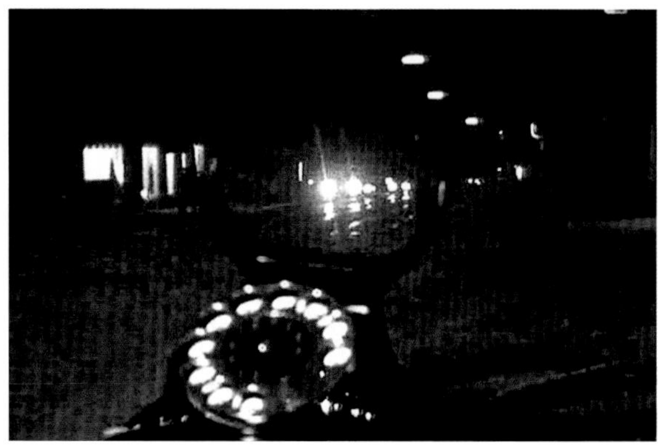

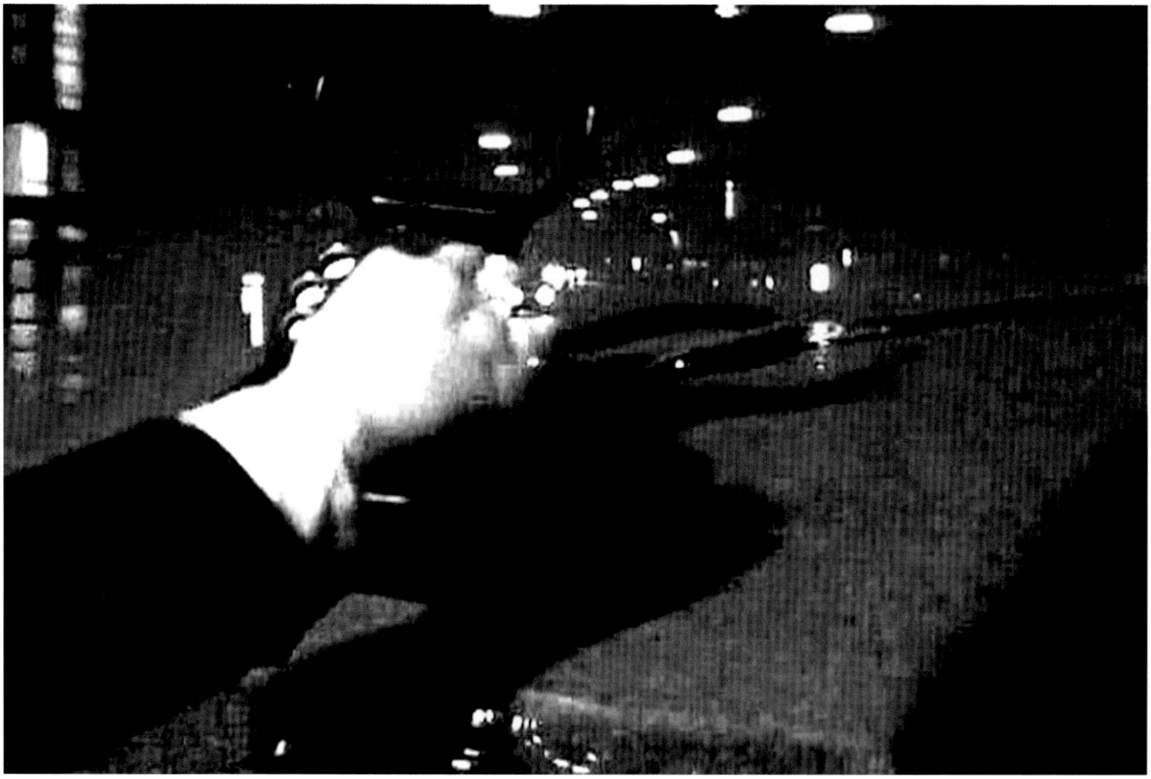

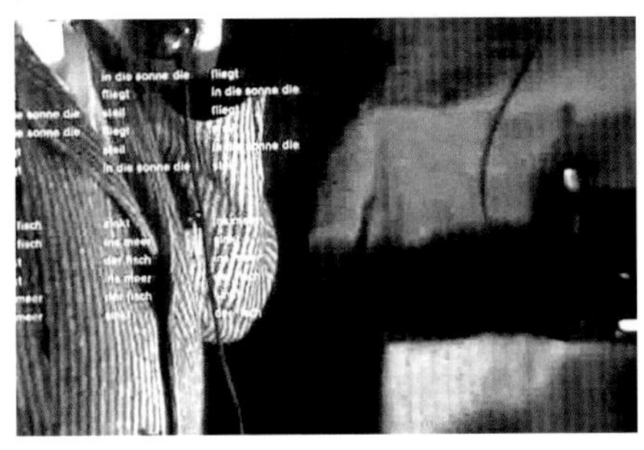

in die sonne die
fliegt
in die sonne die
in die sonne die
sinkt
der fisch
ins meer
ins meer
der fisch
meer

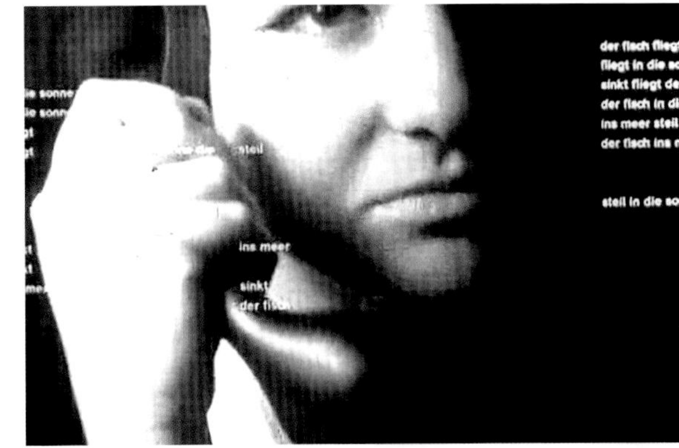

der fisch fliegt
fliegt in die so
sinkt fliegt der
der fisch in die
ins meer steil
der fisch ins m
steil in die so
steil
ins meer
sinkt
der fisch

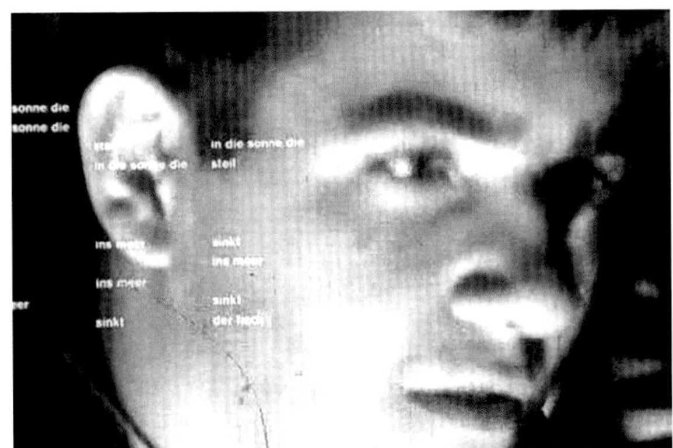

sonne die
sonne die
in die sonne die
in die sonne die
steil
ins meer
ins meer
sinkt
ins meer
sinkt
der fisch

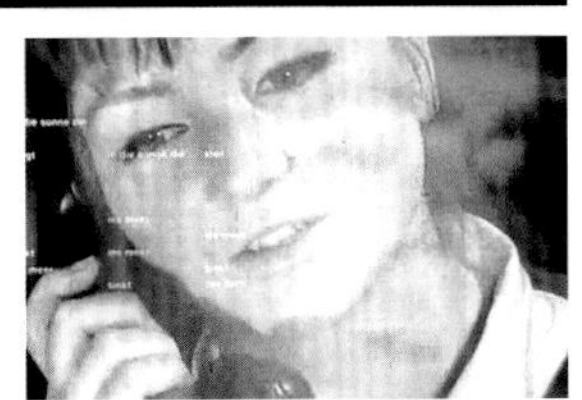

sonne die

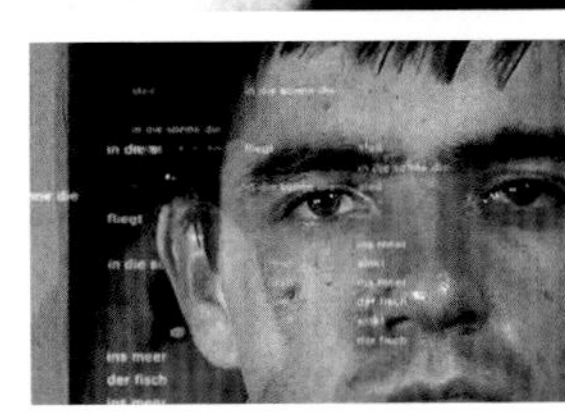

in die sonne die
in die
fliegt
in die
ins meer
der fisch

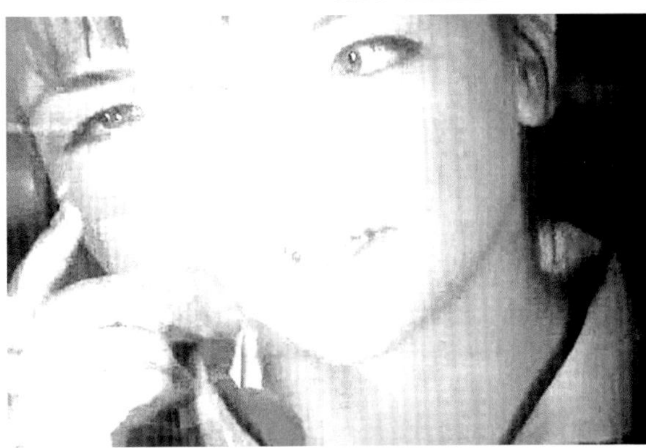

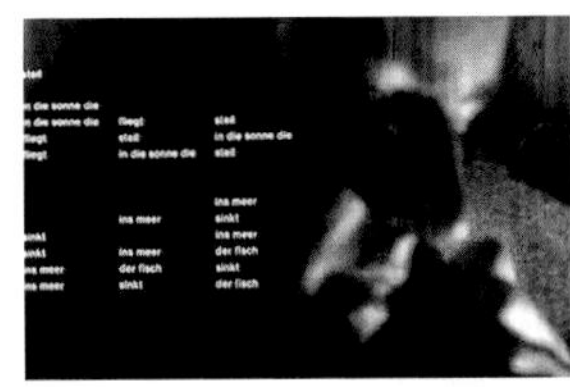

in die sonne die
fliegt
steil
in die sonne die
steil
ins meer
ins meer
der fisch

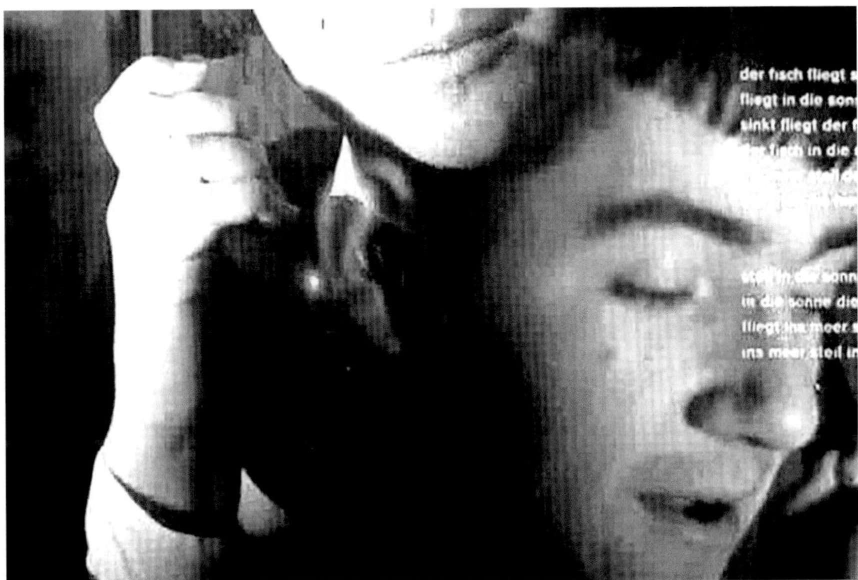

der fisch fliegt s
fliegt in die sonn
sinkt fliegt der f
der fisch in die
steil in die sonne
in die sonne die
fliegt ins meer s
ins meer steil in

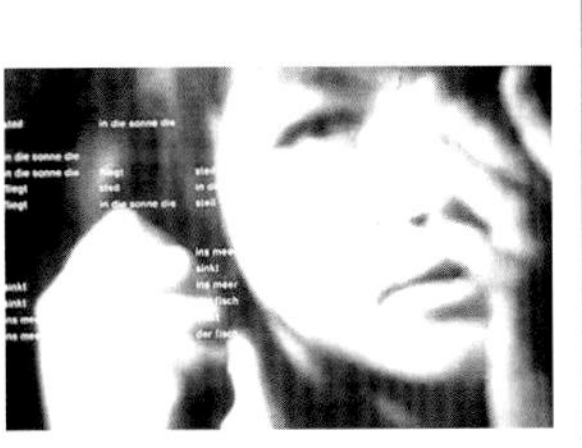

in die sonne die
fliegt
in die sonne die
fliegt
steil
ins meer
ins meer
sinkt
der fisch

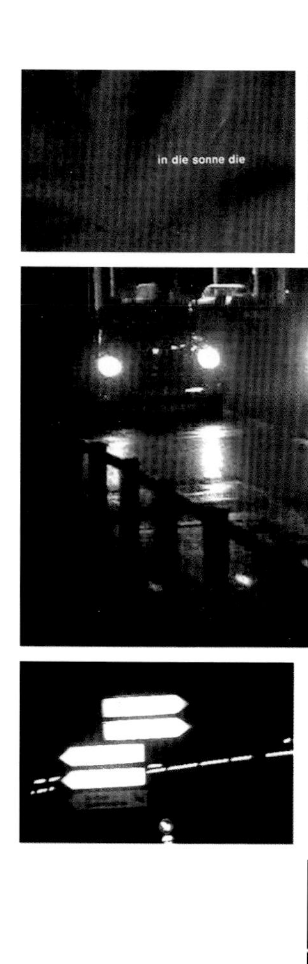

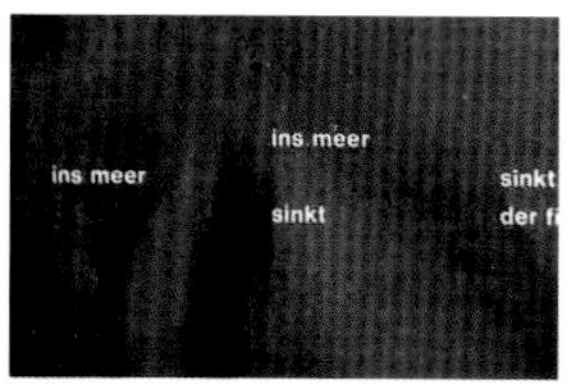
ins meer
in die sonne die
sinkt
ins meer
sinkt
der fi

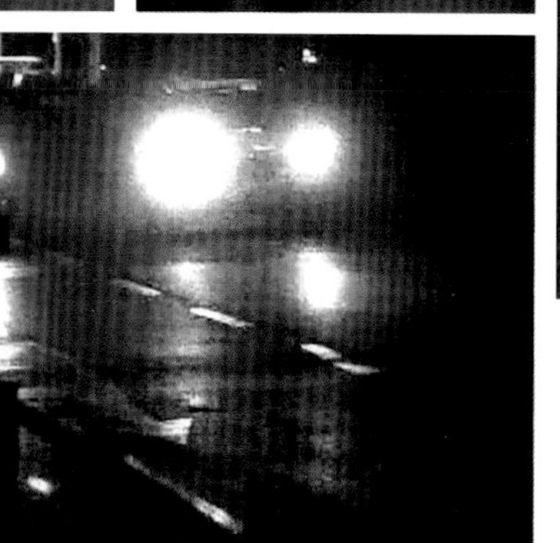

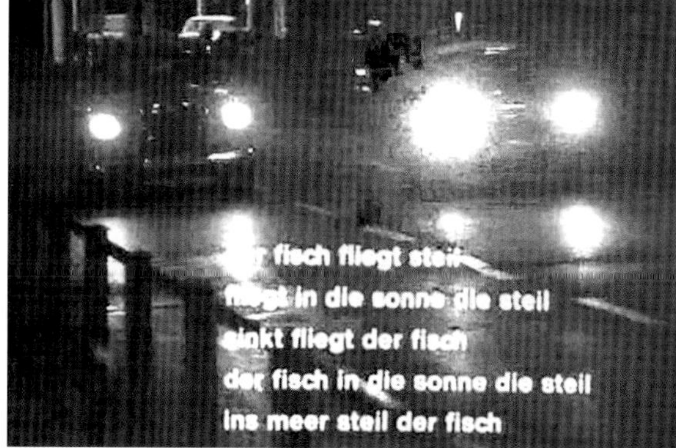
r fisch fliegt steil
fliegt in die sonne die steil
sinkt fliegt der fisch
der fisch in die sonne die steil
ins meer steil der fisch

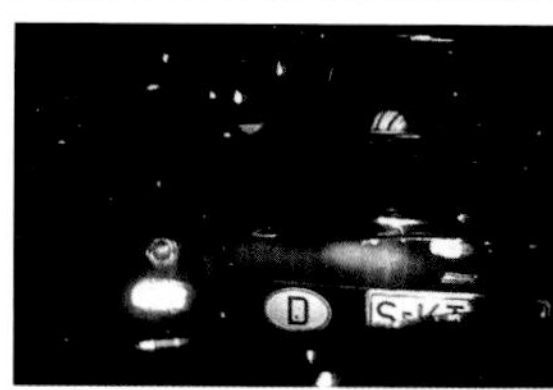

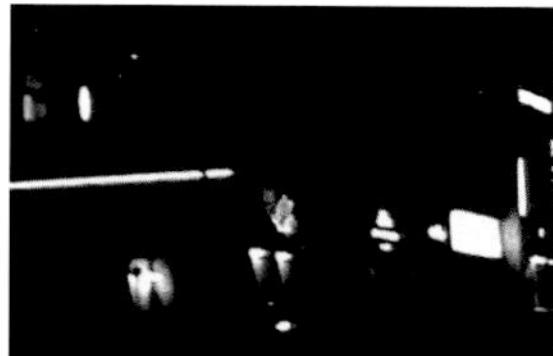

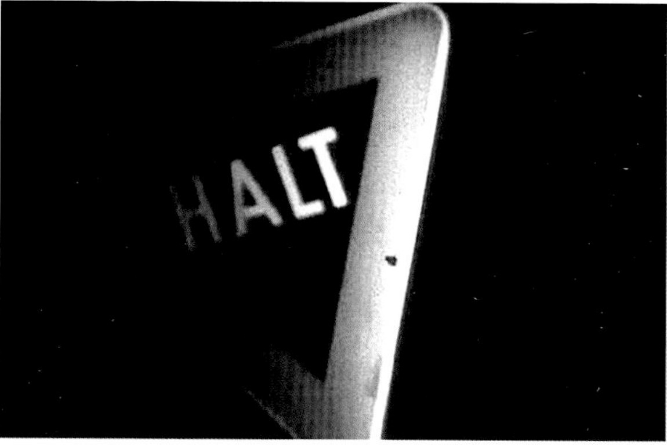
HALT

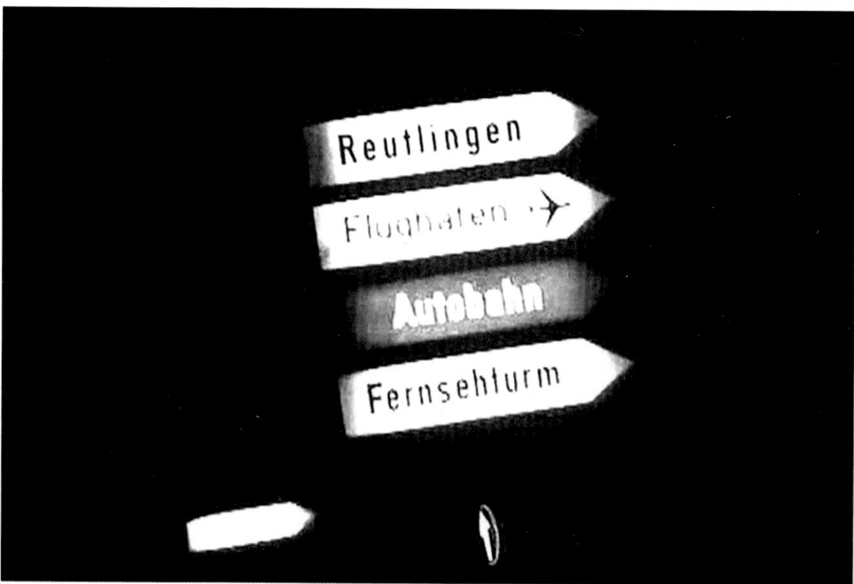
Reutlingen
Flughafen
Autobahn
Fernsehturm

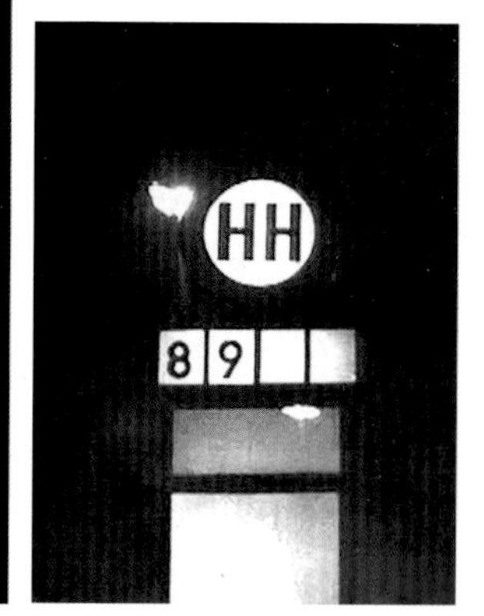
HH
8 9

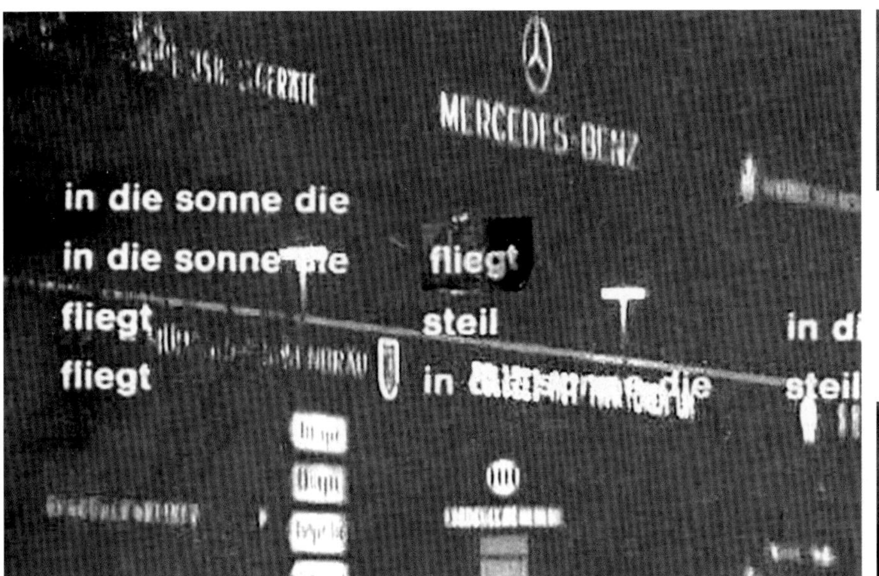
in die sonne die
in die sonne die
fliegt
fliegt
fliegt
steil
in die sonne die
in di
steil

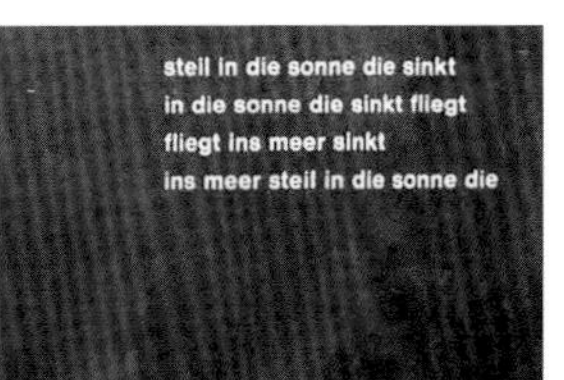
steil in die sonne die sinkt
in die sonne die sinkt fliegt
fliegt ins meer sinkt
ins meer steil in die sonne die

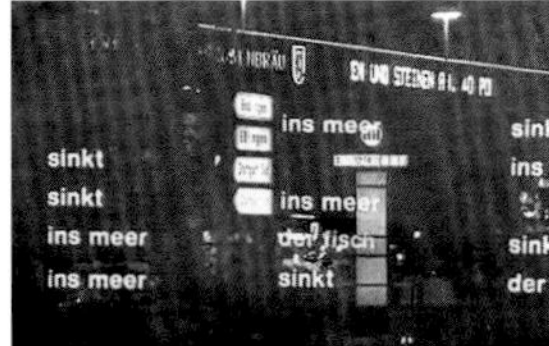
ins meer
sinkt
sinkt
ins meer
ins meer
der fisch
sinkt
sinkt
der

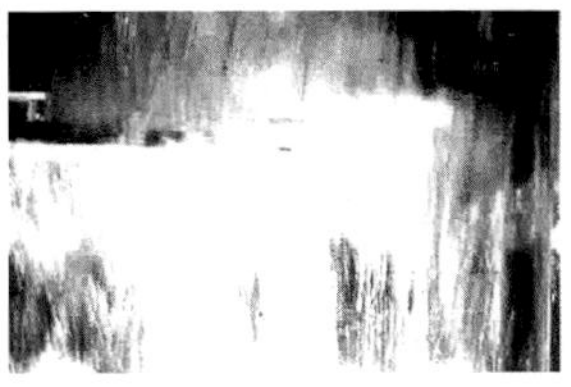

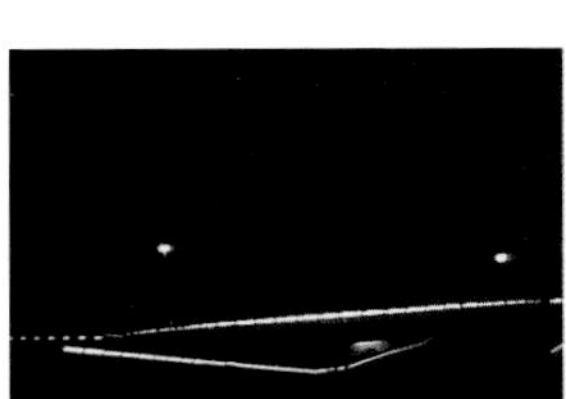

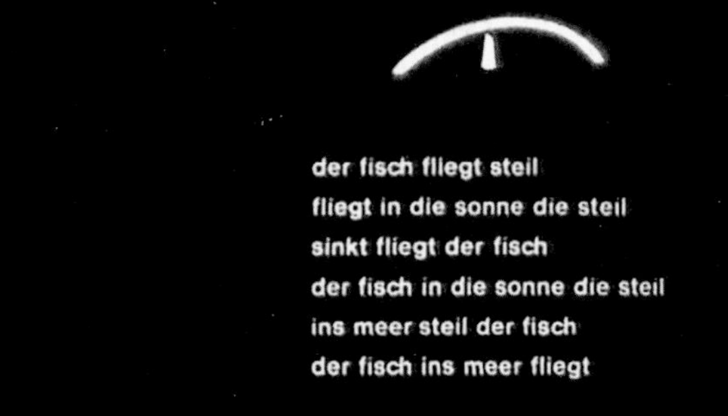
der fisch fliegt steil
fliegt in die sonne die steil
sinkt fliegt der fisch
der fisch in die sonne die steil
ins meer steil der fisch
der fisch ins meer fliegt

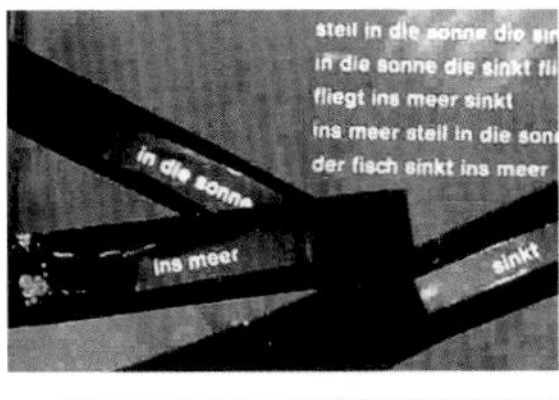
steil in die sonne die sin
in die sonne die sinkt fli
fliegt ins meer sinkt
ins meer steil in die son
der fisch sinkt ins meer
in die sonne
ins meer
sinkt

in die sonne die
in die
meer
er fisch
nkt
er fisch
der fisch flie
fliegt
steil
fliegt in die
in die sonne di
sinkt fliegt d
in die sonne die
ins meer
sinkt
ins meer
der fisch
sinkt
der fisch

die sonne die
die sonne die
egt
egt
fliegt
steil
in die sonne die
in die sonne die
steil
ins meer
nkt
nkt
s meer
meer
sinkt
ins meer
ins meer
der fisch
sinkt

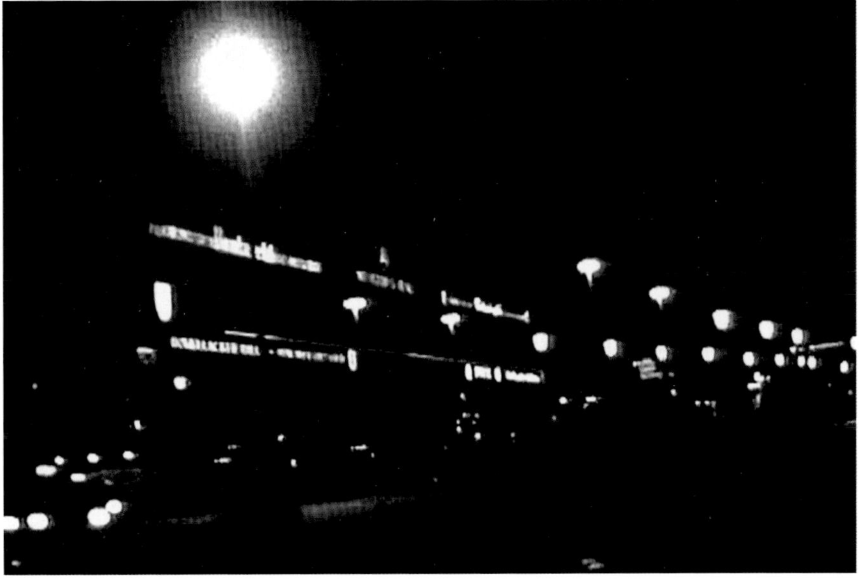

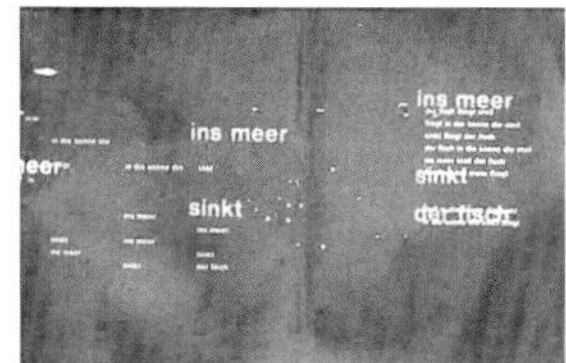
ins meer
ins meer
sinkt
sinkt
der fisch
meer

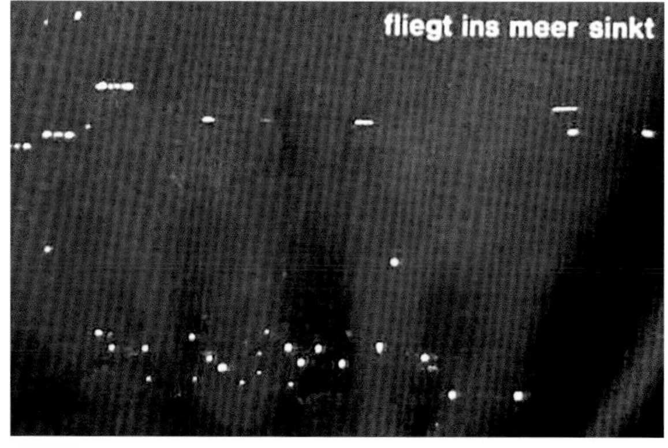
fliegt ins meer sinkt

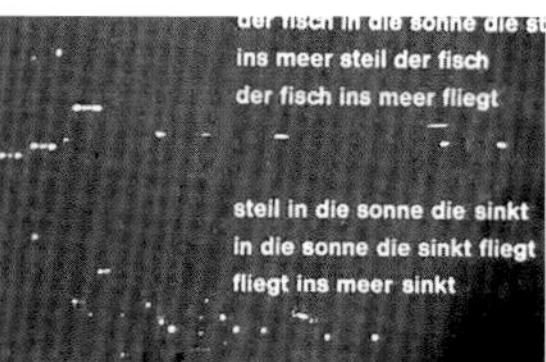
der fisch in die sonne die st
ins meer steil der fisch
der fisch ins meer fliegt

steil in die sonne die sinkt
in die sonne die sinkt fliegt
fliegt ins meer sinkt

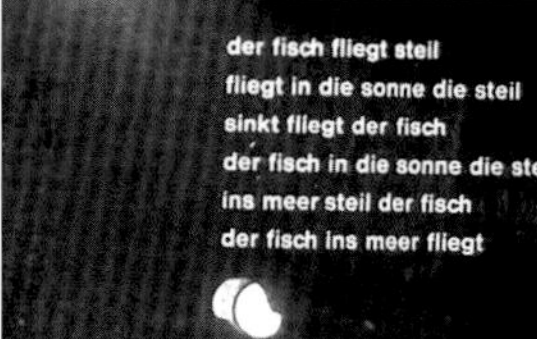
der fisch fliegt steil
fliegt in die sonne die steil
sinkt fliegt der fisch
der fisch in die sonne die ste
ins meer steil der fisch
der fisch ins meer fliegt

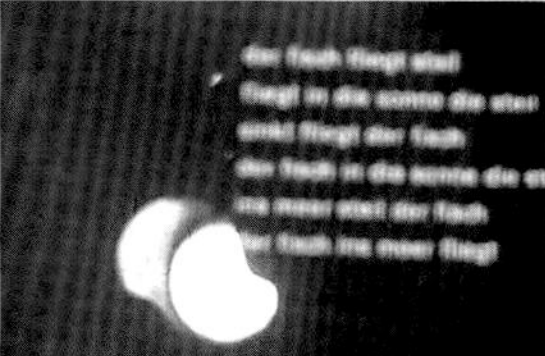

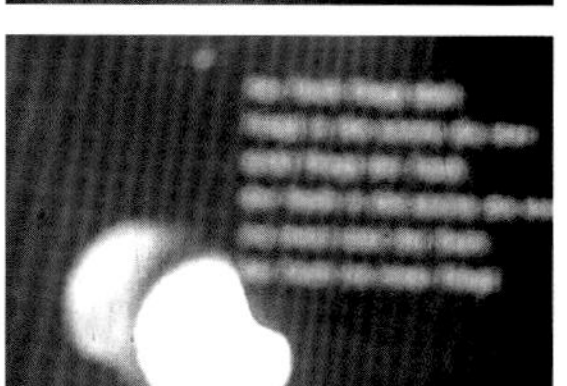

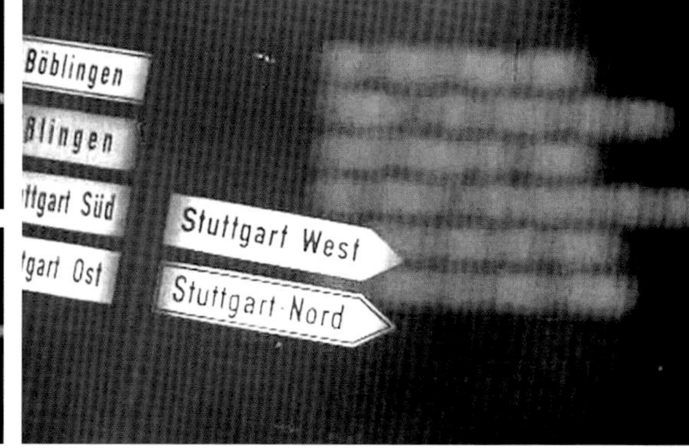
Böblingen
Blingen
ttgart Süd
tgart Ost
Stuttgart West
Stuttgart-Nord

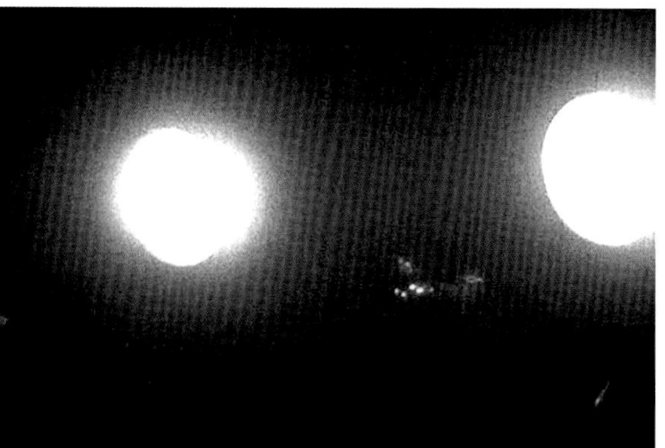

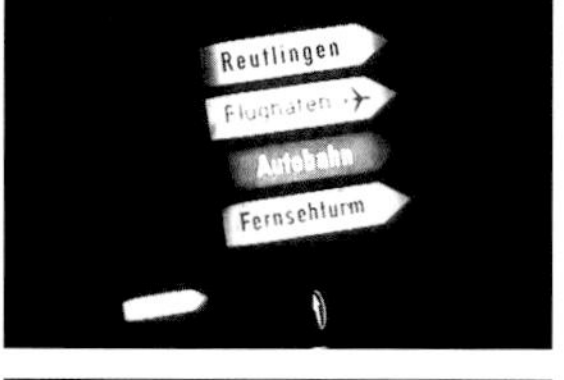
Reutlingen
Flughafen
Autobahn
Fernsehturm

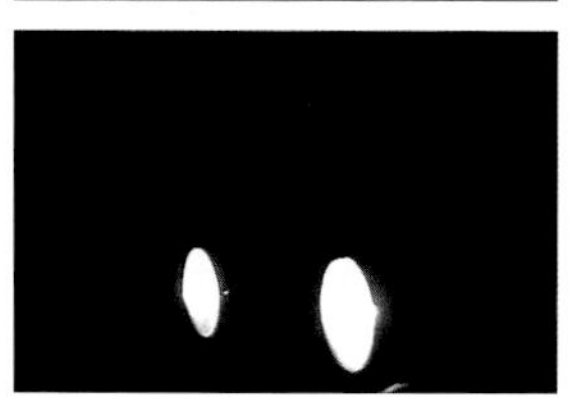

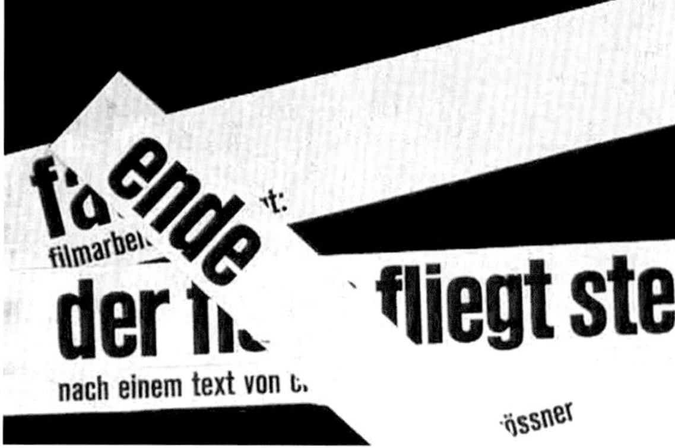
ende
fa
filmarbe
der fi
fliegt ste
nach einem text von t
össner

F A T
filmarbeitsteam
stuttgart pischekstrasse 63 telefon 241656
Georg Bense

Drehbuch
———
Text Film

Der Fisch fliegt steil

F. A. T. filmarbeitsteam

Filmtitel:
Länge: 5 m. Art: Trick/Real Material: 27° Din.
Drehtag: 10. 6. 61 Drehzeit: ~ 4 Wochen

EINSTELLUNG
No.: Titel.
Groß.

Darsteller: Vogel. Kostüm: — Maske: Requisiten: Telefon Dekoration:

Musik: —
Geräusche: Band. Gespr. von Doel.
Text: Siehe vorspann entwurf.

Aussage: Man sieht ein Telefon. gross im Bild.
Ein Hand kommt ins Bild und beginnt
ein sechstellige Zahl zu wählen. / Abblende. /
Während dessen blenden die Titel auf / Abblende. /
Aufnahme des Gerichtes ohne Verbindung! Sc

PLANUNG	SZENENFOTO (SKIZZE)	DURCHFÜHRUNG
Ort:		
Jahreszeit:		
Tageszeit:		
Uhrzeit:		
Wetter:		
Beleuchtung: 4 × 250 [W]		
Objektiv: Trafo.		
Entfernung:		
Übergang: Schnitt.		

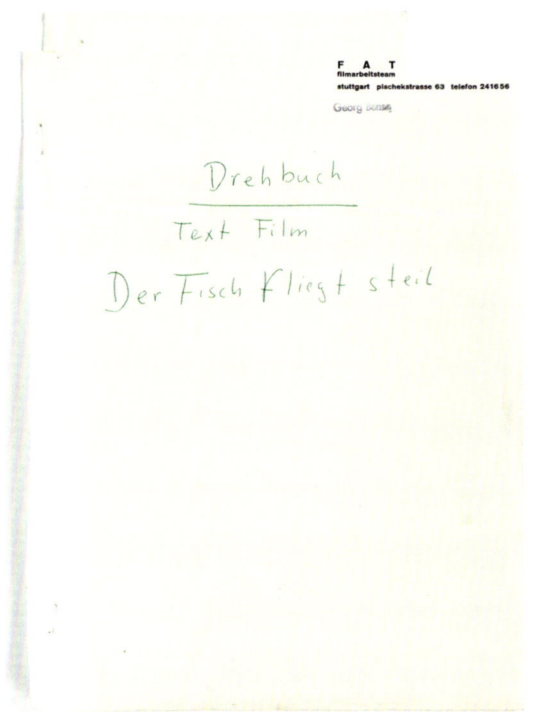

F. A. T. filmarbeitsteam

Filmtitel: Der Fisch fliegt steil.
Länge: 90 sec 60 m Art: Real + Trick Material: 21° Din.
Drehtag: 1.6.61 Drehzeit: 4 Wochen

EINSTELLUNG
No.: 1
Gross Telef.

Darsteller: B. Dieterich. Vogel Kostüm: Maske: Telefon. Requisiten: Telefon. Dekoration:

Musik:
Geräusche: Band gespr. von Doel
Text: 1) kurzer Stand des Textes. schwarzer H. ferul.
weiße Schrift.
Der Text blendet aus einem schwarzen Stand ein
und steht die volle Sekunde zahl. Trafofahrt bis 170

Aussage: Langsame Einblende.
Augen des Mädchens. Die immer noch sehr unbe-
teiligt, fast gleichzeitig zucken. Plötzlich
schnelle Heranfahrt.

PLANUNG	SZENENFOTO (SKIZZE) in Trick.	DURCHFÜHRUNG
Ort: Innen		
Jahreszeit: /		
Tageszeit: /		
Uhrzeit: /		
Wetter: /		
Beleuchtung: 4 × 250		
Objektiv: Trafo.		F = 25 Ti.
Entfernung: ~ 2/3 Meter		
Übergang: Überblende schnitt.		

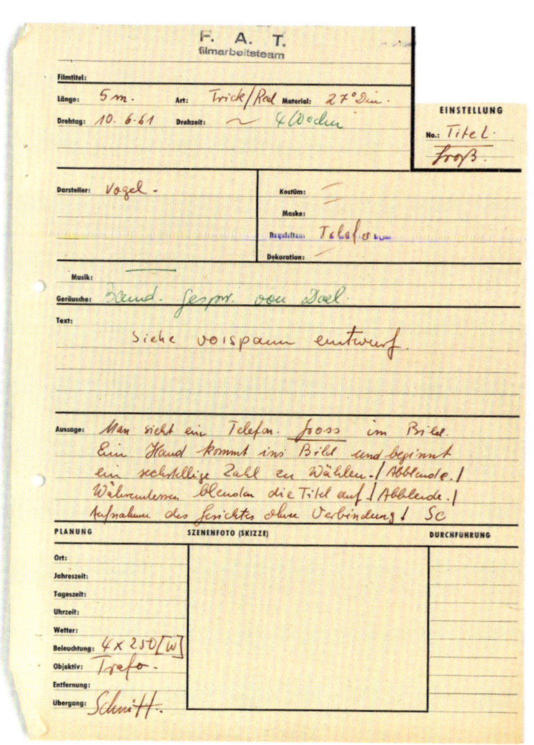

F. A. T. filmarbeitsteam

Filmtitel: Der Fisch fliegt steil
Länge: 30 sec Art: Real + Trick Material: 21° Din
Drehtag: 1.6.61 Drehzeit: 4 Wochen

EINSTELLUNG
No.: 2
Sehr groß / groß

Darsteller: B. Dieterich Kostüm: Maske: Requisiten: Telefonhörer Dekoration:

Musik:
Geräusche: Band gespr. von Doel
Text: Text 1 steht. Trafofahrt von 170 – 52
Text 2 blendet nach 10 sec Stand
ein.
Stand.

Aussage: Sein Augen aus nächster Nähe. Hörn in der Hand.
Sein Ausdruck stellt die Frage: Wer ist du?
Schnelle Trafofahrt rückwärts

PLANUNG	SZENENFOTO (SKIZZE) f. Trick.	DURCHFÜHRUNG
Ort: Innen	Text 2	
Jahreszeit: /		
Tageszeit:	Text 1	
Uhrzeit:		
Wetter:		
Beleuchtung: 4 × 250 [W]		
Objektiv: Trafo.		
Entfernung:		
Übergang: Überblende Schnitt.		

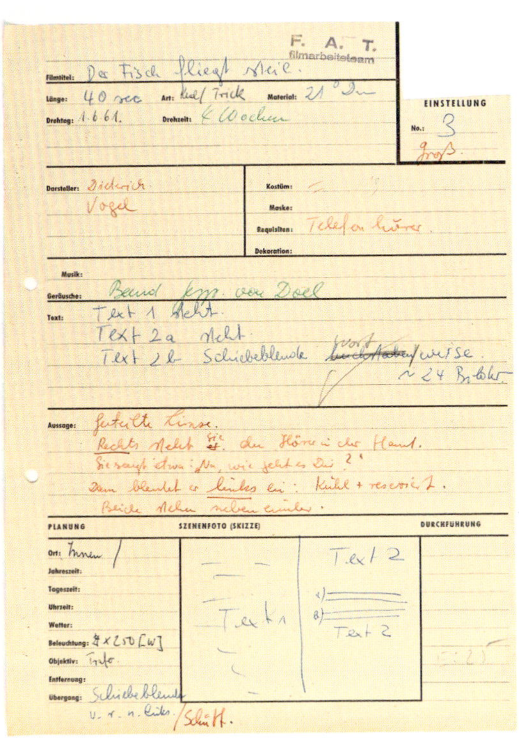

Einstellung 3

F. A. T.
filmarbeitsteam

Filmtitel: Der Fisch fliegt steil.
Länge: 40 sec   Art: Real/Trick   Material: 21°Din
Drehtag: 1.6.61   Drehzeit: 4 Wochen
EINSTELLUNG No.: 3   groß.

Darsteller: Dieterich, Vogel
Kostüm: —
Maske: —
Requisiten: Telefonhörer.
Dekoration:

Musik:
Geräusche: Bernd Jm. von Doel
Text: Text 1 steht.
Text 2a steht.
Text 2b Schiebeblende buchstabenweise.
~ 24 Buchstaben

Aussage: Geteilte Linse.
Rechts steht sie. Den Hörer in der Hand.
Sie sagt etwa: "Na, wie geht es Dir?"
Dann blendet er links ein: Kühl + reserviert.
Beide stehen nebeneinander.

PLANUNG — SZENENFOTO (SKIZZE) — DURCHFÜHRUNG
Ort: Innen
Jahreszeit:
Tageszeit:
Uhrzeit:
Wetter:
Beleuchtung: 4 × 250 [W]
Objektiv: Trafo
Entfernung:
Übergang: Schiebeblende v. r. n. links. / Schnitt.

Einstellung 4

F. A. T.
filmarbeitsteam

Filmtitel: Der Fisch fliegt steil.
Länge: 45 sec   Art: Real/Trick   Material: 21°Din
Drehtag: 1.6.61   Drehzeit: 4 Wochen
EINSTELLUNG No.: 4   groß.

Darsteller: Dieterich, Vogel
Kostüm: —
Maske: —
Requisiten: Telefonhörer.
Dekoration:

Musik:
Geräusche: Siehe vorne
Text: Text 1 steht (wird durch Schiebeblende aufgeblendet.
Text 2 ebenfalls. Einfach Schrift sie.
Diejenigen Worte die bei E5. hinüberwandern verschwinden einzeln.

Aussage: Ihre Augen / bis Mund. Sie spricht.
Sie legt eine Hand gespreizt über das Gesicht, als wäre sie am Nachdenken. Plötzlich, fernab von Gesicht. Die Augen werden wild. Sie sagt ungefähr: "Das ist nicht wahr das Schwein!"

PLANUNG — SZENENFOTO (SKIZZE) — DURCHFÜHRUNG
Ort: Innen
Jahreszeit:
Tageszeit:
Uhrzeit:
Wetter:
Beleuchtung: 4 × 250 [W]
Objektiv: Trafo
Entfernung:
Übergang: Schnitt → zu Überbl. →

Einstellung 5

F. A. T.
filmarbeitsteam

Filmtitel: Der Fisch fliegt steil.
Länge: 50 sec   Art: Real/Trick   Material: 21
Drehtag: 1.6.61   Drehzeit:
EINSTELLUNG No.: 5   groß.

Darsteller: Dieterich.
Kostüm:
Maske:
Requisiten: Telefonhörer.
Dekoration:

Musik:
Geräusche: wie vorne
Text: Text 1 steht.
Text 2: die 3 ersten Zeilen werden von unten nach oben hinzugegeben. gleichzeitig werden die einzelnen Buchstaben der 4. Zeile in umkehrter Reihenfolge

Aussage: Sein Gesicht. groß. Ausdruck: Hohn + Spott.
Lacht zynisch. Zu sehen nur die Mundpartie.
Er spricht etwa: Tja Klein, da bist es selbst schuld.
Schnelle Trafo an und Schwenk unten.

PLANUNG — SZENENFOTO (SKIZZE) — DURCHFÜHRUNG
Ort: Innen
Jahreszeit:
Tageszeit:
Uhrzeit:
Wetter:
Beleuchtung: 4 × 250 [W]
Objektiv: Trafo
Entfernung:
Übergang: Schnitt, Überblende

Einstellung 6

F. A. T.
filmarbeitsteam

Filmtitel: Der Fisch fliegt steil.
Länge: 45 sec   Art: Real/Trick   Material: 21°Din
Drehtag: 1.6.61   Drehzeit: 4 Wochen
EINSTELLUNG No.: 6   groß.

Darsteller: Dieterich, Vogel
Kostüm:
Maske:
Requisiten: Telefonhörer.
Dekoration:

Musik:
Geräusche: siehe vorne
Text: T 1 steht. durch die Überblende zeigen die wandernden Buchstaben heraus.
T 2 Erst Stand (abgedeckt wie 5.) Einblenden Zeile 5.
T 1: wandernde Buchstaben für E 6 abdecken (einzeln)

Aussage: Geteilte Linse.
Sie links. Er rechts.
Plötzlich blendet sie ab. & nimmt den Hörer in die Hand. Trafo rückwärts.
Dann auch er dunkel.

PLANUNG — SZENENFOTO (SKIZZE) — DURCHFÜHRUNG
Ort: Innen
Jahreszeit:
Tageszeit:
Uhrzeit:
Wetter:
Beleuchtung: 4 × 250 [W]
Objektiv: Trafo
Entfernung:
Übergang: Schnitt

ENDE von Spul. 1.

F. A. T.
filmarbeitsteam

Filmtitel: Der Fisch fliegt steil
Länge: 15 m.   Art: Real   Material: 27 °Din.
Drehtag: 10.6.61   Drehzeit: 4 Woch

EINSTELLUNG
No.: 6a.
Totale

Darsteller: Vogel, Duderich.   Kostüm: —   Maske: —   Requisiten: Taxi.   Dekoration: —
Musik:
Geräusche: S. bene
Text:

Aussage: Doppelbelichtung eines abgeschnittenen
2) Kopfes.
1) mit Fahrt durch nächtliche Stadt.

PLANUNG   SZENENFOTO (SKIZZE)   DURCHFÜHRUNG
Ort: Stadt
Jahreszeit:
Tageszeit: Nacht.
Uhrzeit: —
Wetter:
Beleuchtung: Aussenbeleuchtg
Objektiv: Tele / Weitwinkel
Entfernung: ∞
Übergang: Schnitt.

F. A. ..
filmarbeitsteam

Filmtitel: Der Fisch fliegt steil
Länge: 5 m   Art: Real   Material:
Drehtag: 10.6.61   Drehzeit: 4. W.

No.: 6b.
Halbnah.

Darsteller: Duderich, Vogel   Kostüm: Maske: Requisiten: Telefon   Dekoration:
Musik:
Geräusche: Bimt fern – oo Drel
Text:

Aussage: Er sitzt am Telefon und spielt mit
D. {1) der Nummernscheibe
{2) Sie geht und man sieht abwechselnd
ihren Kopf und ihm Bein.

PLANUNG   SZENENFOTO (SKIZZE)   DURCHFÜHRUNG
Ort: Innen
Jahreszeit:
Tageszeit: Nacht
Uhrzeit:
Wetter:
Beleuchtung: Normal
Objektiv: Trafo.
Entfernung:
Übergang: Schnitt.

F. ..
filmarbeitsteam

Filmtitel: Der Fisch fliegt steil
Länge: 5 m   Art: Real   Material: 27 Din
Drehtag: 10.6.61   Drehzeit: 4 Woch

No.: 6c

Darsteller: Vogel   Kostüm: Maske: Requisiten: Telefon.   Dekoration:
Musik:
Geräusche:
Text:

Aussage: Sie kommt wieder zum Telefon.
Ihre Hand. Sie wählt wieder die Nummer.
Schnelle in + Herfahrt während des Drehens um
mit ihrem Stand in der Mitte.

PLANUNG   SZENENFOTO (SKIZZE)   DURCHFÜHRUNG
Ort:
Jahreszeit:
Tageszeit:
Uhrzeit:
Wetter:
Beleuchtung: 4 x 250
Objektiv: Trafo
Entfernung:
Übergang: Schnitt

Beginn von Film 2. mit Schärfe
aufdecken

A. T.
filmarbeitsteam

Filmtitel: Der Fisch fliegt steil
Länge: 60 sec   Art: Real / Trick   Material: 21 °Din
Drehtag: 1.6.61   Drehzeit: 4. Woch

EINSTELLUNG
No.: 7

Darsteller: Dietrich   Kostüm: Maske: Requisiten: Dekoration:
Musik:
Geräusche: neben Bonne
Text:
1) Text 1: Steht.
2) Text 2: Diagonal aufdecken (Schildcente
gleichzeitig schiebt sich Zeit 6 von r. n. l.
S(aus) 3) Text + text F 8 / Wander buchstaben bezw Worte
abdecken 2 Briefkopf.

Aussage: Sein Gesicht. Man sieht er spricht.
Kreisender Scheinwerfer.

PLANUNG   SZENENFOTO (SKIZZE)   DURCHFÜHRUNG
Ort: Innen
Jahreszeit:
Tageszeit:
Uhrzeit:
Wetter:
Beleuchtung: 4 x 250 [W]
Objektiv: Trafo
Entfernung:
Übergang: Schnitt / Wbl.

F 25

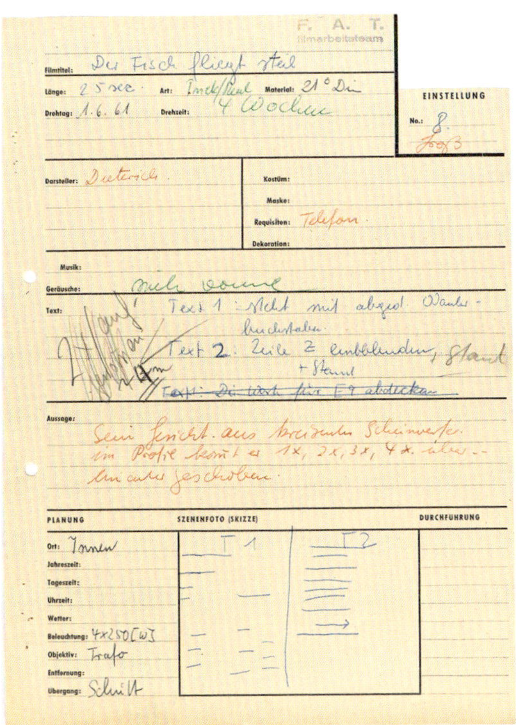

F. A. T. filmarbeitsteam

Filmtitel: Der Fisch fliegt steil
Länge: 25 sec. Art: Trick/Real Material: 21° Din
Drehtag: 1.6.61 Drehzeit: 4 Wochen

EINSTELLUNG No.: 8

Darsteller: Dieterich
Kostüm:
Maske:
Requisiten: Telefon
Dekoration:

Musik:
Geräusche: nur Stimme
Text 1: steht mit abgel. Wander-buchstaben
Text 2: Zeile 2 einblendung, Stand + Stand
Text: Die Worte für E9 abdecken

Aussage: Sein Gesicht aus kreisenden Scheinwerfer. Im Profil kommt es 1x, 2x, 3x, 4x. übereinander geschoben.

PLANUNG — SZENENFOTO (SKIZZE) — DURCHFÜHRUNG
Ort: Innen
Jahreszeit:
Tageszeit:
Uhrzeit:
Wetter:
Beleuchtung: 4 x 250 [W]
Objektiv: Trafo
Entfernung:
Übergang: Schnitt

F. A. T. filmarbeitsteam

Filmtitel: Der Fisch fliegt steil
Länge: 20 sec. Art: Trick/Real Material: 21° Din
Drehtag: 20.9 1.6.61 Drehzeit: 4 Wochen

EINSTELLUNG No.: E9

Darsteller: Dieterich, Vogel
Kostüm:
Maske:
Requisiten: Telefon
Dekoration:

Musik:
Geräusche: Band gespr.- o. Seel
Text 1: Exempl. von E8. Worte einzeln abdecken
Text: Es schreibt sich in entsprechender Reihenfolge die Sätze

Aussage: Er und sie. Beide im Profil gegenüber.

PLANUNG — SZENENFOTO (SKIZZE) — DURCHFÜHRUNG
Ort: Innen
Jahreszeit:
Tageszeit:
Uhrzeit:
Wetter:
Beleuchtung: 4 x 250 [W]
Objektiv: Trafo
Entfernung:
Übergang: Schnitt

F. A. T. filmarbeitsteam

Filmtitel: Der Fisch fliegt steil
Länge: 20 sec. Art: Material: 21° Din
Drehtag: 1.6.61 Drehzeit: 4 Wochen

EINSTELLUNG No.: 10

Darsteller: Dieterich, Vogel
Kostüm:
Maske:
Requisiten:
Dekoration:

Musik:
Geräusche:
Text:
1) T1: geht langsam auf, steht 5 sec
   T2: schwarz
2) T1 Aufbl. schwarz Abblende
   T2: Aufblende + steht 10-15 sec

Aussage: Er und sie. Beide noch abwechselnd gegenüber. Einmal der eine, dann der andere. Beide mit Telefonhörer.

PLANUNG — SZENENFOTO (SKIZZE) — DURCHFÜHRUNG
Ort: Innen
Jahreszeit:
Tageszeit:
Uhrzeit:
Wetter:
Beleuchtung: 4 x 250 [W]
Objektiv: Trafo
Entfernung:
Übergang: Schnitt

F. A. T. filmarbeitsteam

Filmtitel: Der Fisch fliegt steil
Länge: 40 sec. Art: Trick/Real Material: 21° Din
Drehtag: 1.6.61 Drehzeit: 4 Wochen

EINSTELLUNG No.: E11

Darsteller:
Kostüm:
Maske:
Requisiten:
Dekoration:

Musik:
Geräusche:
Text:
T1 / T2
T1 Wort verschwindet und taucht auf der anderen Seite in entsprechender Weise auf. T1 ist unscharf, T2 ist scharf.

Aussage: E10 geht über nur eine einfache Doppelbelichtung. von vorne.

PLANUNG — SZENENFOTO (SKIZZE) — DURCHFÜHRUNG
Ort: Innen
Jahreszeit:
Tageszeit:
Uhrzeit:
Wetter:
Beleuchtung: 4 x 250 [W]
Objektiv: Trafo
Entfernung:
Übergang: Überblende

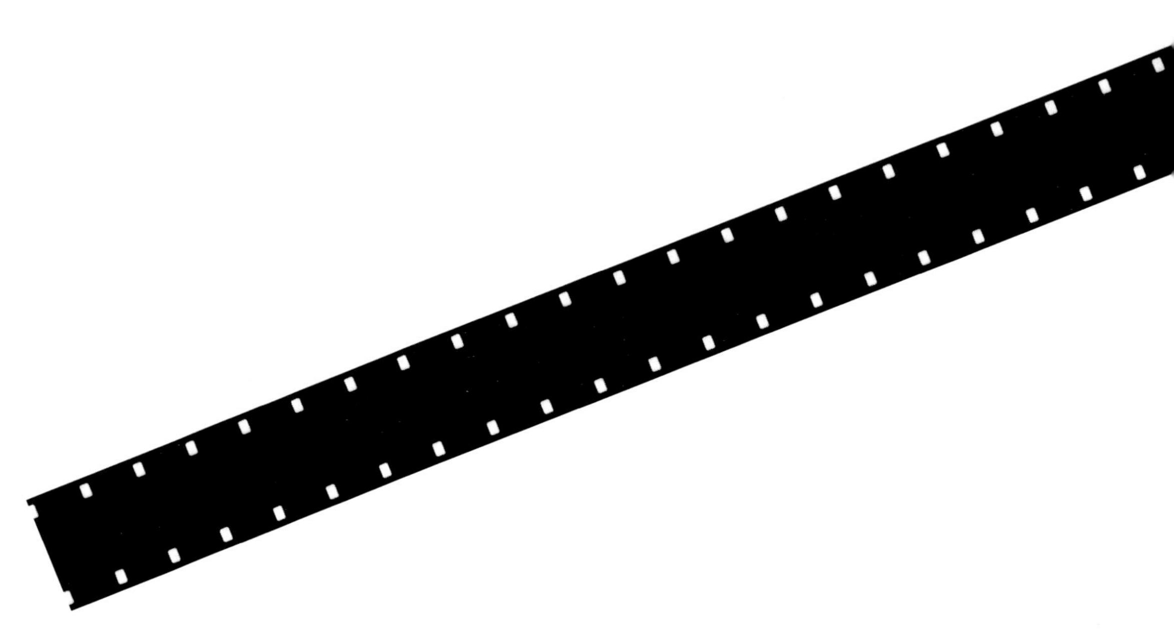

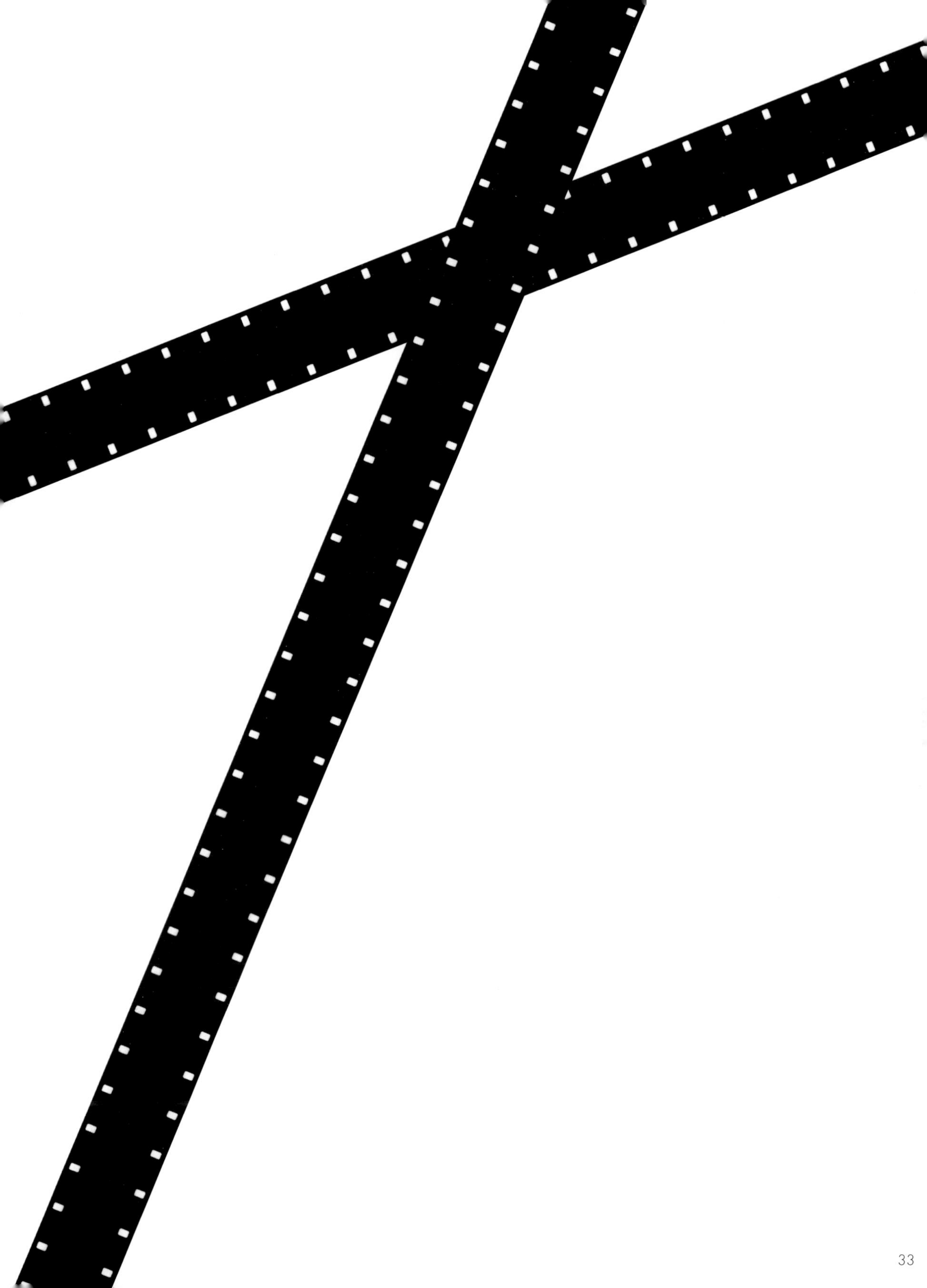

technische hochschule stuttgart diskussion studium generale

jetzt

fat zeigt den experimentalfilm jetzt
prof. dr. bense spricht über
die ästhetik des strukturalen films

dienstag, 12. februar 1963 20.00 uhr huberstraße 16 hörsaal 104

Jetzt

Datenblatt FILM

Filmtitel: JETZT

Untertitel: Nach einem Text von Max Bense

ergänzende Angaben

Im Auftrag des Studium Generale der Universität Stuttgart 1962

Produktionsangaben

Kamera und Montage: Georg Bense
Musik und Vertonung: Hansjoerg Mayer
Produktionsleitung: Rainer Wössner

Digitale Bearbeitung 2013:
    Wolf Quiel / Georg Bense

Beitrag zur Biennale de Paris 1963

Technische Angaben

Filmmaterial

16mm schwarz/weiß Film, Magnetton

Filmlänge: 12'57

Darsteller / Sprecher

Susanne Schulz
Dietmar Brux

Sprecherin: Christiane Motter

Konzeptionelle Angaben

„Es wird das Jetzt gezeigt, dieses Jetzt. Jetzt, es hat schon aufgehört zu sein, indem es gezeigt wird…" Der Film dokumentiert das „Jetzt", indem er es in Form von Handlungen zeigt, die zwei junge Leute, Verliebte offenkundig, bei einem Treffen im Treiben einer Großstadt (Stuttgart) durchführen. Im Text sind diese „Jetzt- Momente" durch verbindende oder weiterführende Worte verbunden : "Jetzt ist das Jetzt erst Jetzt das nur Jetzt ist…" Während das Wort „Jetzt" von den beiden Darstellern „gespielt" wird, werden alle weiteren Worte durch eine fahrende Straßenbahn dargestellt. Am Ende des Textes, wenn es heißt "nur dieses Jetzt ist Jetzt" wird der Junge von der Straßenbahn überfahren. Das Motiv der Straßenbahn entpuppt sich als mögliche Bedrohung der Verliebten während ihres Stadtbummels. Die beiden Motivgruppen sind nach einem genau festgelegten System montiert.
Es wurde eine Grundeinheit festgelegt, die sich nach der Silbenzahl der Worte richtete: Pro Silbe ist die Einheit 1 Meter Film, also 121 Filmfelder. Auf Grund dieser Festlegung und Überlegung entstand die filmische Umsetzung des Textes unter Beibehaltung des mittleren Informationsgehaltes (Entropie) in den visuellen Bereich. Die Notwenigkeit eines Inhalts entstand aus der Überlegung, dass der Film Informationsträger ist, wobei man unter Information auch die Veränderung der Darstellung versteht, was gleich einem epischen Ablauf ist.

data sheet FILM

title: NOW

subtitle: Based on a text by Max Bense

additional information

Commissioned by the Studium Generale, Technische Hochschule Stuttgart 1962

production details

Camera and Montage: Georg Bense
Music and Sound: Hansjoerg Mayer Head
of Production: Rainer Wössner

Digitisation 2013: Wolf Quiel /
                   Georg Bense

Submitted to the Biennale de Paris 1963

technical details

film material
 16mm black and white film, magnetic
 sound

length: 12'57

actor / voice-over
 Susanne Schulz
 Dietmar Brux

 voice-over: Christiane Motter

film concept

"What is shown is now, this moment now. Now has already ceased to exist insofar
as it has been shown..." The film documents the "now" by showing the actions
that two young people, who are obviously in love, perform when they meet up in
the bustling heart of the city (Stuttgart). In the text, these "now moments"
are linked by words that connect them or lead them onwards: "Only in this now is
now the now that is purely and simply now..." While the word "now" is "enacted"
by the two performers, all the other words are presented by means of a tram
shown driving round town. At the end of the text, when we are presented with the
words "only this now is now," the young man is run over by the tram. The tram
motif reveals itself as a potential threat to the lovers during their stroll
around town. Both groups of motifs have been arranged according to a precisely
determined system.
A basic unit was decided on using the number of syllables in the words: the unit
for each syllable is one metre of film, which is to say 121 frames. Using this
system, the text could be transposed to the visual realm while still retaining
the intermediate information (entropy). The need for a content arose from the
observation that film is an information carrier, with information also being
understood here as a change in the presentation, which is equivalent to an epic
sequence.

fat

filmarbeitsteam
zeigt

im auftrag
des lehrstuhls für
philosophie

der th stuttgart

jetzt

nach einem text von
max bense

ein film von

georg bense
rainer woessner
hansjörg mayer

der film überträgt einen text
mit maximaler verwendung
des einsilbigen wortes «jetzt»
in einen visuellen ablauf
numerisch gleichwertiger struktur

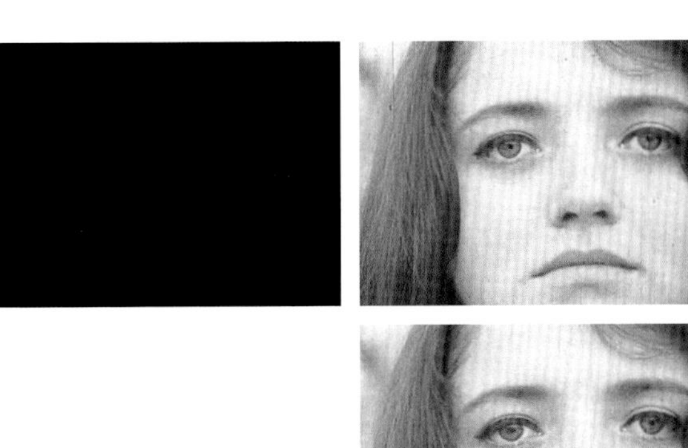

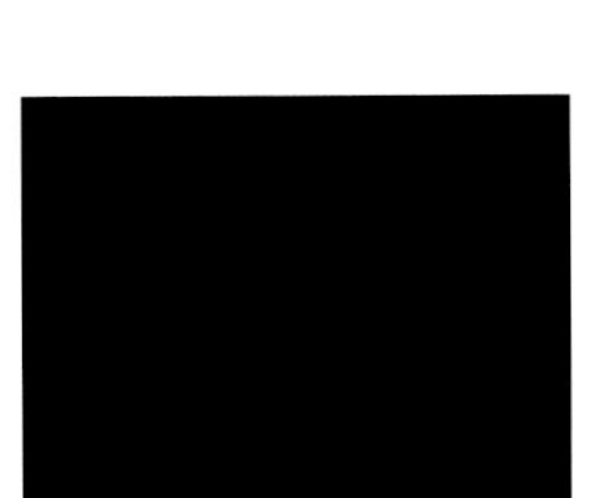

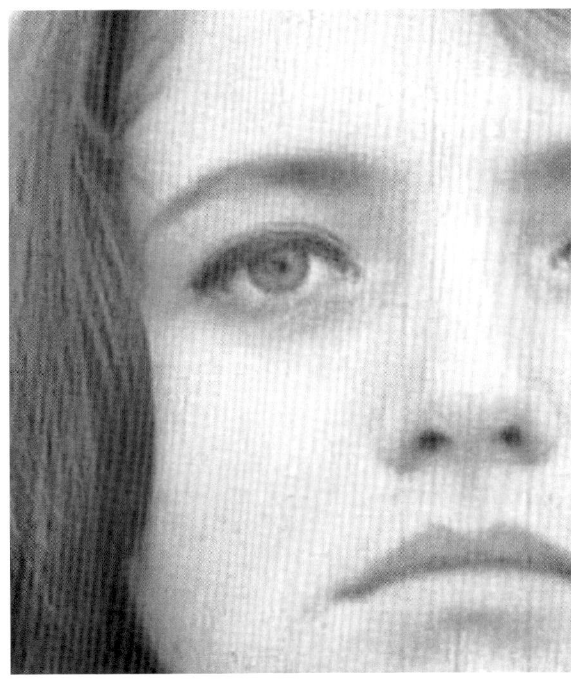

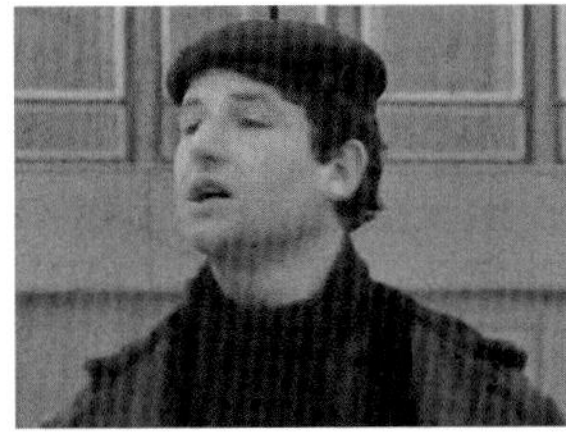

„Jetzt, Jetzt und erst Jetzt,
Jetzt und nur Jetzt…"

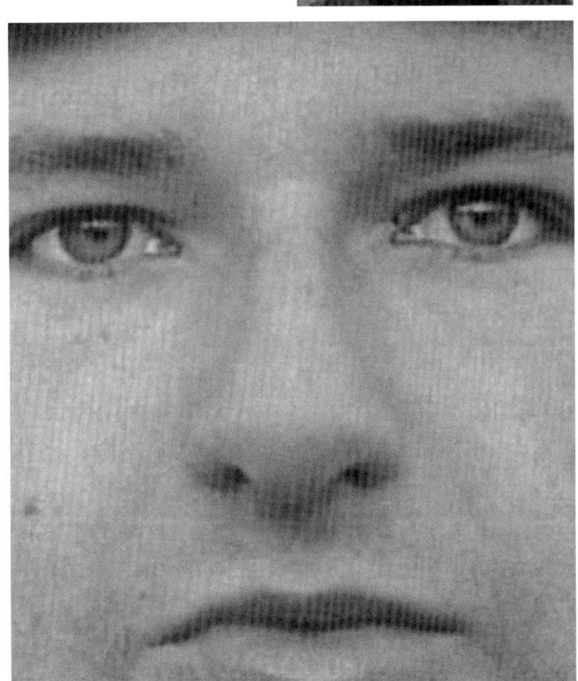

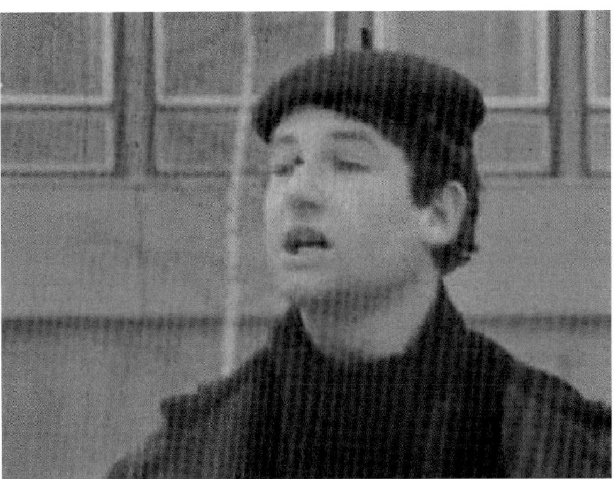

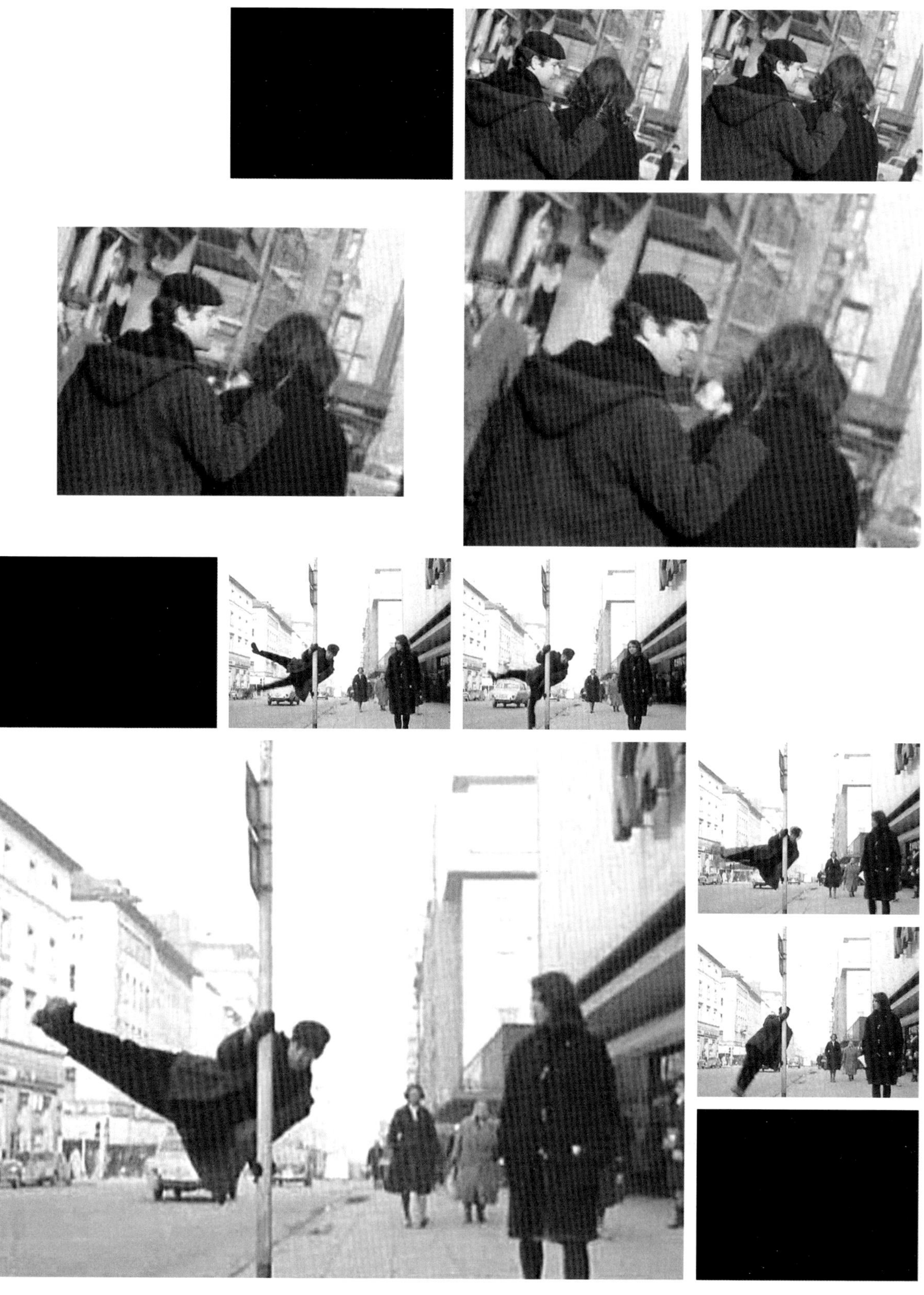

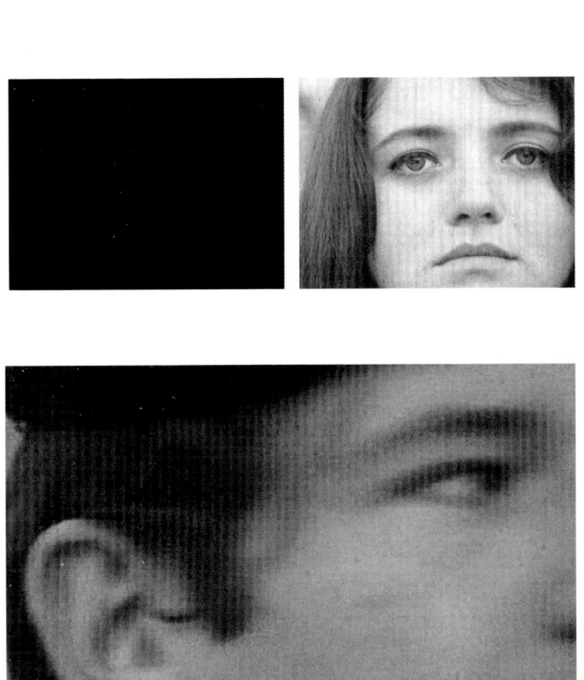
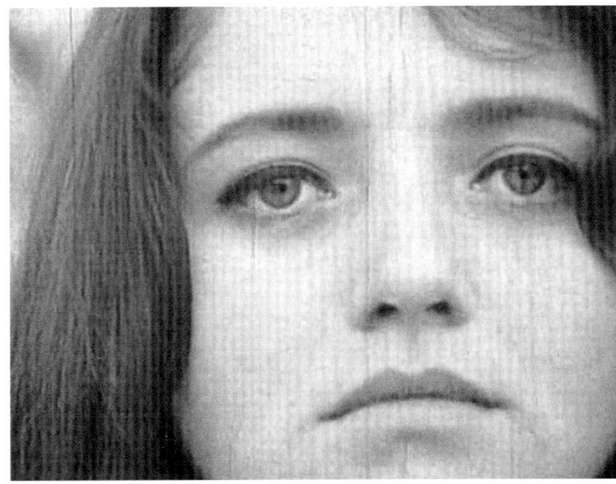
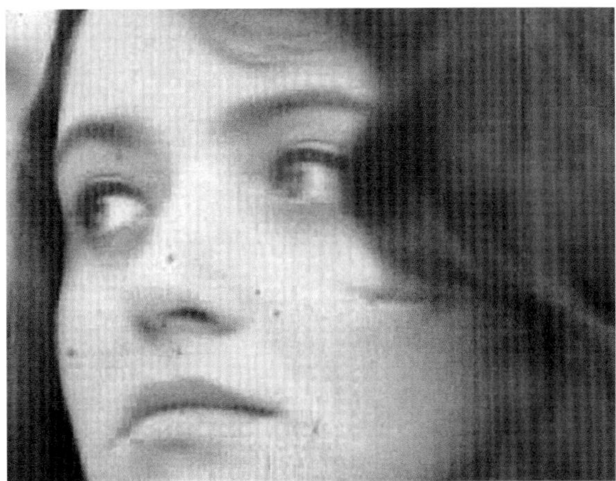
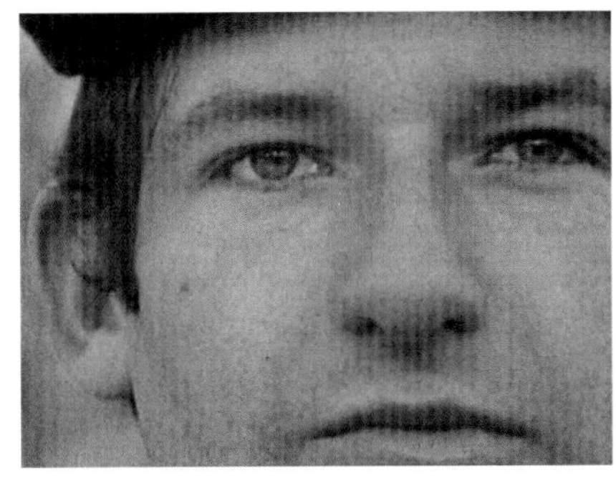
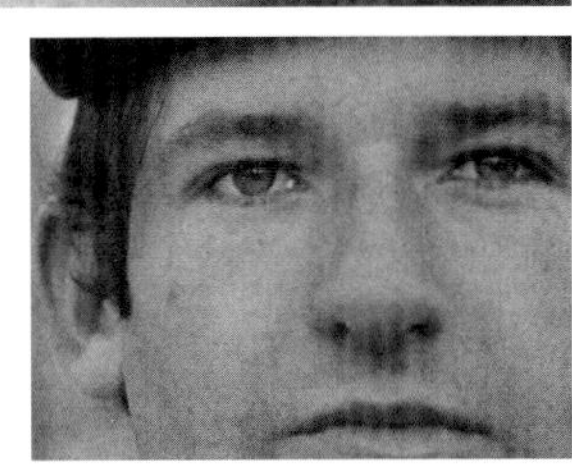
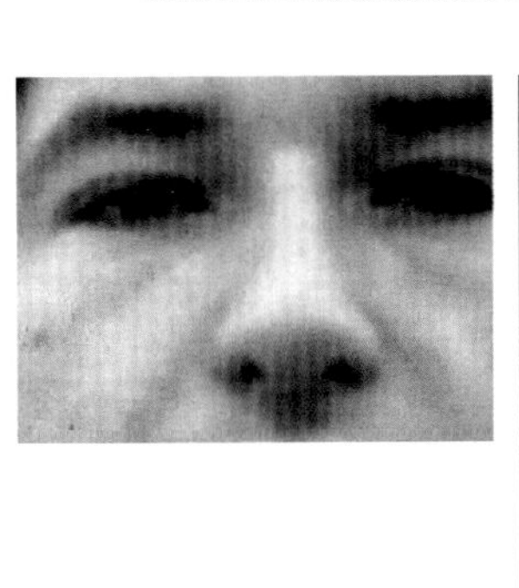
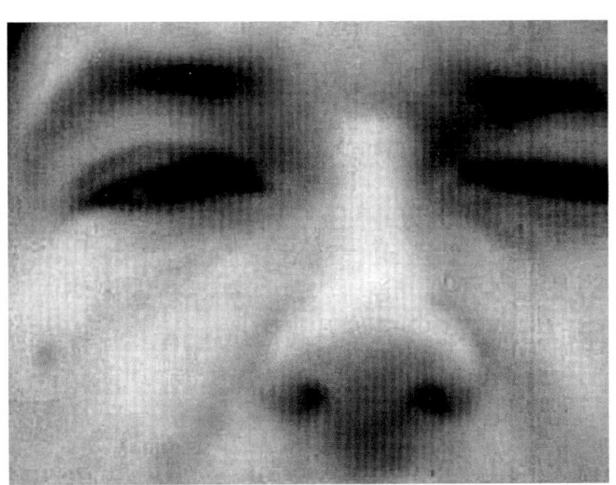
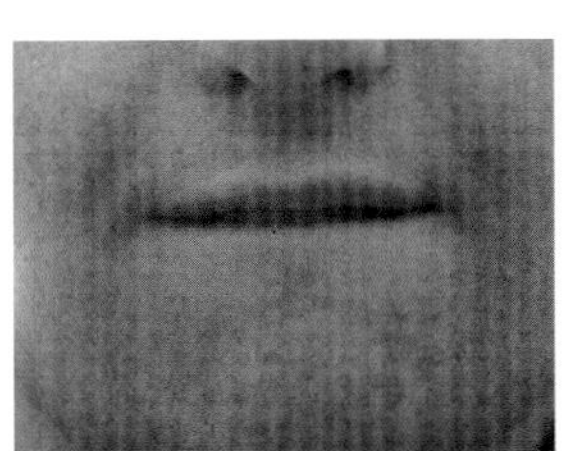

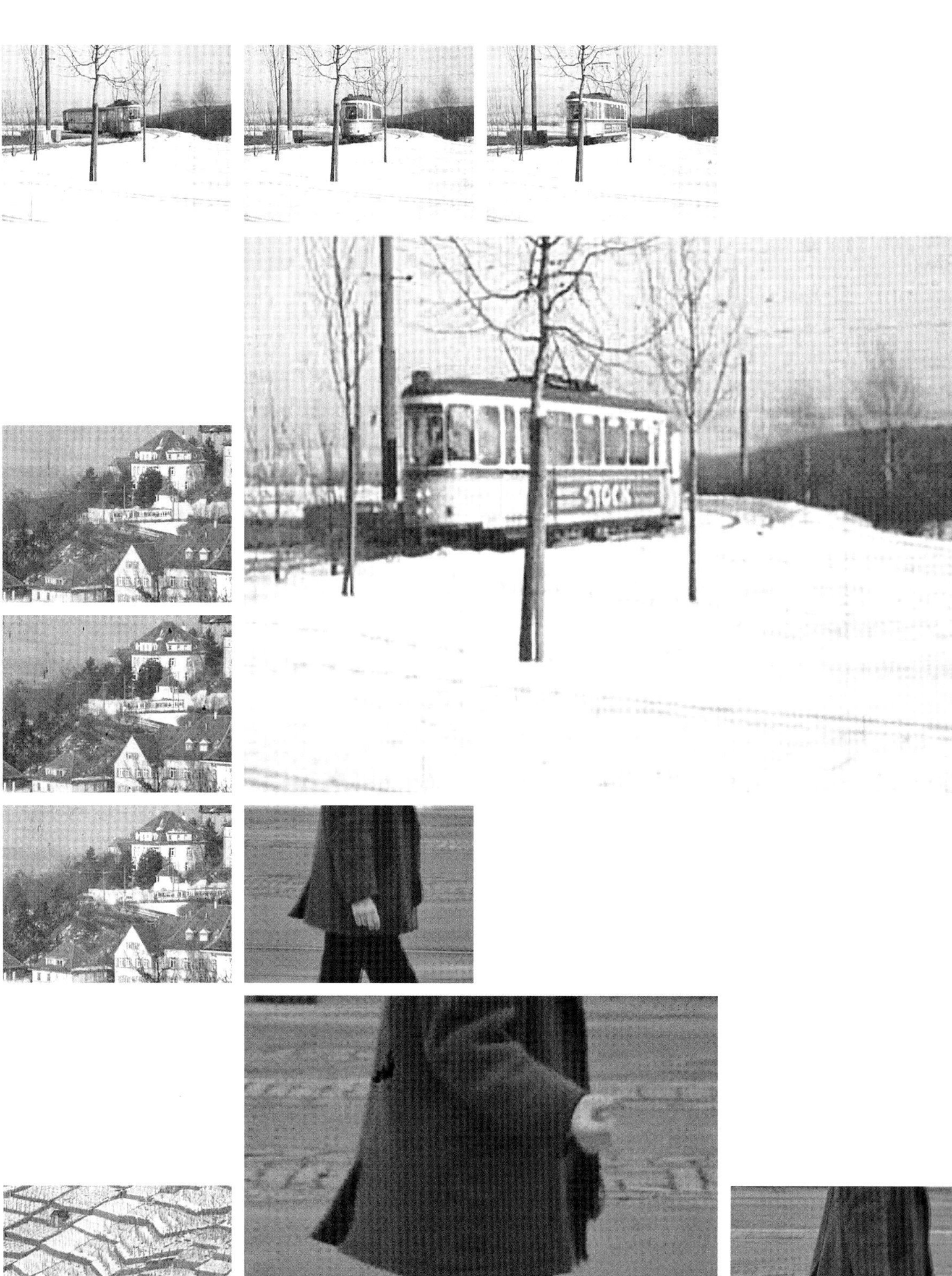

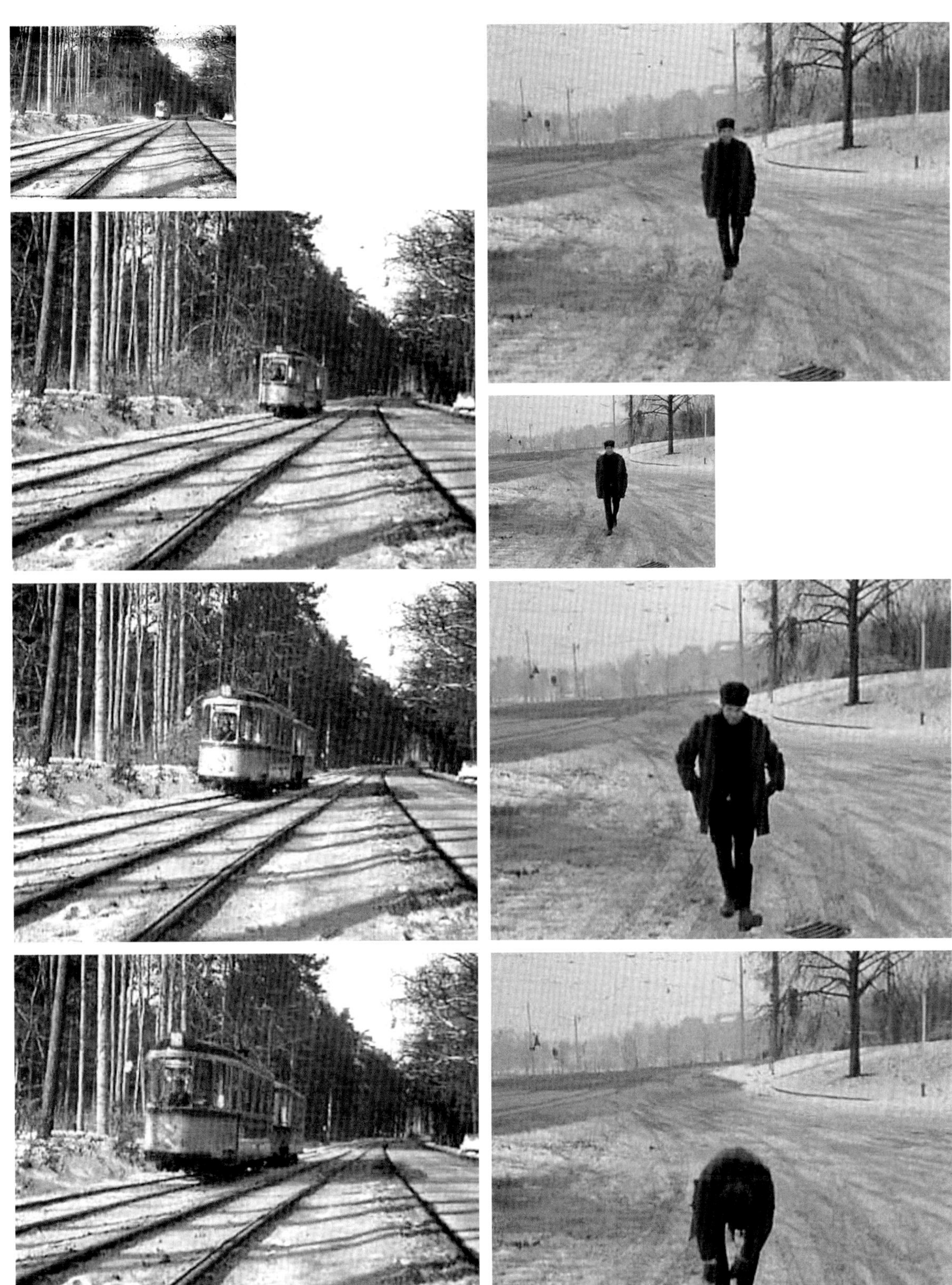

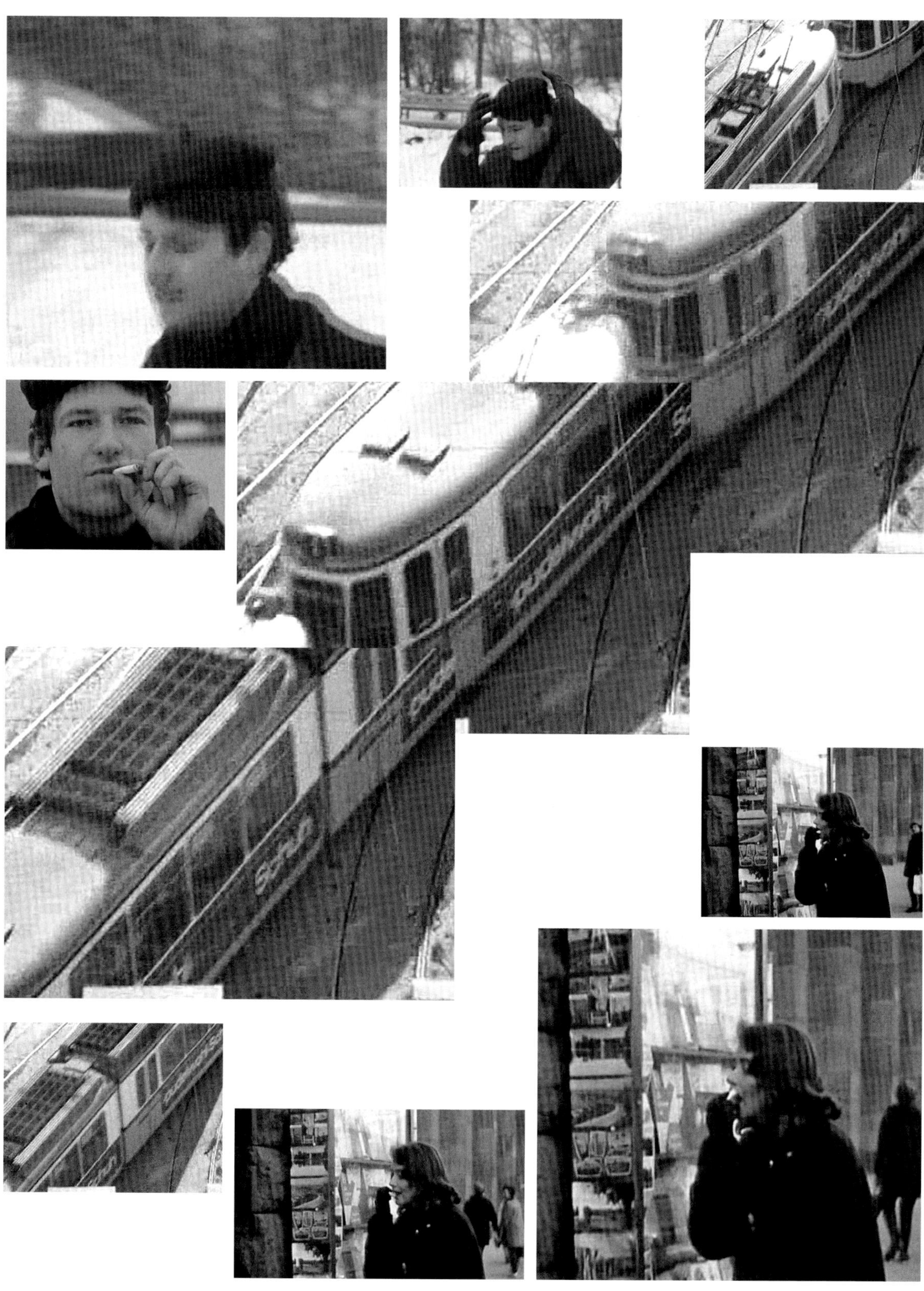

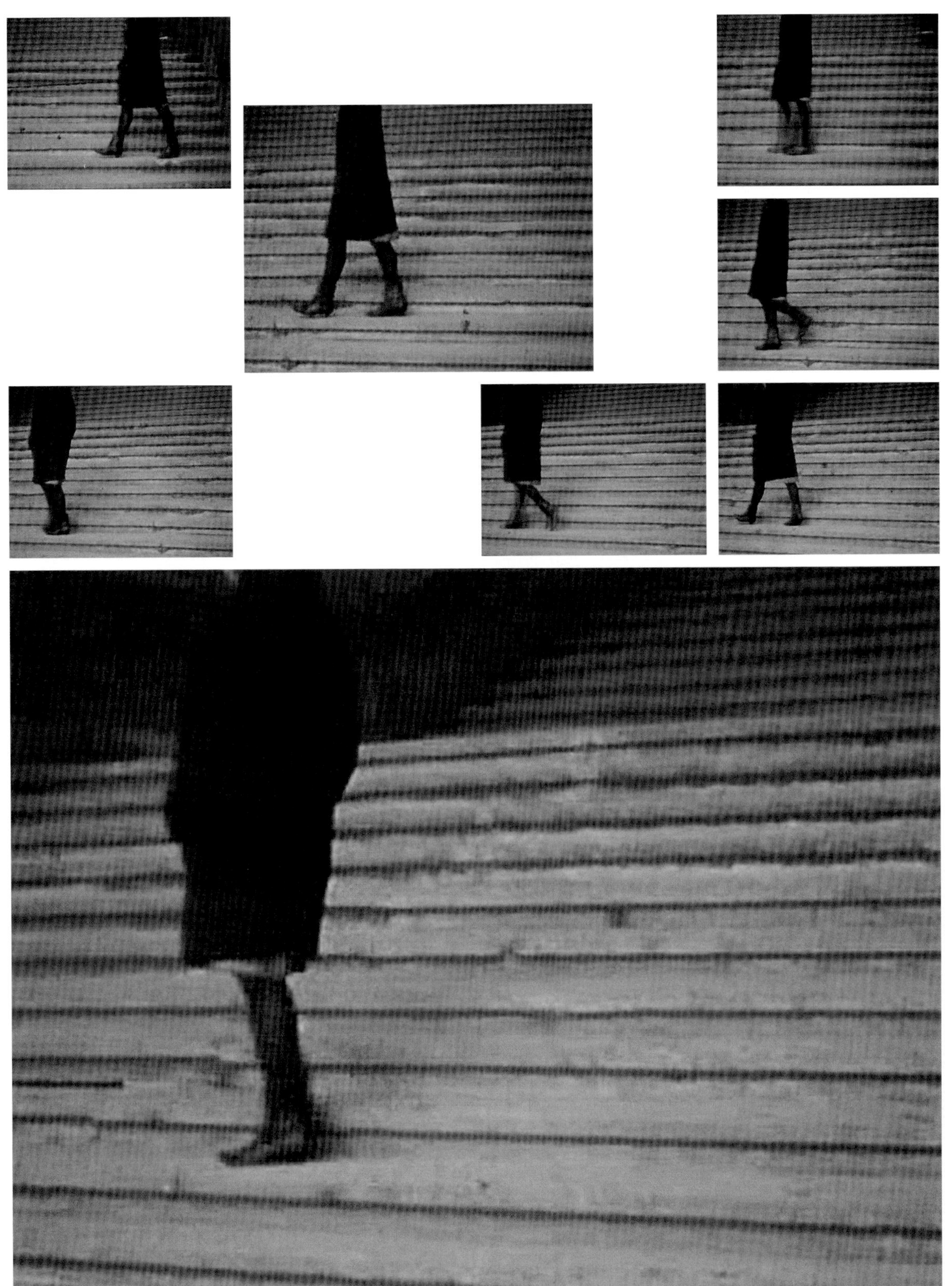

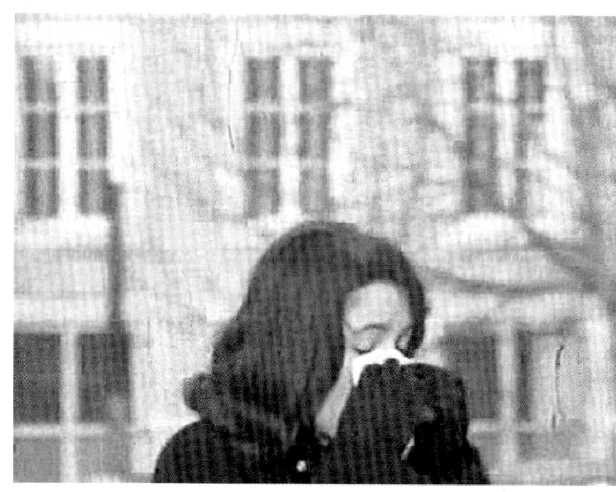
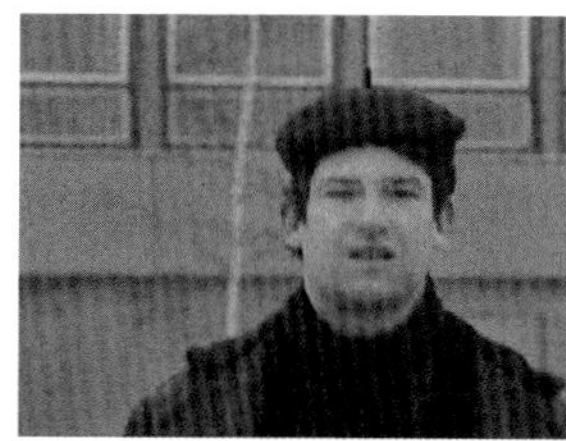
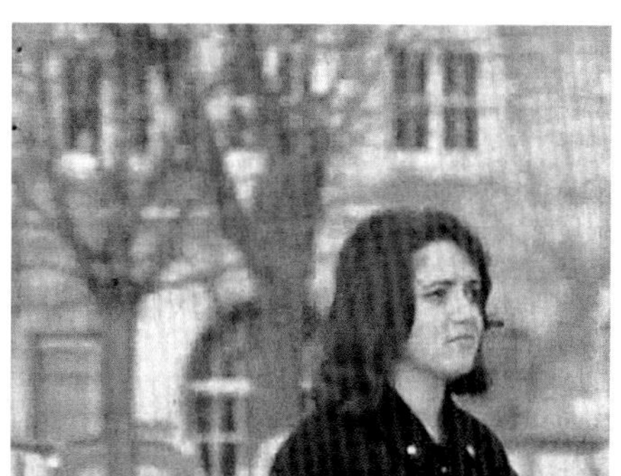
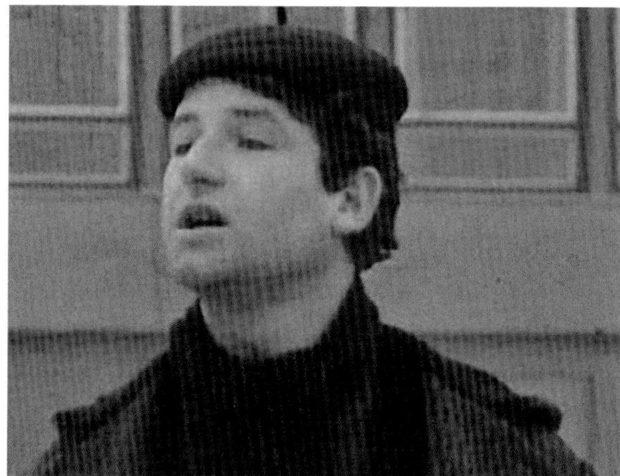
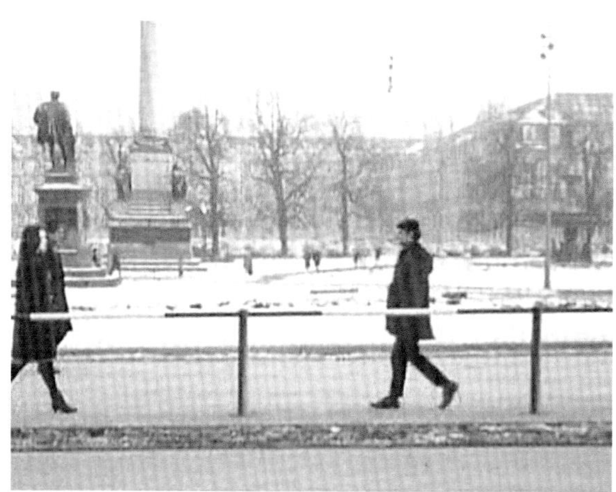
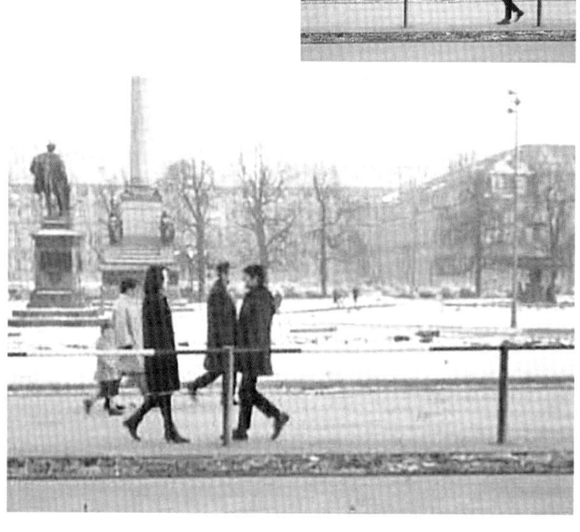

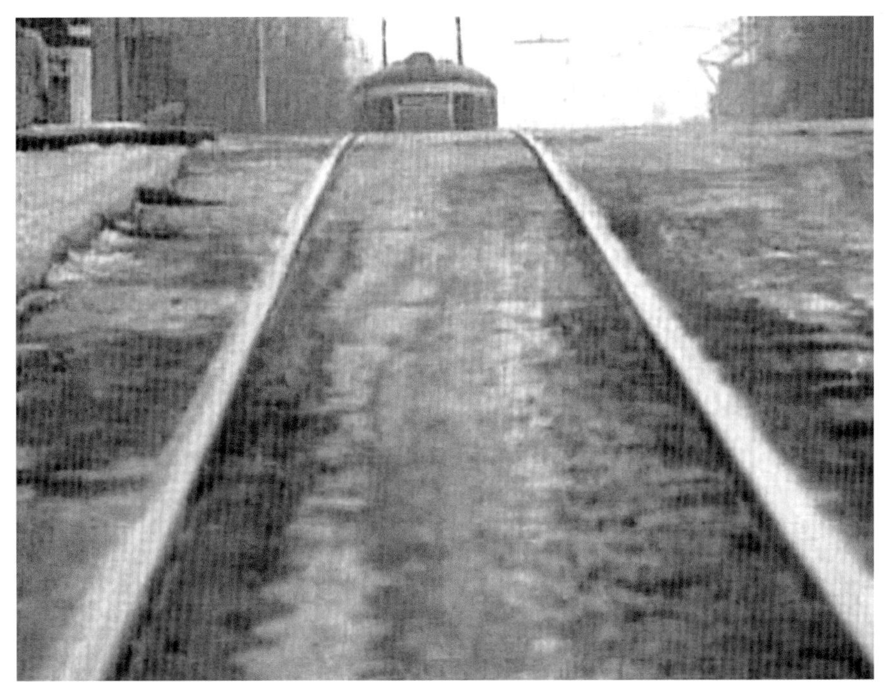

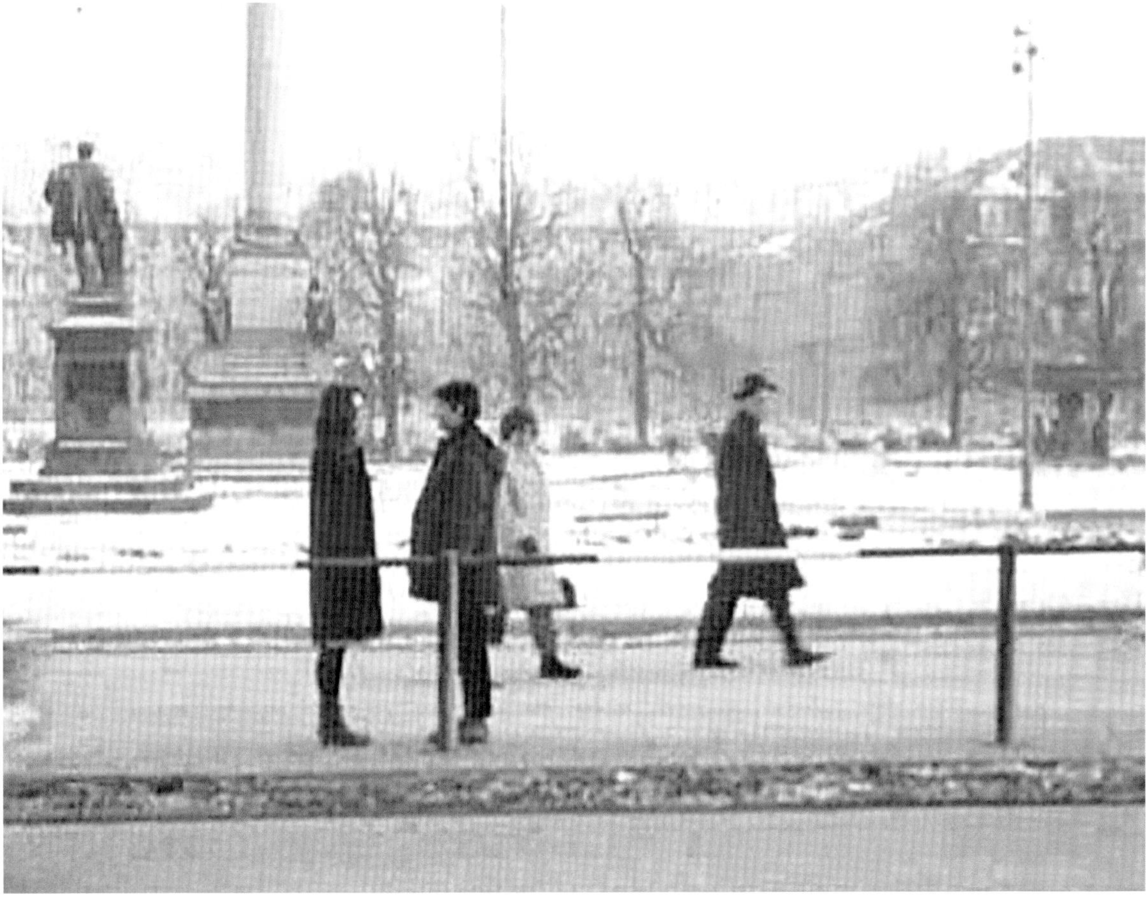

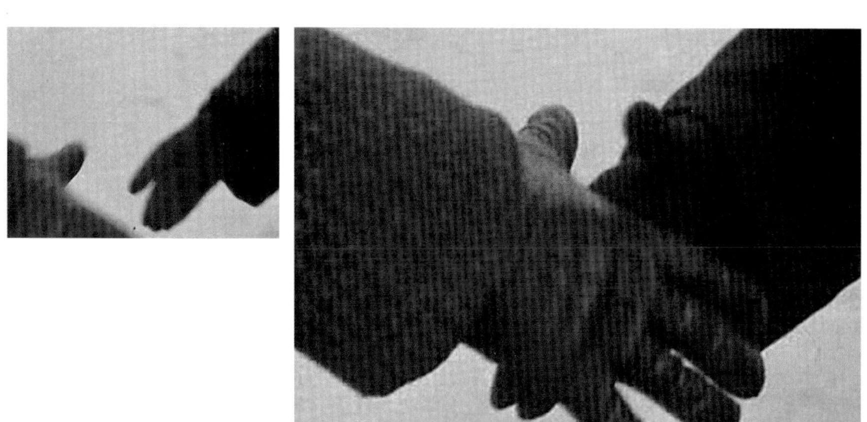
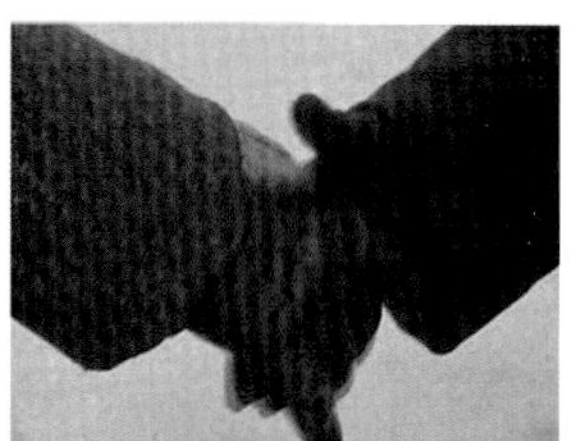

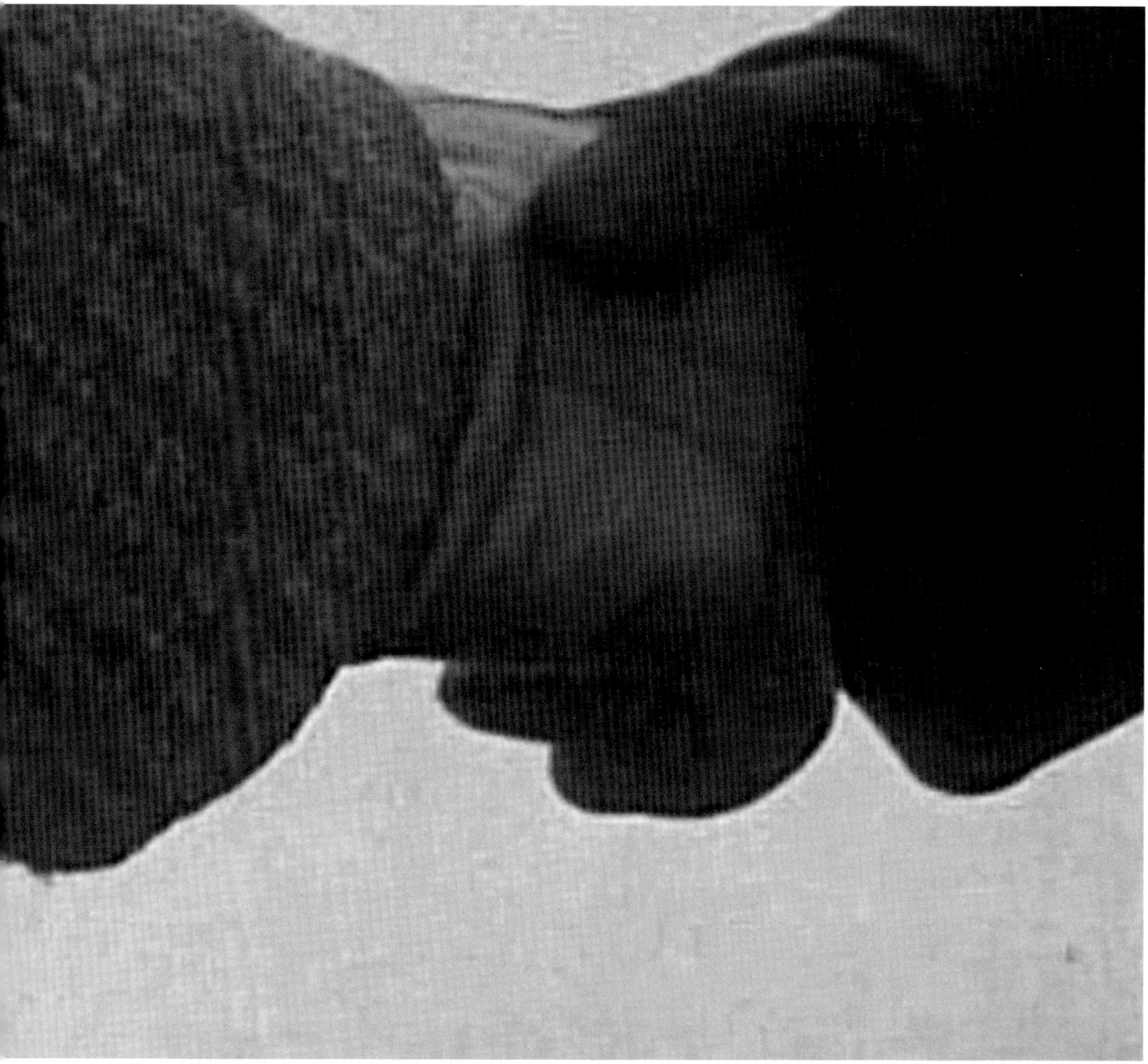

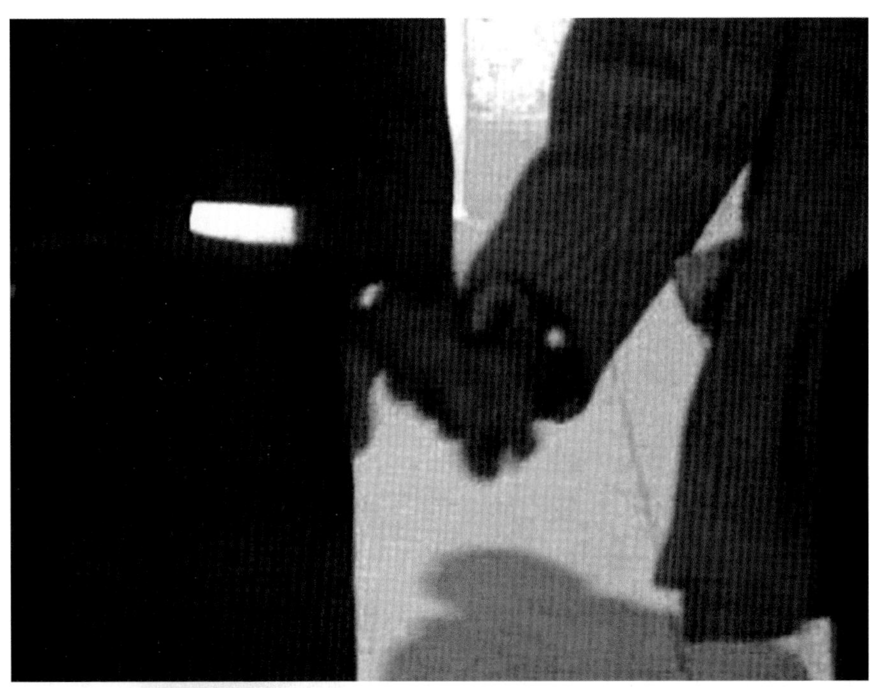
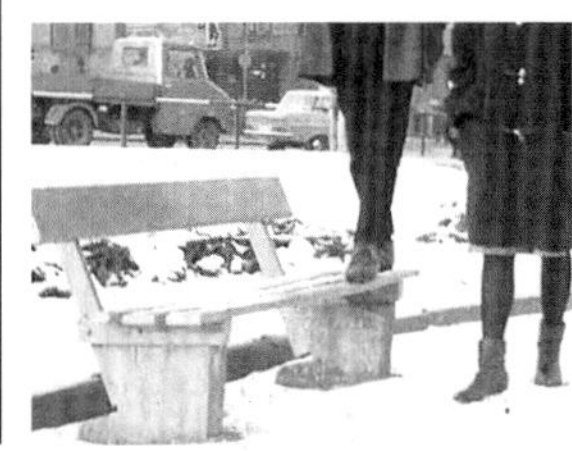
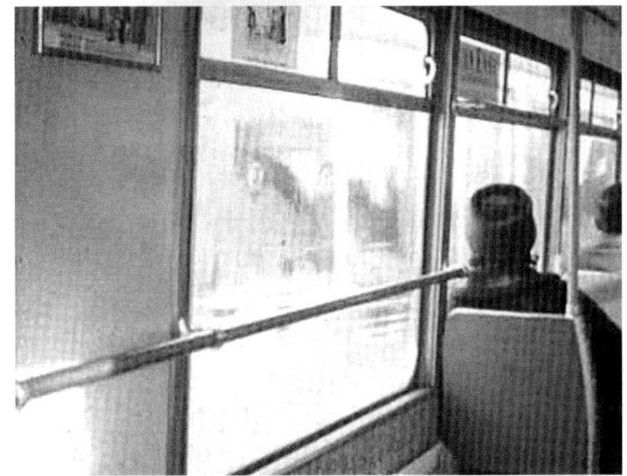
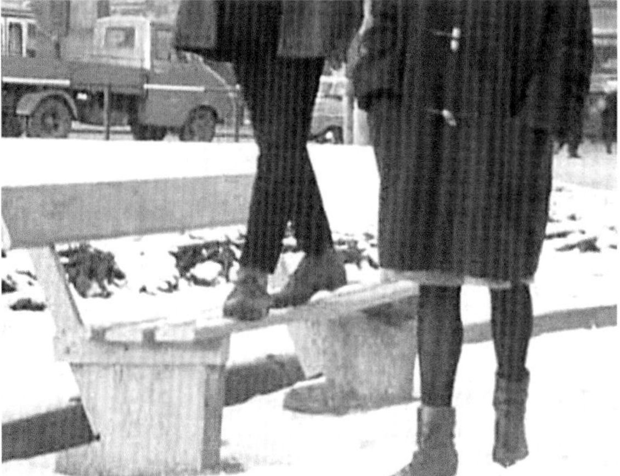
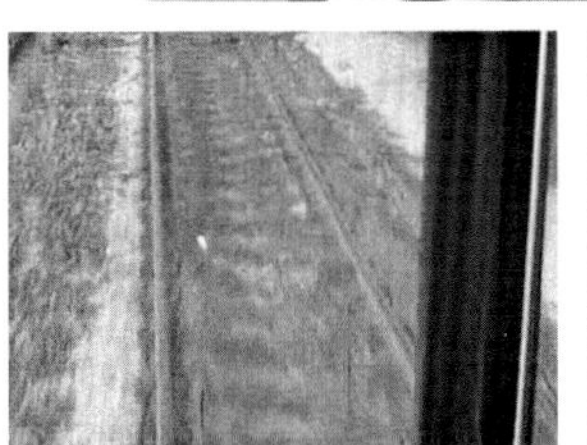
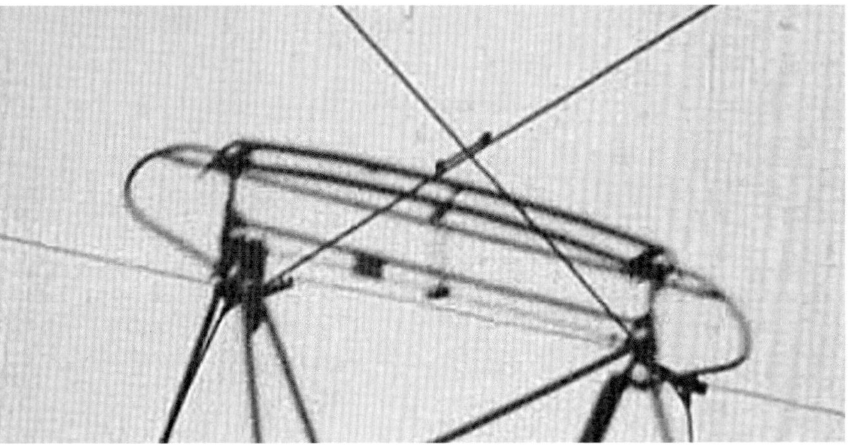

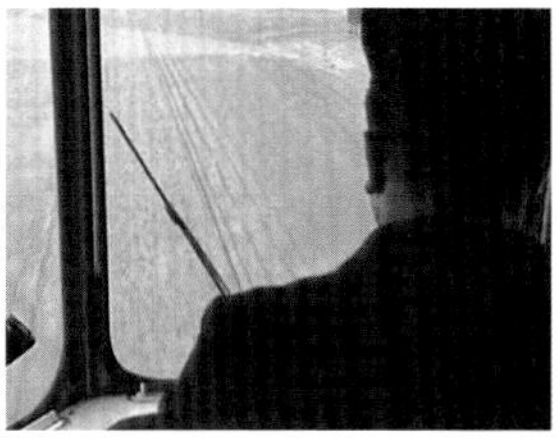

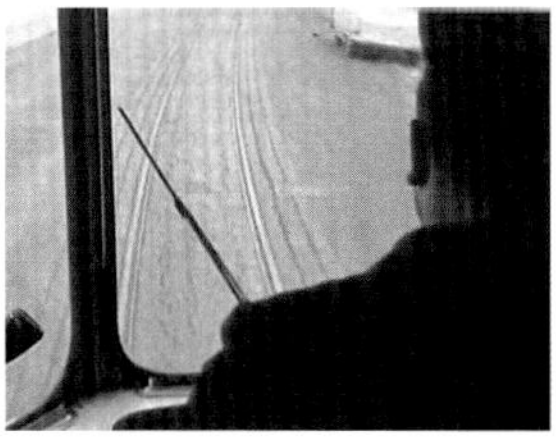

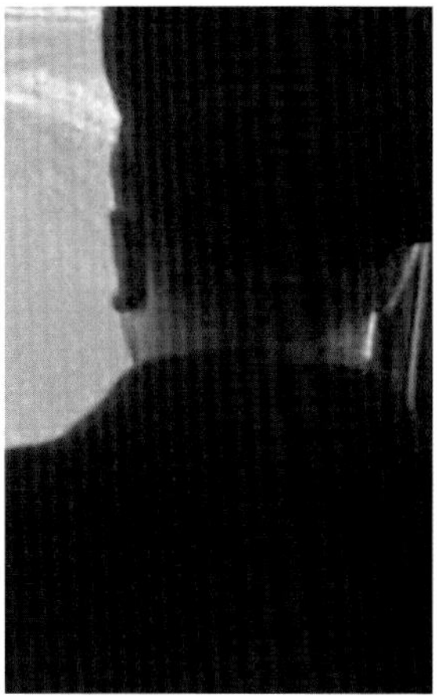

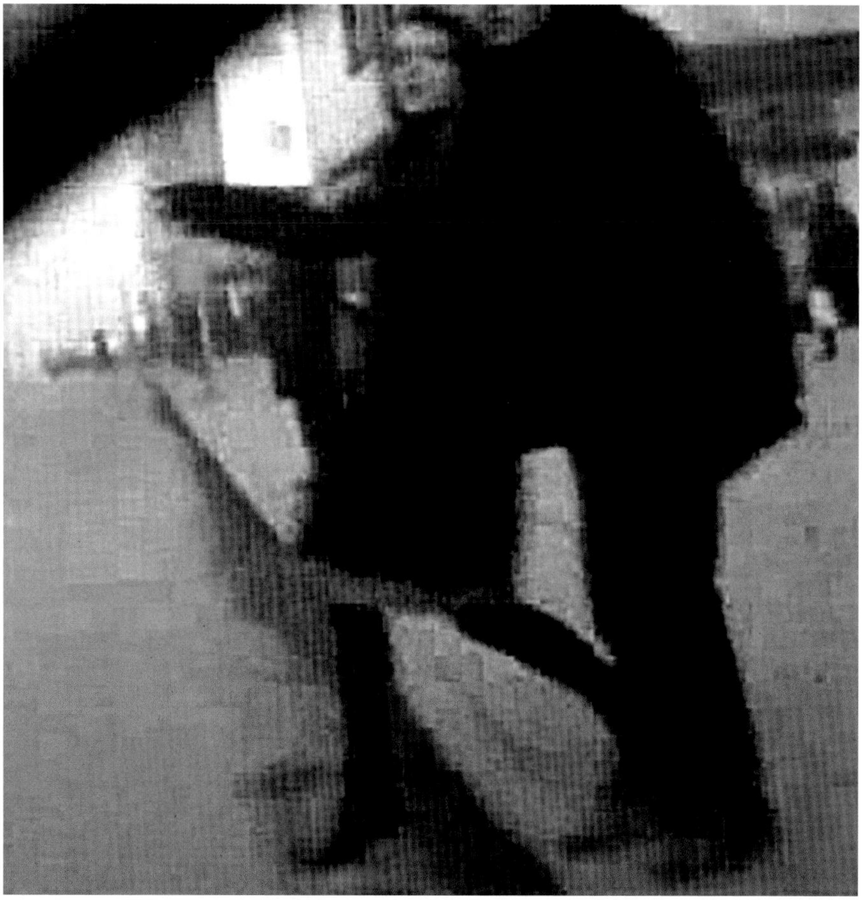

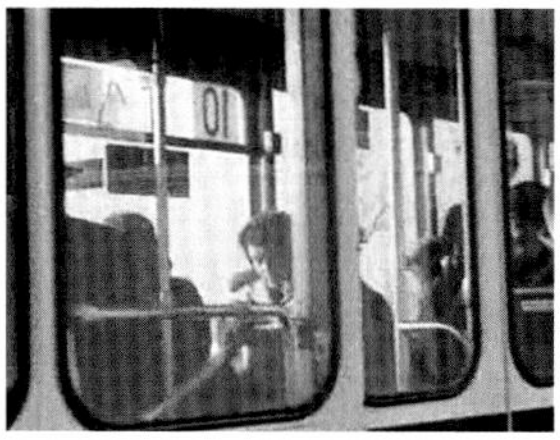

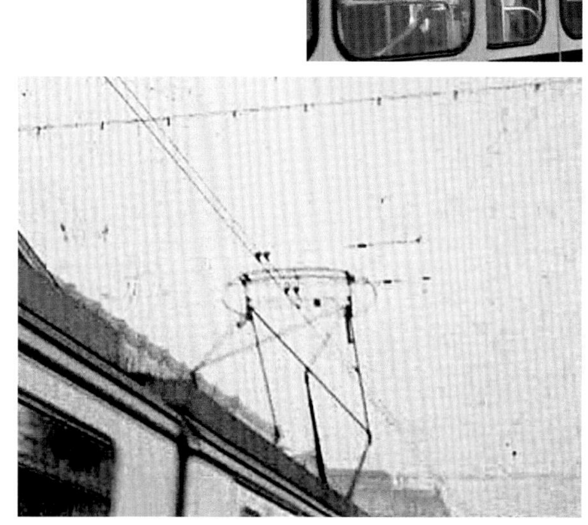
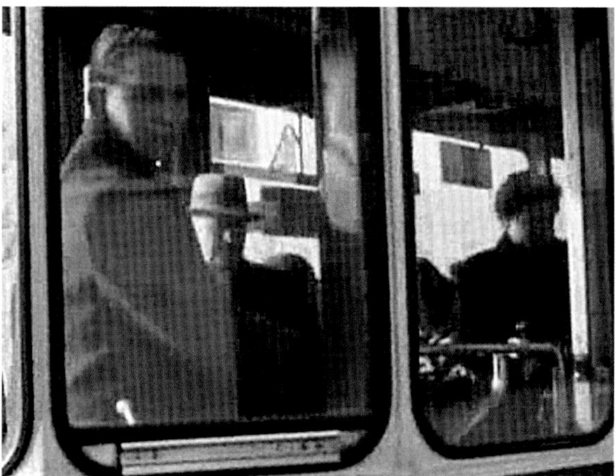
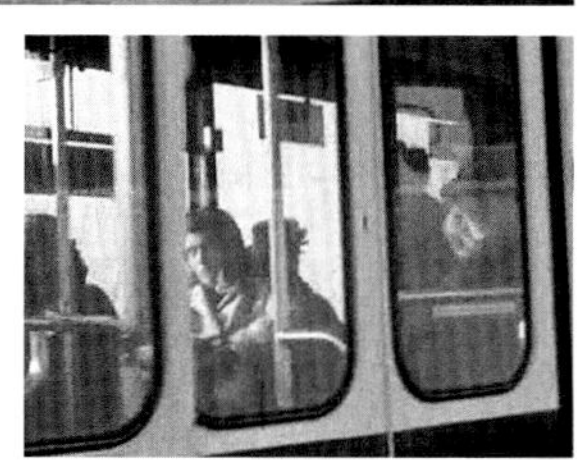

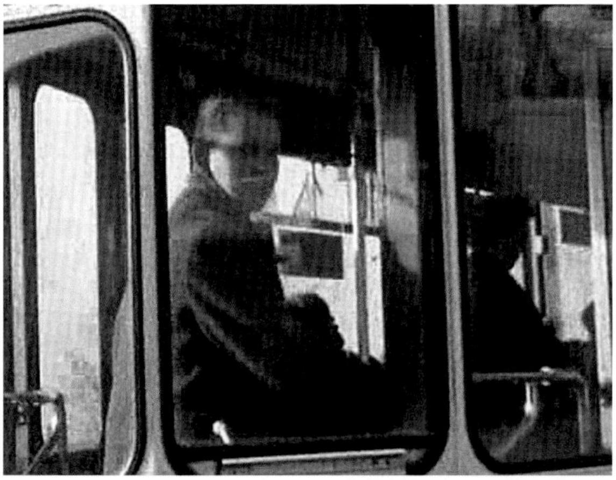

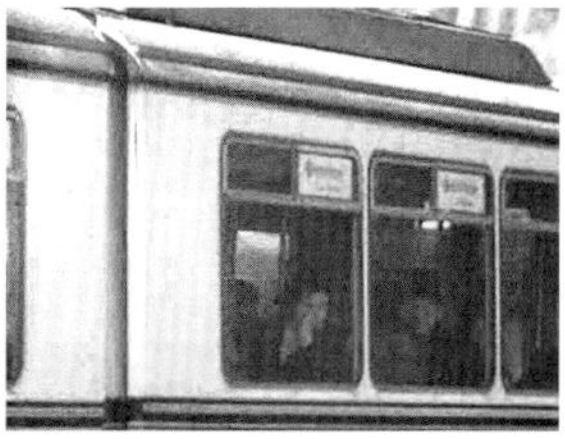

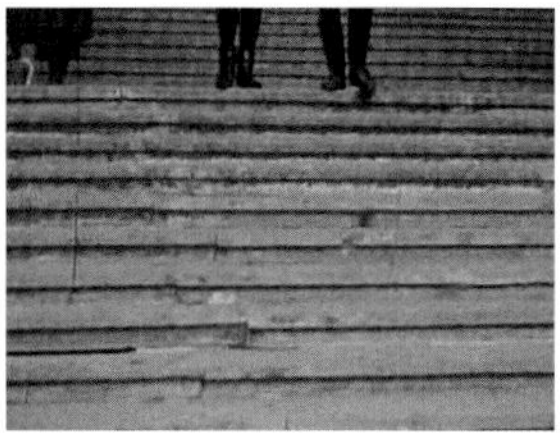

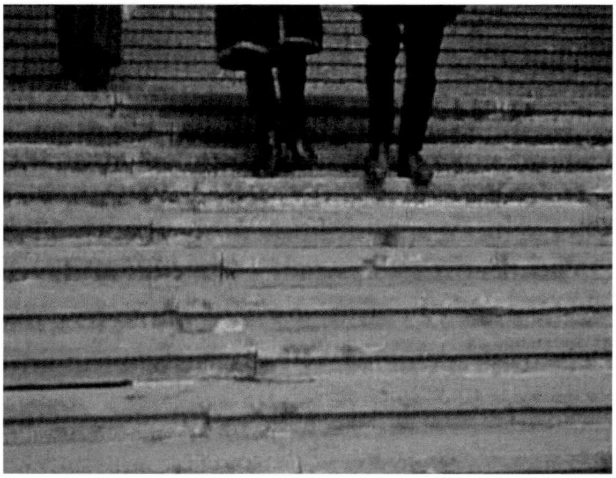

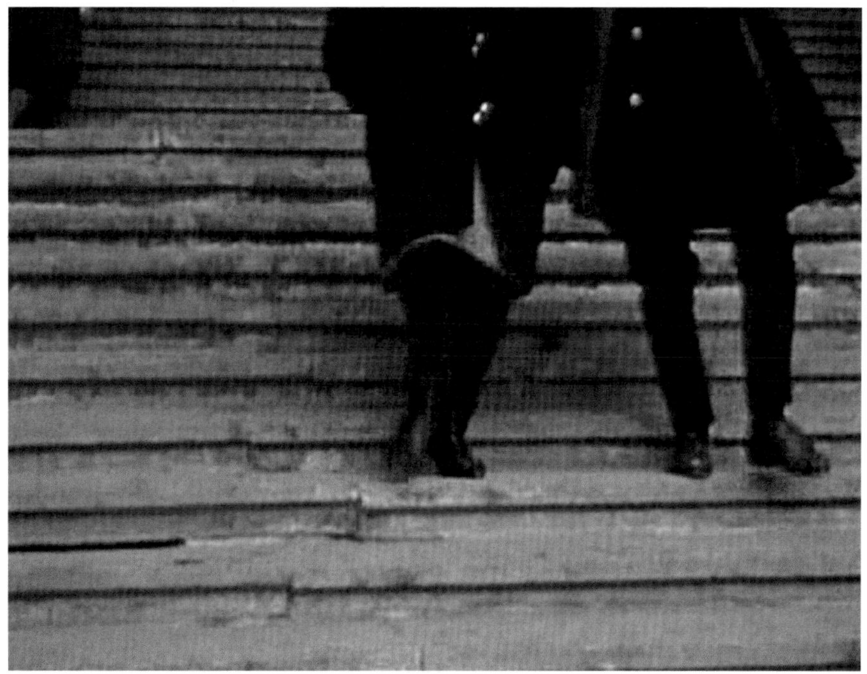

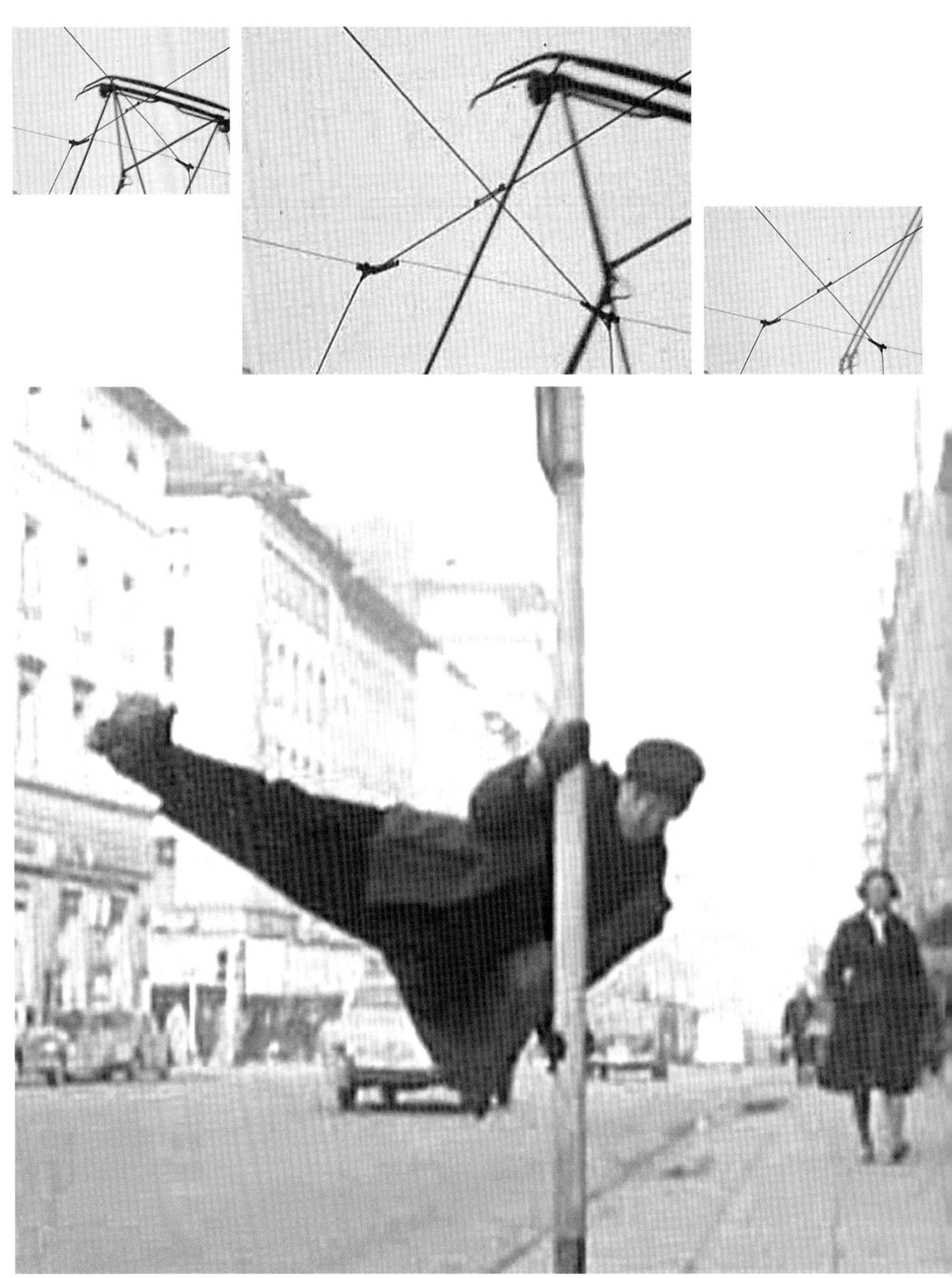

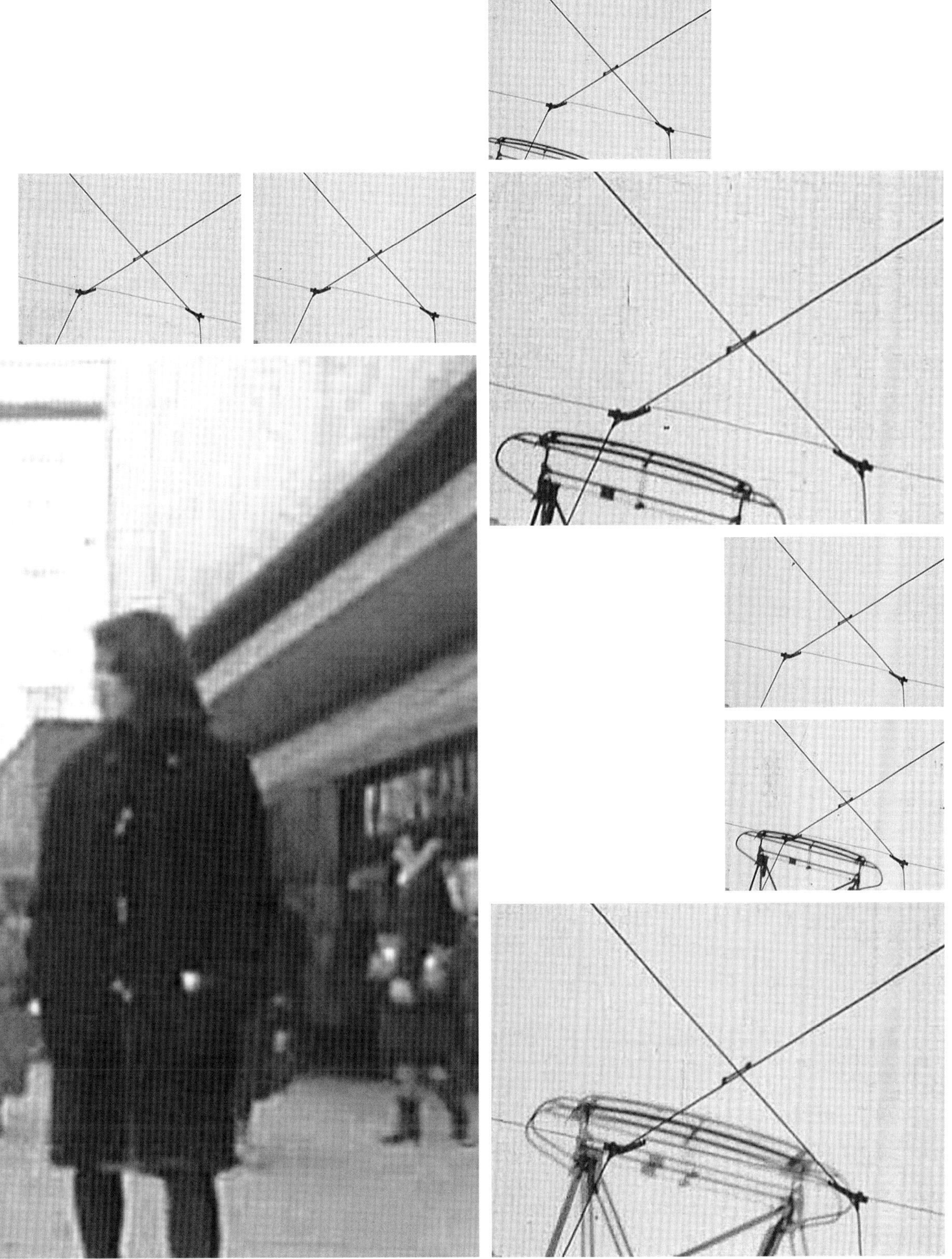

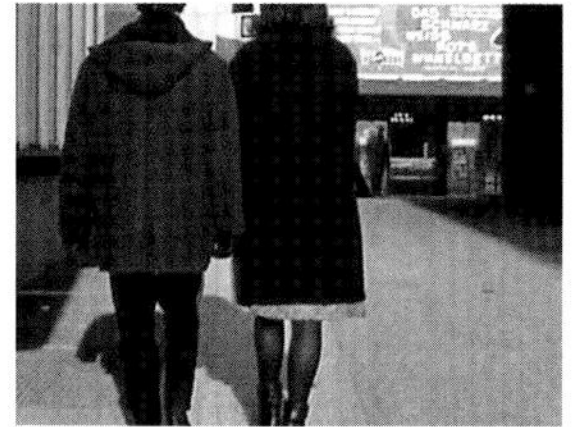

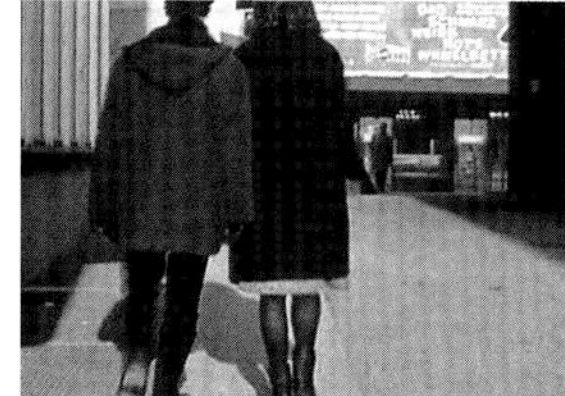

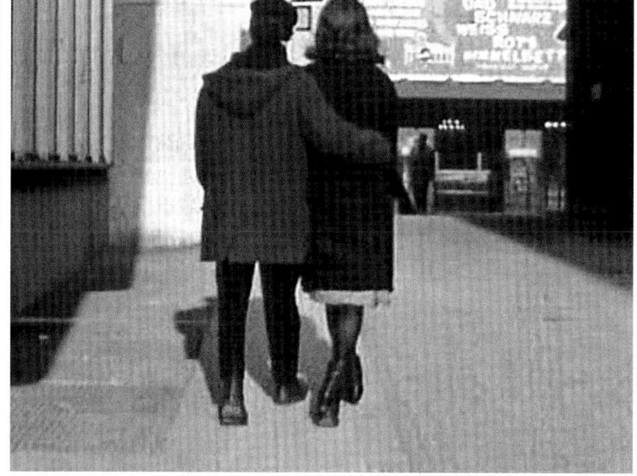

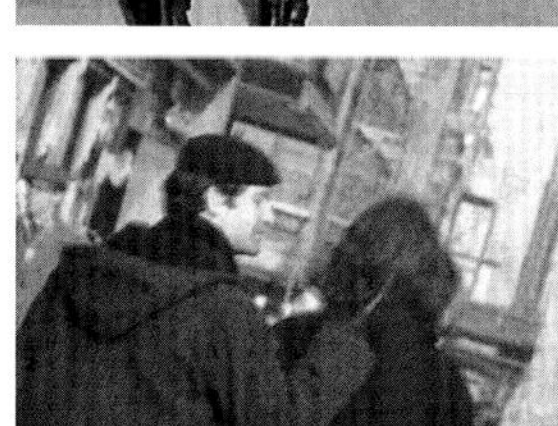

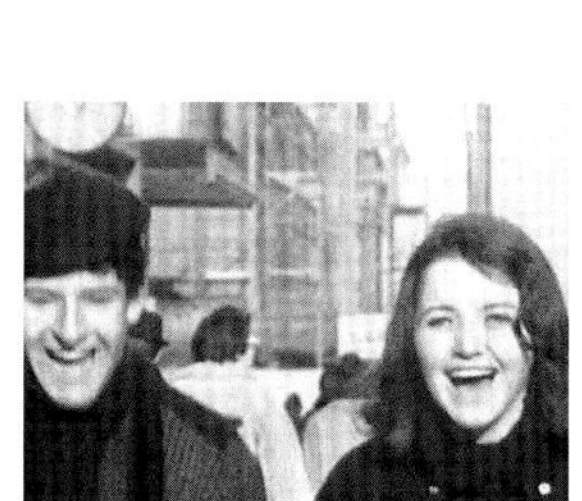

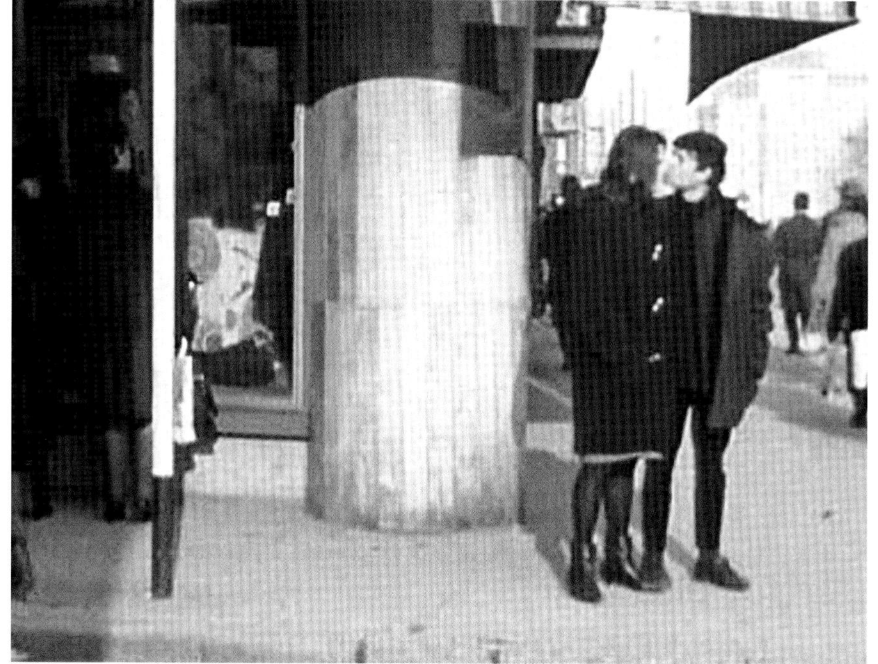

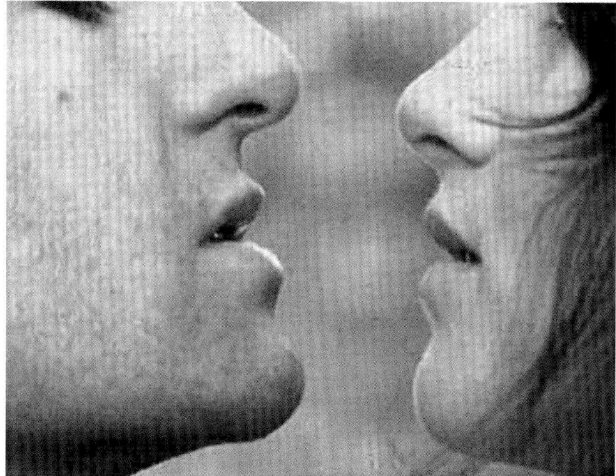

„…nicht Jetzt wie es Jetzt nicht Jetzt ist…"

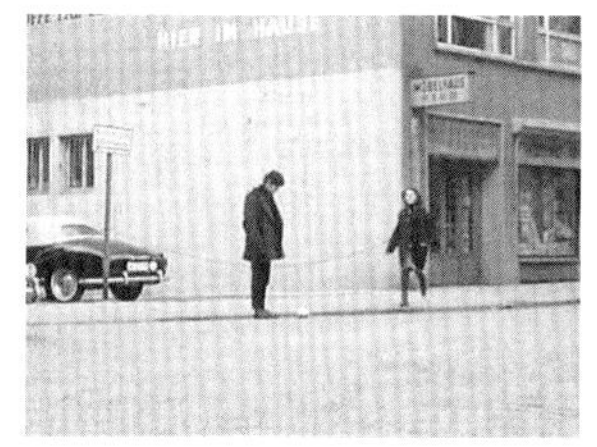

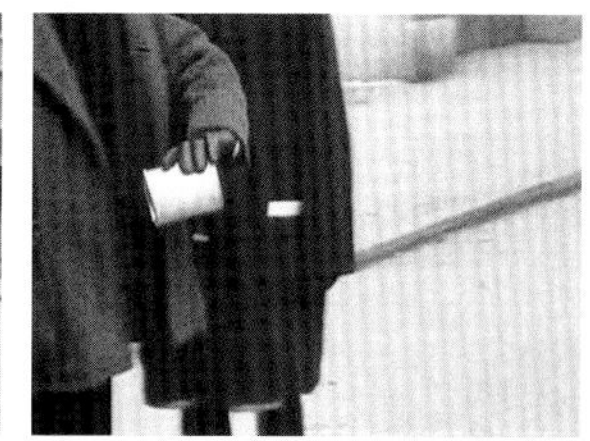

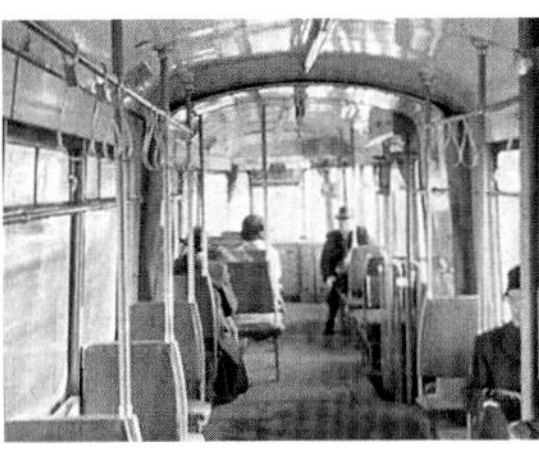
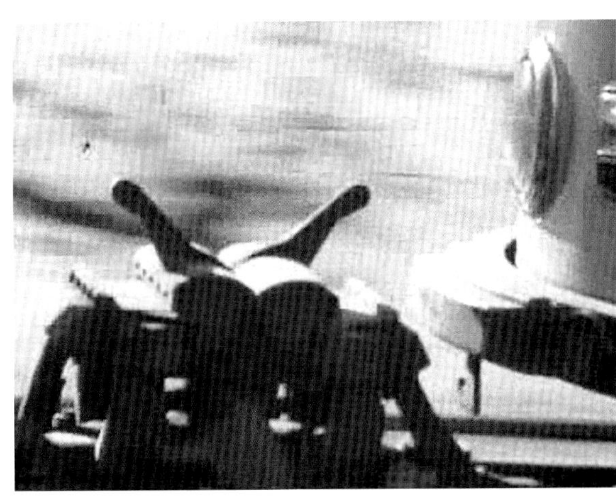
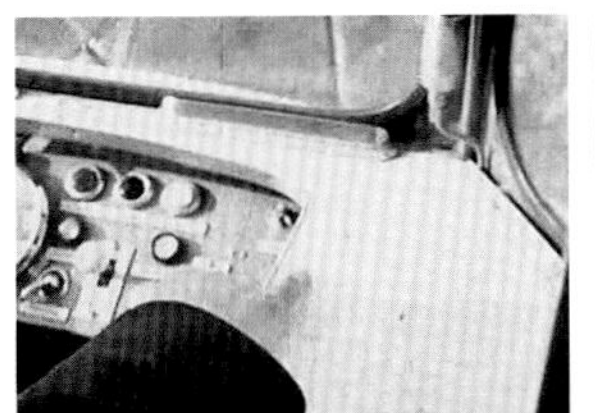
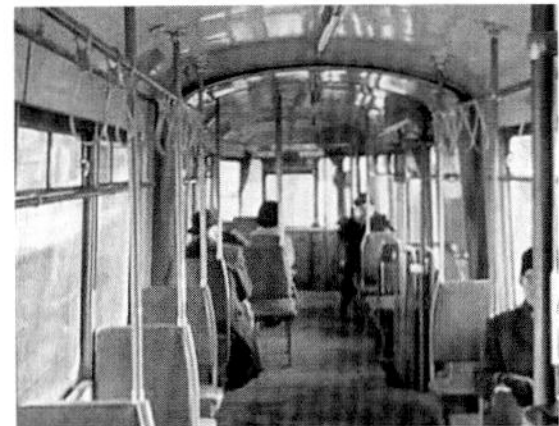
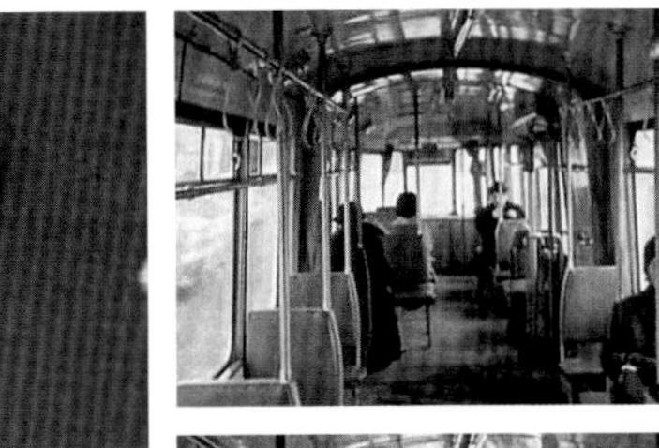
BREMSEN
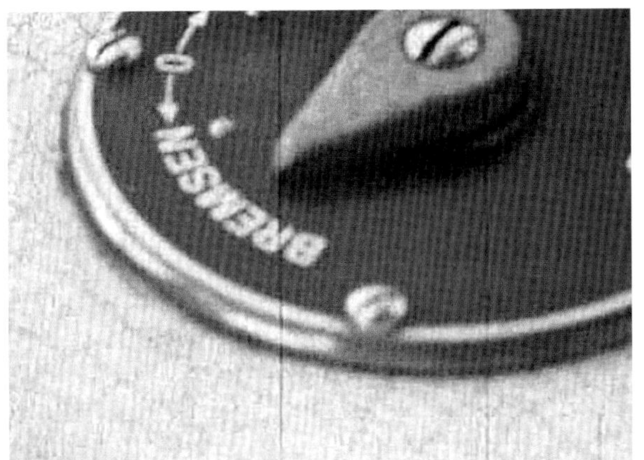
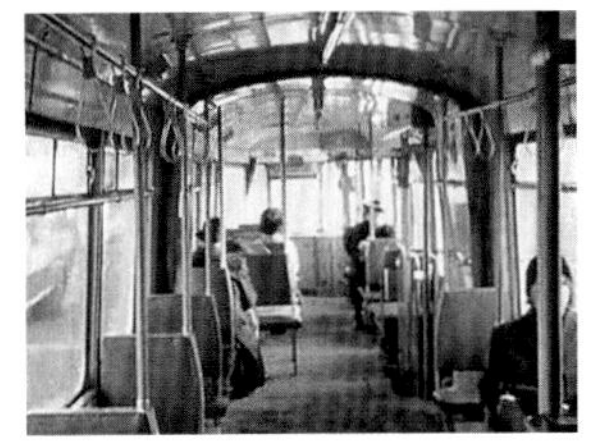
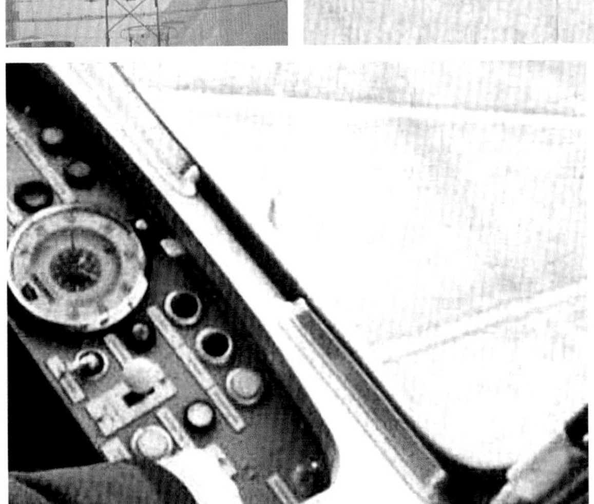
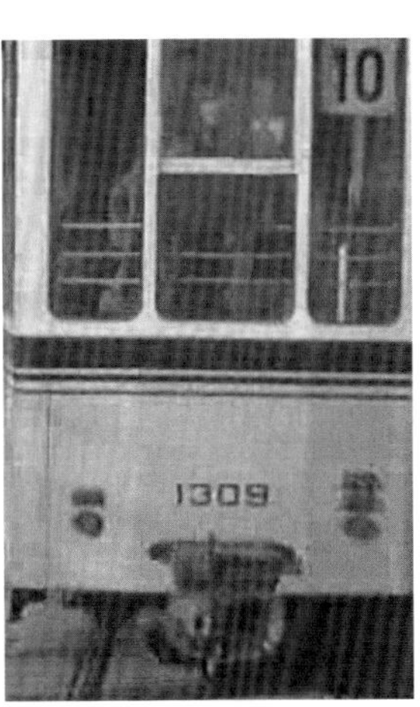
10
1309
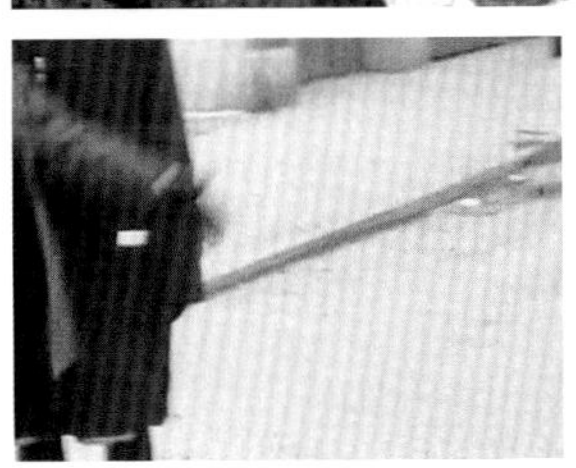
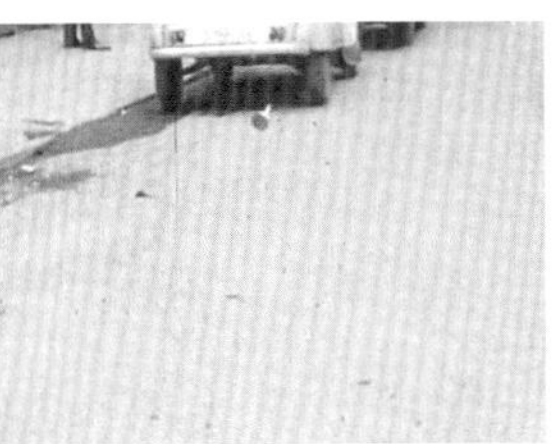
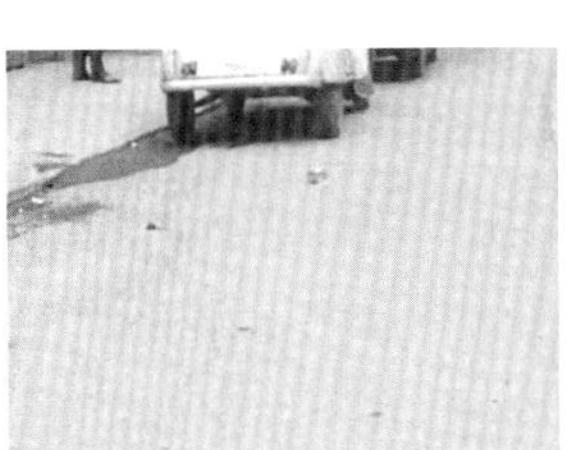

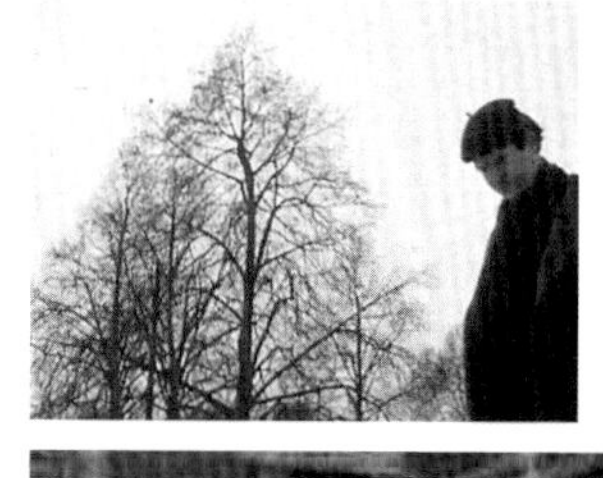
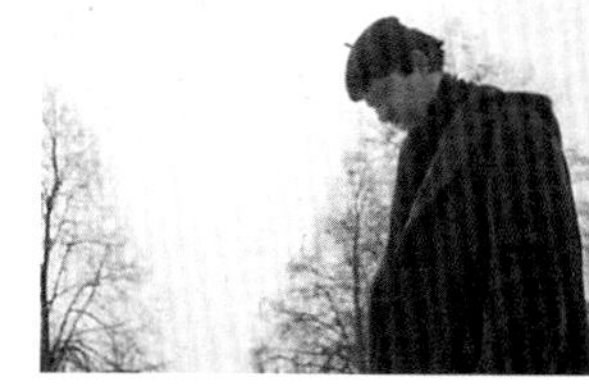
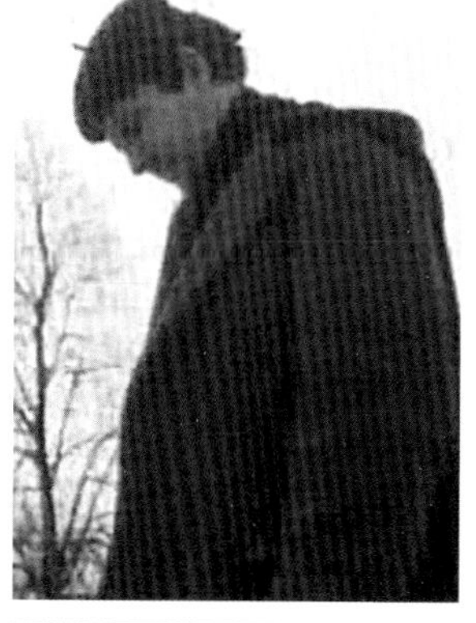
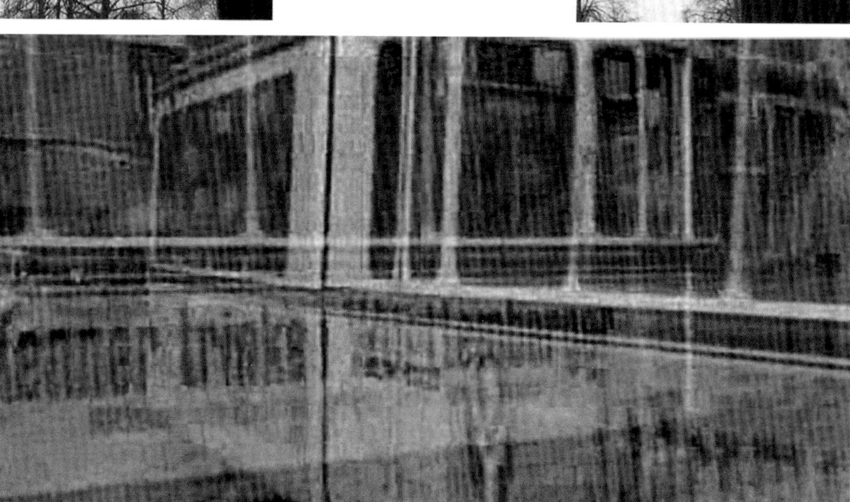
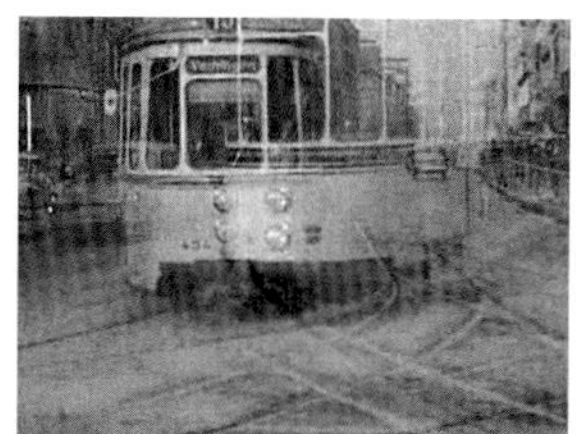
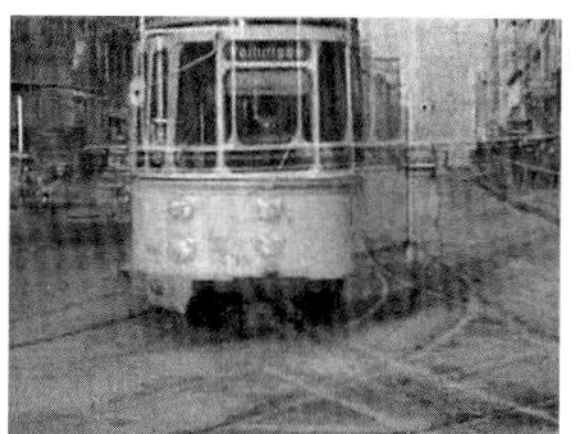
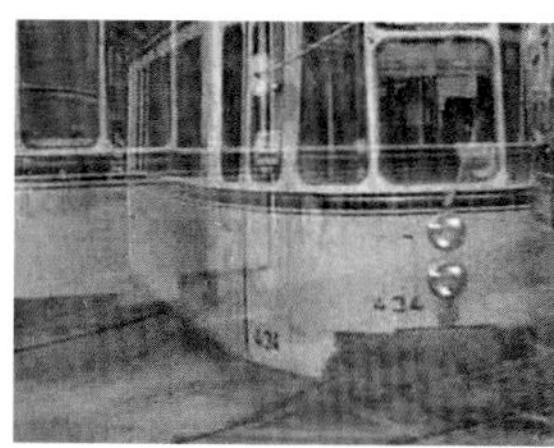
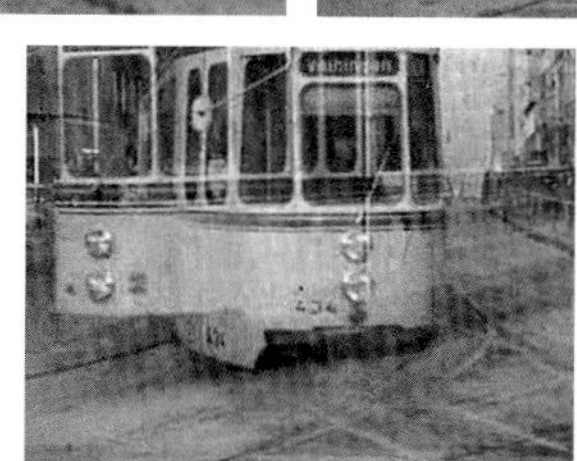
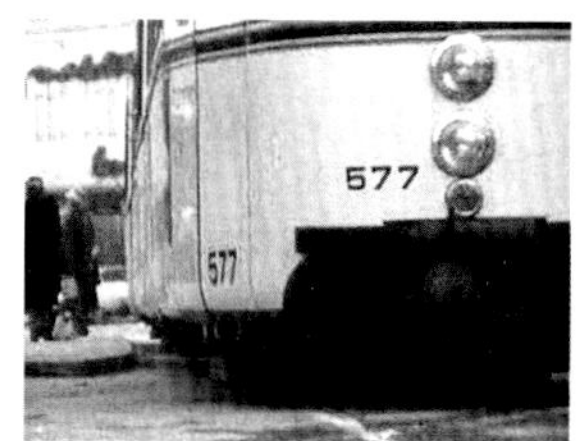
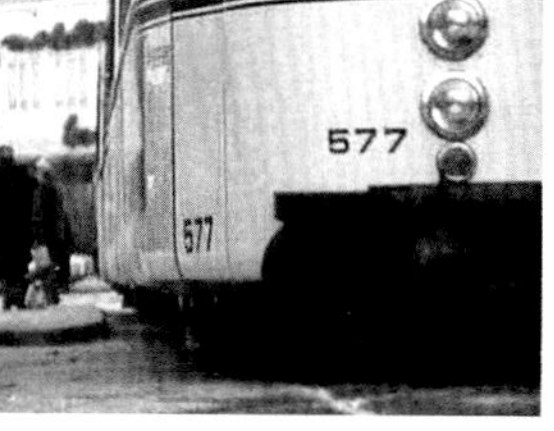
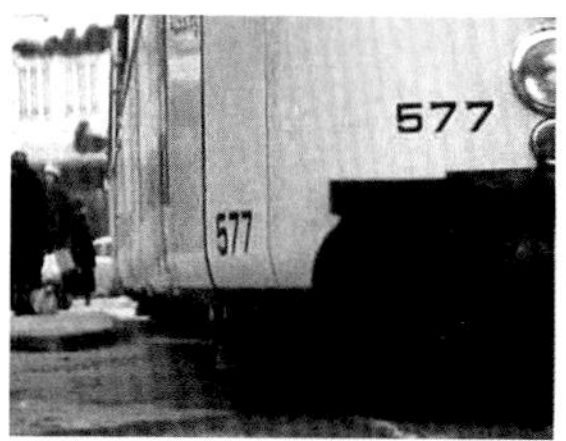
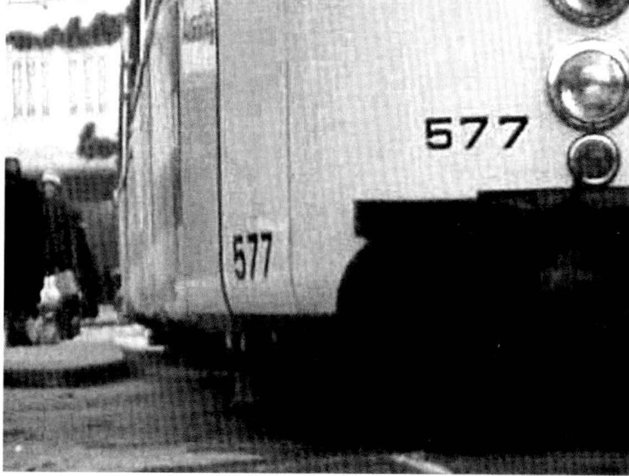

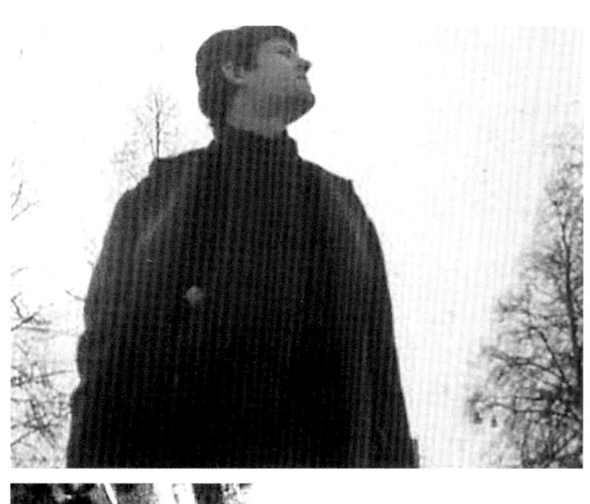
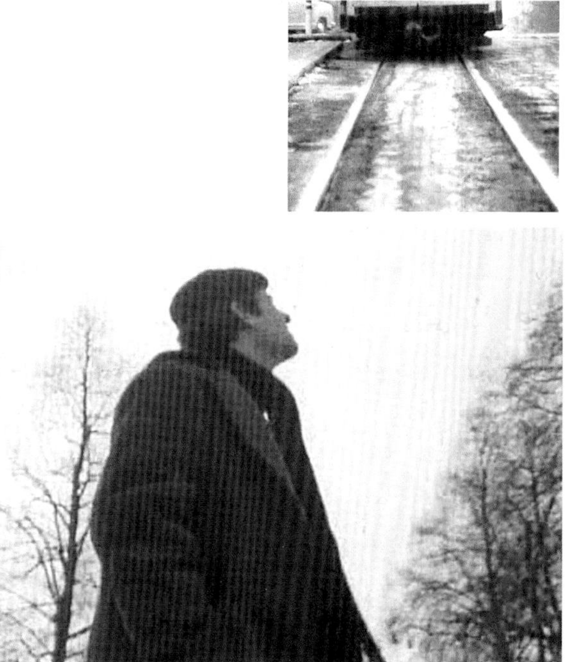
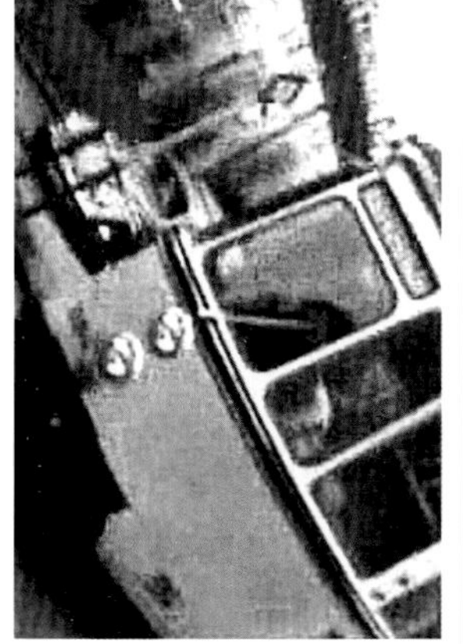
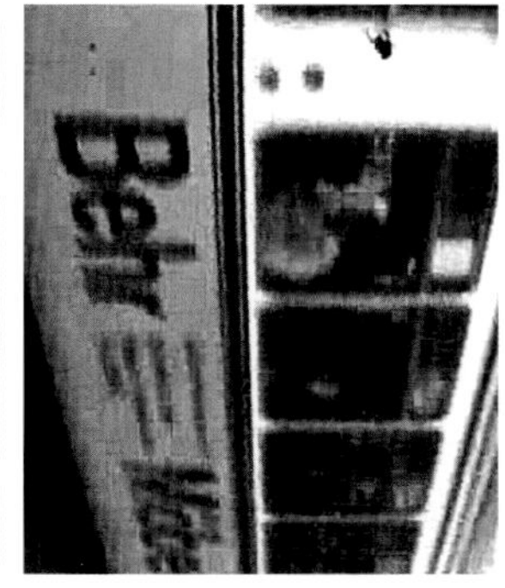
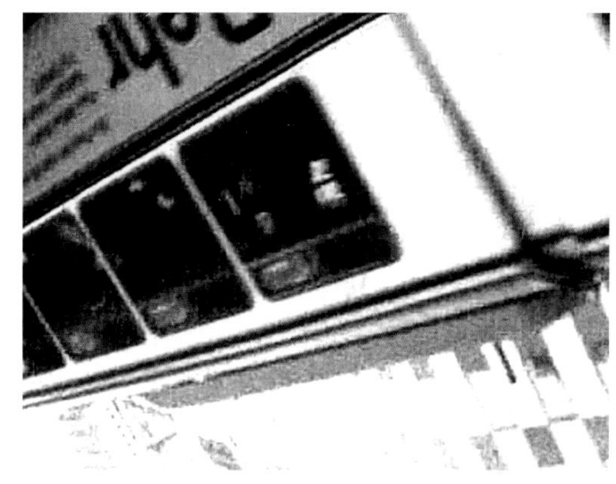
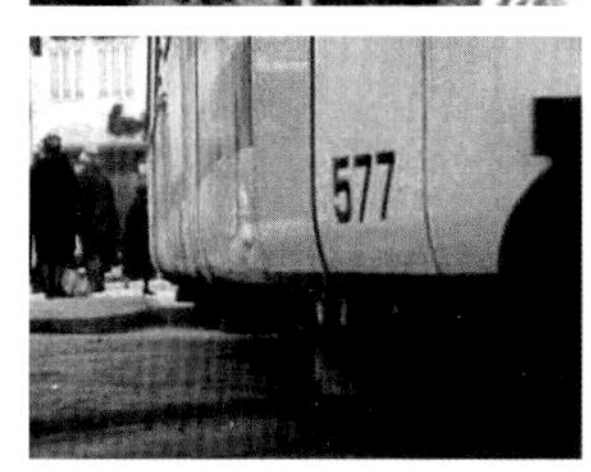
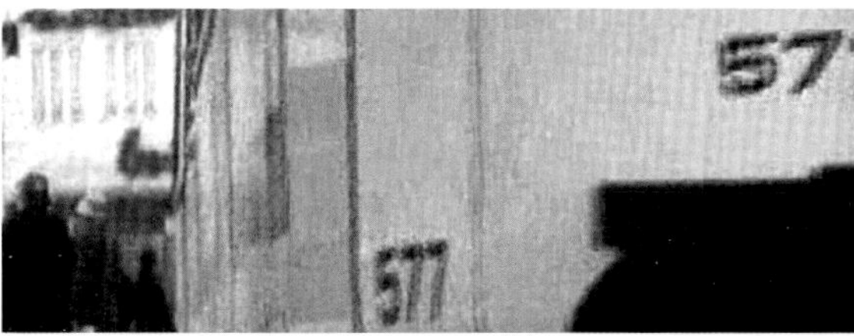
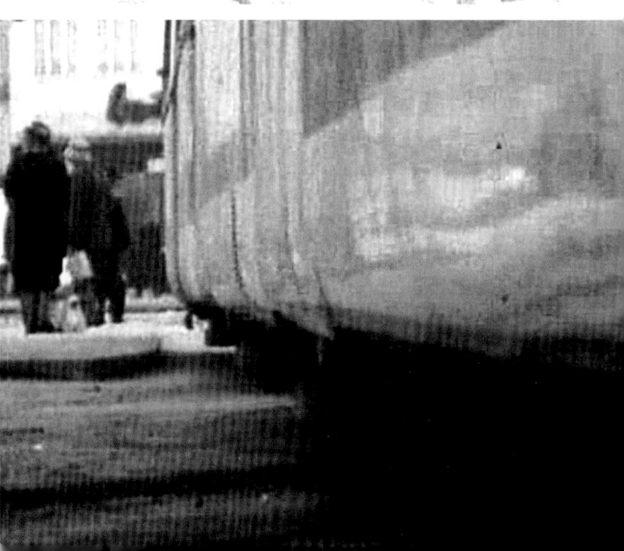
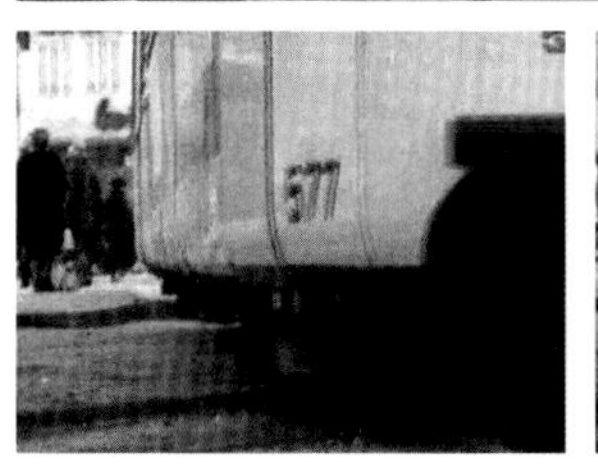
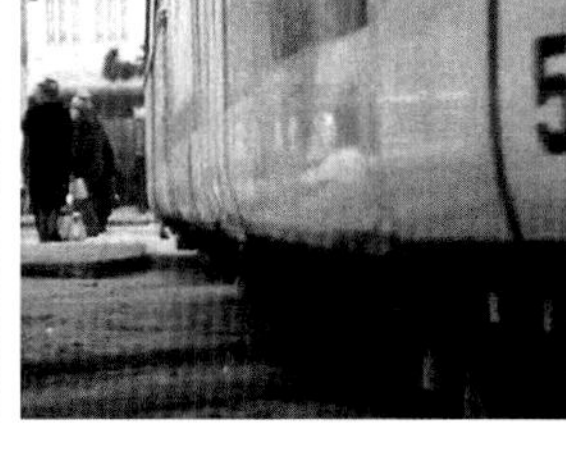

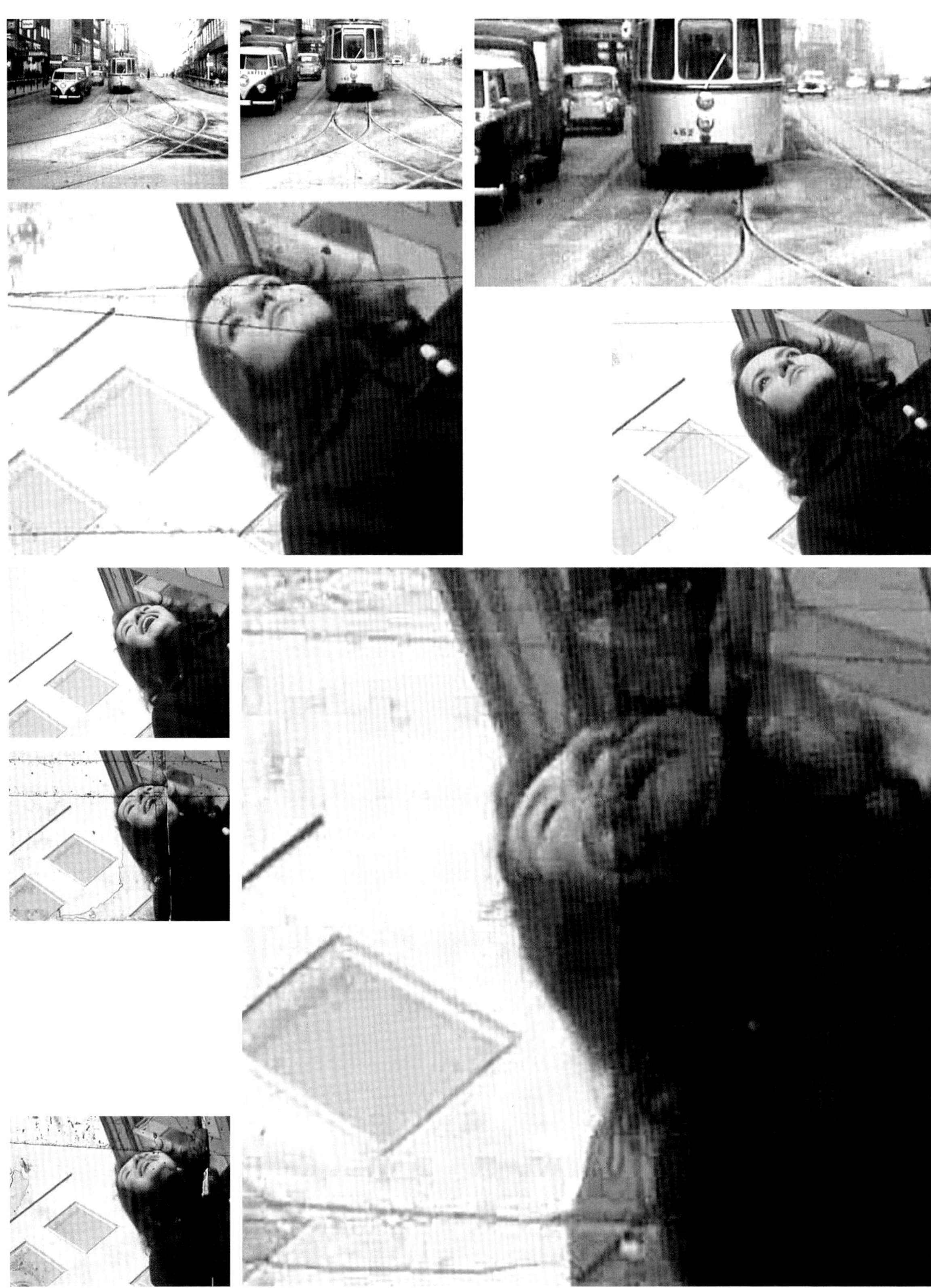

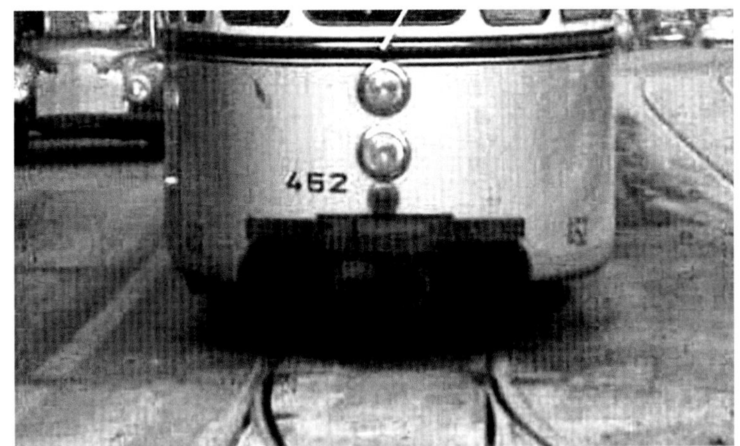

„…erst dieses Jetzt,
nur dieses Jetzt ist Jetzt.“

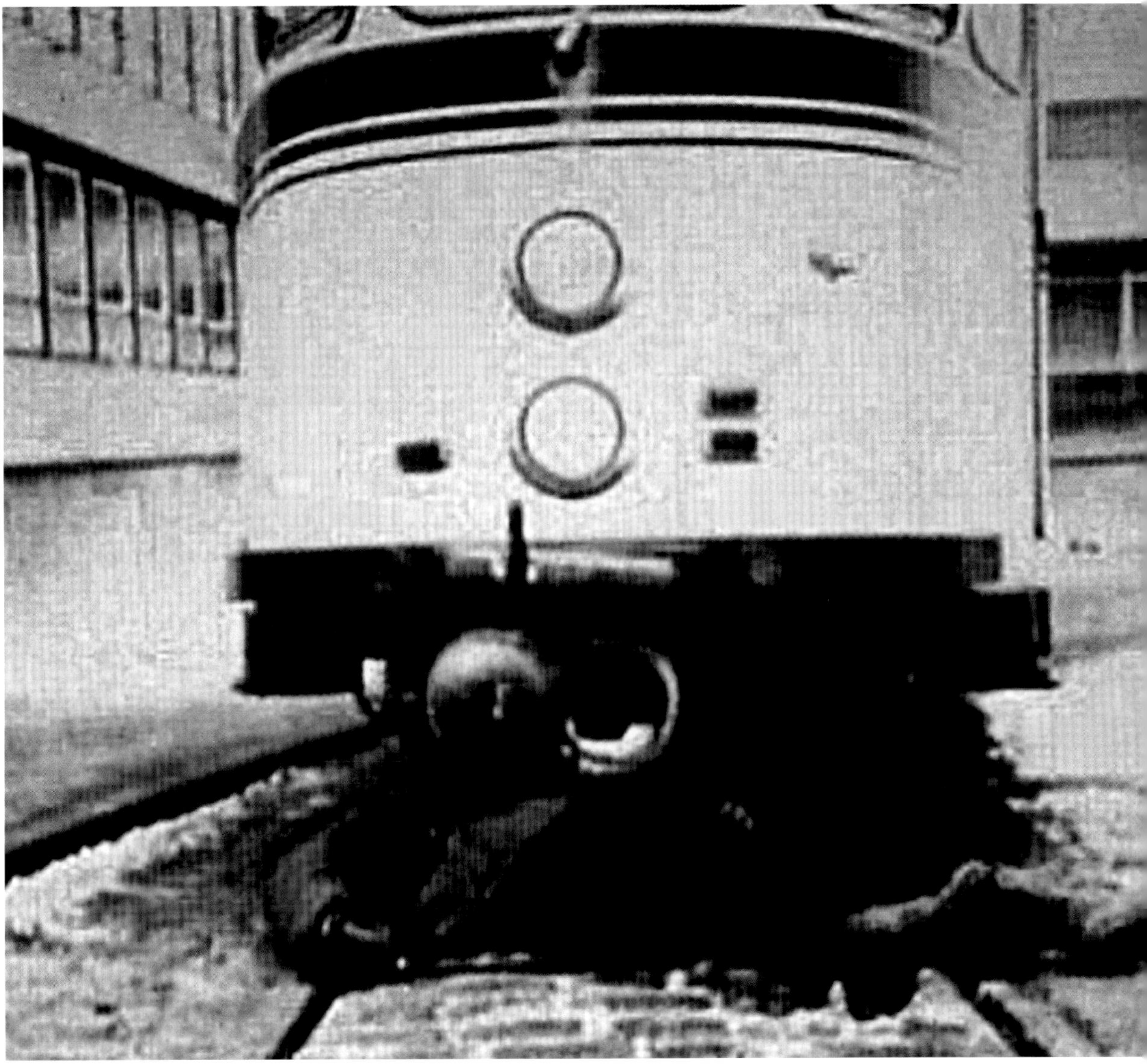

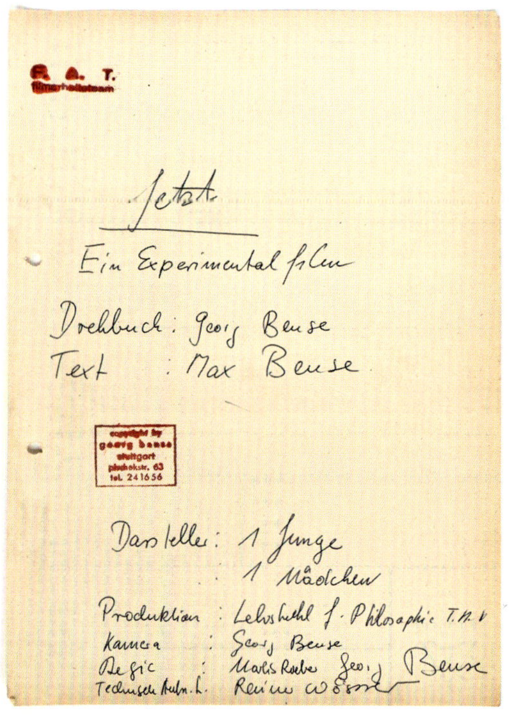

Jetzt

Ein Experimentalfilm

Drehbuch: Georg Bense
Text : Max Bense

Darsteller: 1 Junge
          1 Mädchen
Produktion : Lehrstuhl f. Philosophie T.H.S.
Kamera : Georg Bense
Regie : Markus Raaber, Georg Bense
Technische Aufn.L.: Reiner Wössner

Zur Aufnahmetechnik

Jedes Wort hat eine bestimmte Filmlänge
zur Verfügung. Diese Länge richtet sich
nach seiner Häufigkeit. Am häufigsten
ist das Wort „jetzt". Es gilt als Basis
und erhält die Einheit von 1 im Film.
Entsprechend erhalten die Worte . . . . .
Sind Worte zu setzen gebildet, so wird
die Untereinheit errechnet.
Das eigentliche jetzt wird immer in der
Mitte des Streifenstückes geschrieben, sodaß
der gesamte Handlungsablauf natürlich
geplant erscheint.

Der Vor

E 1   Titel
    Totale
Schwenk von rechts nach
links über einen Flußlauf.   Licht im Dämmer-
Darüber: F.A.T. zeigt.   schein.
Überblende auf

E 2
    Totale   Titel
Von einer Kaimauer
herunter auf Ufersteine
Schwenk von links nach
rechts. Darüber:
Eine Produktion u.s.w.
Überblende auf

E 3   Titel
    Totale
Schwenk von unten nach oben

Darüber ein Film von
Georg Bense.
Überblende auf

E 4. Set
Totale
Schwenk von unten nach oben

Darüber unter
Mitarbeit von.

Überblende

E 5
    Totale
Schwenk seh schnell von rechts
nach links, von oben nach
unten.
Darüber nach einem
Text von Max Bense
     Abblende in Schwarz.
Überblende auf ei

E 6   Trick
Schwarze Flächen
wo nach einander
verschieden oft das Wort
jetzt einfällt, aus
diesem wächst groß heraus
das Wort jetzt. und steht, Abschneidend am Rand!
die anderen blenden ab. Schnitt.

E 7
Nah

Blick auf die Geröllböschung   jetzt
eines Flußes. Ein Fuß kommt
ins Bild und bleibt halt-
suchend stehen.
Schnitt auf ___________
                                    und erst jetzt.

E 8
Mittelnah
Eine andere Perspektive,
der 2. Fuß kommt ins
Bild.
Schnitt auf
                                    jetzt und nur
                                    jetzt.
E 9
groß / Zeitlupe!
Blick auf die
Böschung, vom Wasser aus. Aber kein Wasser zu sehn!
Der Mann springt... mitten
im Sprung, fällt an die
Beine und Übergang in
Zeitlupe des Sprunges.
Schnitt auf ___________

E 10
Nah / Halb   jetzt ist das Jetzt
                        erst jetzt.
Ein Stein großer
Stein auf dem
Boden. Eine
Hand kommt ins
Bild und nimmt
den Stein auf.
Fährt an Hand mit Stein
Stein fällt aus dem Bild.
Fährt zurück etwa die Hälfte
Kamera folgt dem Stein, der   Kein Wasser zu sehen!
zum Wasser getragen wird.
Fährt an die Hände, Stein
wird fallgelassen.
Bewegungsschnitt auf ___________
E 11   das nur jetzt ist
Nah.
Von vorne erfaßt die
Kamera ein Mädchen Kopf
abgedunkelt. Sie hält vor
sich einen Schirm, den sie mit ei. Ruck
stößt, so dass es das Bild zu-
deckt.

E 12
groß - Totale   und doch
                          jetzt ist.
Die Augen des Mannes,
die starr in die Kamera
blicken. Ein Augenlid bewegt
sich.
Schnitt auf ___________
                          nur jetzt.
E 13
Halbtotale
Blick auf die Beine
einer Frau die über
die Straße geht, plötzlich
mit dem hohen Absatz umknickt.
Schnitt auf ___________
                          und doch jetzt
E 15
groß
Ein leerer Kugellochen
zwischen den Finger des
Mannes. Auf diesen wird
ein Daumen gespießt, der vorher jedoch nicht sichtbar
                                  war.
Schnitt auf ___________

E 18   das nicht jetzt
                       ist.
Nah. - Sehr groß
Sein Gesicht wird unscharf.
Rückwärts und überblendet
mit seinen Händen die die
Angel halten
Schnitt auf ___________

E 16   jetzt das jetzt ist   6
H.T.   Halbtotale
Eine Baggerschaufel   Der Mann schwenkt die
haut nach einem   Angel zunächst noch rechts,
Stück Stein   hält aber die Schnur fest, und
Schnitt auf   schwenkt dann nach links
                              Schnitt auf

                    nicht jetzt

E 17
Totale Nah.
Ein Kranen,
der nach oben geht
und sich aus dem Bild
dreht.
Schnitt auf   das jetzt nicht ist.
                        nicht jetzt
    E 18 17
Nah - Halbnah
Kamera von unten nach
oben auf den Mann der
auf einem Stein sitzt (Mann)   Kein Wasser zu
und eine Angel ins Wasser   sehen.
hält. Er zieht sie mit einem
Ruck heraus. Hält sie dann Nah.
Danach sehr schnelle Trapofahrt an
den in der Luft baumelnden Hacken
                        (Leer?)
Schnitt auf

E 19   jetzt ist, wenn es jetzt   7
Trick.   ist.

Kamera blickt auf eine
Leinwand, auf die ein Dia-
projiziert wird. Auf dem
Dia sein Kopf. Er lacht.
Ruckweise wird das Dia ver-
schoben (unten nach oben)
und das Gesicht des Mäd-
chens kommt ins Bild.
Schnitt auf

                    nicht jetzt

E 20
Halbnah
Blick auf ihre Beine.
Kamera tief am Boden
über einen Zebrastreifen.
Sie setzt den Fuß auf die Streifen
und zieht ihn zurück.
Schnitt auf

E 21   Wie es jetzt nicht   8
                        ist
Nah / Groß
Kamera in Bodenhöhe.
blickt auf einige Leute
die an einer Kreuzung
auf den Übergang warten,
    Plötzlich dreht sie sich
um und geht davon.
Schnitt auf

Einstellung 22.   nicht jetzt
    Halbtotale.
Der Mann am Ufer,
von der Seite, (Profil)
legt mit einem Ruck
die Angel neben sich.
Schnitt auf
                    wie es jetzt nicht jetzt
E 23   ist.
Nah - Halbnah. Trapo.
Sie sieht und schaut in
die Kamera, langsame Trapofahrt an
ihr Gesicht. Sie sieht sie ab und zu an.
Langsame Rückfahrt. Schnitt auf

E 24   jetzt das   9
Sehr groß.   nicht ist
K = von oben
Eine Büchse mit Würmern
und Käsestückchen.
Der Deckel wird darauf
gemacht.
Schnitt auf
                        ist nicht
    E 25   jetzt.
Groß
Kamera von oben.
Blick in ihre Handtasche.
Die wird zugeklappt.
Schnitt auf

    Einstellung 26   jetzt nicht jetzt
    Geteilte Optik. groß
    Gesichter von ihr in Passbild größe
links: Ihre Füße, stellung nach
hinten. Beide drehen sich
gleichzeitig um, sodass sie
Hinterkopf und ihre Knie
sichtbar werden.
Schnitt auf

E 27
Totale

Schwenk über
das Panorama eines
winterlichen Parkes über
einen See hin, der voll.
zugefroren ist. Sie geht
am anderen Ufer ent-
lang. Kamera dem... bewegt.
Schnitt auf

Einstellung 28
groß
Er sieht auf den Stein.
Blickt dann in die Richtung
vom Wasser. Dreht plötzlich den
Kopf nach links von der Kamera
weg
Schnitt auf

Einstellung 29,
Nah - M. Nah
Langsame Schwenk von unten nach oben
über die Steine am Ufer des
Flusses, bis der Horizont ins
Bild kommt. Keine Person. Schnitt auf.

Noch nicht — doch.

jetzt

das noch nicht

E 30
Totale.

Kamera weit von
oben nach unten
Leere Steine. Kamera
hält an. Mann ...
Kamera weiter, Kamera
hält an, Frau steht
Am Bildrand, Kamera
läuft weiter
Schnitt auf

Einstellung 31
Halbnah.
Er sieht auf
und schaut in
ihre Richtung
Schnitt auf

Einstellung 32
Halbtotale
Sehr groß.
Sein Hals, (Hals) Kopf,
er schlendert. Schnitt auf

jetzt ist, weil es jetzt ist

jetzt

das jetzt.

zieht die Schuhe aus!

Einst. 33
Sehr groß.
Auf sie herunter.
hängende Arme
Dies sich bewegende
Finger werden ruhig.
Schnitt auf

Einstellung 34
Halbtotale

Die beiden Stehn
sich etwa 2 m auseinander
gegenüber. Kamera hält
an, sie stehen sich genau
gegenüber.
Sehr langsame Ablende.

Einstellung 35

Sehr groß.
Zuerst dunkel, dann langsam
hell werdend (Schienwerk) 2 Lippen
im Profil, sich gegen über,
Schnitt auf Als Schattenriß,

nicht mehr jetzt ist!

wenn es jetzt ist

und jetzt

E 36

Sehr groß,
Andere Perspektive,
Ein Kuß.
Schnitt auf

Einstellung 37
wenn es nicht mehr
jetzt ist
Sehr groß.
Die Lippen gehen auseinander
Bleiben etwa 1,5-2 cm von
einander weg, darüber
blenden erst ihre Augen,
die dann in seine übergehen.
Schnitt auf (Überblendet auf)

Einstellung 38
Sehr groß.
Ein Teil ihrer Schulter, er
küßt sie darauf. Maler
vorher nicht zu sehen.
Schnitt auf

das jetzt ist

dieses jetzt.

E39   erst dieses jetzt 14
Sehr groß
~~Seine Ha~~
Ihre Hüfte.
Seine Hände kommen
~~über B~~, ~~el~~ und ~~lösen~~
mit einem Ruck den Gürtel,
der heute fällt und durch
ihn gehalten wird, sodaß
es noch unter... hängt. Der
~~Schatt auf~~ Gürtel muß als
Silhouette wirken.
Schnitt auf ________________
                        nur dieses jetzt.
Einstellung 40 ________________

von unten nach oben ggf
eine leere Hürdel,
mit einem Ruck wird ein
Angel ausgeworfen, diese Flocke
mit Schwung geht quer durchs
Bild.
Schnitt auf ________________

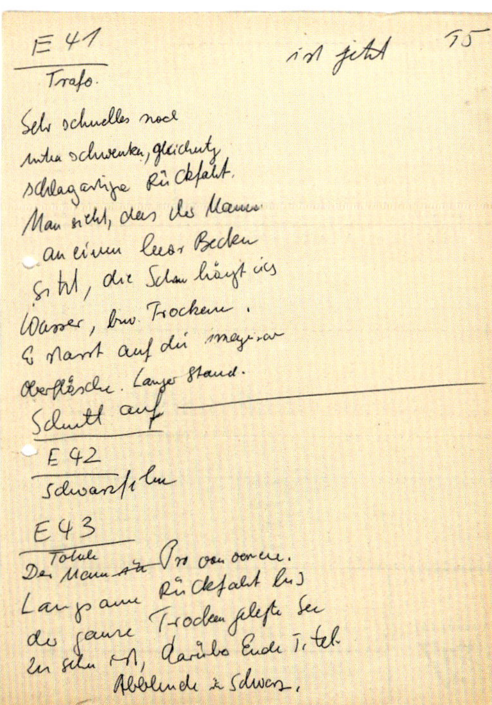

E41   ist jetzt   15
Trafo.
Sehr schnelles noch
unten schwenken, gleichzeitig
schlagartige Rückfahrt.
Man sieht, daß der Mann
an einem leeren Becken
steht, die Schau liegt ins
Wasser, bzw. Trockenen.
Es nackt auf der mageren
Oberfläche. Langer Stand.
Schnitt auf ________________
E42 ________________
Schwarzfilm
E43 ________________
Totale
Der Mann in Pro von oben.
Langsame Rückfahrt bis
die ganze Trockengelegte See
zu sehen ist, darüber Ende Titel.
Abblende zu Schwarz.

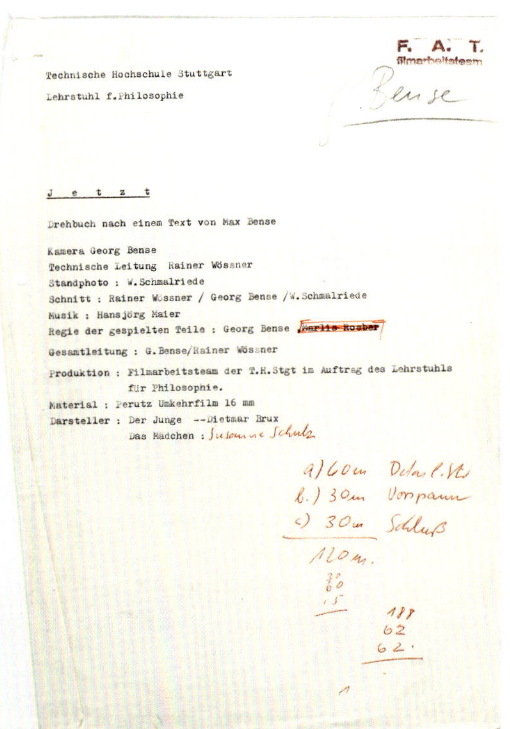

Technische Hochschule Stuttgart

Lehrstuhl f. Philosophie

J e t z t

Drehbuch nach einem Text von Max Bense

Kamera Georg Bense
Technische Leitung Rainer Wössner
Standphoto : W. Schmalriede
Schnitt : Rainer Wössner / Georg Bense / W. Schmalriede
Musik : Hansjörg Maier
Regie der gespielten Teile : Georg Bense ~~Marlis Rosaber~~
Gesamtleitung : G. Bense / Rainer Wössner
Produktion : Filmarbeitsteam der T.H. Stgt im Auftrag des Lehrstuhls
             für Philosophie.
Material : Perutz Umkehrfilm 16 mm
Darsteller : Der Junge -- Dietmar Brux
             Das Mädchen : Susanne Schulz

a) 60 m Detail P. St.
b.) 30 m Vorspann
c) 30 m Schluß
____
120 m.
30
60
15
____
            188
            62
            62.
____

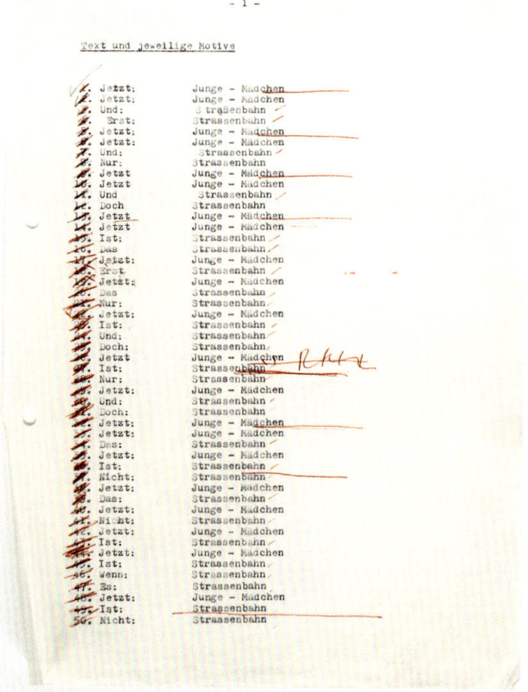

Text und jeweilige Motive

Nr.	Text	Motiv
1.	Jetzt:	Junge – Mädchen
2.	Jetzt:	Junge – Mädchen
3.	Und:	Strassenbahn
4.	Erst:	Strassenbahn
5.	Jetzt:	Junge – Mädchen
6.	Jetzt:	Junge – Mädchen
7.	Und:	Strassenbahn
8.	Nur:	Strassenbahn
9.	Jetzt	Junge – Mädchen
10.	Jetzt	Junge – Mädchen
11.	Und	Strassenbahn
12.	Doch	Strassenbahn
13.	Jetzt	Junge – Mädchen
14.	Jetzt	Junge – Mädchen
15.	Ist:	Strassenbahn
16.	Das	Strassenbahn
17.	Jetzt:	Junge – Mädchen
18.	Erst	Strassenbahn
19.	Jetzt:	Junge – Mädchen
20.	Das	Strassenbahn
21.	Nur:	Strassenbahn
22.	Jetzt:	Junge – Mädchen
23.	Ist:	Strassenbahn
24.	Und:	Strassenbahn
25.	Doch:	Strassenbahn
26.	Jetzt	Junge – Mädchen
27.	Ist:	Strassenbahn
28.	Nur:	Strassenbahn
29.	Jetzt:	Junge – Mädchen
30.	Und:	Strassenbahn
31.	Doch:	Strassenbahn
32.	Jetzt:	Junge – Mädchen
33.	Jetzt:	Junge – Mädchen
34.	Das:	Strassenbahn
35.	Jetzt:	Junge – Mädchen
36.	Ist:	Strassenbahn
37.	Nicht:	Strassenbahn
38.	Jetzt:	Junge – Mädchen
39.	Das:	Strassenbahn
40.	Jetzt:	Junge – Mädchen
41.	Nicht:	Strassenbahn
42.	Jetzt:	Junge – Mädchen
43.	Ist:	Strassenbahn
44.	Jetzt:	Junge – Mädchen
45.	Ist:	Strassenbahn
46.	Wenn:	Strassenbahn
47.	Es:	Strassenbahn
48.	Jetzt:	Junge – Mädchen
49.	Ist:	Strassenbahn
50.	Nicht:	Strassenbahn

Georg Bense
Entwurf – Überlegung – Herstellung
Der „Jetzt" Film – ein Protokoll

1. Die technischen Angaben

Herstellungsjahr: 1962
Produzent: Technische Hochschule Stuttgart
Verfahren: 16 mm schwarz/weiß, Magnetton
Darsteller: Ein Junge, ein Mädchen
Hersteller: Georg Bense, Hans-Jörg Mayer, Rainer Wössner
Preise: keine
Uraufführung: Februar 1962
Festivals: Beitrag zur Biennale de Paris 1963.

2. Die Aufgabe

Gegeben:
Ein Text mit dem Titel „Jetzt" von Max Bense, erschienen in „Bestandteile des Vorüber" im Verlag Kiepenheuer und Witsch.
Gesucht:
Die Umsetzung des Textes unter Beibehaltung von Entropie und Informationsgehalt in den visuellen Bereich. Die Notwendigkeit eines Inhalts entsteht aus der Überlegung, daß der Film Informationsträger ist, wobei man unter Information die Veränderung der Darstellung versteht, was gleich epischer Ablauf ist.

3. Der „gegebene" Text

Jetzt, jetzt und erst jetzt, jetzt und nur jetzt, jetzt und doch jetzt, jetzt ist das jetzt erst jetzt das nur jetzt ist und doch jetzt ist, nur jetzt und doch jetzt, jetzt das jetzt ist, nicht jetzt das jetzt nicht jetzt ist, jetzt ist wenn es jetzt ist, nicht jetzt wie es jetzt nicht ist, nicht jetzt wie es jetzt nicht jetzt ist, jetzt das nicht ist ist nicht jetzt, jetzt nicht, jetzt noch nicht, doch jetzt das noch nicht jetzt ist, wenn es jetzt ist, jetzt das jetzt nicht mehr jetzt ist wenn es jetzt ist, und jetzt das jetzt ist wenn er nicht mehr jetzt ist, dieses jetzt, erst dieses jetzt, nur dieses jetzt ist jetzt.

4. Überlegungsausschnitte

a) Max Bense:
Das jetzt kommt 43 mal vor; d. h. unter Umständen dürfte 43 mal das gleiche „Icon" verwendet werden. Das muß aber nicht sein. Aber 43 „Jetzt-Icone" sollten unbedingt vorkommen. Diese 43 „Jetzt-Icone" sollten zuerst gedreht werden.
b) Die Hersteller:
Man sollte eine Grundeinheit festlegen. Entsprechend der Silbenzahl der Worte. Vielleicht für eine Wortsilbe die Einheit 1 Filmmeter = 121 Filmfelder.
a) Max Bense:
Diese 116 je ein-metrigen und 3 je zwei-metrigen

11

Bildstreifen müssen zusammenfaßbar sein in 19
Gruppenstreifen, die nacheinander aus je

1.) 1
2.) 4
3.) 4
4.) 4
5.) 14
6.) 5
7.) 4
8.) 13
9.) 7
10.) 8
11.) 7
12.) 2
13.) 3
14.) 11
15.) 16
16.) 6 Metern bestehen. Die drei letzten Gruppen
müssen aus
17.) einer Doppelelementarlänge und einer E-Länge
18.) einer Doppelelementarlänge und zwei E-Längen
19.) einer Doppelelementarlänge und vier E-Längen
bestehen.

b) Die Hersteller:
Gesamtlänge des Films also entsprechend der Wortzahl
des Textes.

a) Max Bense:
Der Film muß enthalten:
119 selbständige, einheitliche oder zusammenhängende
Bildstreifen, die den Worten entsprechen. Von diesen 119
Bildstreifen (oder Bildfolgen oder Serien) müssen 116
Bildserien gleiche Elementarlänge haben, z. B. 1 Meter, und
3 Bildserien müssen aus je der doppelten Elementarlänge
bestehen.

b) Die Hersteller:
Der Film soll eine Handlung haben. Das Wort „Jetzt"
wird jeweils durch Darsteller gespielt. Alle anderen Worte
werden durch ein anderes, nicht gespieltes Motiv
dargestellt. Der Film besteht also aus 2 Motivgruppen,
einmal aus denen für das Wort „Jetzt" und zweitens aus
denen für die übrige Wortgruppe.

5. Motivauswahl

Das Wort „Jetzt" wird von zwei Schauspielern, einem
Jungen und einem Mädchen, gespielt. Alle übrigen Worte
werden durch fahrende Straßenbahnen der Stadt
Stuttgart dargestellt. Art und Form der Einstellung der
Bahnen ist nicht festgelegt. Wichtig ist jedoch, daß die
Bahnen immer in Bewegung sind.
Auch die Darsteller sollten viel in Bewegung sein. Der
Augenblick des „Jetzt" wird durch Abbrechen,
Unterbrechen oder Innehalten einer Bewegung dargestellt.
Ruckartige Bewegungen sind ebenfalls möglich.
Kommastellen werden durch Einschneiden von je
2 Weißfeldern markiert.

6. Das Rohdrehbuch (Ausschnitt)

1.	Jetzt	Junge – Mädchenmotiv Weißfeld
2.	Jetzt	Junge – Mädchenmotiv
3.	und	Straßenbahnmotiv
4.	erst	Straßenbahnmotiv
5.	jetzt	Junge – Mädchenmotiv Weißfeld
6.	jetzt	Junge – Mädchenmotiv
7.	und	Straßenbahnmotiv
8.	nur	Straßenbahnmotiv
9.	jetzt	Junge – Mädchenmotiv Weißfeld
10.	jetzt	Junge – Mädchenmotiv
11.	und	Straßenbahnmotiv
12.	doch	Straßenbahnmotiv
13.	jetzt	Junge – Mädchenmotiv

7. Das fertige Drehbuch (Ausschnitt)

a) Angaben zum Straßenbahnmotiv:
Es handelt sich um 70 Einstellungen mit
Straßenbahnmotiven. Es soll also eine langsame
Steigerung erreicht werden. Das bedeutet eine
Entwicklung von der Totalen zur Großaufnahme. Das
würde bedeuten, daß Einstellung Nr. 3 (erstes
Straßenbahnmotiv) in Form einer sehr weiten Totalen
gefilmt wird, während die Einstellungen 110, 112, 113, 115,
116, 118, die zum Teil auf Grund der Textworte über die
doppelte Länge verfügen, in Form von sehr großen
„Groß"-Einstellungen gefilmt werden.
b) Angaben zum Junge–Mädchenmotiv:
Es werden 45 Einstellungen gebraucht. Es findet eine
umgekehrte Steigerung statt. Das bedeutet, die ersten
Einstellungen sind „Ganz Groß". Die letzte Einstellung
dieses Motivs ist dann eine sehr weite Totale.
c) Ein Ausschnitt
Einstellung I
Ganz Groß
Das Mädchen blickt starr in die
Kamera und bewegt
plötzlich den Kopf nach rechts.
Schnitt auf
Einstellung II
Ganz Groß
Der Junge blickt starr in
die Kamera und bewegt
plötzlich den Kopf nach links.
Schnitt auf
Einstellung III
Totale – sehr weit
Straßenbahn fährt auf
der neuen Weinsteige.
Schnitt auf
Einstellung IV
Totale – sehr weit
Straßenbahn fährt an
der Sillenbucher Schleife.

Schnitt auf
Einstellung V
Ganz Groß
Der Junge blickt in die Kamera.
Plötzlich macht er das linke Auge
zu und wieder auf.
Schnitt auf
d) Ein anderer Ausschnitt
Einstellung 40
Nah
Kamera quer zur Straße. Von links und rechts kommen
der Junge und das Mädchen ins Bild, bleiben ruckartig
voreinander stehen.
Schnitt auf
Einstellung 41
Nah
Straßenbahn fährt in der Stadt. Blick am Schloßplatz
von oben. Marquartbau.
Schnitt auf
Einstellung 42
Nah
Die beiden stehen voreinander. Man sieht keinen Kopf,
keine Beine. Starr. Ruckartig, aber durchgezogen geben
sie sich die Hände. Halten dann wieder inne.
Schnitt auf
Einstellung 43
Nah – Groß
Fahrende Straßenbahn auf der Königsstraße.
Blick von innen nach außen. Straßenstrukturen,
zum Teil unscharf und verwackelt.
Schnitt auf
e) Ein dritter Ausschnitt
Einstellung 113
Ganz Groß
Straßenbahn kommt aus der Unschärfe auf die Kamera
zu. Bremst, wird langsamer. Gummilinse fährt mehrmals
vor und zurück.
Zum Schluß der Einstellung Straßenbahn bildfüllend.
Schnitt auf
Einstellung 114
Totale
Kamera von unten auf den Jungen.
Der taumelt und wird aus dem Bild gerissen.
Schnitt auf
Einstellung 115
Ganz Groß
Schnelle Trafofahrt auf die Bahn.
Schnitt auf

8. Der Ton
Entsprechend dem Bild, das sich nach den Worten des
vorgegebenen Textes richtet, ist auch der Ton angelegt. Er
besteht aus zwei Serien von Tönen die genau synchron
zum Bild liegen.

Für die Bildfolgen mit dem „Jetzt"-Motiv wurde
Schlagzeug gewählt. Für die fahrenden Straßenbahnen
ein verzerrter Ton, der dem Fahrgeräusch ähnelt.

9. Die Handlung
Ein junger Mann trifft seine Freundin auf der Straße.
Beide beschließen, ein Stück miteinander zu gehen.
Danach verabschieden sie sich. Sie gehen in
verschiedenen Richtungen davon. Der Junge sieht ihr
nach, versäumt es, auf die Straße zu achten und gerät
unter eine ankommende Straßenbahn.

10. Zusammenfassung
Beabsichtigt bei dieser Transposition von Text in Bild war
zunächst die gleiche numerische Struktur, das heißt, die
gleiche strukturale Information von Text und Bild. Bei der
Ausführung ergab sich, daß auch die Frage nach der
sogenannten „Filmschönheit" ganz von selbst und
zufriedenstellend gelöst wurde. Eines der verblüffendsten
Ergebnisse dieses filmischen Experiments war folgender
Tatbestand: Der vorgegebene Text besitzt eine
abgehackte Rhythmik. Durch die Transposition ins Bild
verschwand diese Rhythmik. Es entstand eine langsame
ruhige Taktfolge. Wollte man einen Vergleich ziehen, so
könnte man sagen, daß aus einem „Hot" ein „Blues"
wurde. Am Ende des Experiments stand eine neue Frage:
Wie verändert sich die Struktur bei der Transposition
eines Rhythmus?

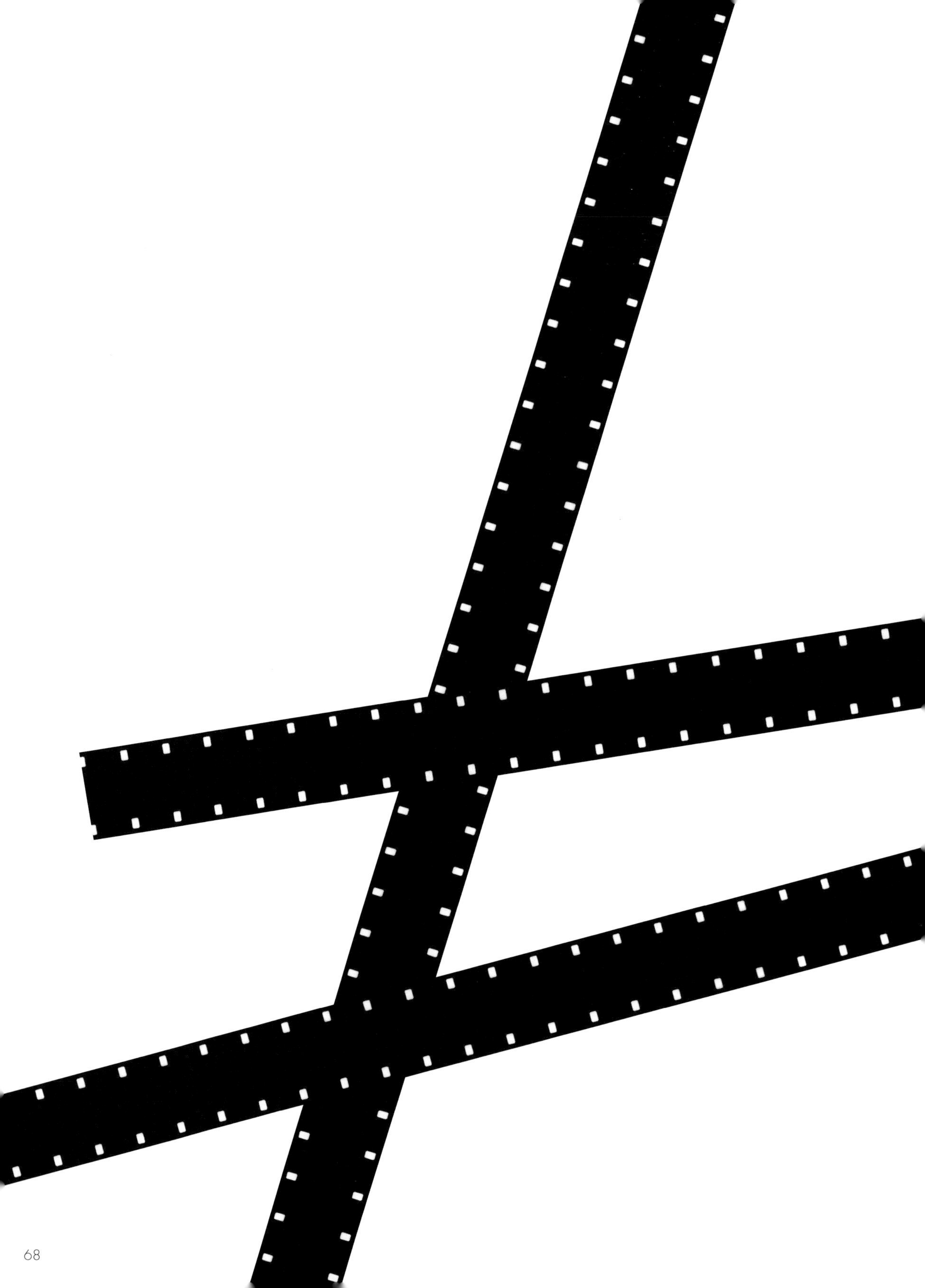

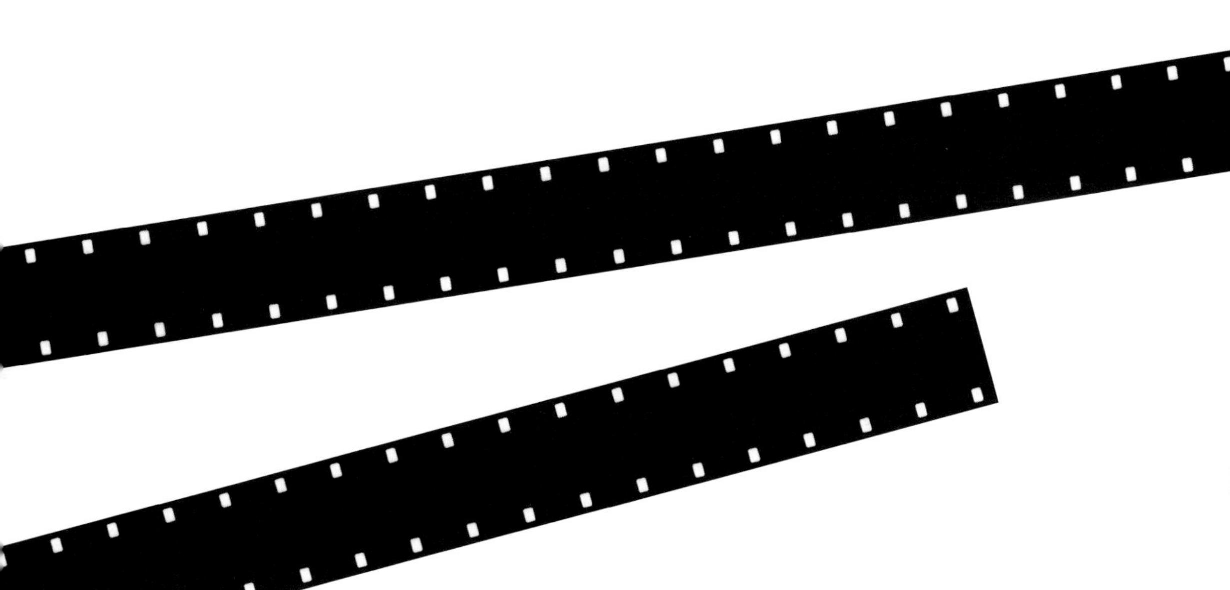

technische hochschule stuttgart   lehrstuhl für philosophie

filmarbeitsteam zeigt   bewusste landschaft

analyse u. synthese der struktur nach einer idee von max bense

ein film von   georg bense   hansjörg mayer   rainer wössner

Bewußte Landschaft

Datenblatt FILM

Filmtitel: BEWUSSTE LANDSCHAFT

Untertitel: Nach Motiven aus den „Grignan-Texten " von Max Bense

ergänzende Angaben Im Auftrag des Lehrstuhls für Philosophie der Technischen Hochschule Stuttgart 1963

Produktionsangaben

Kamera und Montage: Georg Bense
Musik: Hansjoerg Mayer und Freimut Wössner
Produktionsleitung: Rainer Wössner

Digitale Bearbeitung 2013:
        Wolf Quiel / Georg Bense

Technische Angaben

Filmmaterial
  16mm Farbfilm, Magnetton

Filmlänge: 11'20

Darsteller / Sprecher
  Texte gelesen von Max Bense

Konzeptionelle Angaben

Der Film beruht auf Texten, die Max Bense über das provenzalische Städtchen Grignan im Departement Drôme und seine Umgebung geschrieben hat. Den Texten entsprechend zeigt der Film die Landschaften als Orte der Verlassenheit, in der nur noch die Natur und die Dinge in ihr zu Wort kommen. Bäume, Gräser, Weinstöcke, Lavendelbüsche, Steine, immer wieder sind es Steine bei denen der Autor stehen bleibt, betrachtend und ihnen zuhörend: „ Mauern und Mauern aus Mauern von Mauern aus Mauern von Mauern aus Mauern". Ein assoziatives Zuhören in dem Bilder zu Worten werden und umgekehrt. Es geht in diesen Texten, in diesem Film nicht um die Beschreibung einer Landschaft im herkömmlichen Sinn. Eher um das Erforschen an Hand von Streifzügen, Rundgängen und Wanderungen durch sie hindurch, immer wieder in ihr stehen bleibend, verharrend. Eine filmpoetische Auseinandersetzung mit der Landschaft um Grignan, in Sichtweite des Mont Ventoux, dem 1912m hohen „heiligen Berg" der Provence, der erstmals 1336 durch den Dichter und Humanisten Francesco Petrarca bestiegen wurde.... „Salles sous Bois und Dieulefit, nein, Gott hat sie nicht gemacht, kaum noch Sonntag, sehr viel Blau, die blauen Kittel, Schneehaupt des Mont Ventoux, zuweilen noch im Mai, Erinnerung ist Schweigen..." schreibt Max Bense in seinen Grignan-Texten.

data sheet FILM

title: CONSCIOUS LANDSCAPE

subtitle: Based on motifs from the "Grignan-Texte" by Max Bense

additional information Commissioned by the Chair of Philosophy at the Technische Hochschule Stuttgart 1963

production details

Camera and Montage: Georg Bense
Music: Hansjoerg Mayer and Freimut Wössner
Head of Production: Rainer Wössner

Digitisation 2013: Wolf Quiel / Georg Bense

technical details

film material
 16 mm colour film, magnetic sound

length: 11'20

actor / voice-over
 texts read by Max Bense

film concept

The film is based on a suite of texts that Max Bense wrote on the Provencal village of Grignan and its surrounds in the Departement Drôme. In keeping with the texts, the film shows the landscapes as places of solitude and abandon, in which solely nature and the things it contains find a voice. Trees, fields of grass, vines, lavender bushes, stones – indeed it was the stones that compelled the author to stop time and again, to look and to listen: "Walls and walls of walls from walls of walls from walls of walls". An associative way of listening, in which images become words, and vice versa. Neither the texts nor the film are concerned with describing a landscape in the customary sense, but more with explorations, with treks, rambles and tours around them, and with stopping time and again and remaining still. A cine-poetical assay of the countryside around Grignan, within view of Mont Ventoux, the 1912 metre-tall "holy mountain" of the Provence, which was first climbed in 1336 by the poet and humanist Francesco Petrarca.... "Salles sous Bois and Dieulefit, no, God did not make them, scarcely still Sunday, a great deal of blue, the blue smock, snowy crest of Mont Ventoux, sometimes even in May, memory is silence..." as Max Bense writes in his Grignan texts.

bewusste landschaft

ein film von

georg bense
hansjörg mayer
rainer wössner

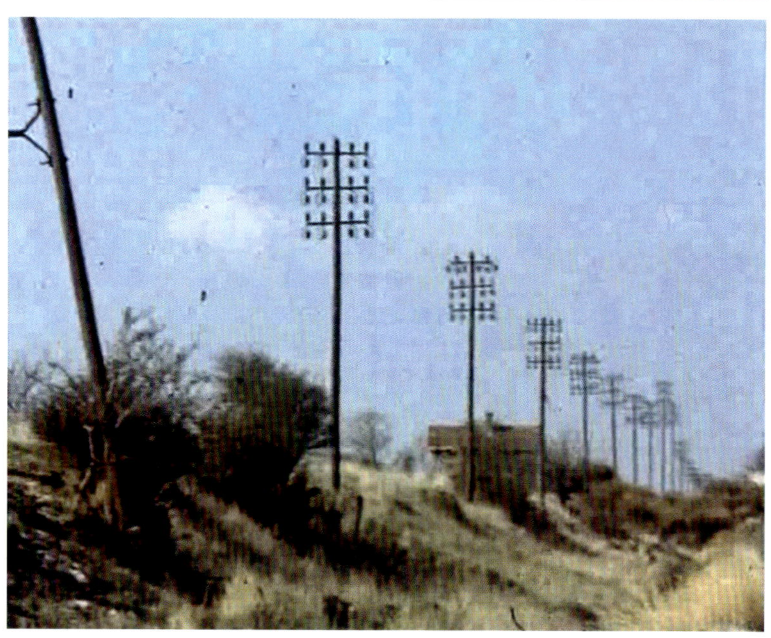

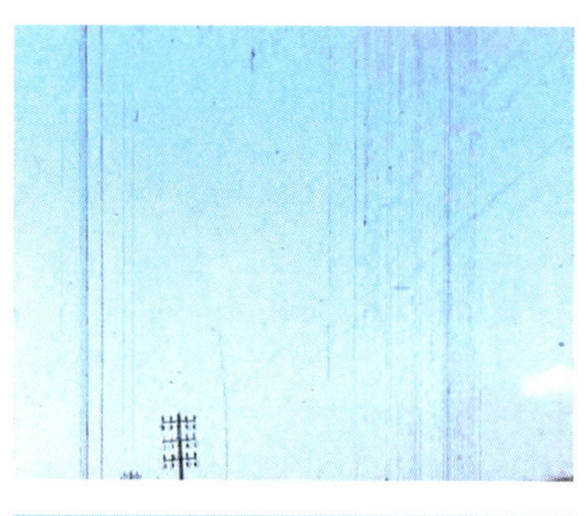

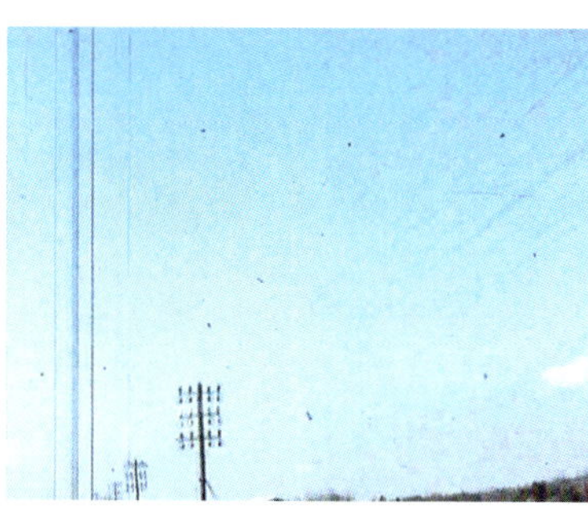

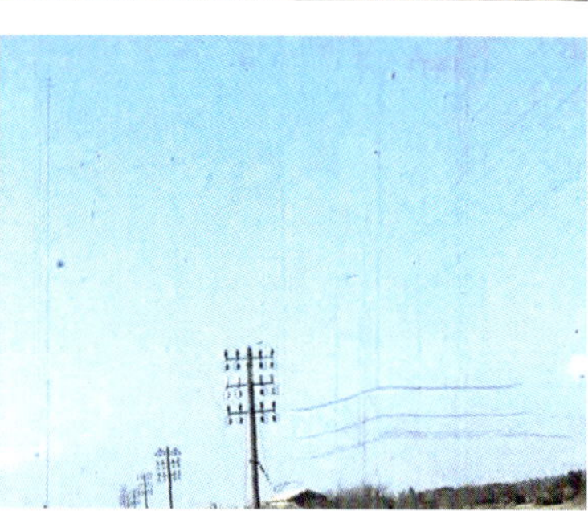

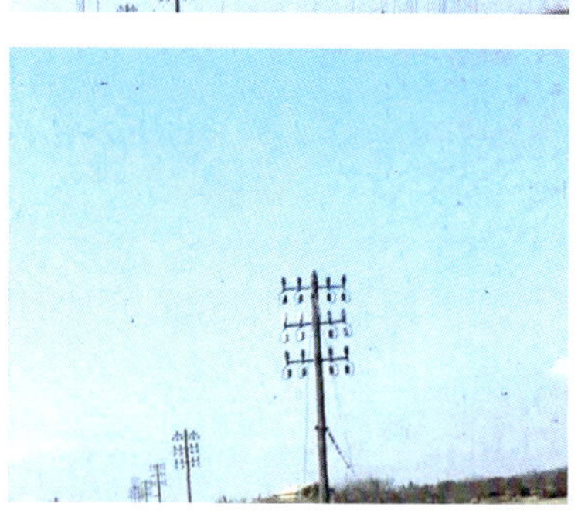

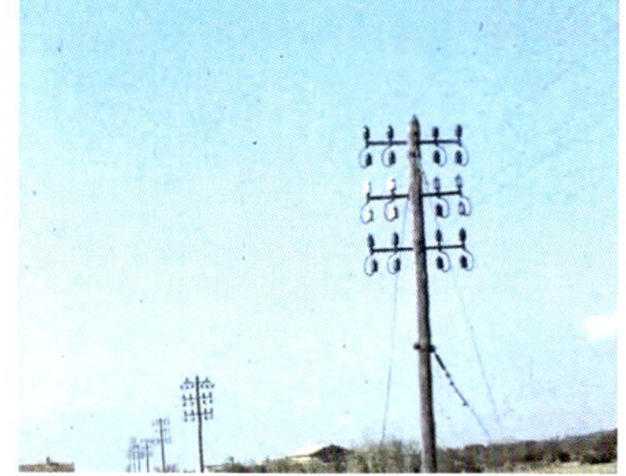

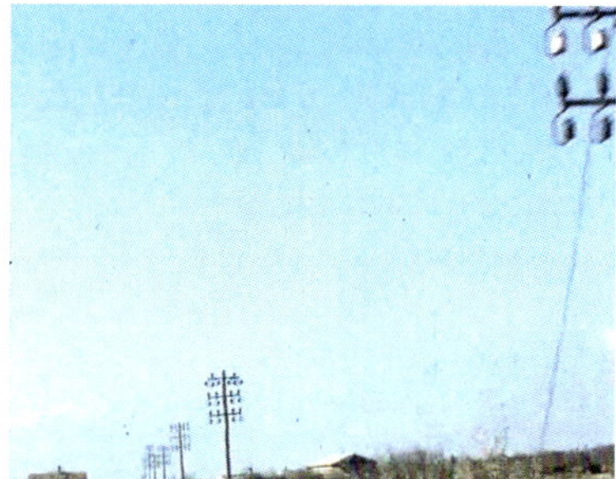

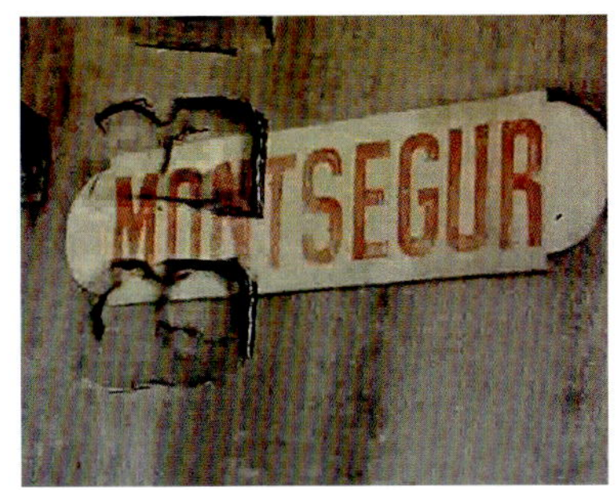

MONTSEGUR

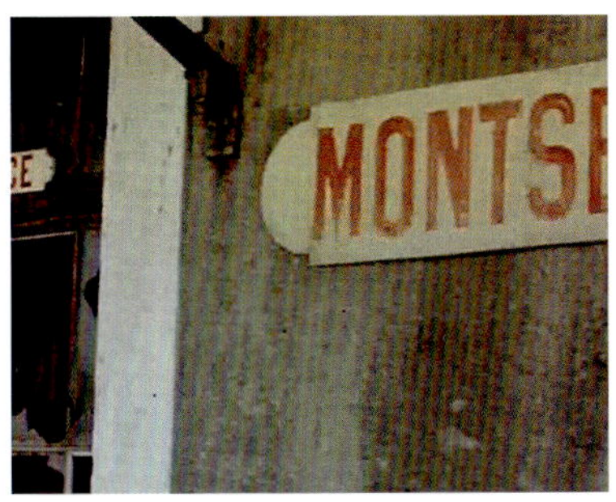

CE
MONTSE

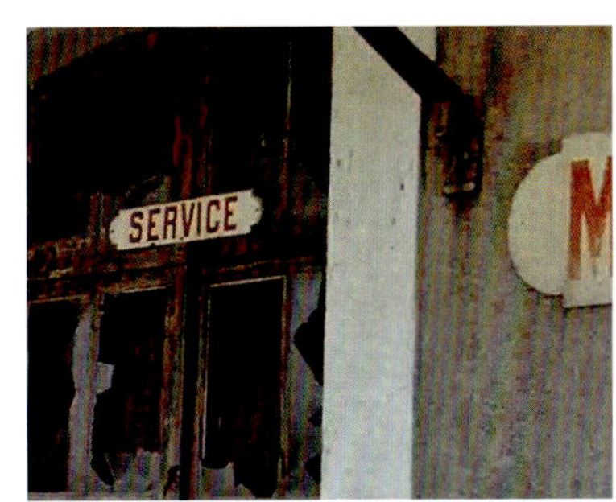

SERVICE
M

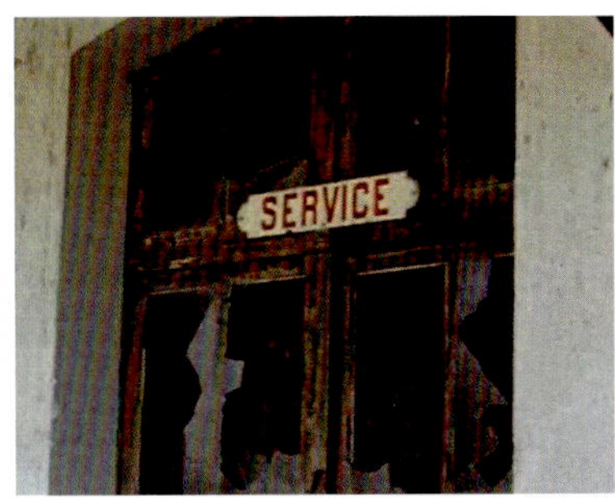

SERVICE

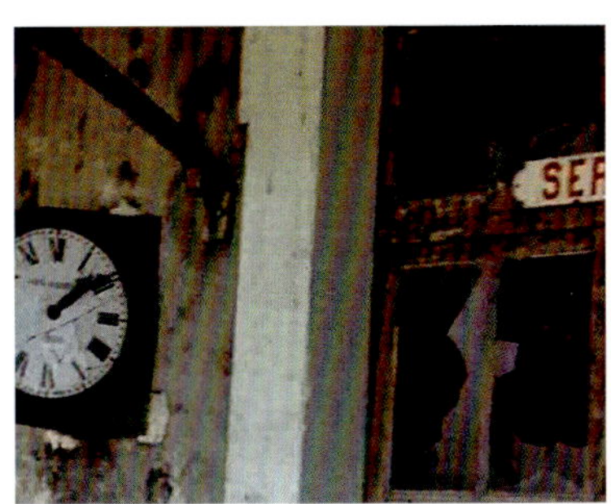

SER

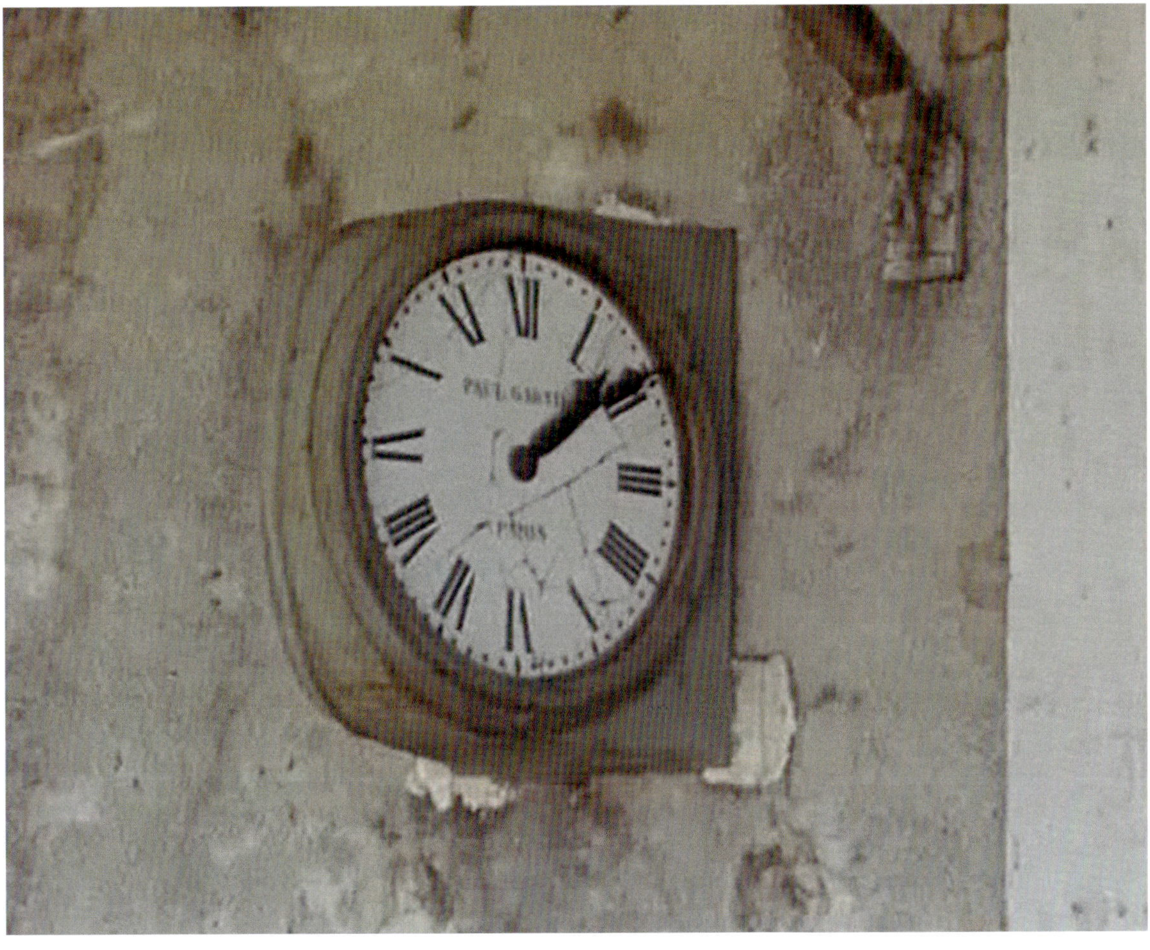

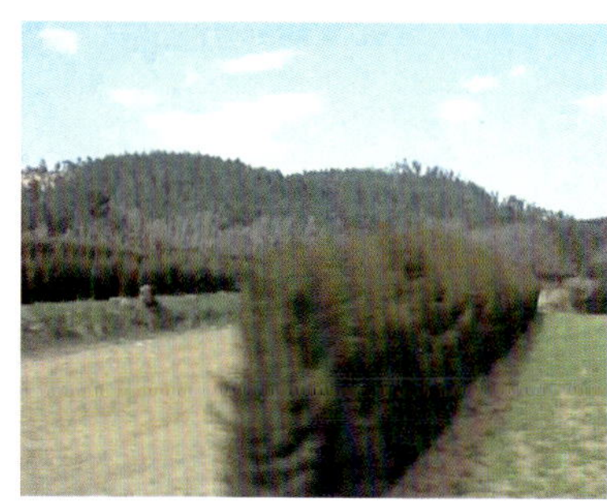
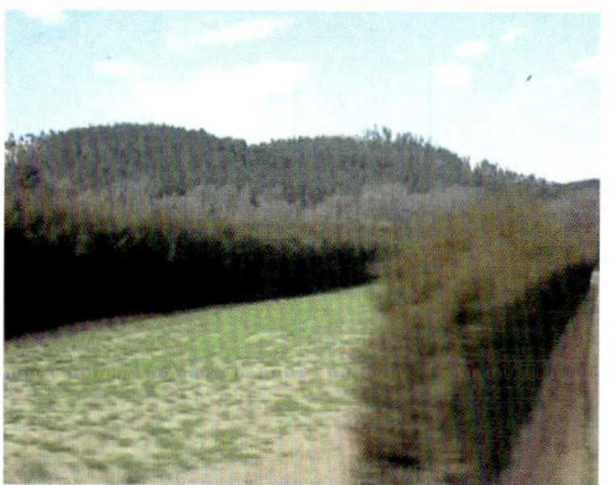
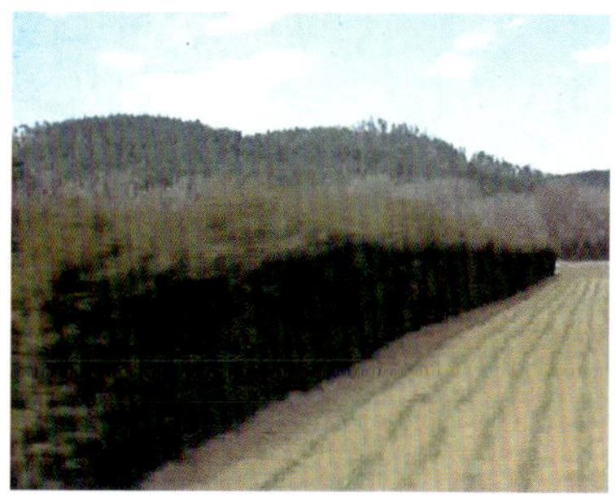
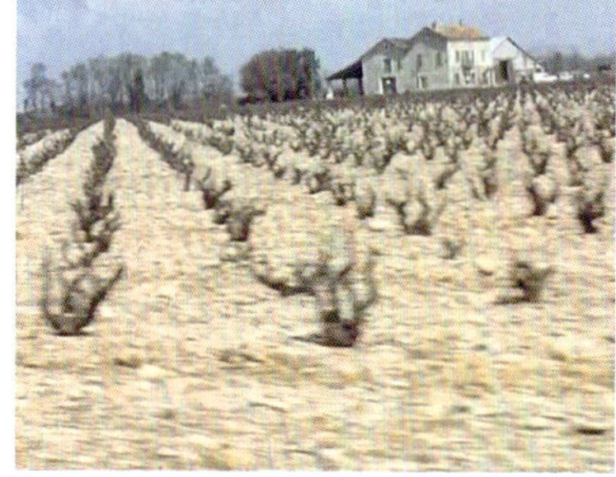
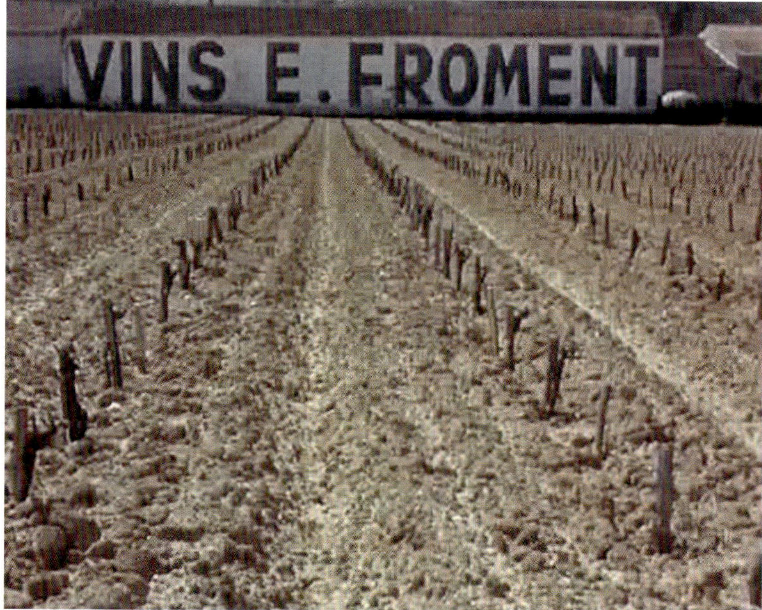
VINS E. FROMENT.
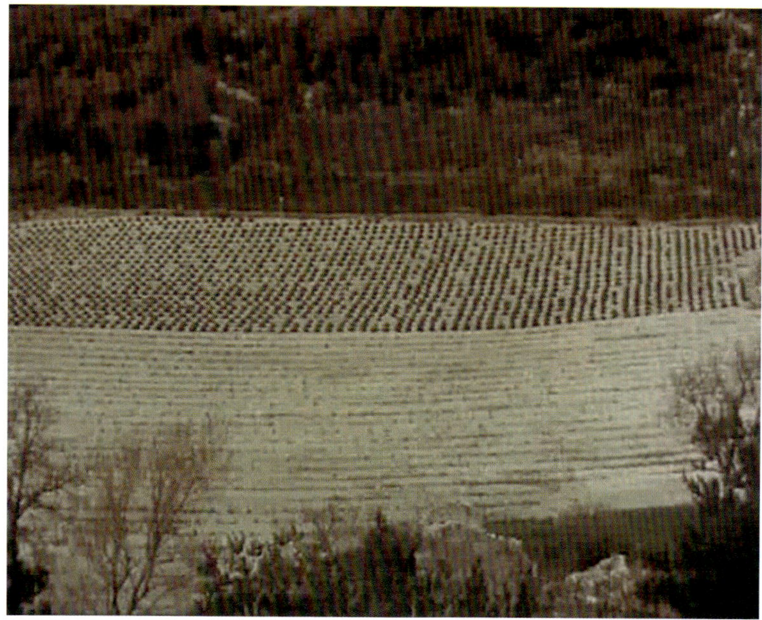
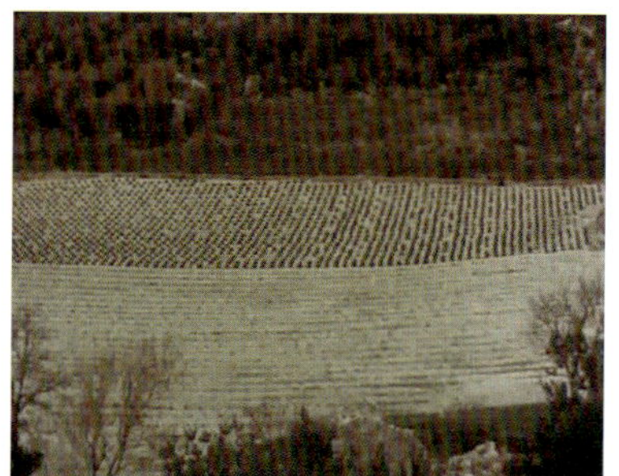

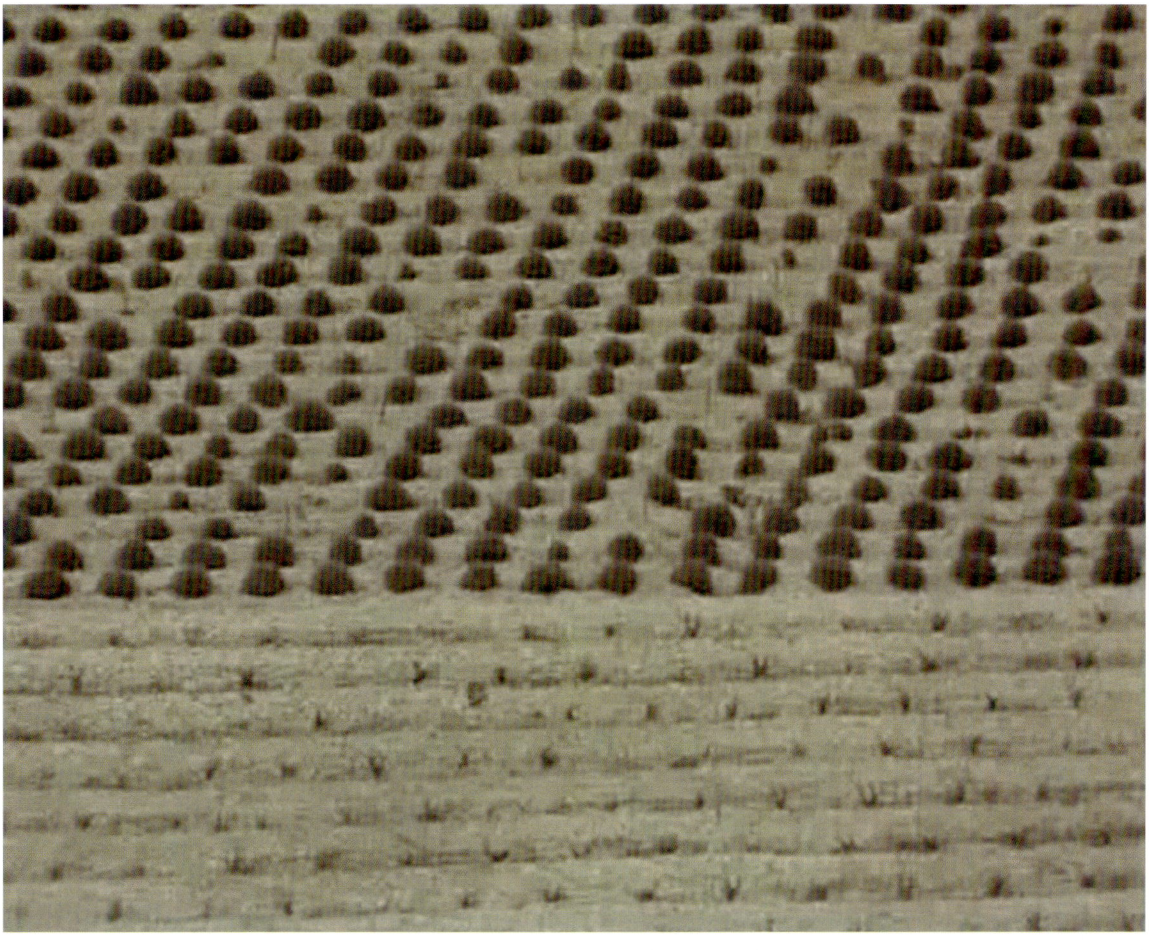

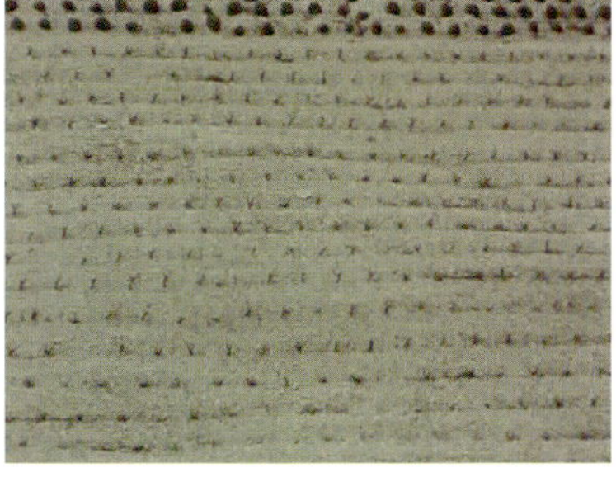

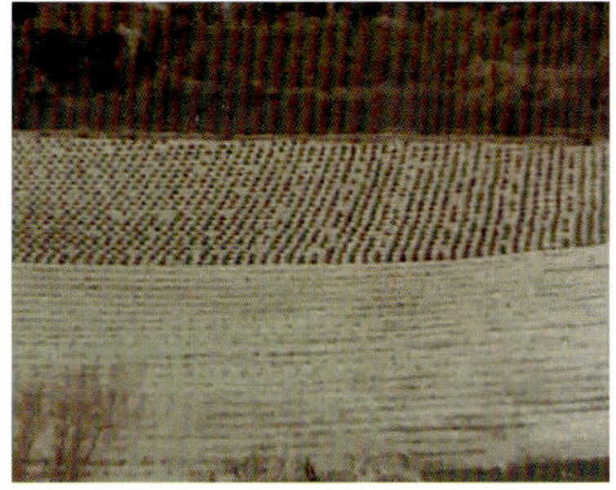
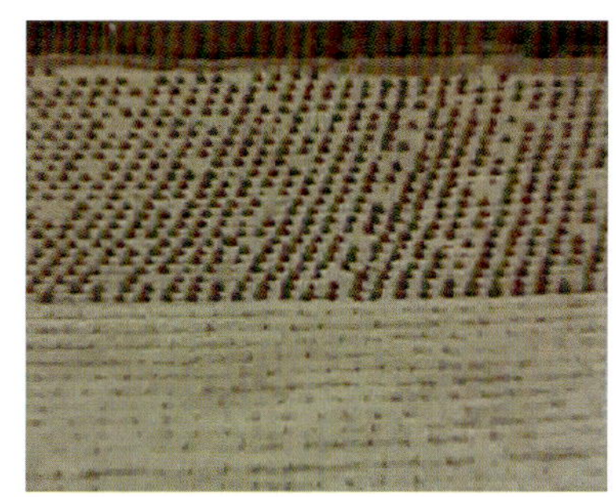

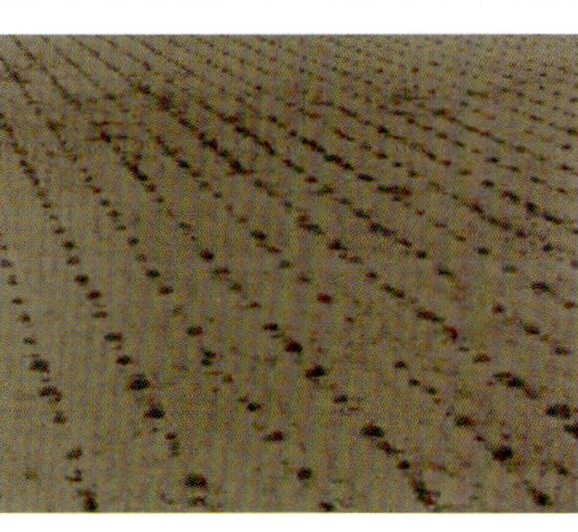

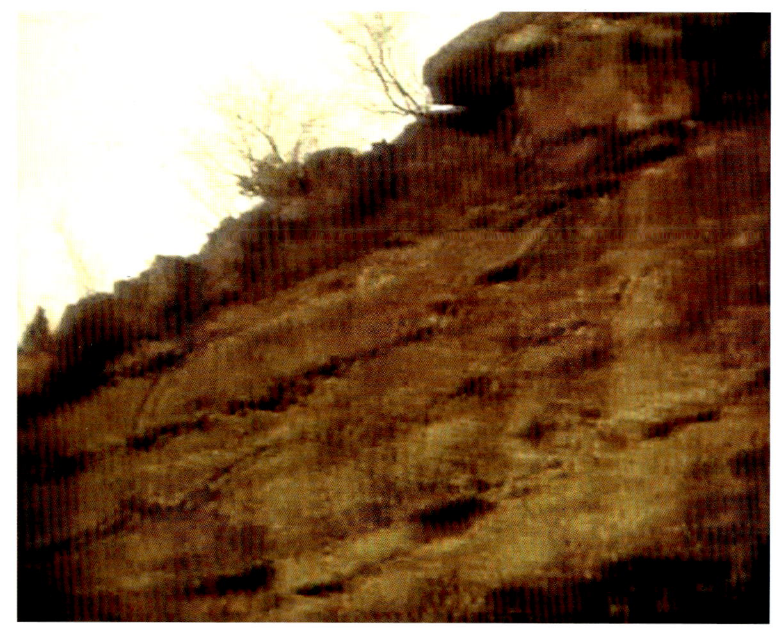

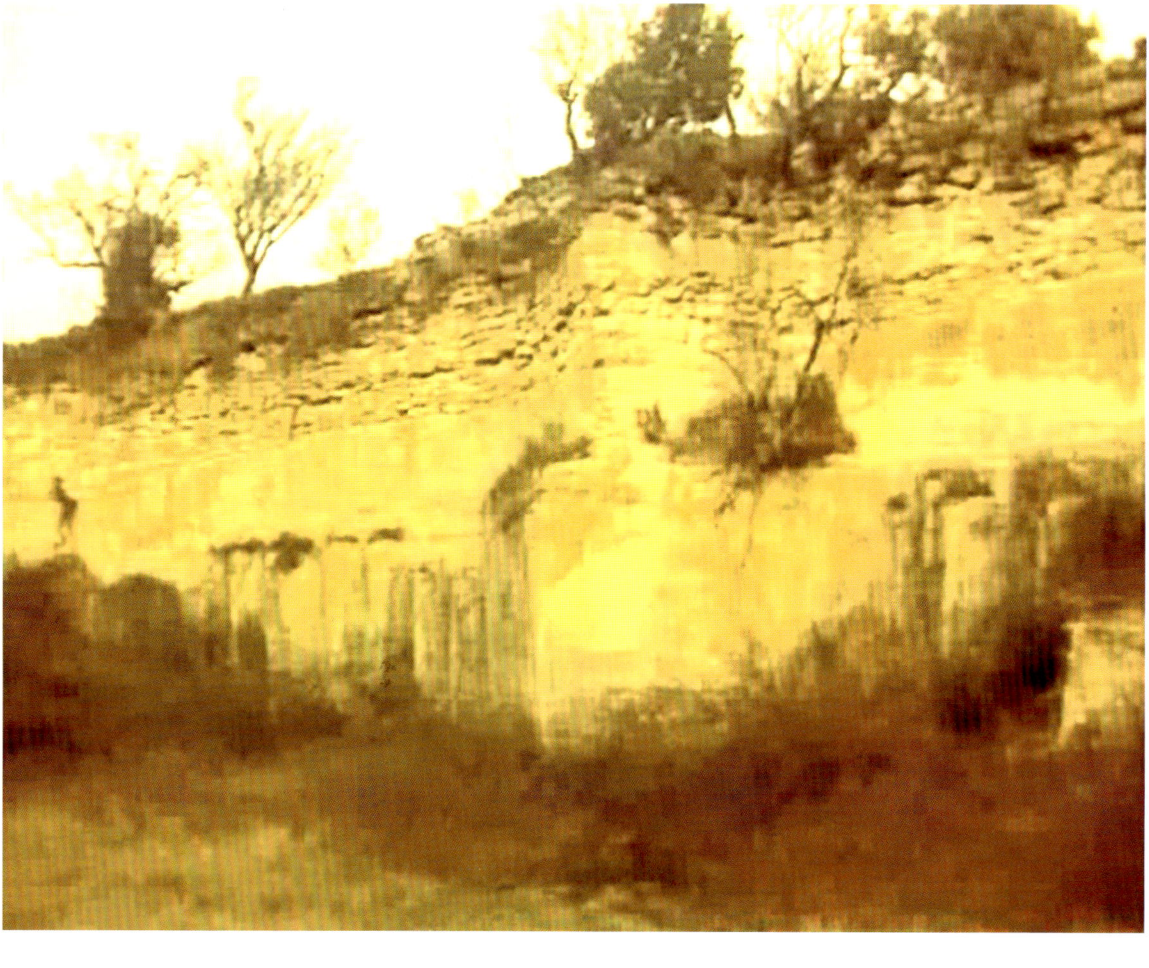

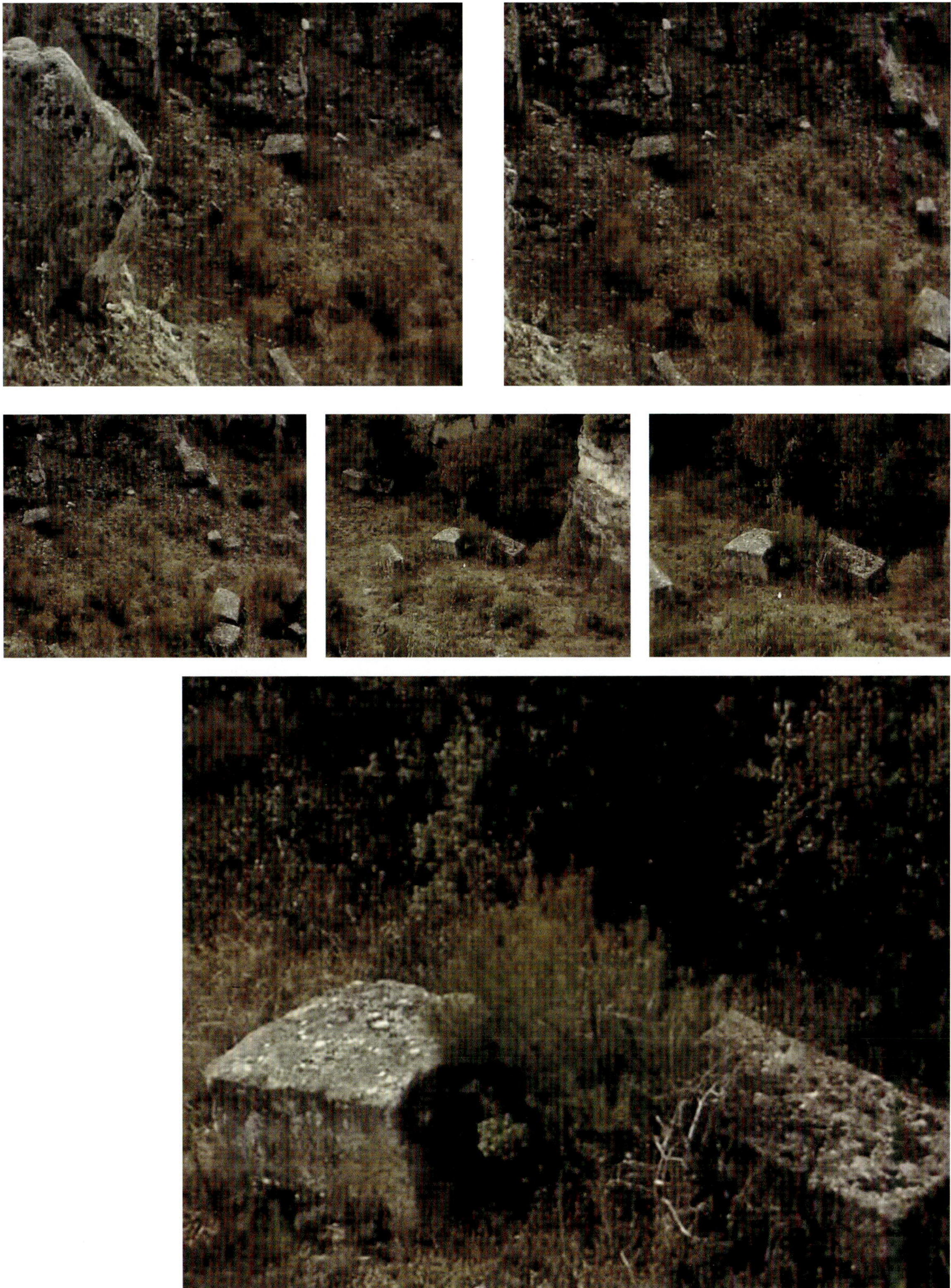

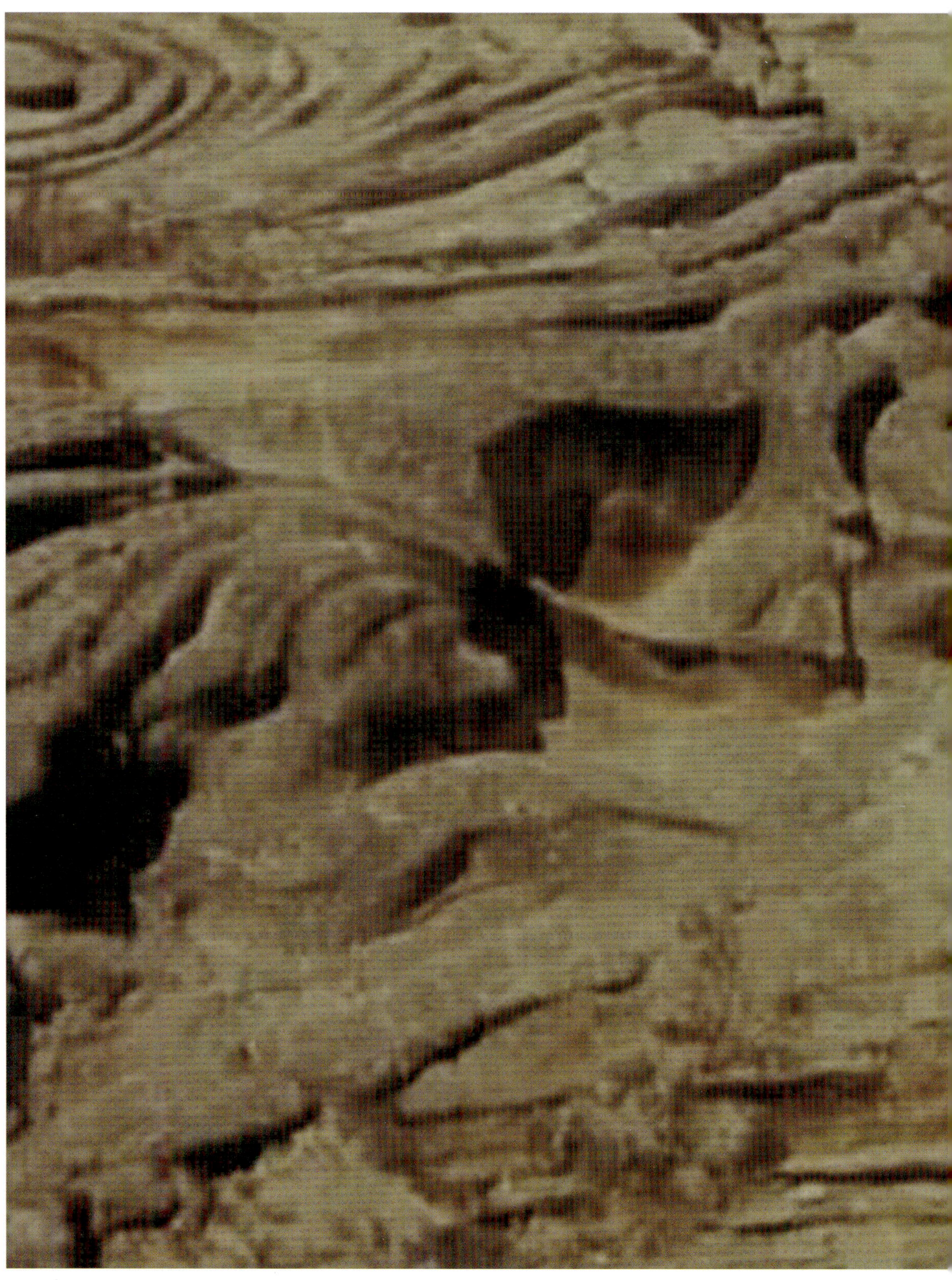

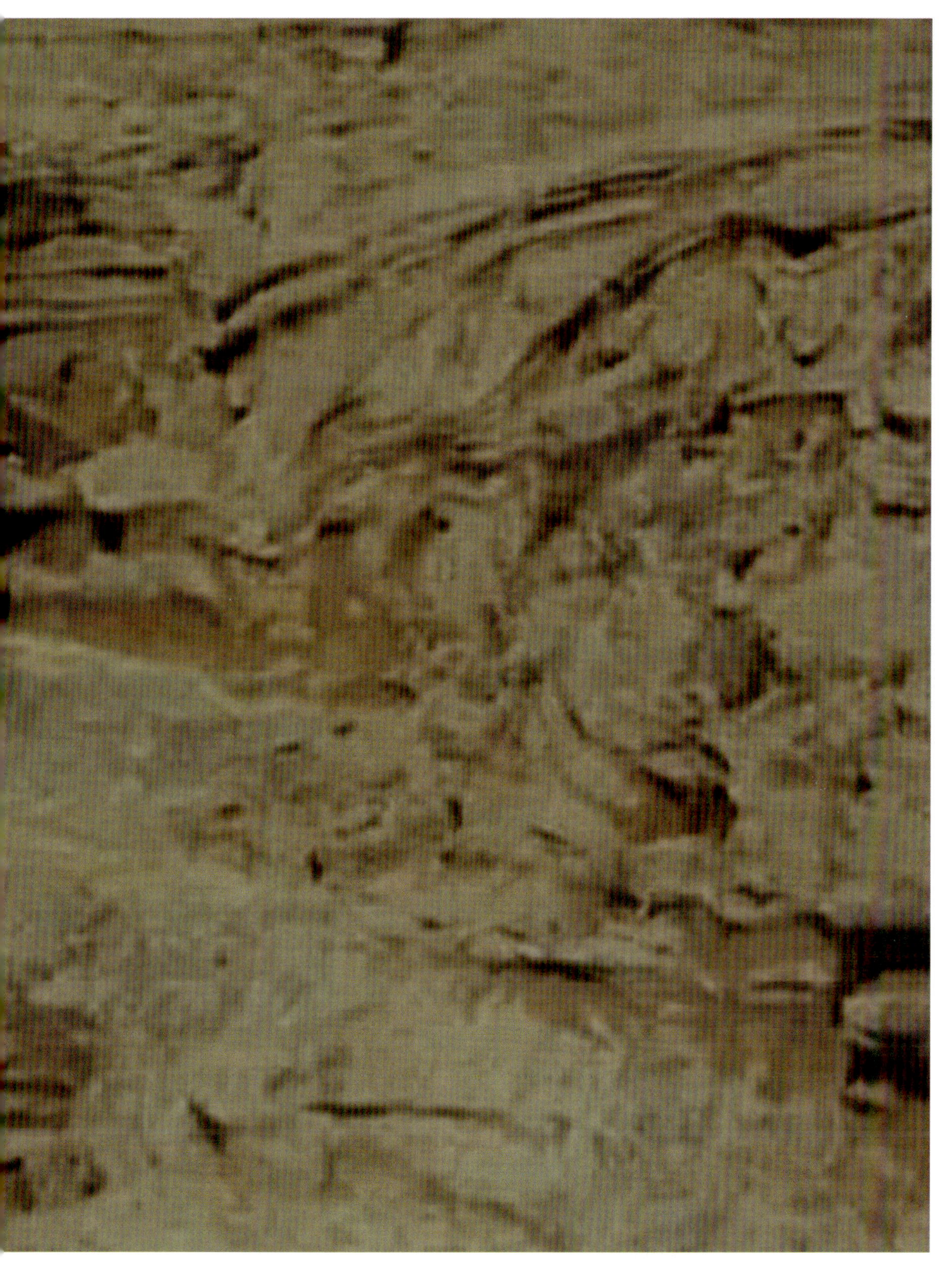

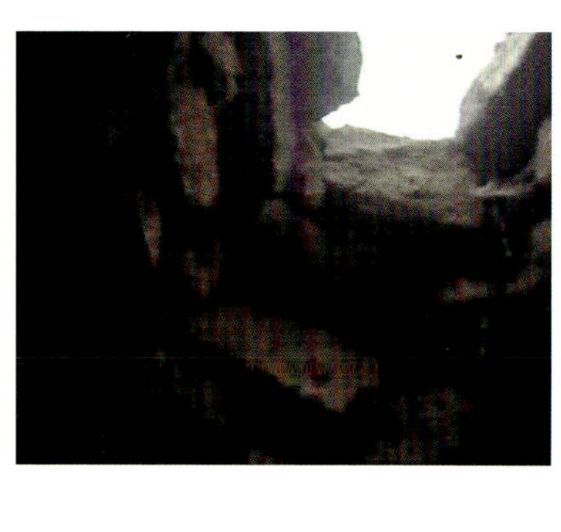
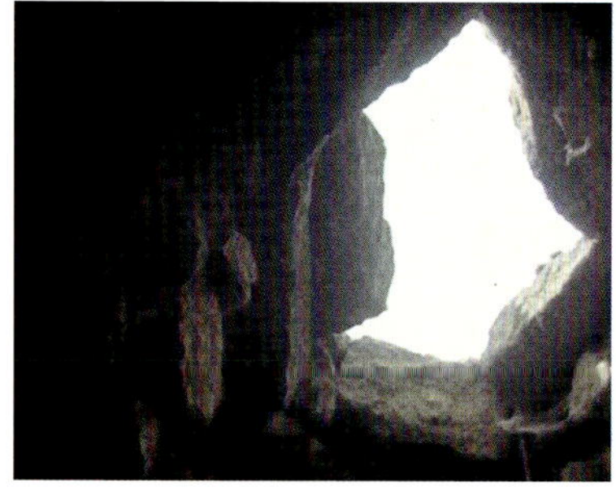
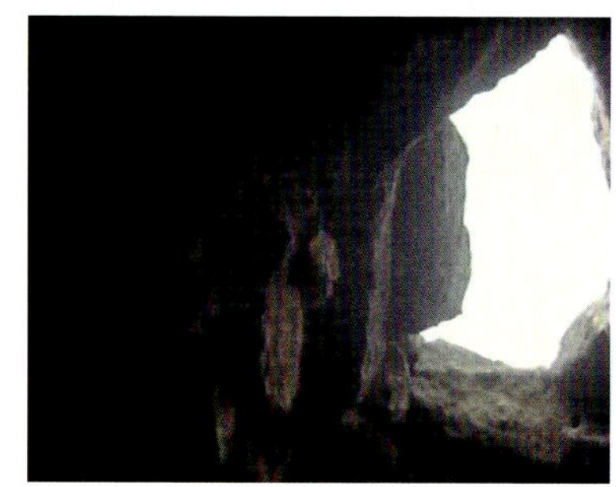
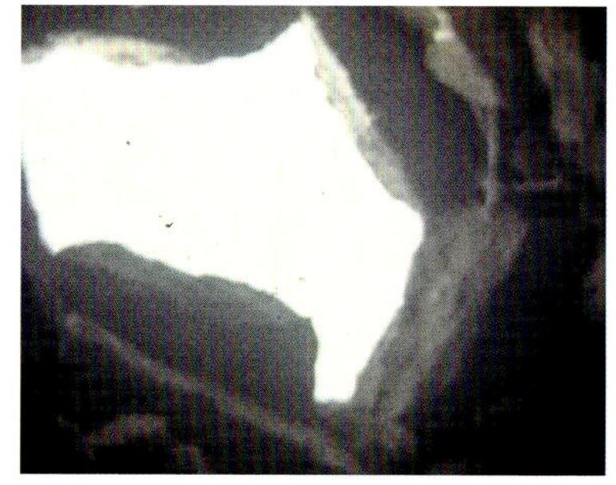

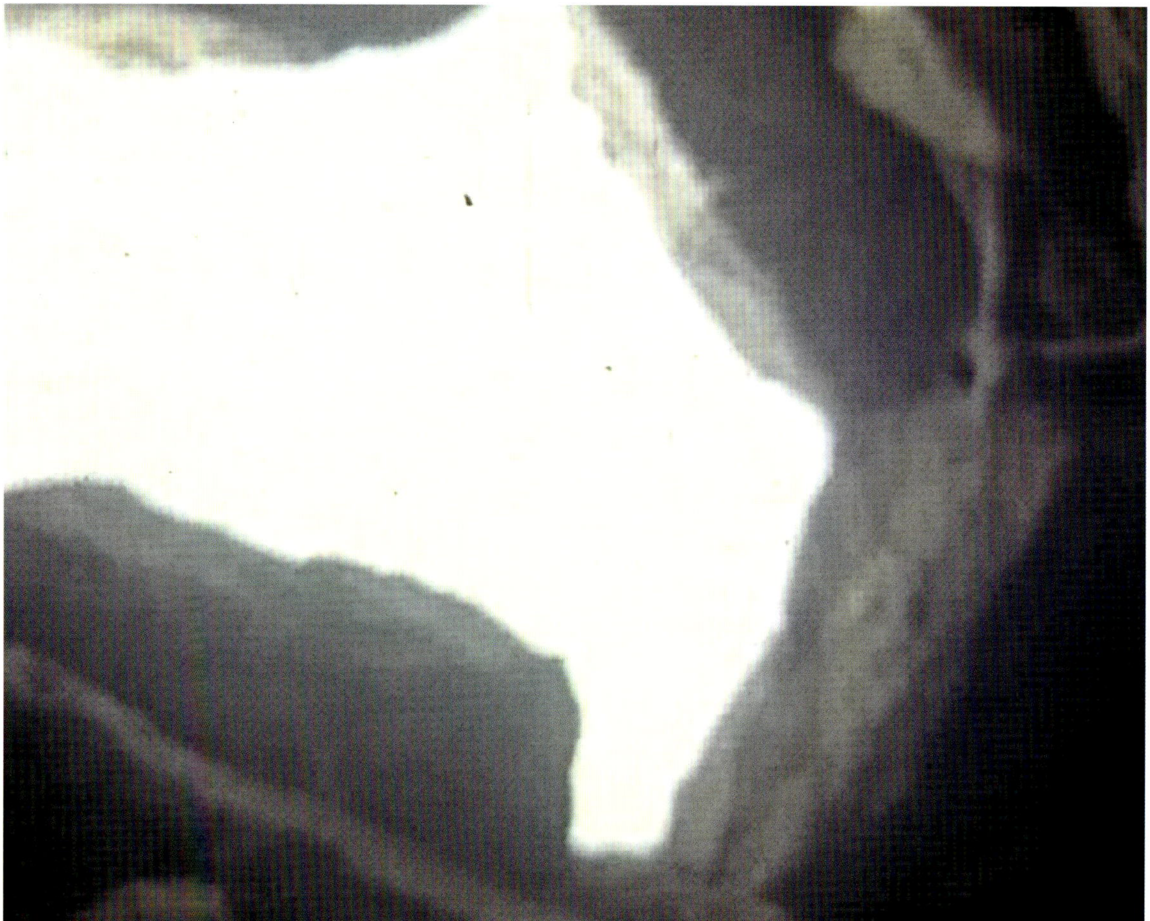

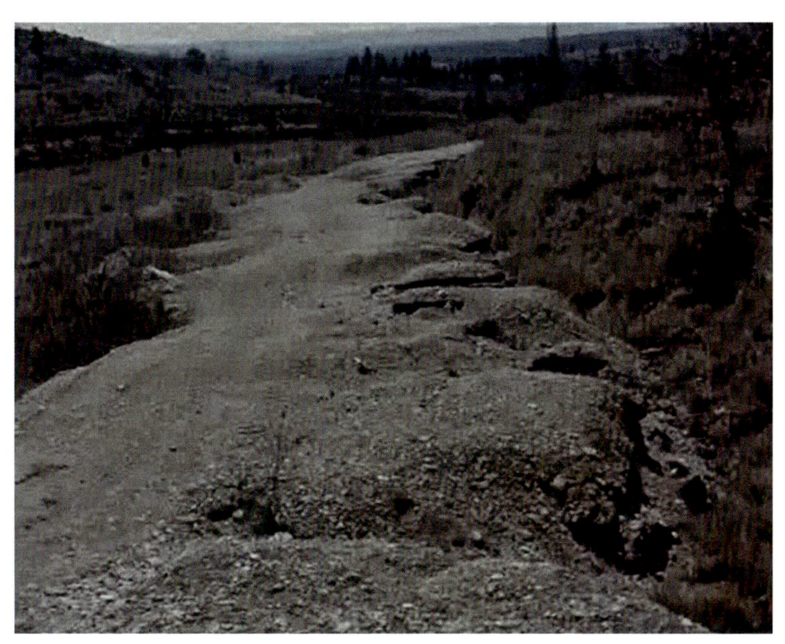

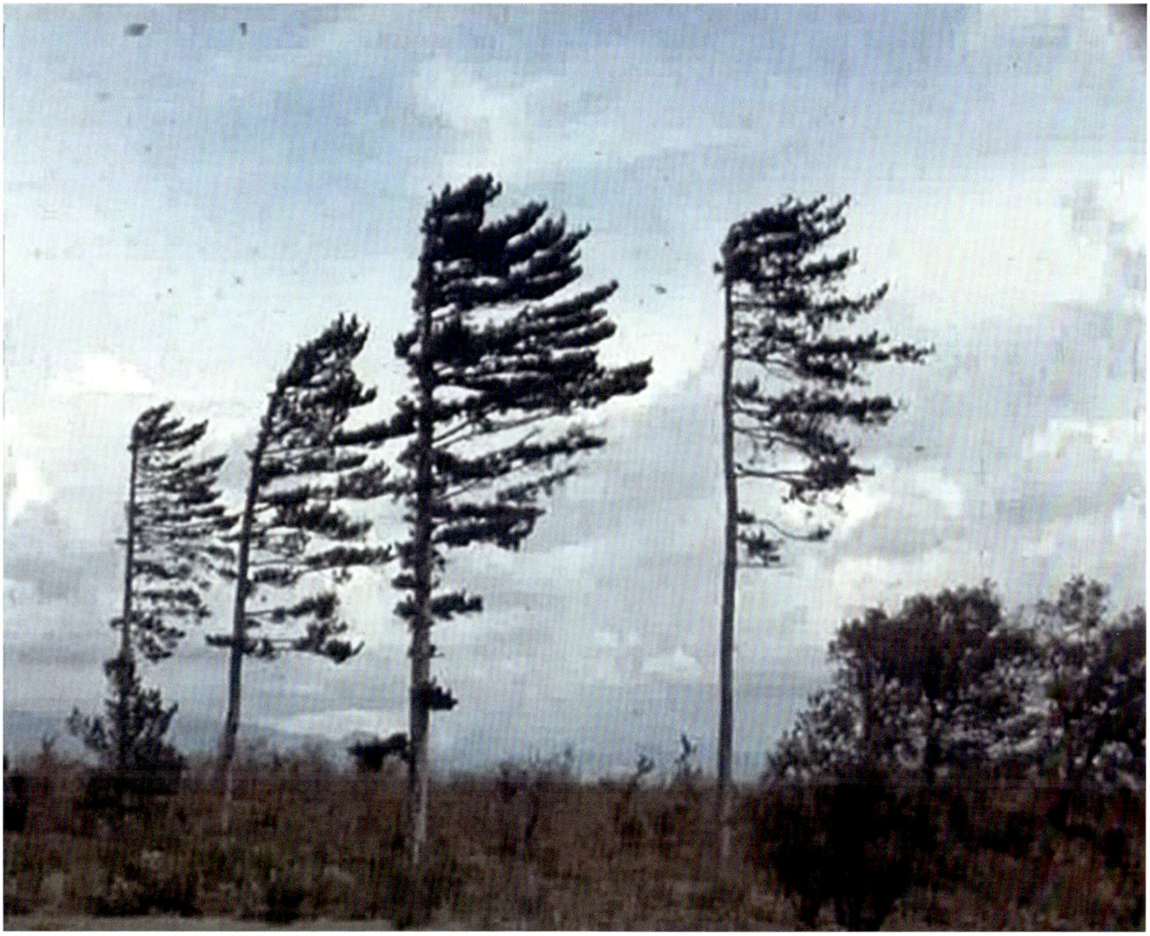

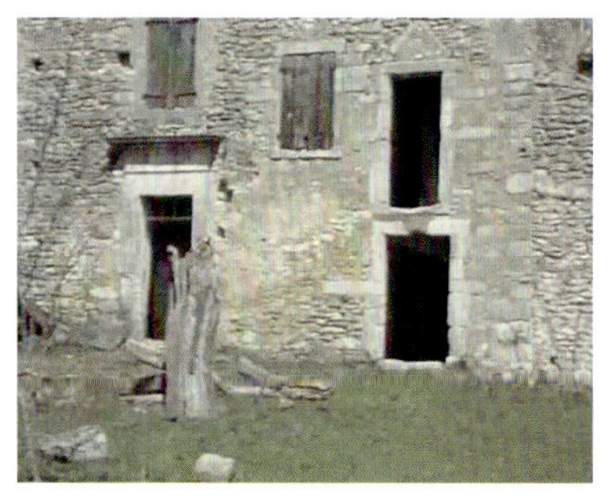

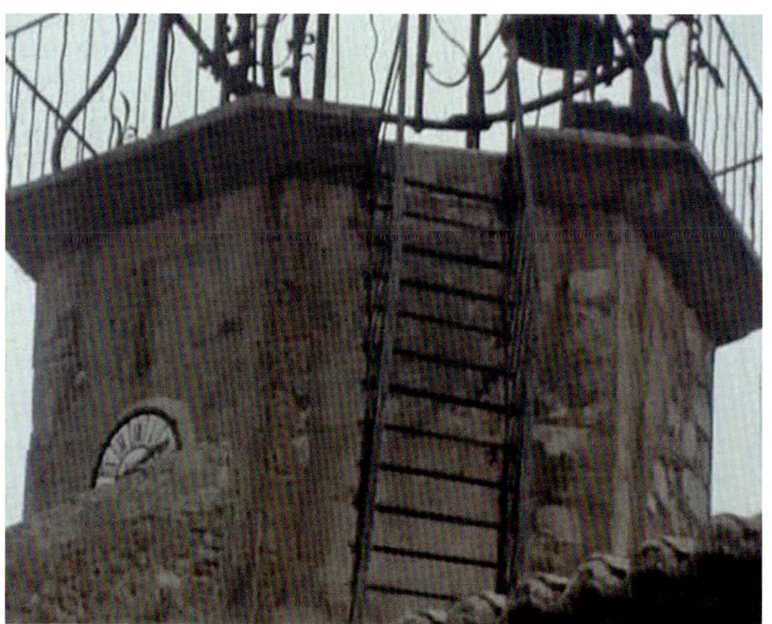

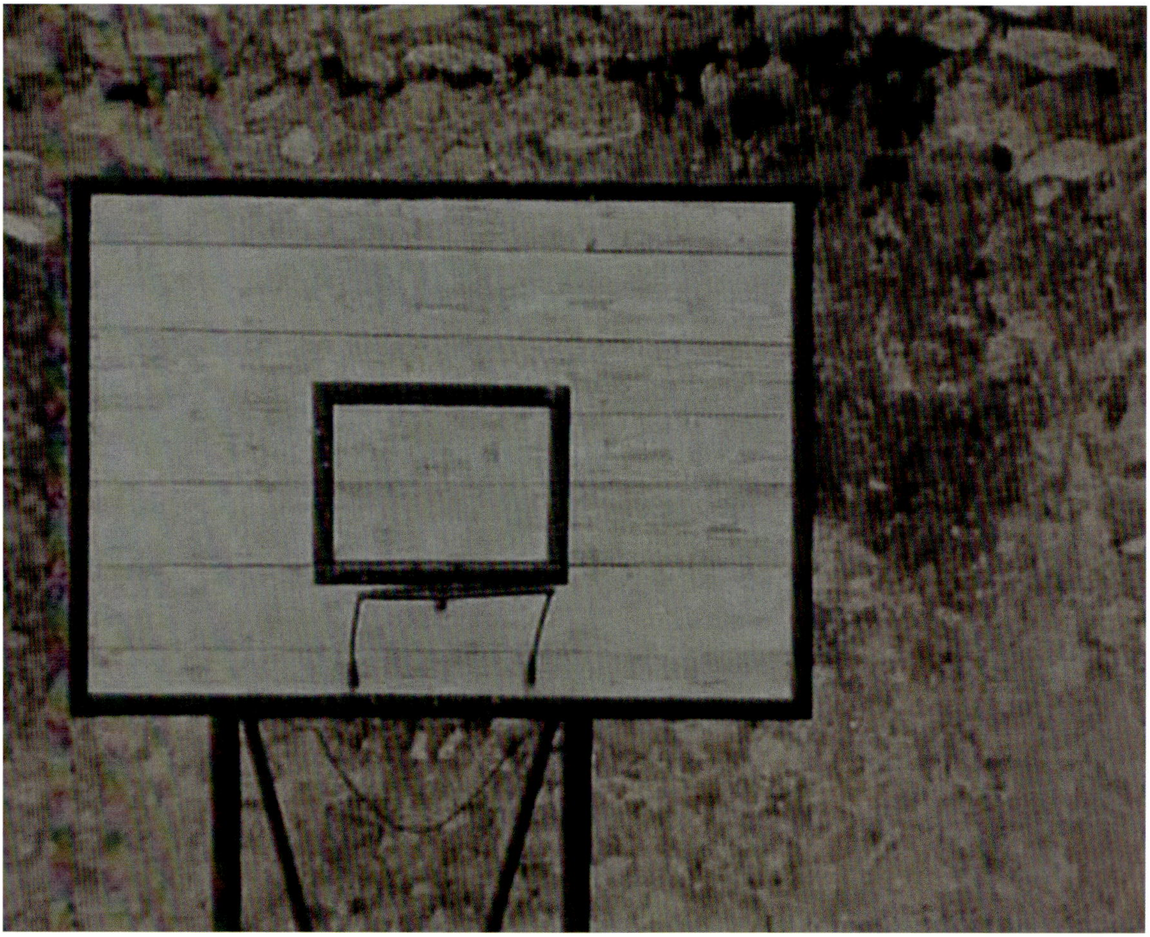

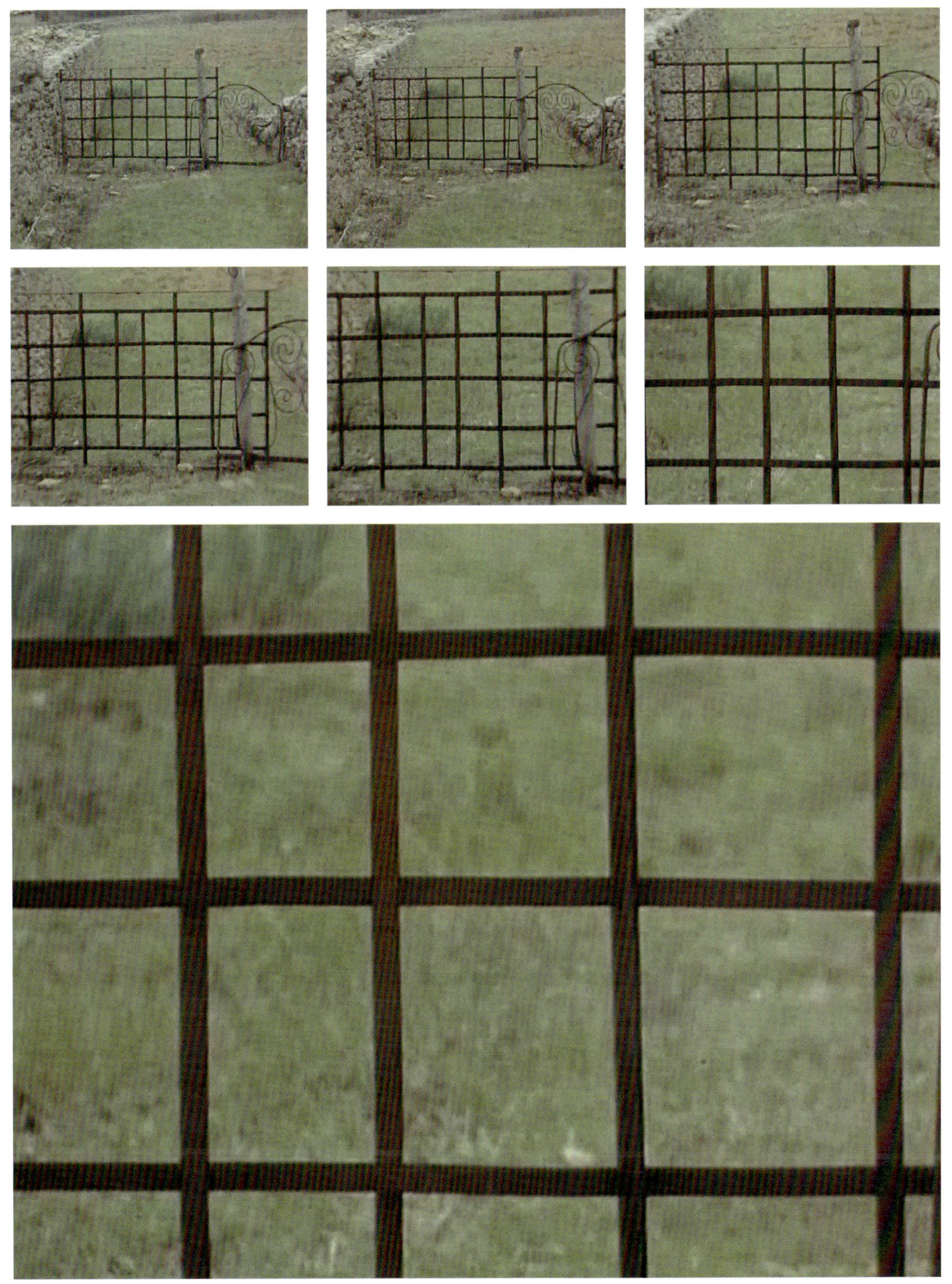

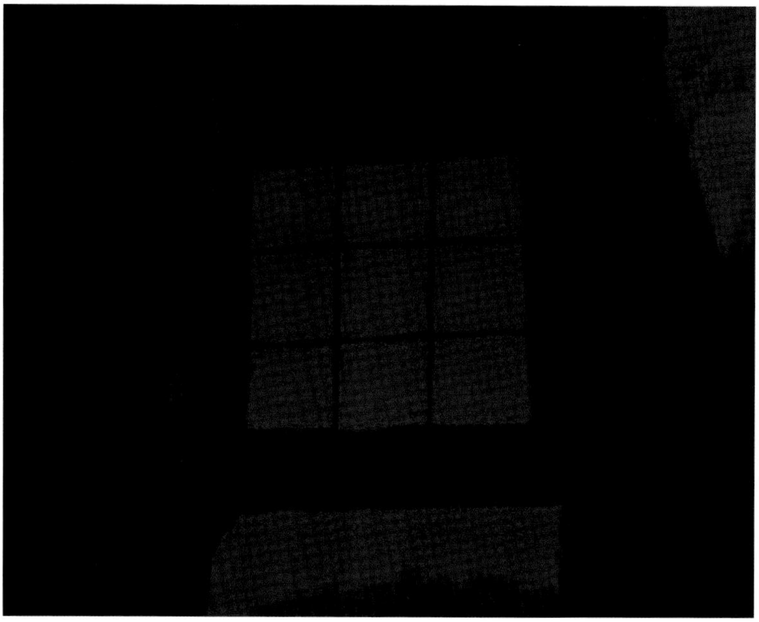

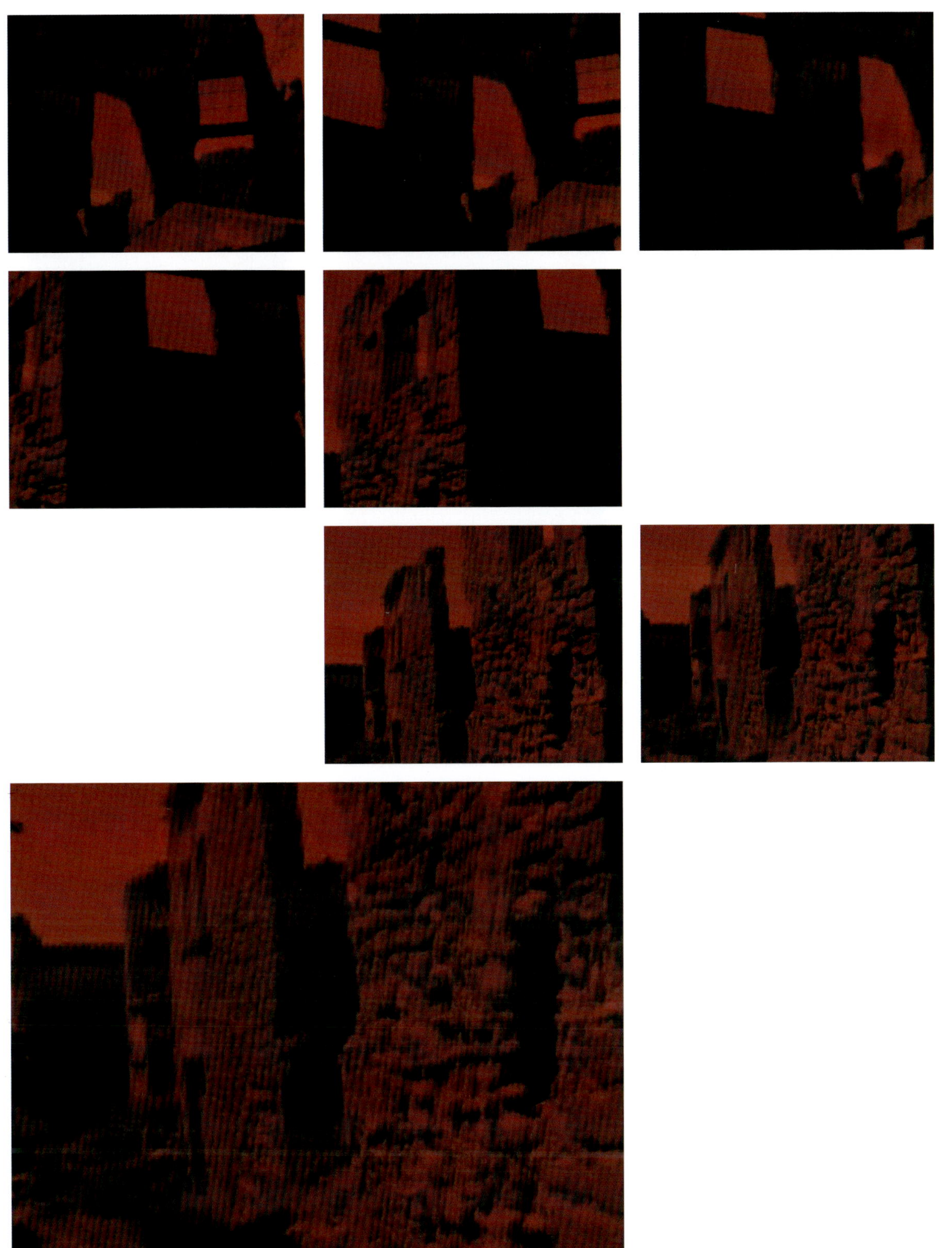

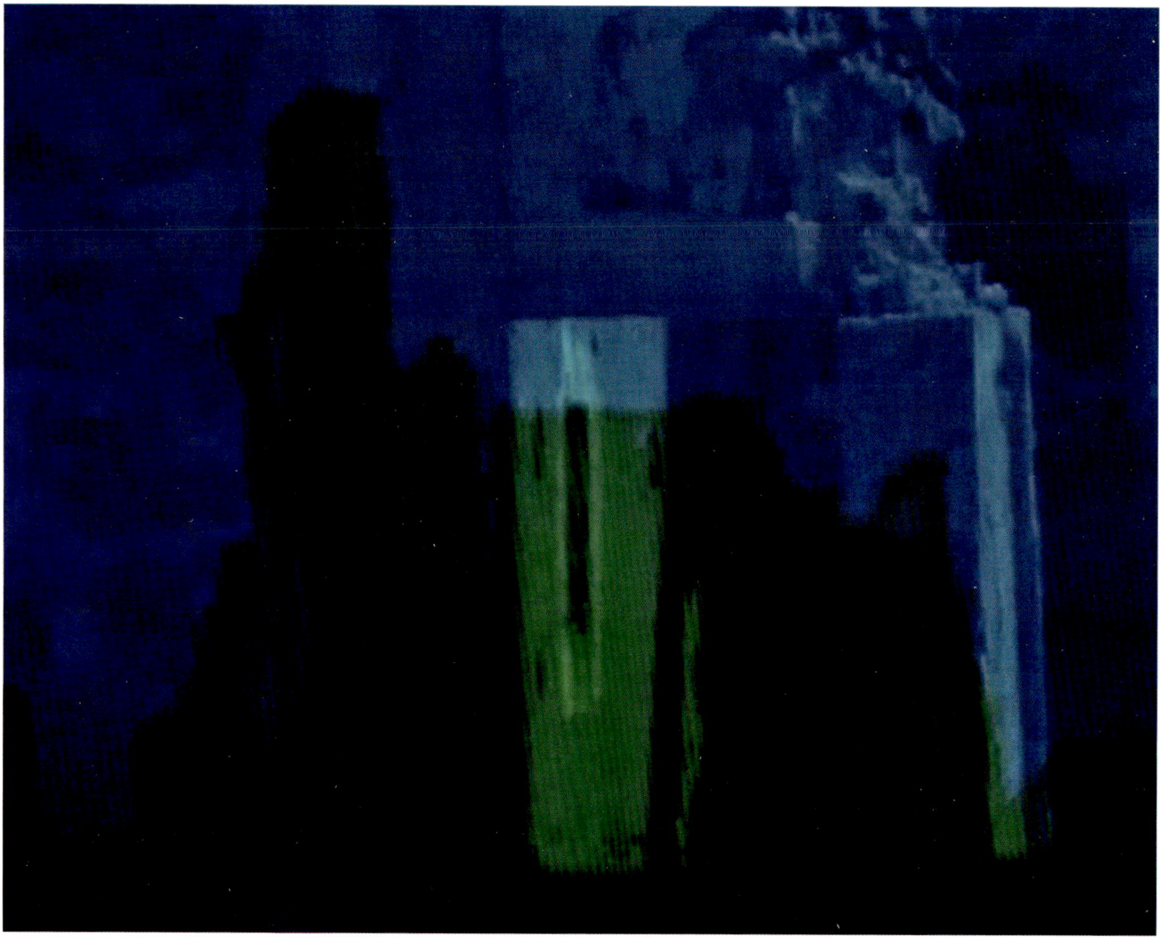

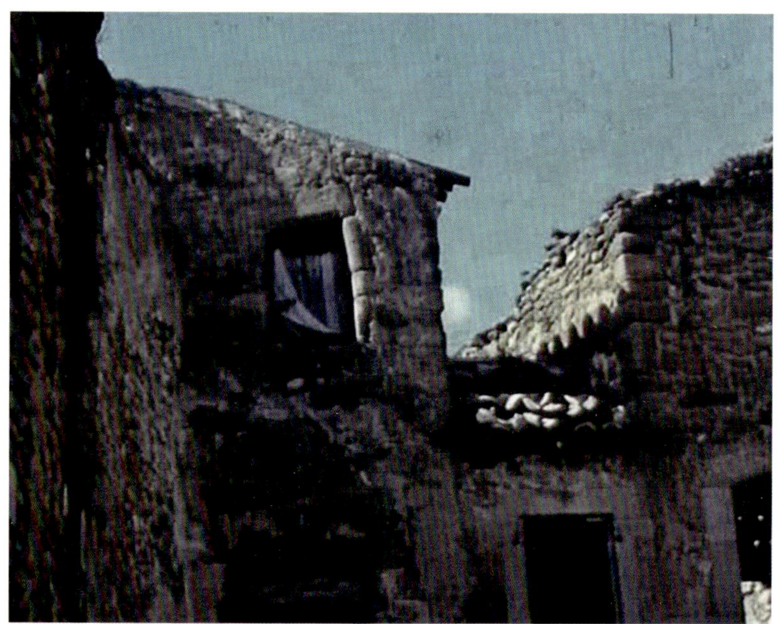

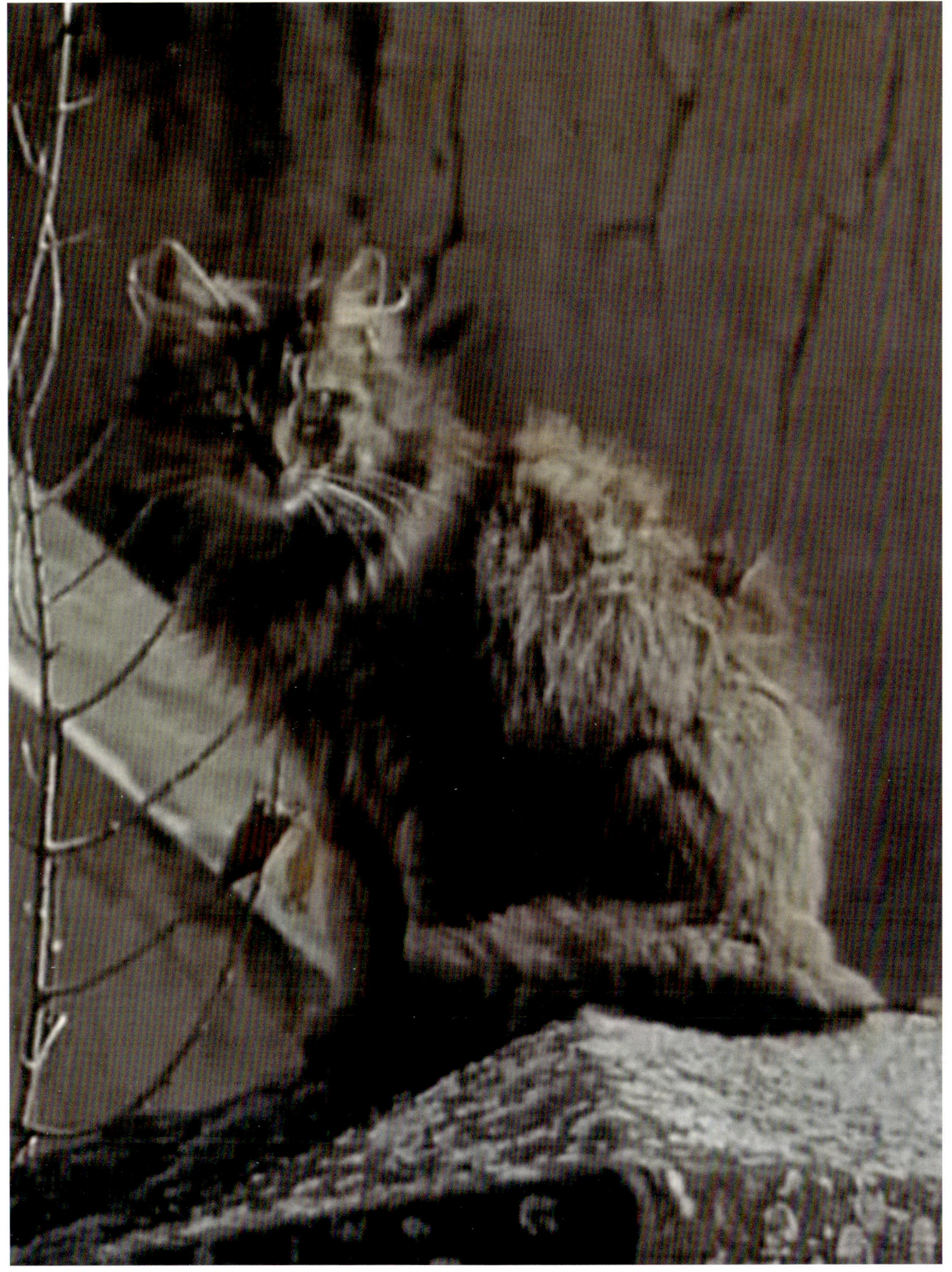

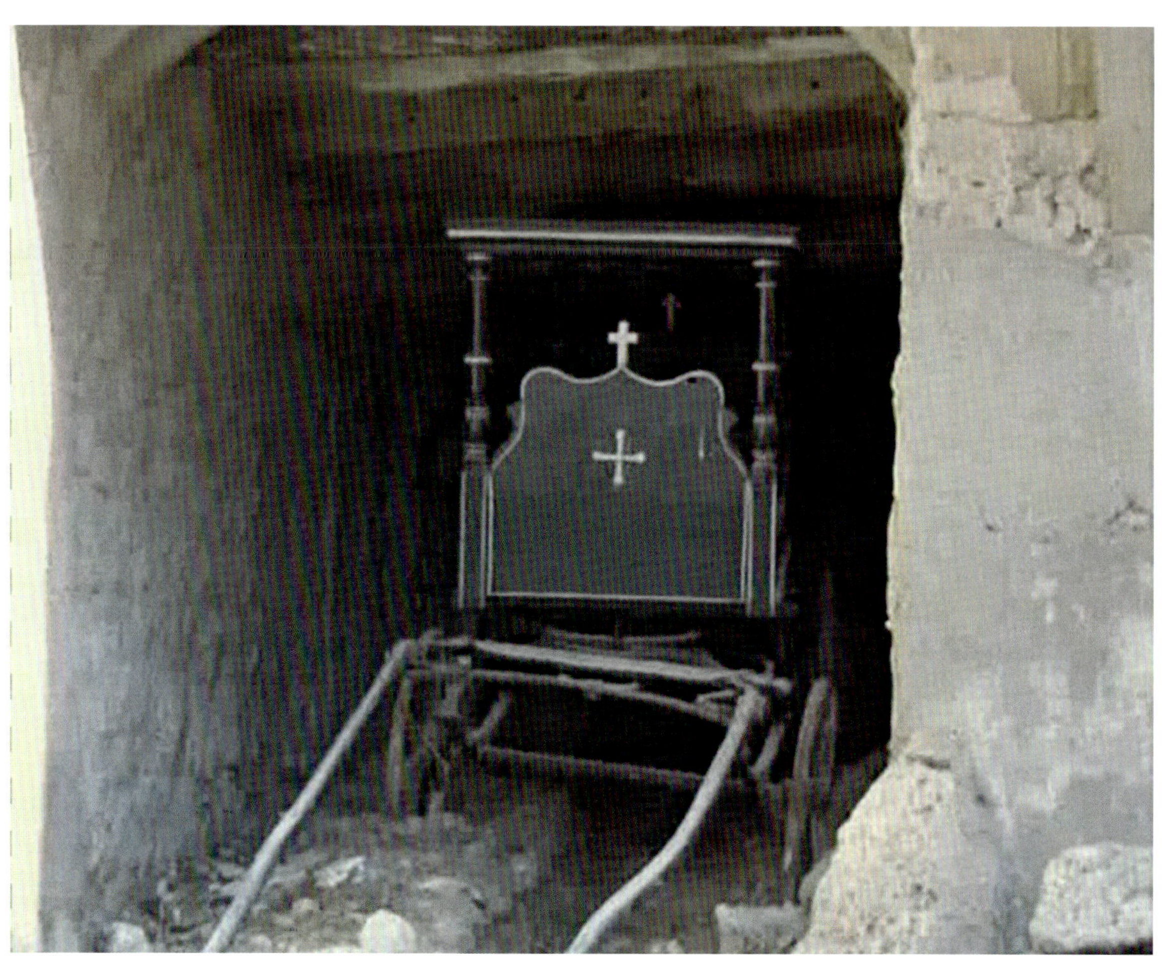

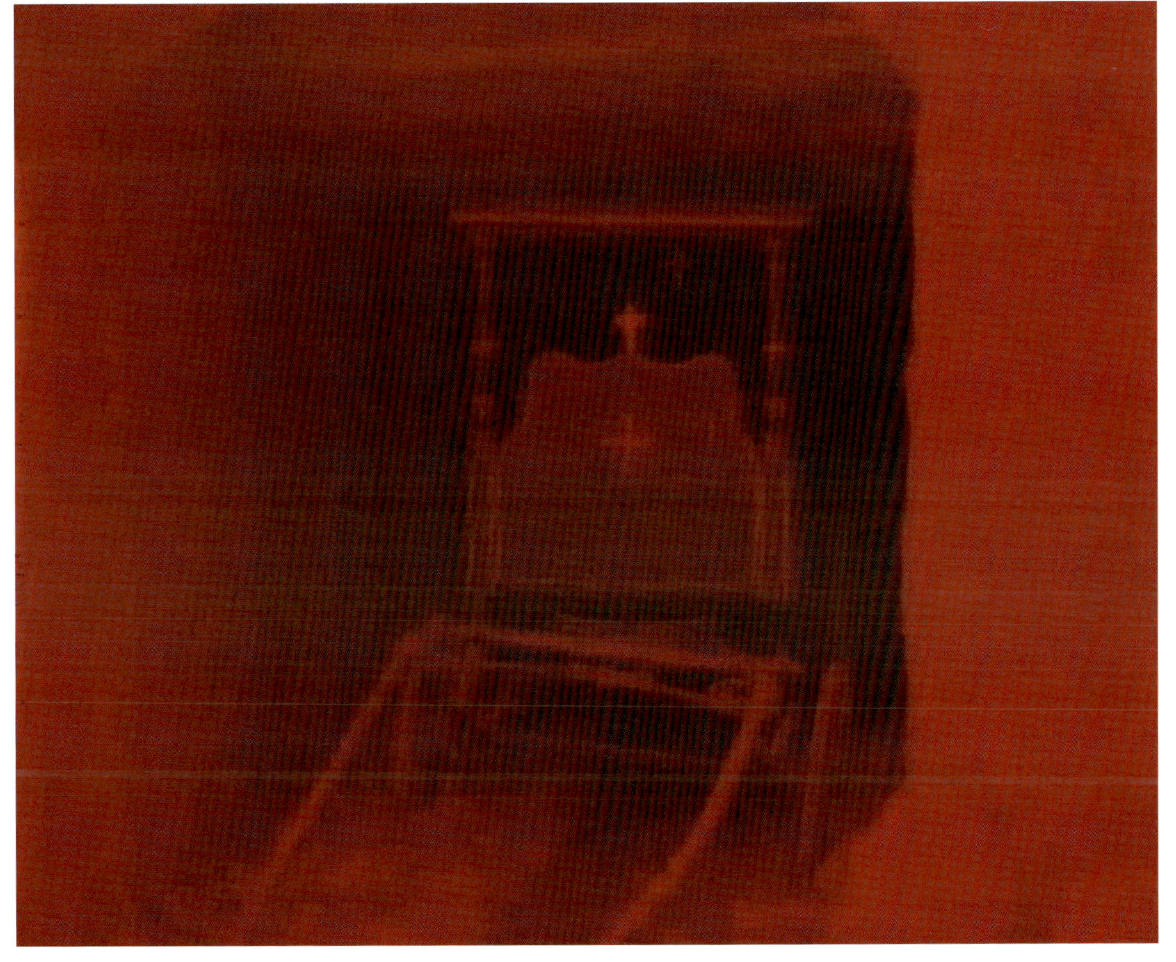

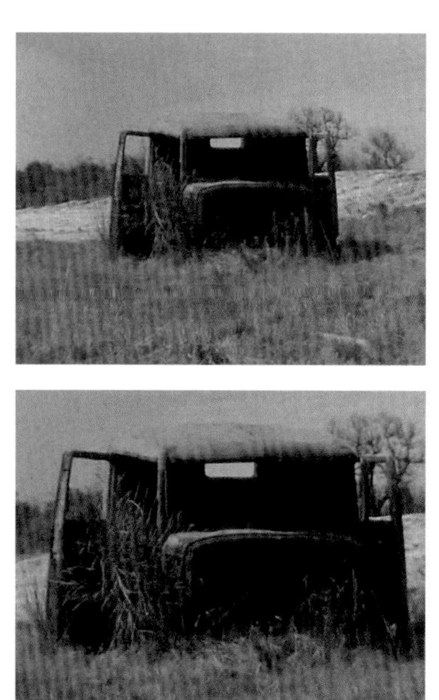
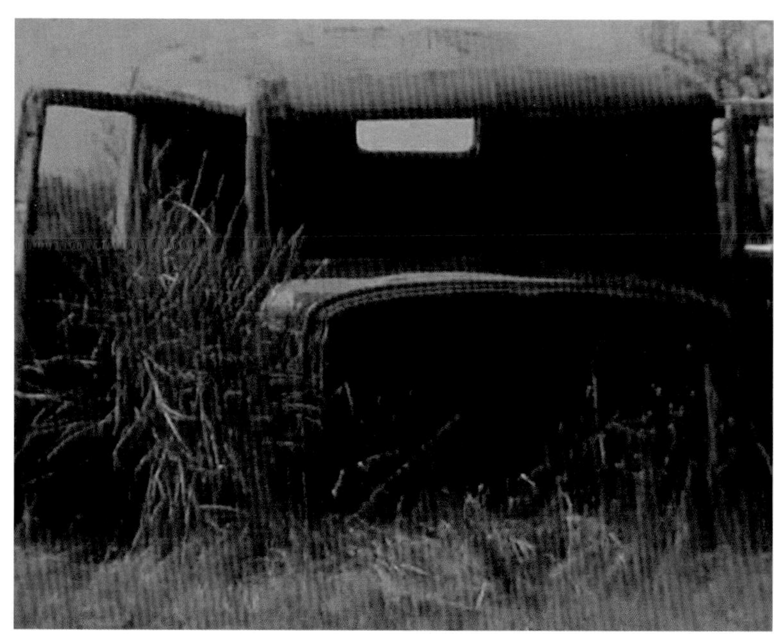

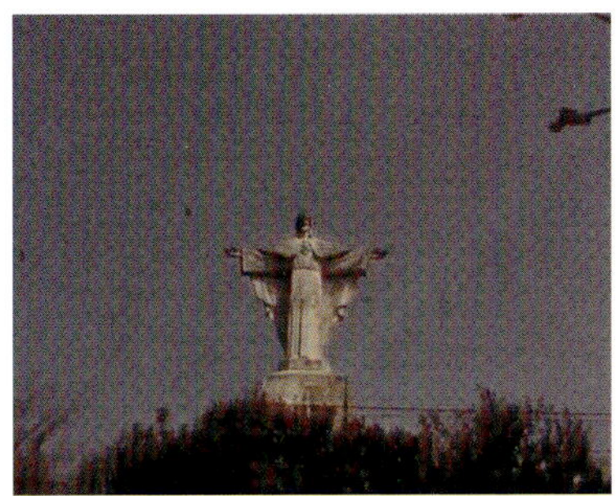
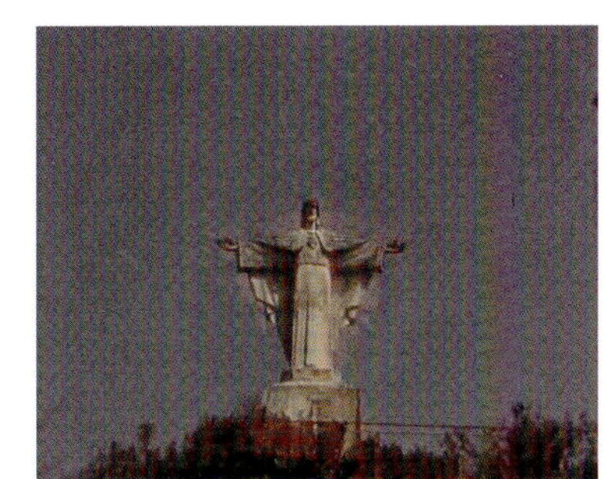
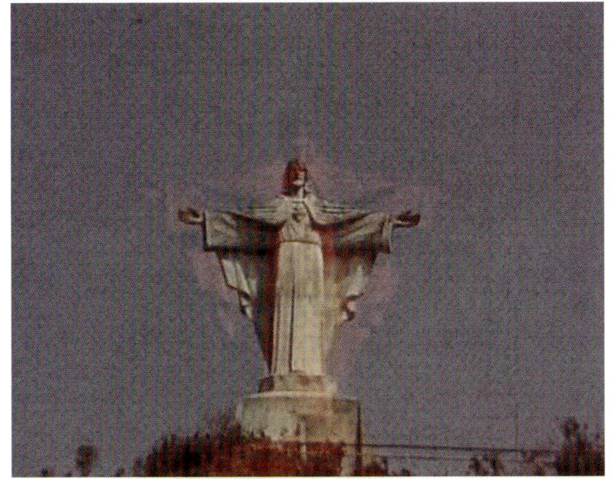
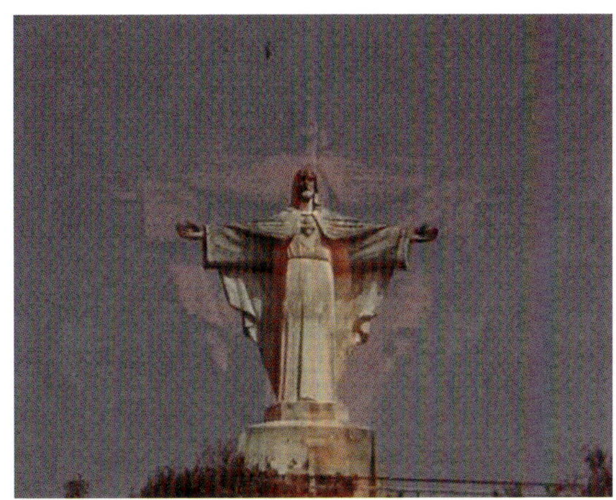

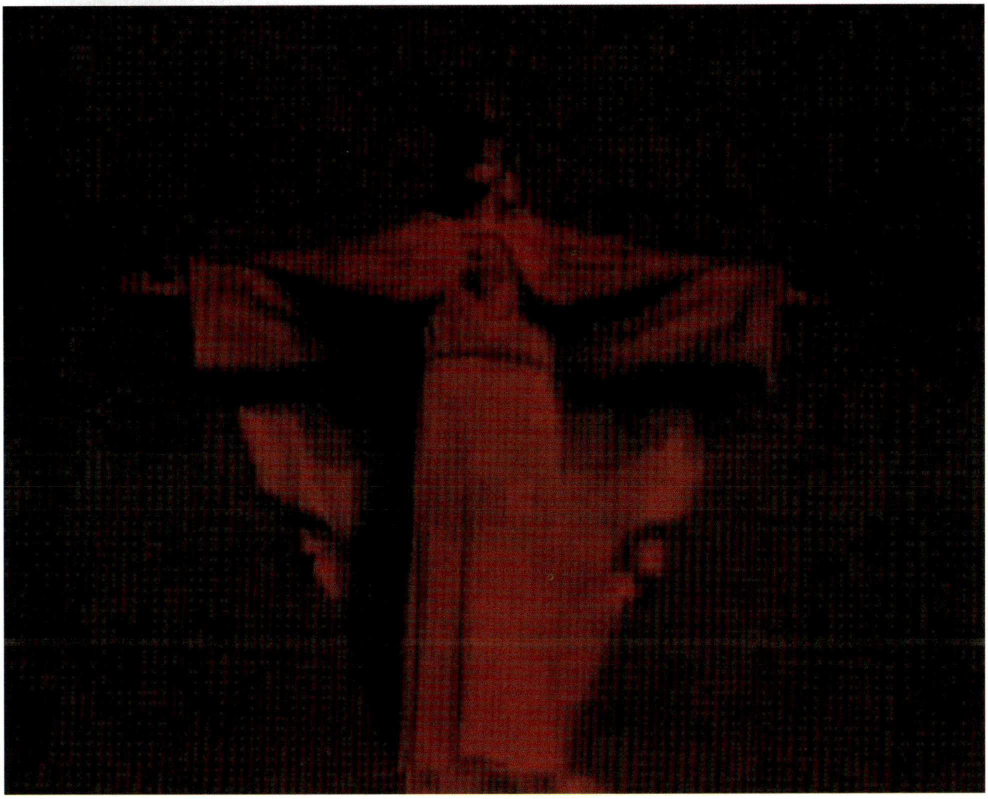

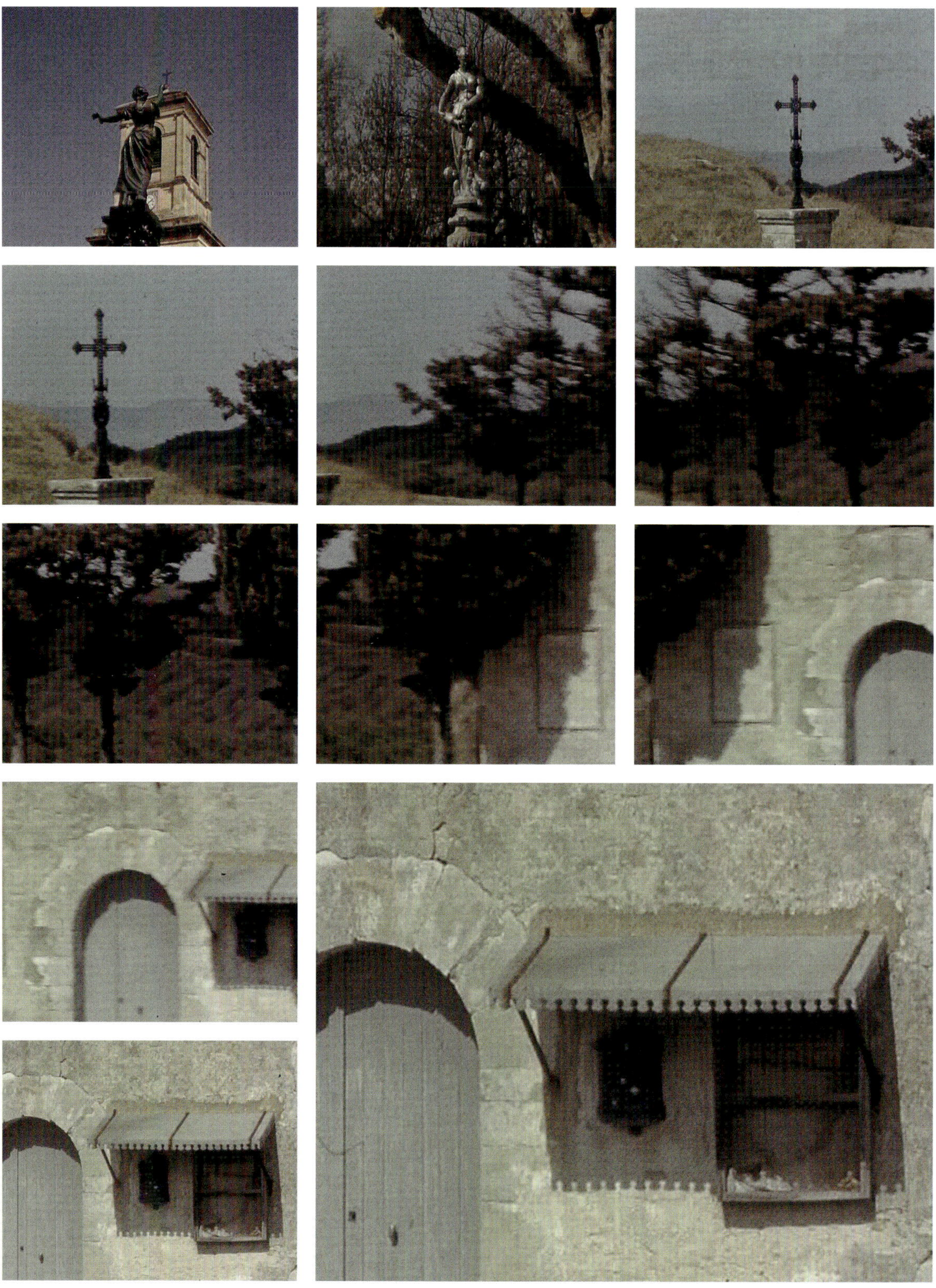

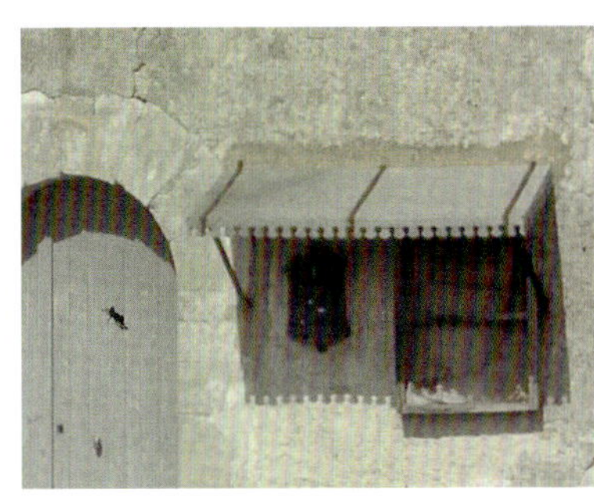

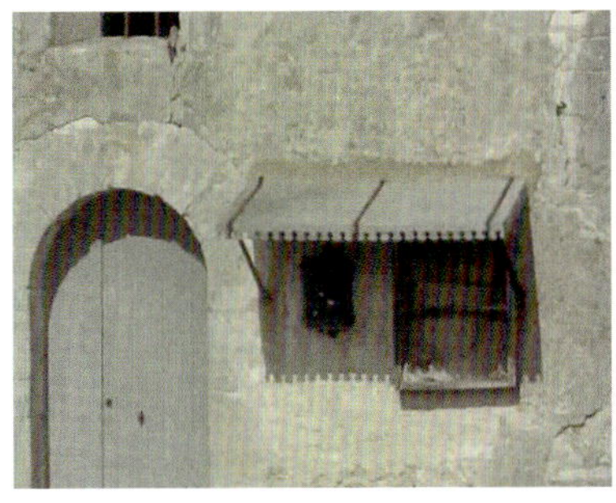

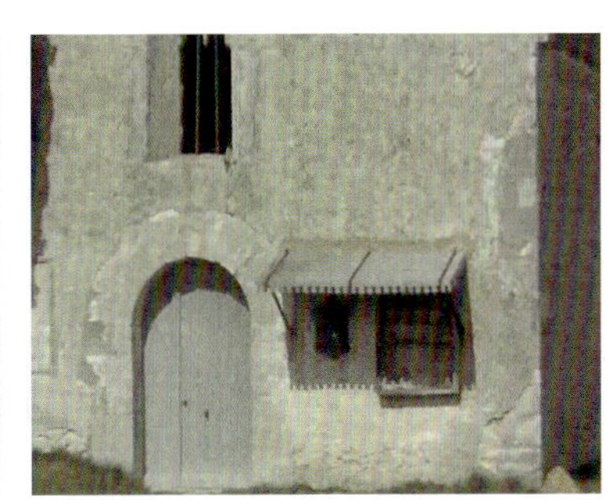

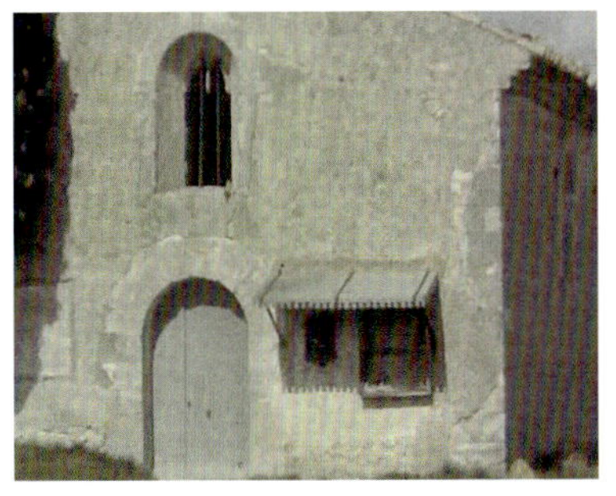

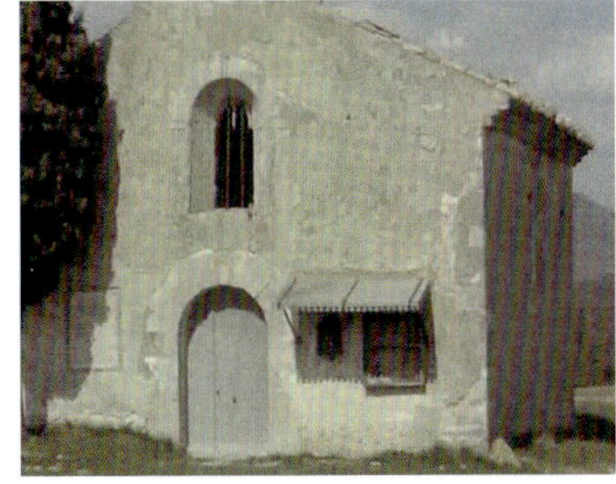

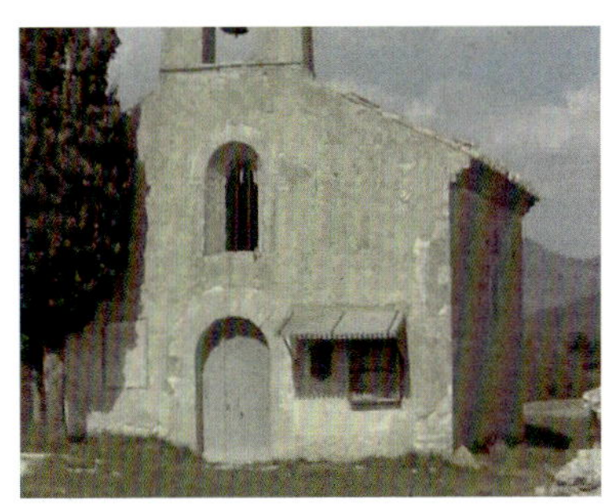

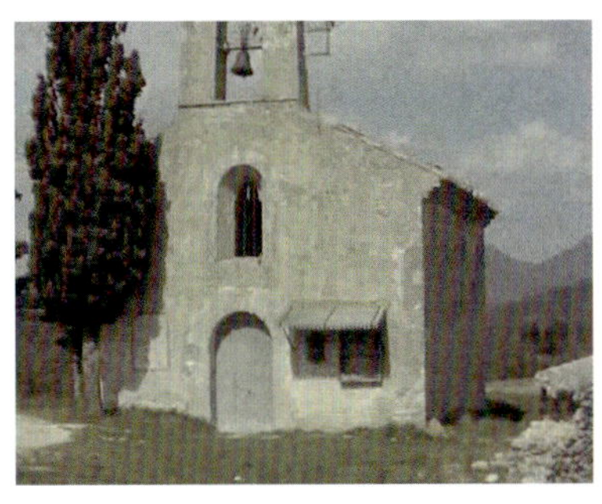

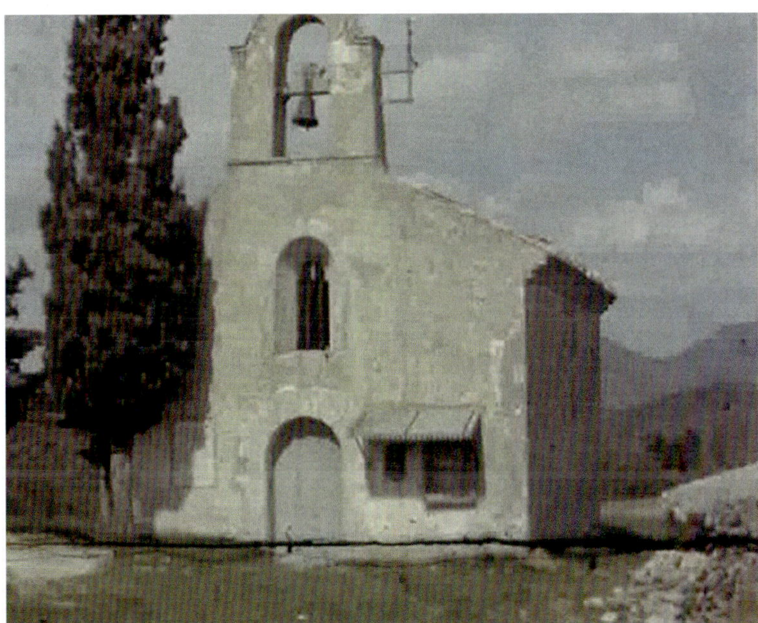

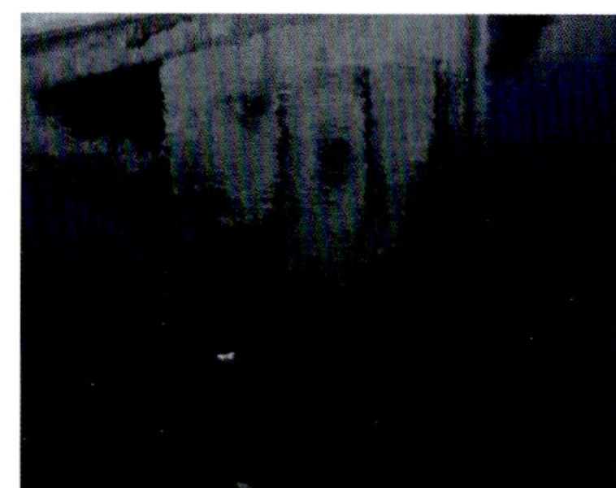
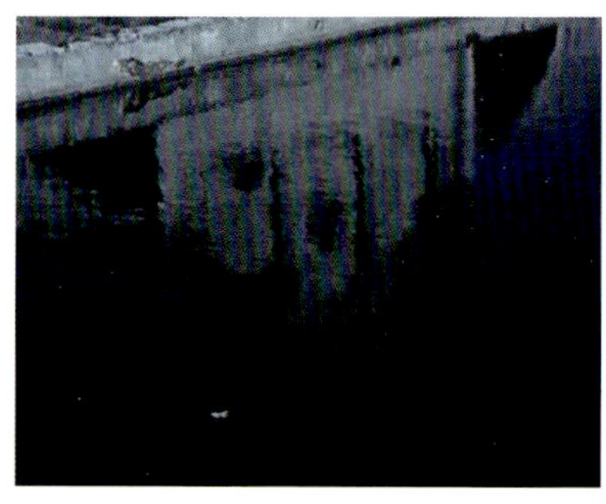

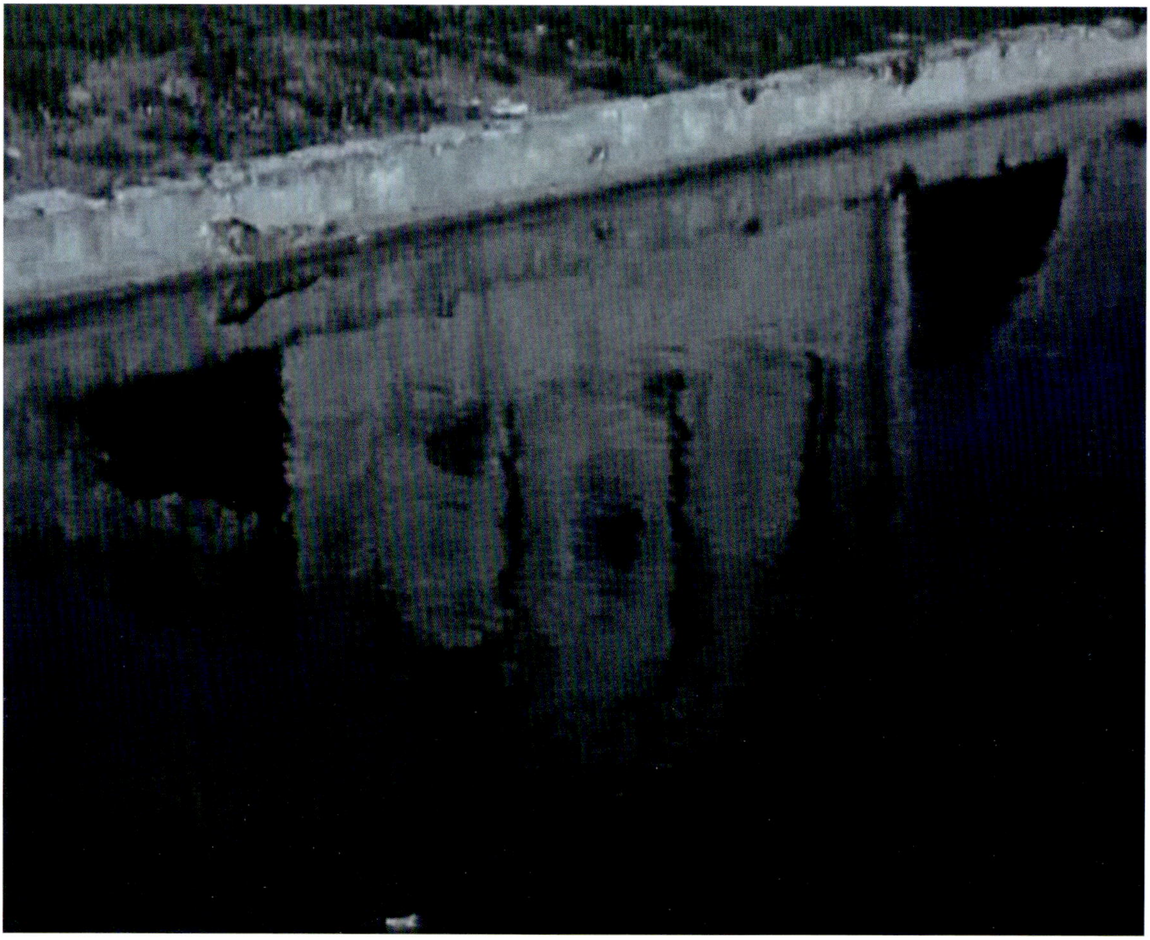

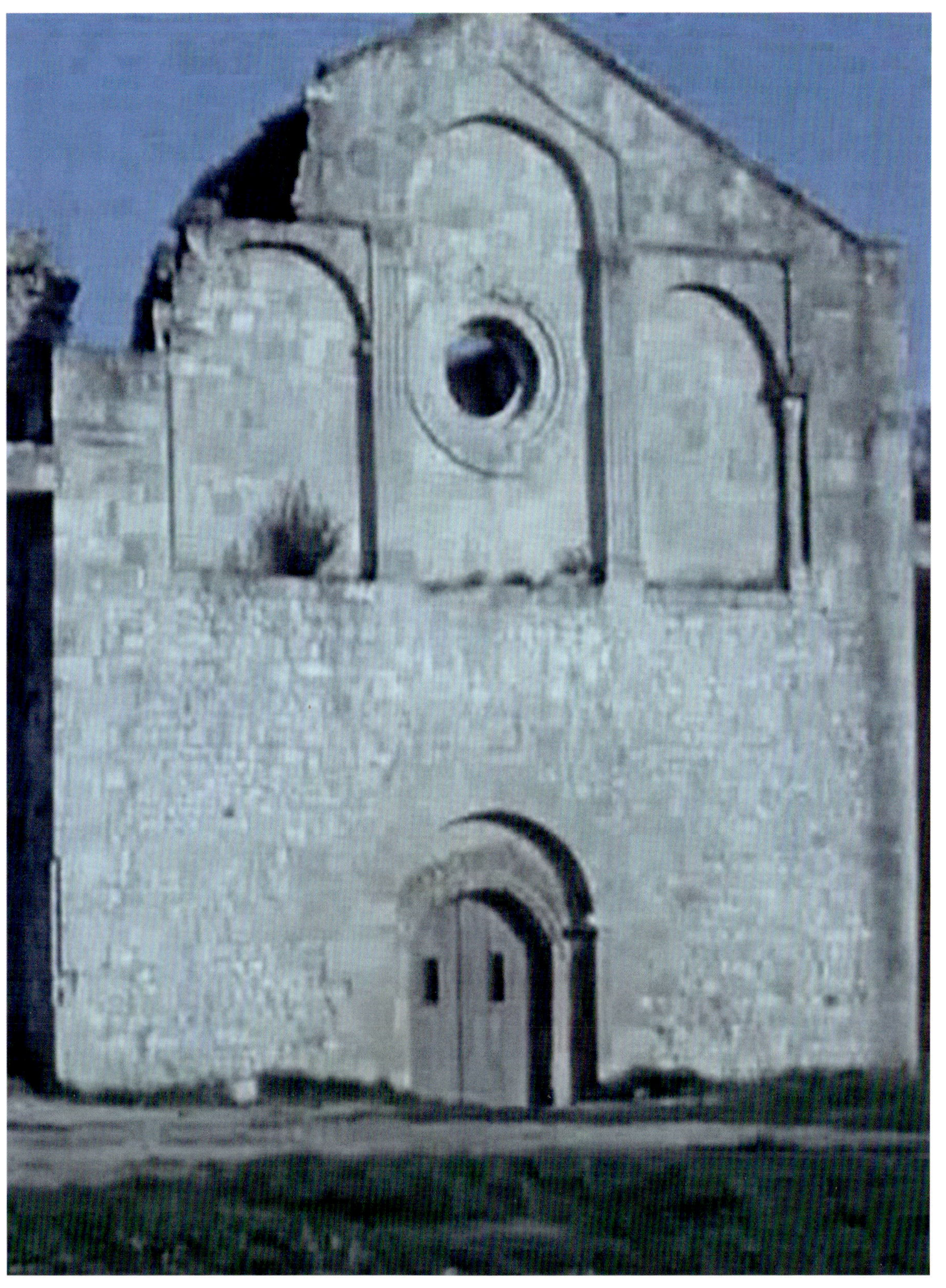

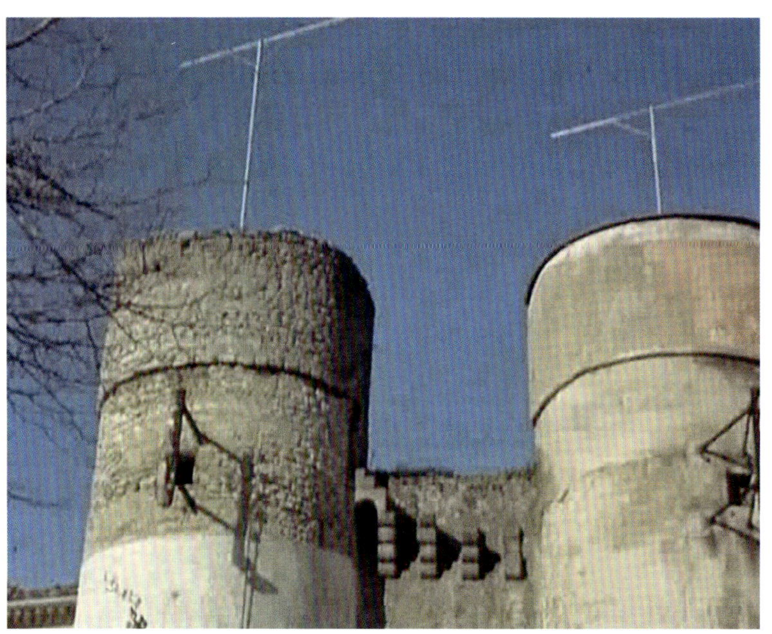

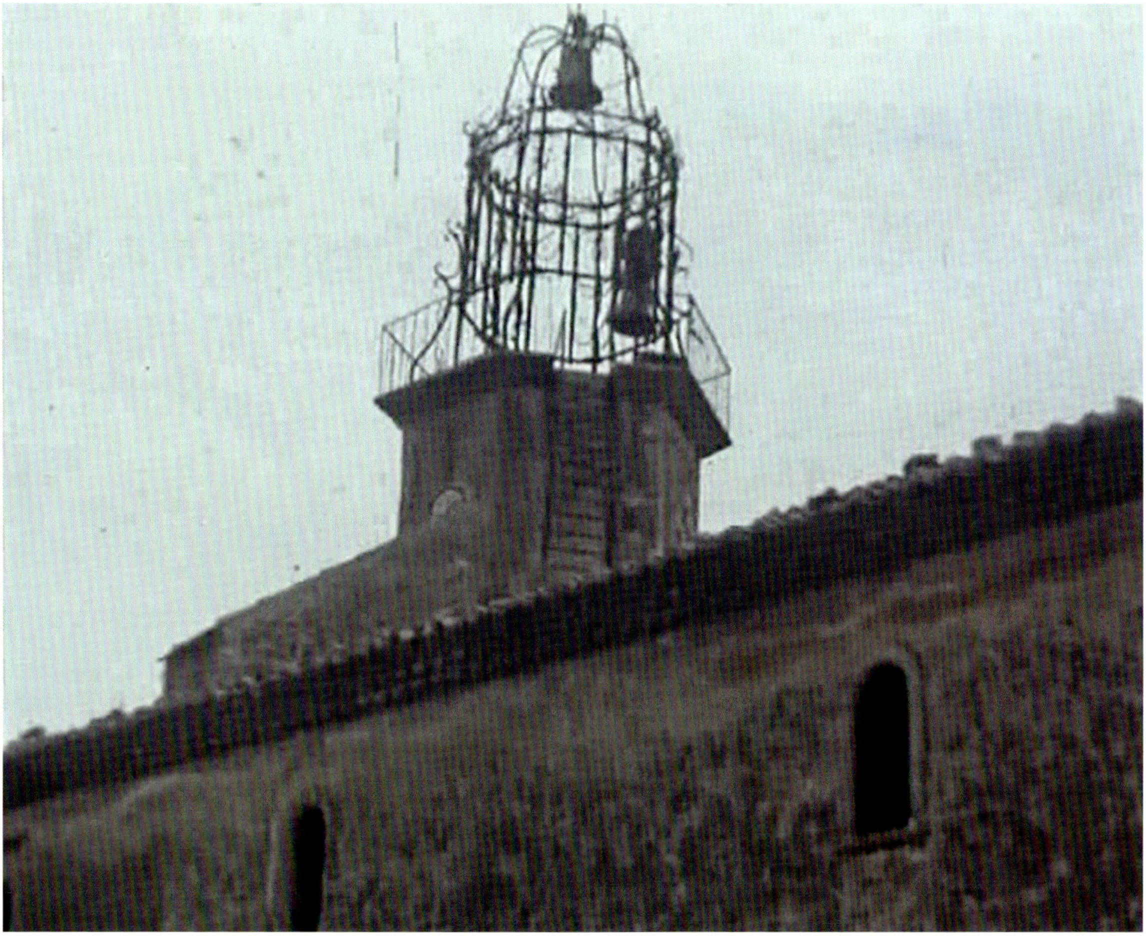

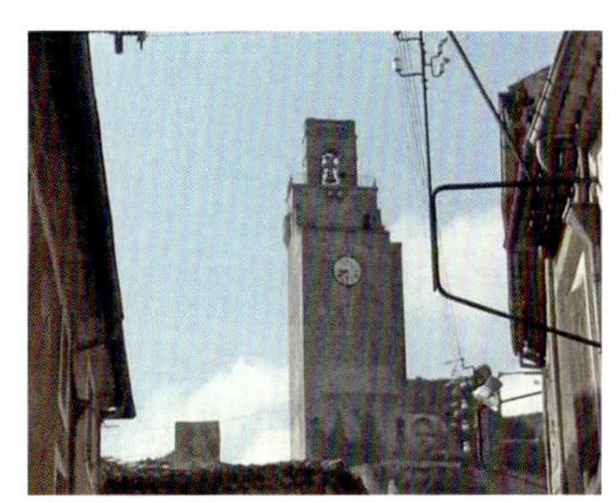

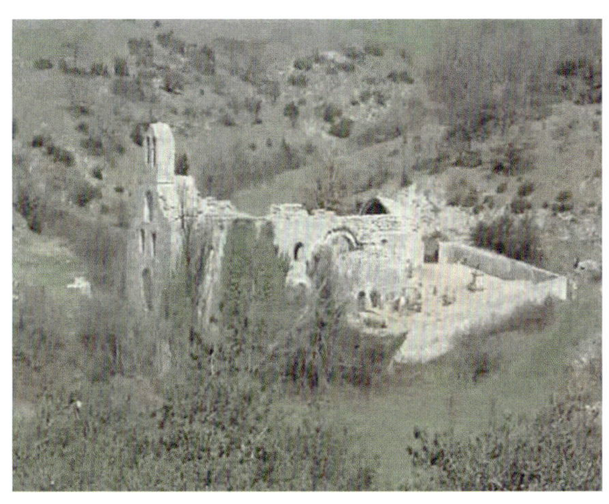

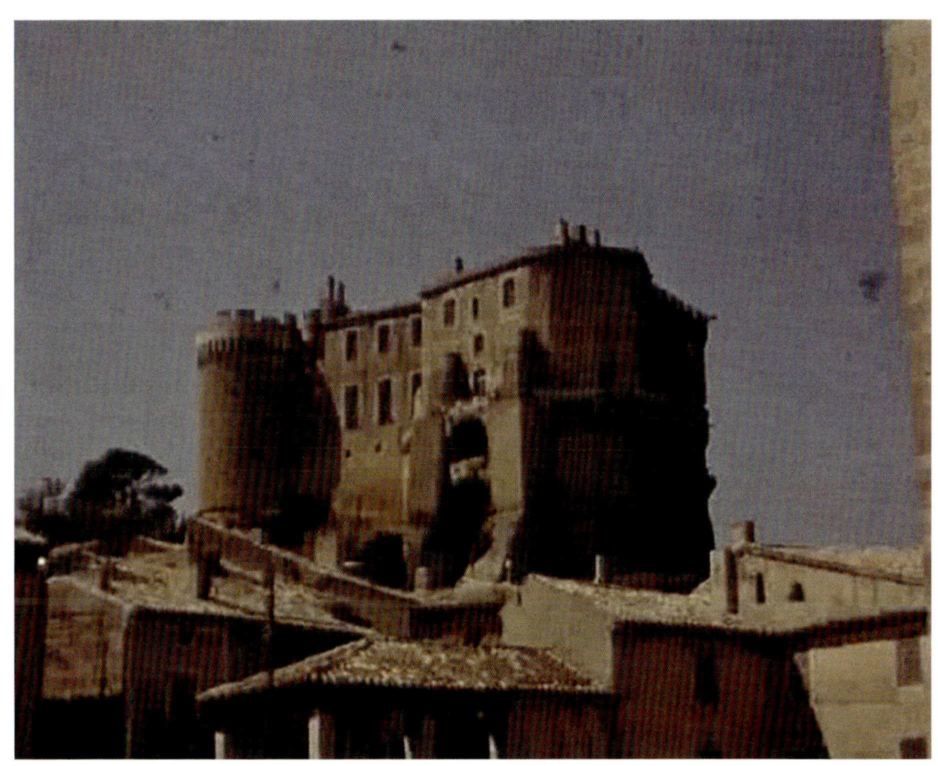

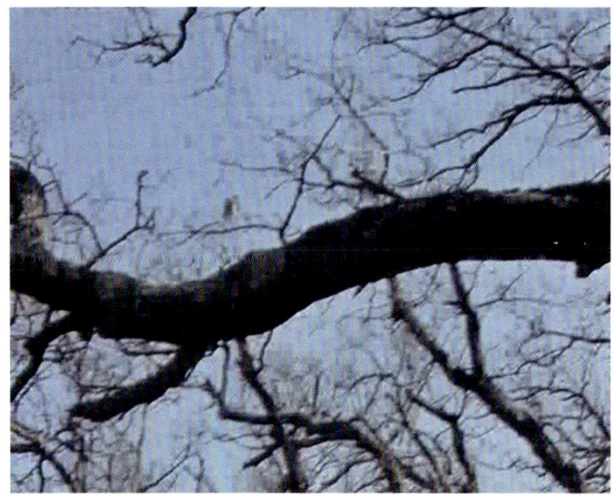
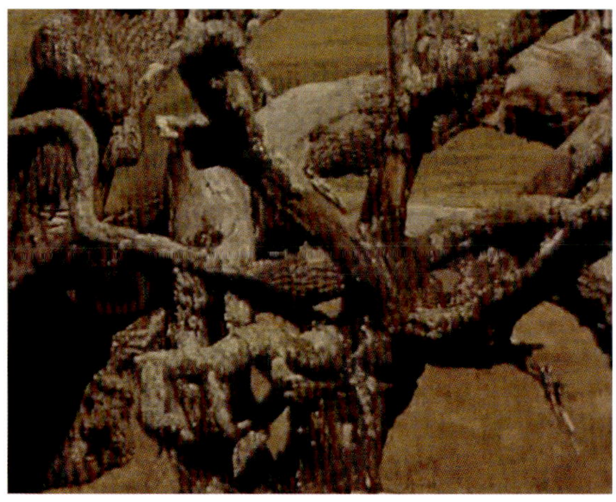
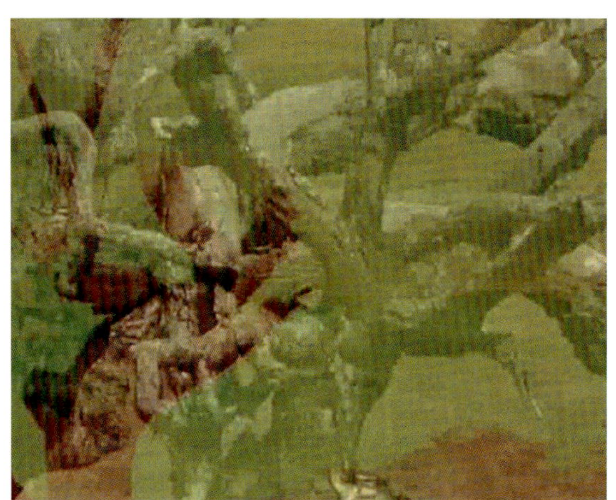
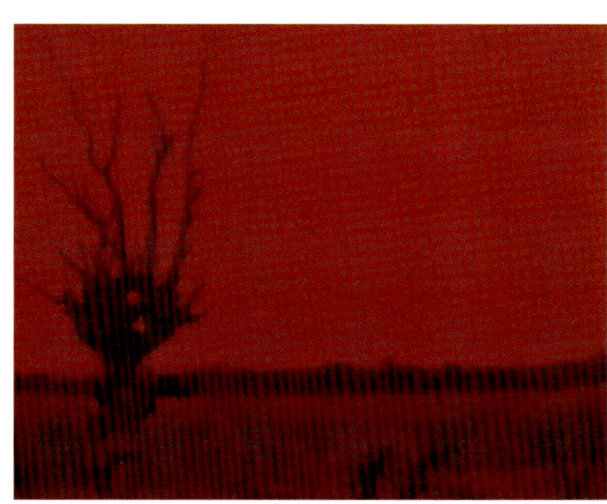
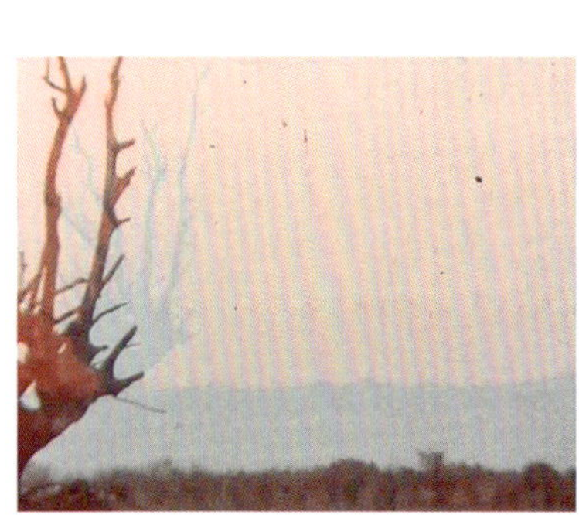

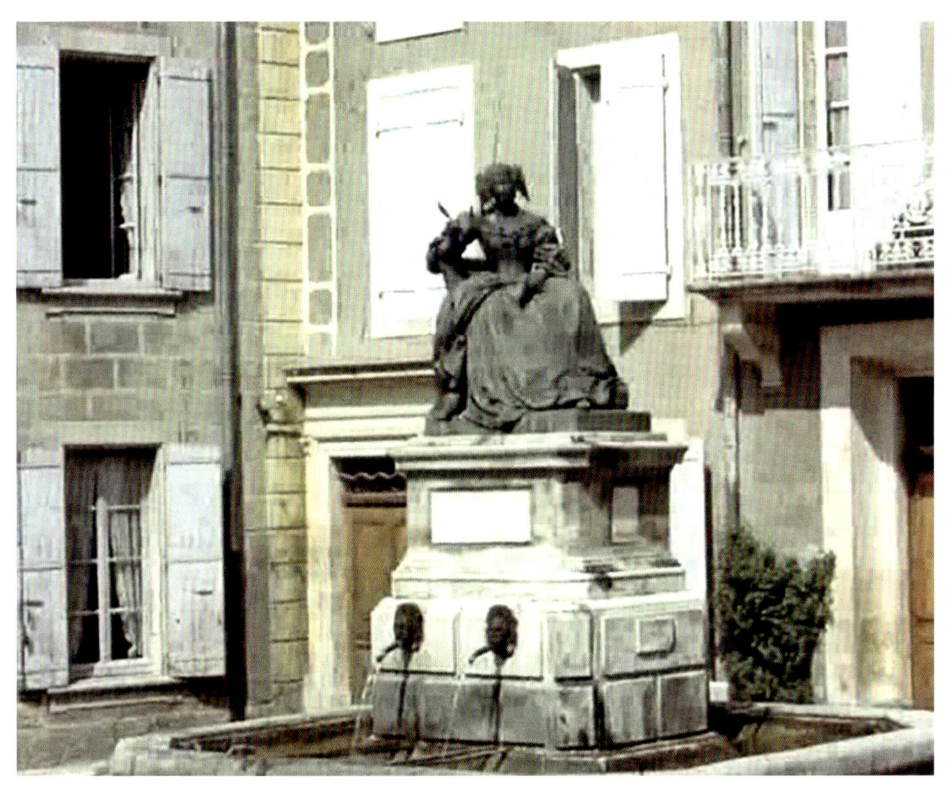

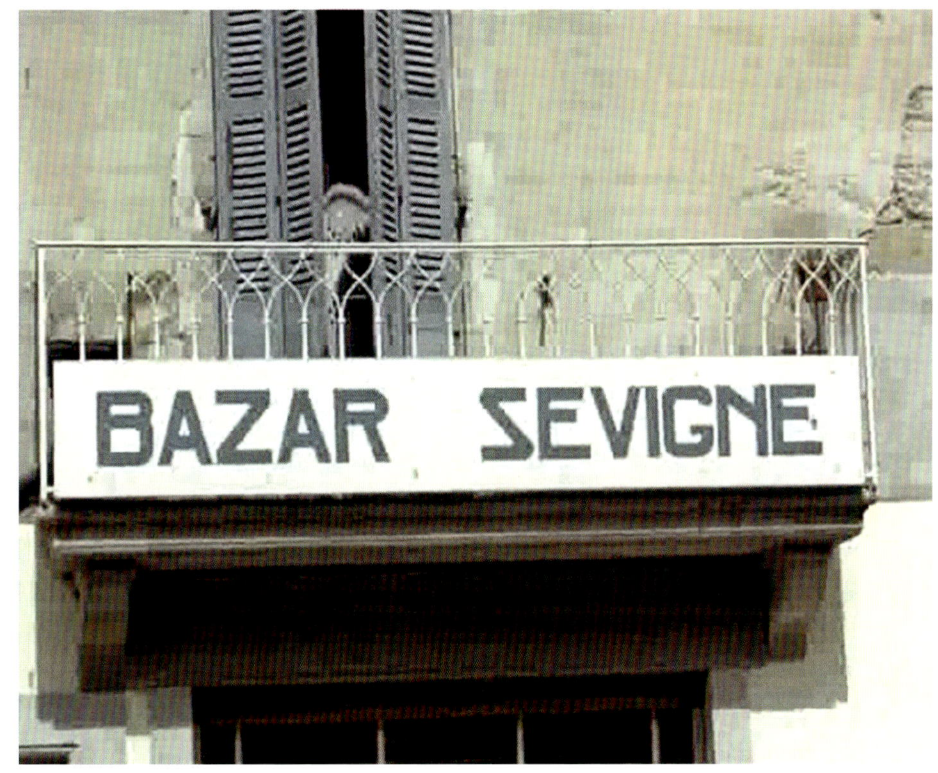

BAZAR SEVIGNE

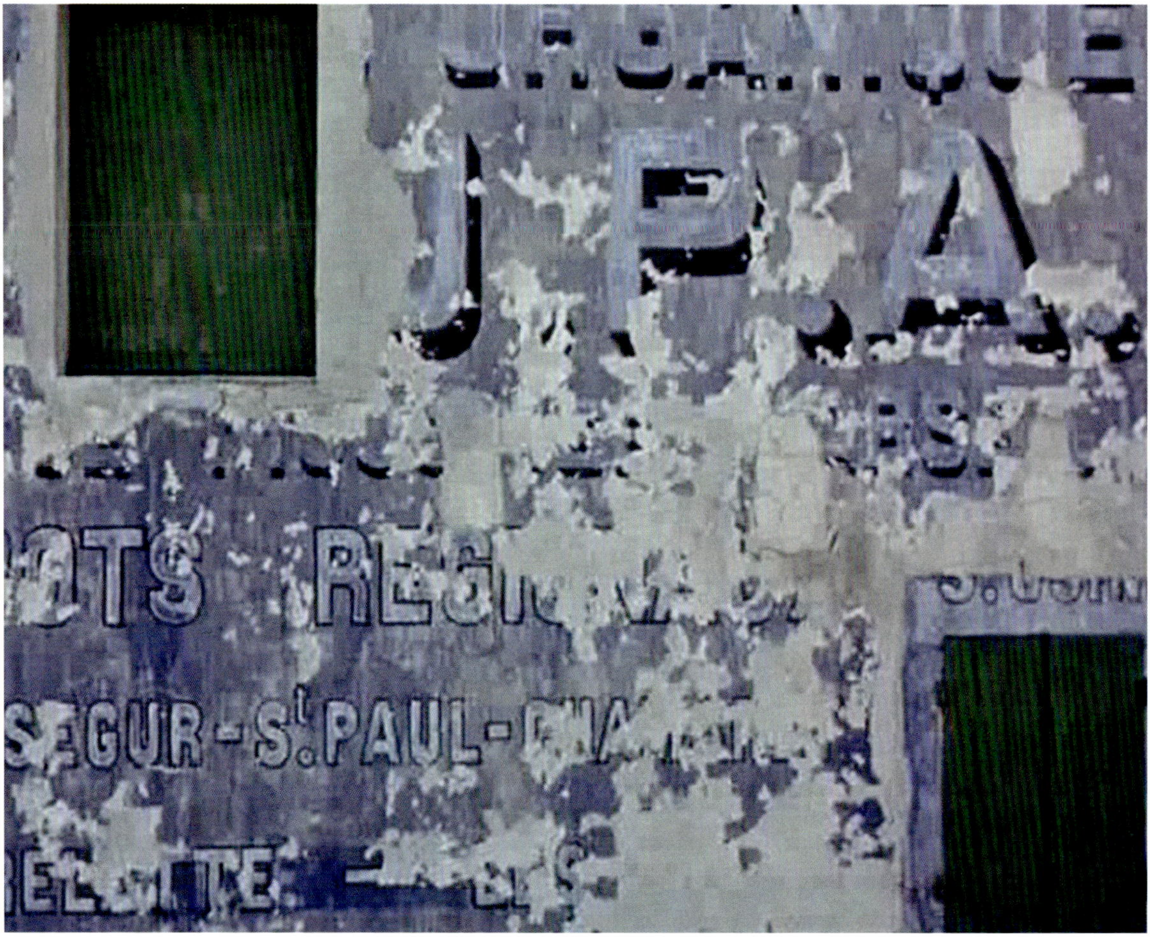

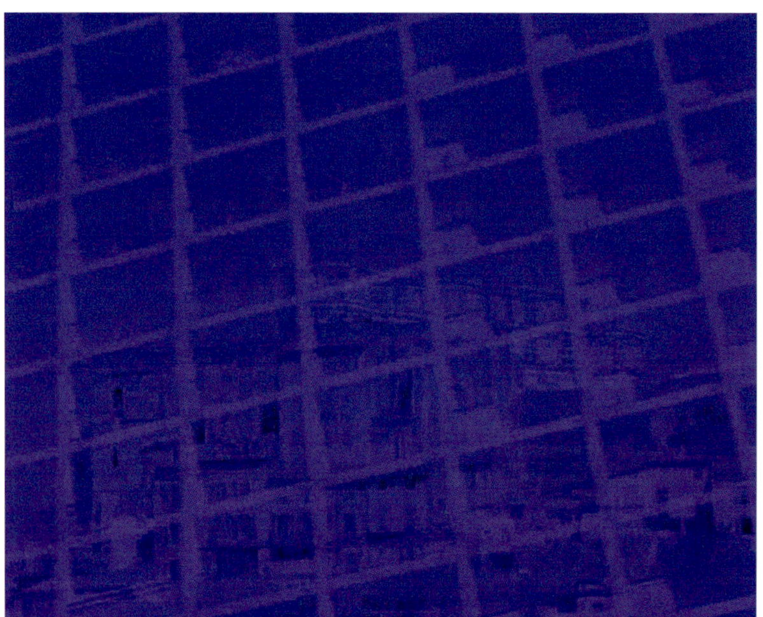

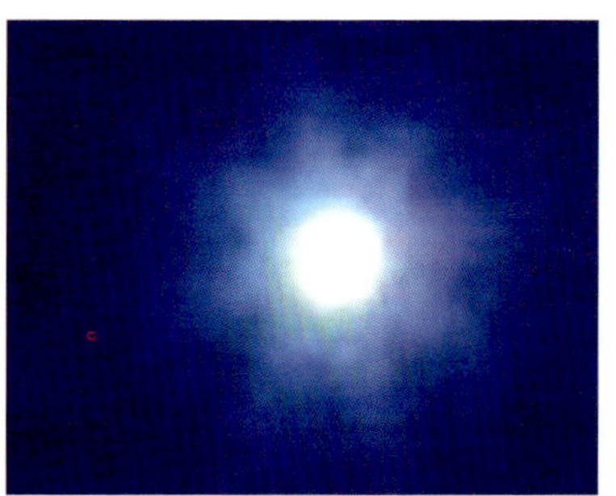

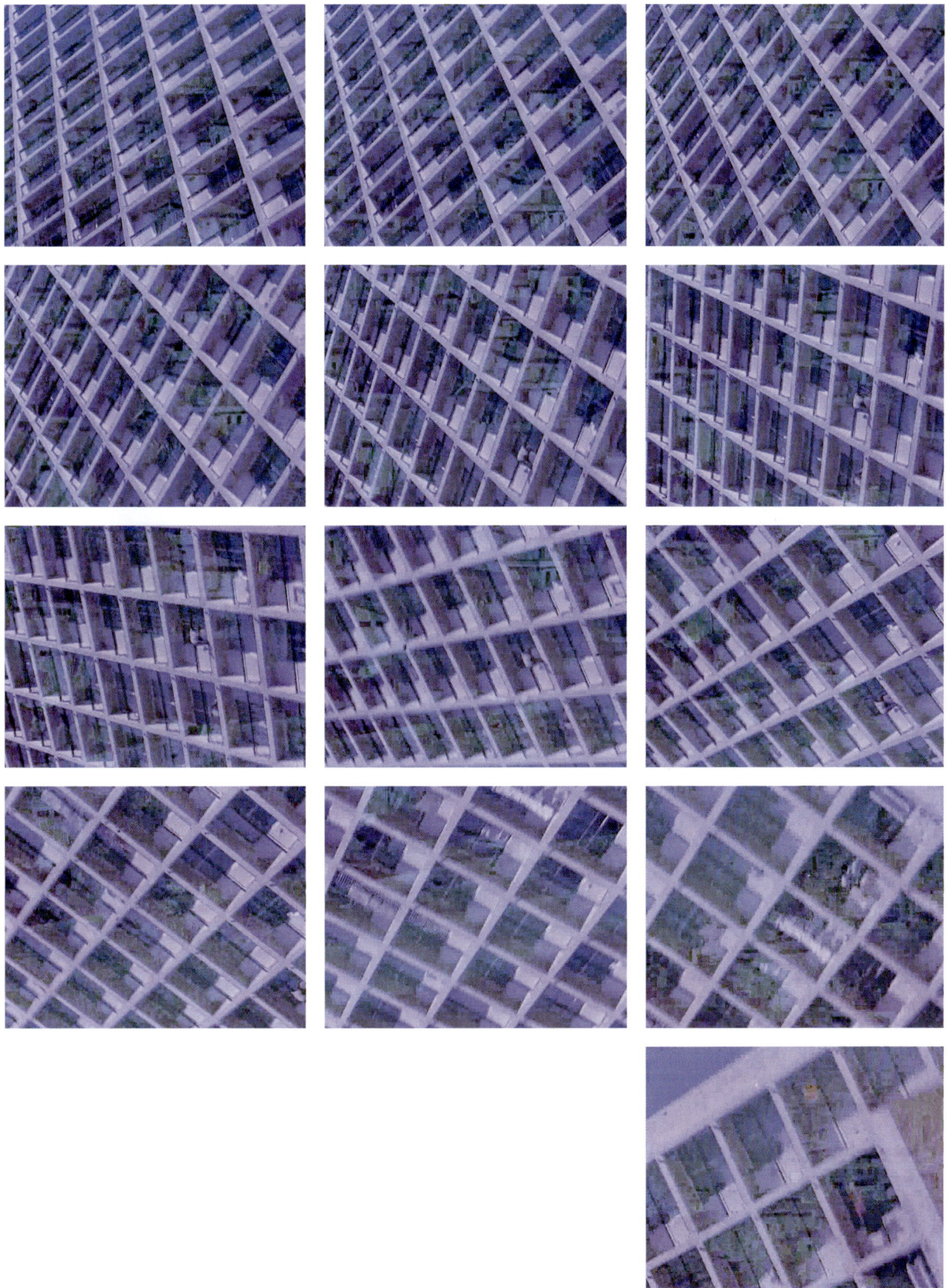

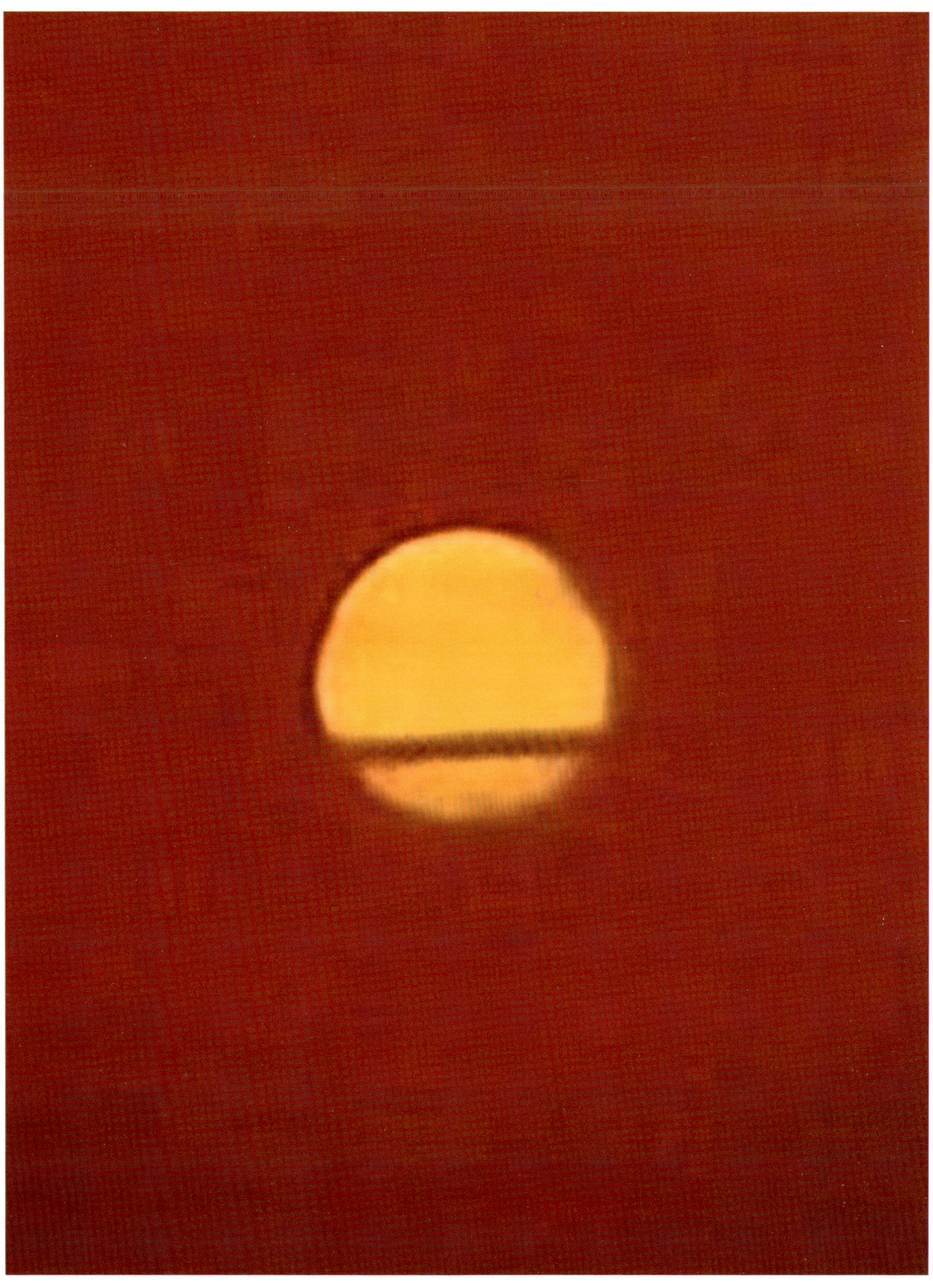

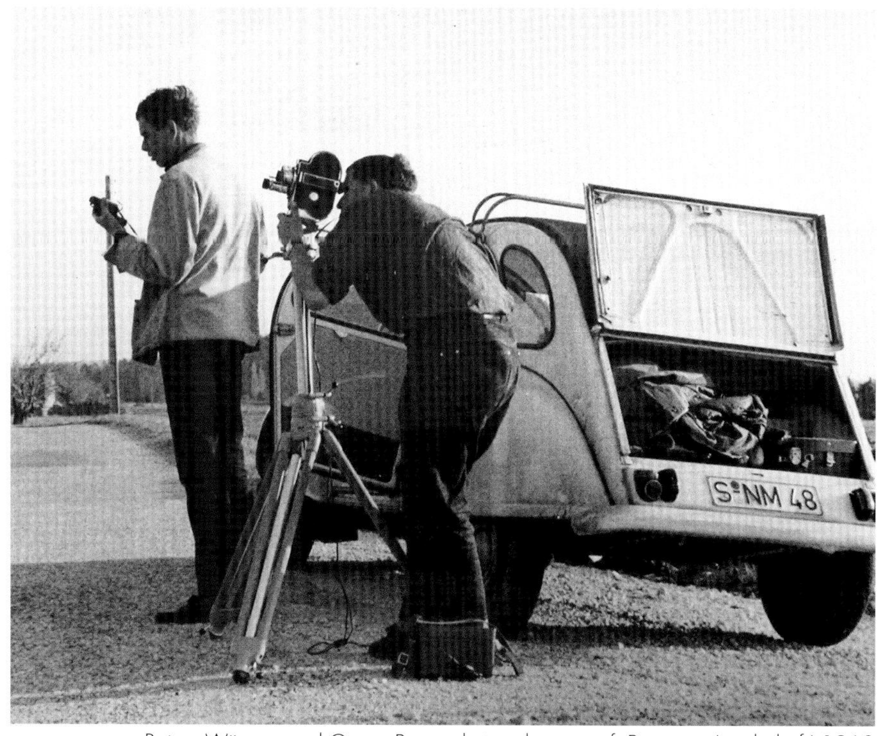

Rainer Wössner and Georg Bense during shooting of ‚Bewusste Landschaft' 1963
(foto: Hansjörg Mayer)

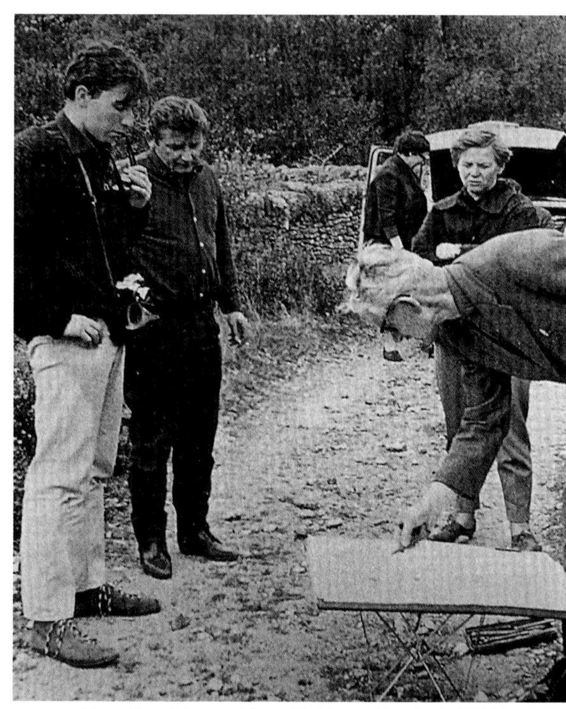

Hansjörg Mayer, Hans Dahlem, Elisabeth Walther and
Karl Kunz in Grignan 1963

Karl Kunz - Hans Dahlem und die Anderen
Begegnungen bei Dreharbeiten „Bewusste Landschaft"

Meiner Erinnerung nach fand das Treffen im Frühjahr 1963 statt. Ich war mit
Freunden in Grignan, um einen Film über die Texte meines Vaters, Max Bense, zu
drehen, die sich mit der Provence und ihren ästhetischen Strukturen beschäftigten.

Hans Dahlem und Ludwig Harig waren gekommen und hatten Karl Kunz
mitgebracht. Von ihm hatte uns mein Vater schon vorher viel erzählt. Von seinen
Zeichnungen und insbesondere zu Dantes „Inferno". Wenn wir zu Filmen fuhren,
haben uns Dahlem und Kunz oft begleitet und machten uns auf Dinge aufmerksam,
die wir nicht bemerkt hatten. Karl Kunz hatte schnell begriffen, worum es uns in dem
Film gehen sollte, und wurde nicht müde von Formen und Farben der Provence zu
sprechen, die ihn offensichtlich faszinierten. Besonders beeindruckt schien er mir
von den grossen Weinbaufeldern mit den merkwürdig gewachsenen Querarmen.
Zusammen mit Dahlem ging er durch die Felder, bückte sich zu der einen oder
anderen Rebe und erläuterte ihre Gestalt und was sie wohl symbolisieren könnte.

„Ich könnte ein Auto voll davon mitnehmen" hat er mal gesagt, „man kann
unendlich von dieser Natur lernen". Ich erinnere mich auch, dass wir viel über
Landschaften und ihre ästhetische Botschaft diskutiert haben.

Auch Gesteinsformationen und Steine schienen es Karl Kunz angetan zu haben.
Minutenlang hielt er einen Stein in der Hand, drehte ihn hin und her und murmelte
etwas vom „geheimnisvollen Inneren".

Wir fuhren mehrere Tage zwischen Grignan und Nyons hin und her, immer
auf der Suche nach optischen „Objets trouvés", die wir alle in verschiedenen
Beziehungen gestalterisch umsetzten. Hansjörg Mayer betrachtete die Landschaft
unter Aspekten visueller Poesie, Karl Kunz unter den Gesichtspunkten des Zeichners
(abends im Hotel zeigte er uns seine Bilder, und wir waren erstaunt, was er aus
einer Gesteinsformation oder einem Rebstock gemacht hatte), mein Vater unter
semiotischen und ich unter filmischen Gesichtspunkten. Hans Dahlem war auf der
Suche nach mikroästhetischen Welten, die er auch zeichnete.

Alles in allem war es eine Reise in die kreativen Phantasien einer Gruppe Künstler,
die auch abendlang über das Gesehene diskutierten. Ohne natürlich den guten
Côte de Provence zu vernachlässigen.

in: Karl Kunz – Das Grafische Werk 1923- 1971; Verlag St.Johann GmbH Saarbrücken 2013

Kommentar zum Film "Bewußte Landschaft" (Farbfilm, 16 mm, 1oo m l.)

Eine Landschaft Becketts sein Marquis der Sprache zwei Schritt'
vor und drei Schritt' zurück   die Auflösung der Gegenstände
wenn sie noch mitgeschleift werden   nur was an den Rändern
liegt ist noch ein Ding   Grüne und Verwachsenheit in den Bedeutungen   kein Mensch zu Hause   Zerfall ins Zierliche und
Längliche   Ziegel und Feuerstein   Säulen und Armut   Autoschutt
und Laubengänge   Zypressenlinien und Verwahrlosung   Trüffel-
eichen und Lavendelbüsche warten daß etwas geschieht   die Marquise aller Welt Rue Sevigné   Hotel Sevigné   Patisserie
Sevigné   Bar und Restaurant Raimont Hasard Grignansette
Forellen nur zum Sonntag   kein Heu   kein Wohlstand   keine
Enteignung   auch sonst nur wenig Substantive auf den Schild-
krötenhügeln   substantivisch dreimal am Tag ohne Trug leere
Plätze doch ein Umweg lohnt   Besuch in Grignan bei der
Madame Marie de Rabutaint Marquise de Sevigné

Mauern und Mauern aus Mauern von Mauern aus Mauern von
Mauern aus Mauern

die endgültige Zerstörung in den Mauern in den Türmen in den
Ästen in den Schlössern in den Füchsen in den Regalen in den
Gliedern in den Nächten in den Frauen in den Ideen auf den
Friedhöfen und im Reichtum beginnt indirekt und vielleicht
für alles

Commentary by Max Bense "Bewusste Landschaft"

Kommentar zum Film "Grillon" (16 mm, schwarz-weiß)

Selbst in Südfrankreich genauer gesagt in der Provence gibt
es im Frühjahr Tage an denen man statt greller Sonne strömenden
Regen antrifft   ein kalter Nordwind der Mistral heult dann
durch kahle Bäume und Sträucher und nur die Strukturen des
Weinanbaus sind Zeugen für ein unter südlicher Sonne liegen-
des Lan an einem solchen Tag entdeckt man Grillon auf der
Spitze eines Berges gelegen   ein Dorf dicht an der Grenze
zwischen den Departements Drôme und Vaucluse   die Schilder an
der Strasse verraten zunächst keinerlei Unterschied zu Dörfern
durch welche man bisher gefahren ist   die ersten Schritte
durch das Stadttor bieten eine Besonderheit wie man sie sich
gespenstischer nicht vorstellen kann   Grillon ist eine von
seinen Bewohnern verlassene Stadt   es gibt nur ein Motiv
in dieser Stadt den Zerfall   der ehemalige Marktplatz heute
ein Autofriedhof   nur zwei Lebewesen existieren hier noch
der Mistral und der Glockenturm dessen Uhr regelmäßig die
Stundenzahl anschlägt   immer wieder das Motiv des Zerfalls
Schutt zerfallener Mauern versperrt die Strassen   betritt
man ein Haus so wird die Atmosphäre noch unheimlicher   Geschirr
steht im Spülstein in den Schränken liegengelassene Bücher
und Zeitungen   die Bewohner scheinen nur kurz weggegangen
um jedoch nie wiederzukehren   der Mistral aber arbeitet unun-
terbrochen am Abbruch der Stadt   er trägt Mauern ab   läßt
Wände einstürzen und es ist abzusehen wenn von der Stadt die
1950 von den letzten Bewohnern verlassen wurde nur noch ein
riesiger Schutthaufen übriggeblieben ist   am Fuße des Berges
aber ist eine neue Ansiedlung entstanden und die Kinder deren
Eltern einst ihre Stadt auf dem Berg verließen betrachten die
Geisterstadt nur noch als willkommenes Spielzeug.

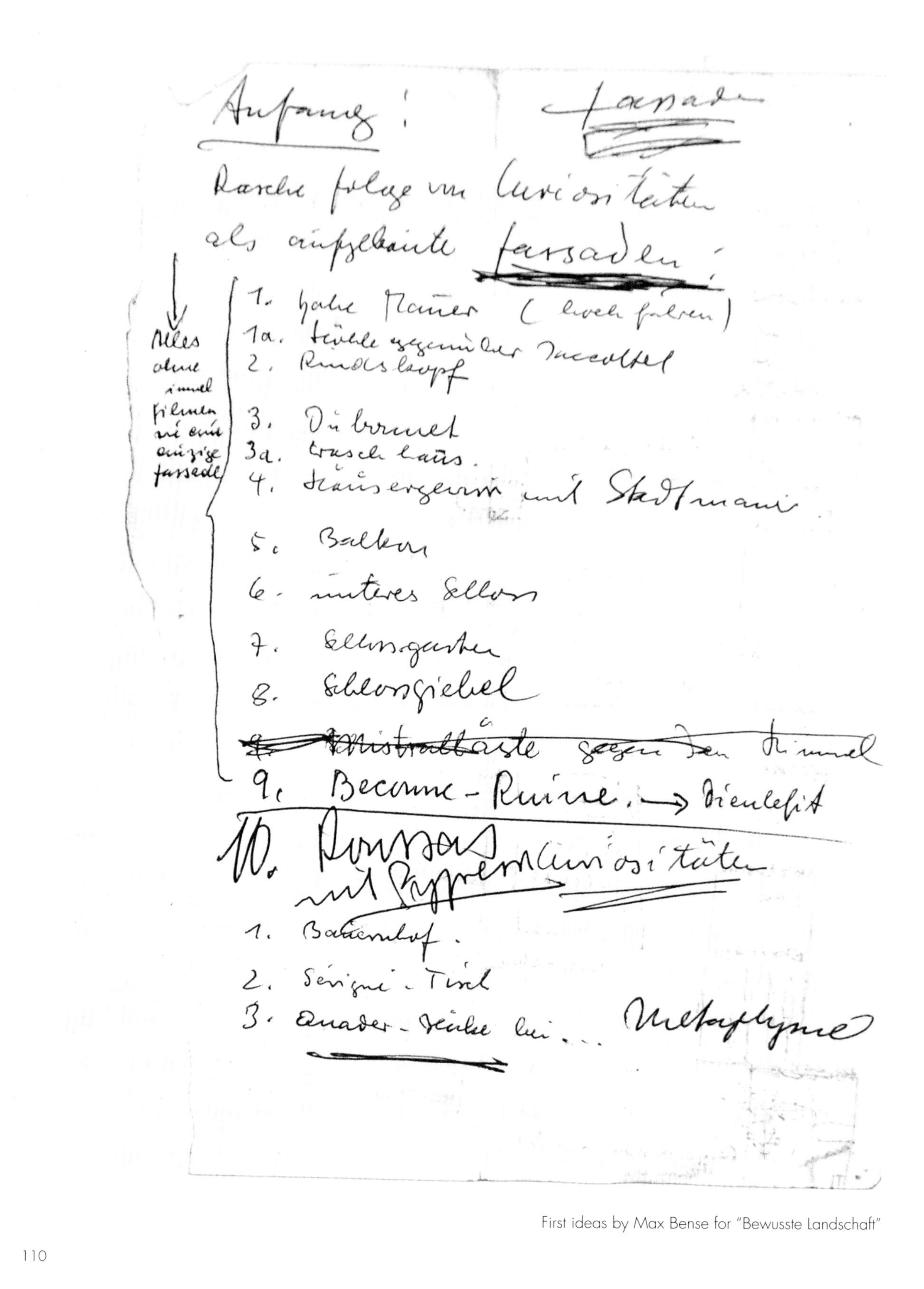

First ideas by Max Bense for "Bewusste Landschaft"

Weitere Einzelheiten:

Zur Konstituierung des Tricastins als
Paysage métaphysique: gotique flamboyant

Die Mauer von Richerenche

Das italienisch gebaute
Weingut zwischen Lez + Grignan

Ich beide, Weingut mit Schloss,
übereinanderfilmen:

Film : Grignan

Aufgabe :

~~nach Abbildung einer Landschaft~~

Entwicklung eines natürlichen Landschaft
[Tricastin, Grignan, garrigue] zu einer
metaphysischen Landschaft [im Stil von
Clirico und Charbonnier].

1. Aufzählung der natürlichen Elemente :

1. Strukturen :

a) Durchblick motive :   durch Zweige
                                durch Tore
                alte Werkzeuge durch Fenster
                Reste von Verzäunigen   Kristallbrüche
                                Reluurstöcke
b) Direkte motive   Lavendel
                                Mauern
                                Steinwände
                                Stämme
                                felder
c) Schildrücken   Tautscrollen schieben
                                "ruine" von Vulceas.
d) Zerfallsmotive
                                tote Stämme
    b) Feu
    c) Erdkehlengebiet   a) Zerbrödelnes Matria [
Dynamisch c) Windmotive   Kies, lau 4 Gestein
bewegt   Grotte.!

                            a) / Astrichtrum..

2) <u>Dinge</u>

a) Häuser

Kontur der Landie) → Wege

c) Felsen

Naturplastik   d) Hügel
bei Pec! –   e) ganze Mauern

ein Denkmal   f) ein Mensch (Beuls)
Sérigné   g) Lavendelfeld
                 → Tankstelle
                 h) → Häuser
                    Hunde + Katzen
                 i) Dörfer von weitem
Übergänge   eingebettet in
zwischen   grün und braun
Realwelt und!   Salses sous Bois
+ Technikwelt   j) Plätze
                    in Avignon + Salses sous
Wolken   Bois
in Bewegung →   k) vier Kiefern

3) <u>Dinge in Bewegung</u>

                 Bäume im
                 Wind
                 Menschen in Bewegung
3a) <u>fassaden</u>   Autos im Regen
                 Wasser (See)

4) <u>Landschaften</u>   von Weitem
                 und dann näherziehen
                 mit Gummilinse.

5) Jetzt Übergänge zur
   metaphysischen Landschaft.

   a) alte Kruzefixe
   b) Stadttor in Taulignan
   c) Elefanten in Taulignan
   d) alte Torbögen
   e) Schloss – Teile
   f) Bovi
   g) Golgatha bei Sales sous Bois
   h) Turm in Chamaret
   i) direkte Einblicke ins Maquis,
   j) Pealsatrandl
   k) Hölle der Sévigné
   l) Kitsch – Motive

6) Chaogene Aufnahmen

   Dorfstrasse + Maquis
   Dorf Venten + Gesicht aus Mensch
   tote Röhre + bewegte Tiere
   Schilfhaufen bei Pigbelle +
   Azars Flaschenwand
   über Ankerweste
   Heles mit Sévigné;
   Hotel rei ⊙, Saliergen

2) Burg von Athannor
Rettenstadt — Kittelhaus in Valreas.
saint Paul Trois Chateau
Schloss de Sévigné — alte Olive

Ziele verlassene Dorf Richerenc Templer Dorf.

8) Künstliche Arrangements

Der Film beginnt
analytisch + statisch
er wird immer synthetischer
und dynamischer + farbiger

Er wette mit dem Schloss des
Sévigné

+ den Stockhausen von
Bagnoles enden
in roter farbung zusann
mit Schloss Sévigné. —

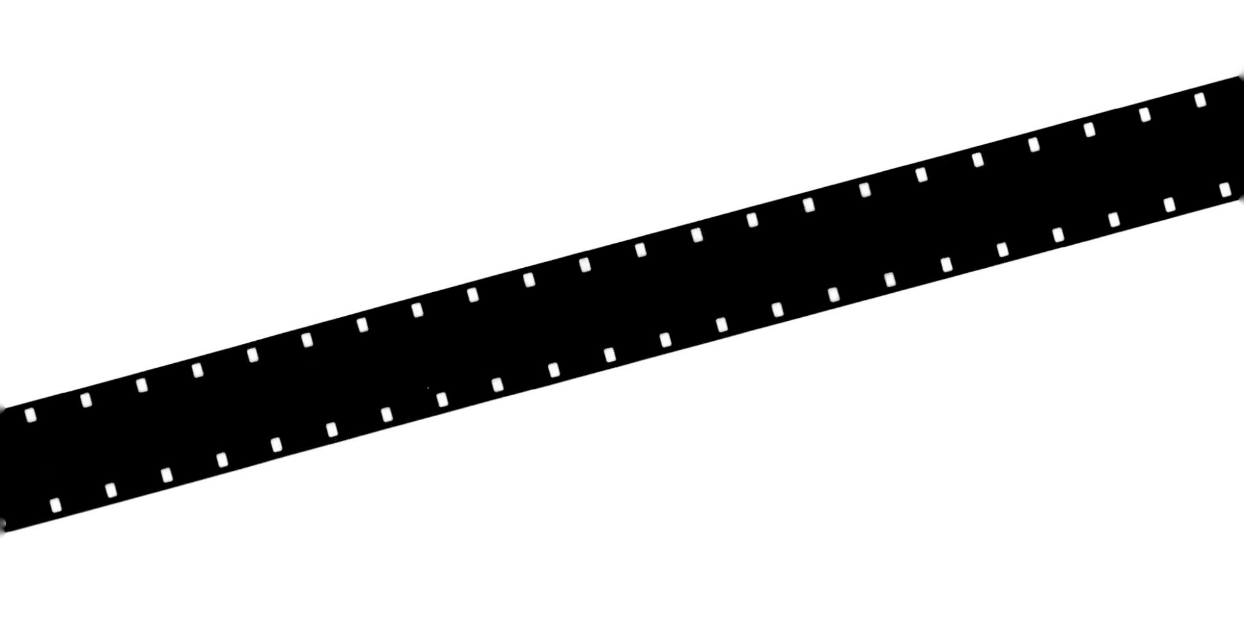

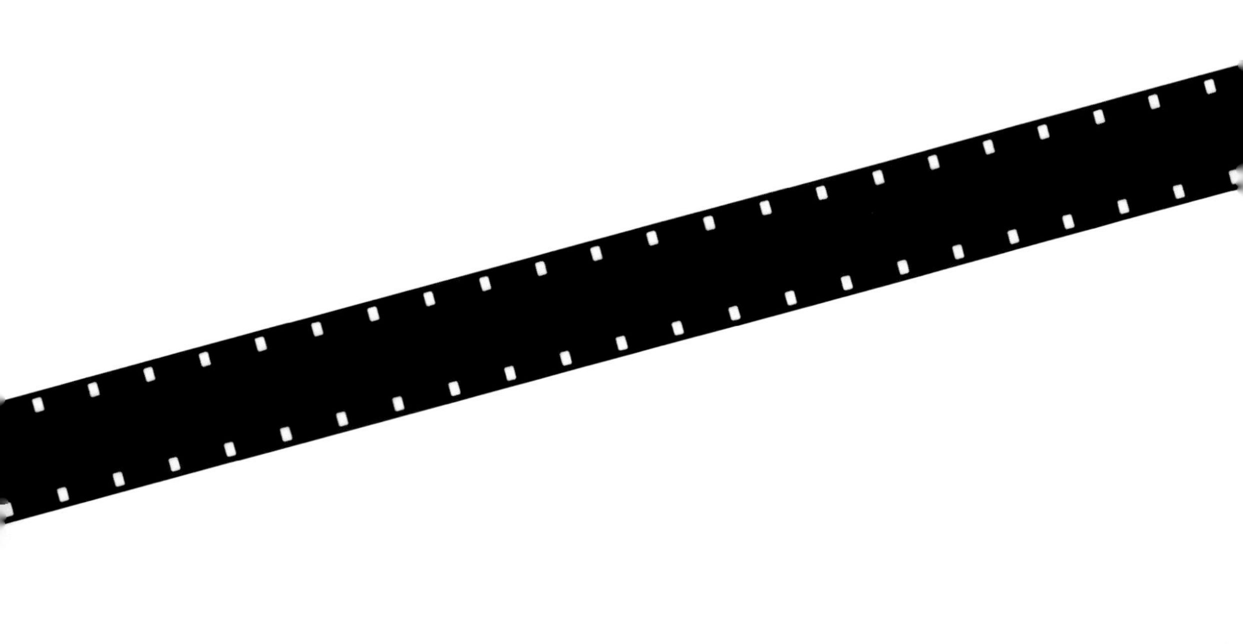

Nicht abfilmen

Georg Benses Literatur-Adaptionen mit dem Stuttgarter Filmarbeitsteam (Hansjörg Mayer, Rainer Wössner)

Der alte Streit, ob sich Literatur in Film übersetzen lässt, spart fast immer eine ganz schlichte Frage aus: Was ist überhaupt Literatur? Von der Beantwortung dieser Frage hängt aber alles Weitere ab.

Gewöhnlich wird unter der „Literatur", die in einen Film eingehen soll, nicht die dramatische verstanden, denn dramatische Literatur muss das Drehbuch eines Spielfilms ohnehin immer bieten. „Literatur" meint in diesem Zusammenhang fast durchweg die epische, also einen Roman oder eine Erzählung, seltener auch ein Epos oder ein Märchen. Dabei wird verlangt, dass der Geist, nicht der Buchstabe der Vorlage erfasst wird. Der Film soll so süffig, spannend, bewegend oder erhebend sein wie das Buch, bloß viel kürzer. In einem jüdischen Witz fragt ein Rabbiner den andern: „Hast du die Tora gelesen?" und erhält zur Antwort: „Nein, aber ich habe den Film gesehen." Er meint vielleicht *The Ten Commandments* (1923, zweite Version 1956) von Cecil B. DeMille.

Was aber, wenn nicht ein Roman, sondern Lyrik oder Prosa das Modell abgeben? Und was, wenn Literatur nicht aus alten Geschichten, sondern aus Sätzen, Versen, Wörtern, aus Klängen und Rhythmen besteht? Was, wenn Literatur von ihrer Struktur und ihrem Stil her begriffen wird? Was, wenn der Film Literatur nicht überwölben, sondern sich ihr unterwerfen will? Muss er dann zu einem illuminierten Hörspiel werden, wie es Isidore Isou allen Ernstes gefordert und mit seinem genialen Film *Traité de bave et d'éternité* (Traktat von Geifer und Ewigkeit; 1951) tatsächlich verwirklicht hat? Oder lässt sich irgendeine Entsprechung von Wort und Bild ausnützen?

Georg Bense hat zwischen 1959 und 1963 bewiesen, dass es nicht nur eine, sondern viele Entsprechungen von Wort und Bild geben kann. In gemeinsam mit Hansjörg Mayer und Rainer Wössner gedrehten Kurzfilmen findet er immer wieder neue Methoden, Bilder auf Wörter zu beziehen. Gemeinsam ist diesen so unterschiedlichen Filmen eine Texttreue, von der Filme nach literarischen Vorlagen sonst weit entfernt sind. Kein Wort, kein Satzzeichen geht in diesen Filmen verloren, und dies sogar, wenn der Text gerade nicht eingesprochen wird, wie im Hauptteil von *Jetzt* (1962).

Im Vorspann dieses Films heißt es etwas geheimnisvoll, er übertrage „einen text mit maximaler verwendung des einsilbigen wortes ‚jetzt' in einen visuellen ablauf numerisch gleichwertiger struktur". Doch ist kein großes Geheimnis dabei. „Numerisch gleichwertig" bedeutet

Don't just let the camera roll…

Georg Bense's Literary Adaptations with the Stuttgart Filmarbeitsteam (Hansjörg Mayer, Rainer Wössner)

The old debate as to whether literature can really be translated into film almost always overlooks a very simple question: what in fact is literature? Everything else depends on the answer.

Normally people do not think of "dramatic literature" when considering what is to be used for a film, because screenplays for feature films must in case always be dramatic literature. "Literature" in this context almost always refers to epic writing, which is to say a novel or a story, or less frequently a classical epic or a fairytale. And what is demanded is that the spirit, not the letters of the original is captured. The film should slip down easily, be as exciting and moving (or uplifting) as the book, but simply a lot shorter. There is a Jewish joke in which one rabbi asks the other: "Have you read the Torah?" to which the latter replies: "No, but I've seen the film." By which he probably meant Cecil B. DeMille's *Ten Commandments* (1923, second version 1956).

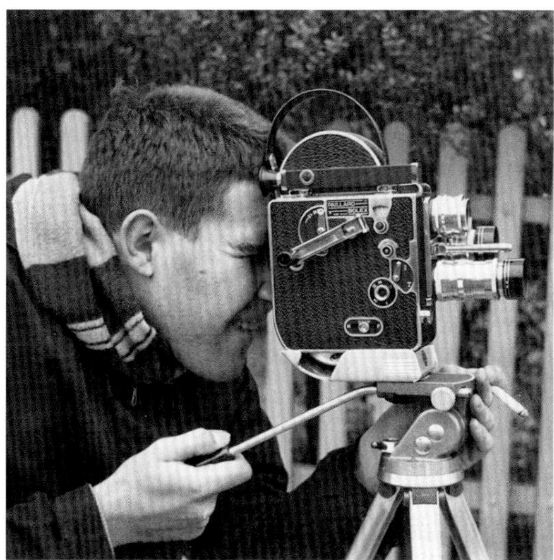

Georg Bense filming 1959 (foto: Rainer Wössner)

But what happens when prose or poetry is used, and not a novel? And what when literature consists of sentences, verses and words, of sounds and rhymes, and not old stories? What happens when literature is grasped in terms of style and structure? When the film attempts to bow to rather than overarch literature? Would it have to become an illuminated audio play, as Isidore Isou called for in all seriousness, and actually realised in his brilliant film *Traité de bave et d'éternité* (Venom and Eternity; 1951)? Or can some kind of equivalence be explored between word and image?

einfach nur, dass eine quantitative Entsprechung von Text und Film festgelegt worden ist. Jedem Wort, jedem Zeichen der Text-Vorlage entspricht ein bestimmtes Quantum und eine bestimmte Art von Film. Kommata werden beispielsweise jeweils mit Weißfeldern wiedergegeben und fahren so wie Blitze ins winterlich graue Stuttgart des Films. Die literarische Vorlage wird ein einziges Mal vollständig (von Christiane Motter) eingesprochen und im Folgenden jeweils von ihren filmischen Äquivalenten ersetzt.

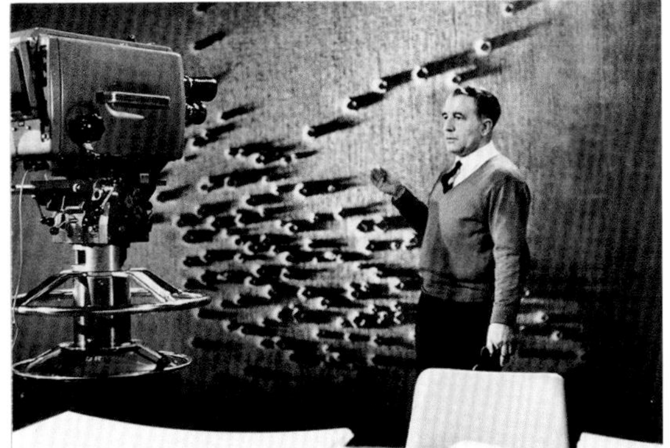
Max Bense in front of a work by Lucio Fontana during a television programm.
(foto: Paul Sessner)

Die literarische Vorlage stammt von dem Philosophen und Poeten Max Bense, dem Vater des Regisseurs, und ist eine „Wort-Jazz"-Improvisation über eine Passage von Hegels *Phänomenologie des Geistes*. In dieser Passage findet sich eine verdichtete Ästhetik des Kinos. Jedenfalls kommt es einem heute so vor, als spräche Hegel 90 Jahre vor Erfindung des Kinos von einer Filmvorführung: „Es wird das *Jetzt* gezeigt, *dieses Jetzt. Jetzt;* es hat schon aufgehört zu sein, indem es gezeigt wird; das *Jetzt,* das *ist,* ist ein anderes als das gezeigte, und wir sehen, daß das Jetzt eben dieses ist: indem es ist, schon nicht mehr zu sein."

Die Sätze beschreiben, was Kino im Innersten ausmacht, das ein Jetzt *sein* will und doch nur ein Jetzt *zeigen* kann. Hegel zielt selbstverständlich auf etwas viel Allgemeineres ab. Es geht ihm in diesem Kapitel der *Phänomenologie* um ein Reflexionsverhältnis, das bereits bei schlichten Sinneseindrücken wirksam ist. Es ist beispielsweise Nacht und wir könnten feststellen: „das Jetzt ist die Nacht", doch schon wenn wir dies aufschreiben, werden wir sagen müssen, dass die Nacht „schal geworden" ist. „Das *Jetzt* selbst erhält sich wohl, aber als ein solches, das nicht Nacht ist." Das Jetzt erhält sich einerseits als stets aktualisiertes, stets überholtes und andererseits als aufgeschriebenes, abgezogenes oder aufgezeichnetes, als Jetzt im Präsens und als Jetzt im Perfekt.

Kino ist eine Erfahrung, die dieses Verhältnis aufs Äußerste zuspitzt, denn Kino bietet abgezogene,

During the years from 1959 to 1963, Georg Bense demonstrated that there can be not one but many equivalences between word and image. In the short films he shot together with Hansjörg Mayer and Rainer Wössner we encounter over and over new methods for relating images to words. Common to all of these films, which differ in so many ways, is a faithfulness to the text that otherwise is scarcely to be found in films based on literary sources. Not a word, not a punctuation mark goes missing in these films, even when the text is not spoken, as in the main section of *Jetzt* (1962).

The opening titles state somewhat cryptically that the film transposes "a text with the maximum use of the monosyllabic word 'jetzt' [= now] into a visual sequence based on a numerically equivalent structure". In fact there is no big mystery to this. "Numerically equivalent" simply means that a quantitative correspondence has been laid down between text and film. Every word, every mark in the original text corresponds to a certain quantity and a certain kind of film. Commas, for instance, are rendered in the film as white fields that flash like lightning through the wintry grey of Stuttgart. The literary source is read out once, in full (by Christiane Motter), and subsequently replaced item by item by each of the various cinematic equivalents.

The literary text was written by the philosopher and poet Max Bense, the father of the director, and is a "word jazz" improvisation on a passage from Hegel's *Phenomenology Of Mind*. This passage contains a compact aesthetic of the cinema. Or so at least it seems today. Hegel appears to be talking about a film show 90 years before the invention of cinema: "The *now* is pointed out, *this now. Now;* it has already ceased to be the moment it is pointed out; the *now,* this *is,* is different to what is pointed to, and we see that the now is just that: it is inasmuch as it no longer exists."

These sentences describe what essentially distinguishes cinema, which wishes to *be* a now and yet can only *point to* a now. Hegel of course is getting at something much broader here. He is concerned in this chapter of the *Phenomenology* with a *reflective relationship* that already comes to effect in simple sensory impressions. If for instance it is night we can state: "the now is night", but the moment we write this down we are forced to admit that the night has "gone stale". "The *now* as such clearly preserves itself, but as something that is not night." The now maintains itself on the one hand as constantly updated but constantly outdated, and on the other hand as something inscribed, duplicated or recorded, as a now in the present and now in the perfect tense.

The cinema experience brings this relationship to a head, because cinema offers a duplicated, recorded world that simultaneously conveys sensory certitude in

aufgezeichnete Welt, die doch zugleich und auf unheimlich suggestive Weise sinnliche Gewissheit vermittelt. Kino zeigt das Jetzt nicht nur, sondern evoziert es auch. Wir zucken noch heute zusammen, wenn in *How It Feels to Be Run Over* (1900) von Cecil M. Hepworth ein Auto direkt auf uns zurast, die Mitfahrenden hektisch winken, als wollten sie rufen: „Zur Seite! Zur Seite!" – und dann wird alles dunkel. Eine Schocksekunde lang glauben wir uns überrollt vom Wagen, aber dann sitzen wir doch bloß vor einer schwarzen Leinwand, über die der erleichterte Satz huscht: „Oh, mother *will* be pleased!" Das Jetzt, in dem wir uns wähnten, ist weit über hundert Jahre alt, wir springen vom Präsens ins Perfekt.

Das heißt aber nur, dass Kino die Einsicht in die Gewesenheit des Jetzt erschwert und verzögert. Widerlegen kann es sie nicht. Auch das Jetzt des Kinos kann nur ein gezeigtes sein. In seinem Text beweist Max Bense die Erkenntnis Hegels mit poetischen Mitteln. Jedes „jetzt" wird bei ihm von einem neueren, jetzigeren „jetzt" überholt: „Jetzt, jetzt und erst jetzt, jetzt und nur jetzt, jetzt und doch jetzt, jetzt ist das jetzt erst jetzt …" So wird das arme „jetzt" gejagt und kommt nie zu sich selbst. Immer wenn es sich zu sich selbst verhalten, identisch werden will, erweist es sich als bloß retrospektives, als bloß gezeigtes, bereits überholtes. Aber wozu wird das Jetzt, wenn es gewesen ist? Was ist es im Perfekt? – Es ist ein Ereignis.

Die enorme Aufgabe, das deiktische (d.h. zugleich konkrete und abstrakte) Wörtchen „jetzt" zu visualisieren und so Funktion und Ontologie eines Films zu demonstrieren, löst Georg Benses Film, indem er es als Ereignis zeigt, vielmehr als eine Folge von Ereignissen, die „jetzt!" passieren und zugleich in einem Jetzt, das damals Jetzt war, passiert sind. Ereignisse sind sinnliche Formen. Deshalb bestanden der Regisseur und seine Freunde, Hansjörg Mayer und Rainer Wössner, im Gespräch mit ihrem Autor, der „119 selbständige, einheitliche oder zusammenhängende Bildstreifen" vorschlug, „die den Worten entsprechen", darauf, der Film müsse „eine Handlung haben. Das Wort ,Jetzt' wird jeweils durch Darsteller gespielt. Alle anderen Worte werden durch ein anderes, nicht gespieltes Motiv dargestellt." Das quantitative Äquivalent erhält so eine qualitative Bestimmung.

Die spielenden Darsteller sind eine junge Frau und ein junger Mann (Susanne Schulz und Dietmar Brux), das „nicht gespielte Motiv" ist eine Straßenbahn. Aber was spielen sie oder spielen sie nicht? – Die Wörter, vielmehr ihr Verhältnis zum Jetzt. Es ergeben sich also zwei Sorten von Darstellung: Jetzt-Ereignisse und Nicht-Jetzt-Bewegungen. Man könnte auch sagen, es ergeben sich zwei Bewegungsmodi: punktuelle und

an incredibly suggestive manner. Cinema not only shows but also evokes the now. We still start when a car comes flying towards us in Cecil M. Hepworth's *How It Feels to Be Run Over* (1900): the passengers wave hectically, as if wishing to shout: "Get out of the way!" – and then everything goes dark. For one terrible second we think we have been run over, but then we find ourselves sitting there simply looking at a blank screen with the words of relief "Oh, mother *will* be pleased!" scurrying across it. The now we thought we were in is well over a hundred years old, we had leapt from the present to the past tense.

That is simply to say though that cinema hampers and delays our comprehension of the now's pastness. Yet without being able to refute it. Even the now of cinema can only be something that is pointed out or shown. In his text Max Bense demonstrates Hegel's insight by poetic means. Every "now" is forever overtaken in the text by a newer, nower "now": "Now, now and only now, now and nothing but now, now and yes, now, now is only now now..." the poor old "now" is constantly chased and never comes to its own. Every time it tries to relate to itself, to become self-identical, it turn out to be merely retrospective, simply pointed out, already superseded. But what becomes of the now when it is past? What is it in the past tense? It is an occurrence.

Georg Bense's film manages the enormous task of visualising the deictic (i.e. simultaneously concrete and abstract) word "now" and thus demonstrating the function and ontology of a film by showing it as an occurrence, or rather as a sequence of occurrences that happen "now!" and simultaneously happened in a now that had been now back then. Occurrences are sensual forms. Which is why the director and his friends, Hansjörg Mayer and Rainer Wössner, insisted in conversation with the author – who suggested "119 self-contained, uniform or interconnected filmstrips that correspond to the words" – that the film must "have a plot. The word 'now' is played in every instance by actors. All the other words are depicted by another motif that is not acted." The quantitative equivalent receives in this way qualitative definition.

The performing actors are a young woman and a young man (Susanne Schulz and Dietmar Brux), the "non acted motif" a tram. But what are they acting, or not acting? – The words, or rather their relationship to now. The result is two kinds of portrayal: now events and not-now motions. One might even say, the result is two modes of movement, periodical and continuous. The event-like, periodical movements stand out from a non eventful, uniformity – which one could term "always".

We see a young couple newly in love, alternating with a Stuttgart tram as it trundles along. Everything that the couple does – meeting up, shaking hands, kissing, tossing

gleichförmige. Die ereignishaften, punktuellen Bewegungen heben sich vor einer nicht-ereignishaften, gleichförmigen – die man „immer" nennen könnte – ab.

Zu sehen sind im Wechsel ein frisch verliebtes Pärchen und die dahinrollende Stuttgarter Straßenbahn. Alles, was das Paar tut – zusammenkommen, sich die Hände reichen, sich küssen, eine Dose wegwerfen, ein Rad schlagen, sich die Nase schnäuzen, an einer Zigarette ziehen, lachen, auseinandergehen usw. –, formt sich „jetzt!" zu prägnanten Ereignissen, von denen man sich noch Jahre später erzählen könnte. Damals, als wir uns zum ersten Mal geküsst haben. Damals, als du vor Freude ein Rad geschlagen hast. Damals, als du deine Hand in meine geschoben hast.

Dagegen hat die Straßenbahn kein Jetzt, sondern folgt bloß einem Plan, den sie jeden Werktag auf dieselbe Weise stur abfährt. Sie ist das verdinglichte Immer. Nichts weniger überraschend als eine Stuttgarter Straßenbahn.

Der Text, der nun, bis auf wenige, zur Erinnerung eingeworfene „jetzt!", nicht mehr zu hören ist, wird auf diese Weise von Bildern ersetzt. „Jetzt, jetzt und erst jetzt", sein Anfang, löst sich beispielsweise so auf: „Jetzt" – Paar-Motiv; Komma – Weißfeld; „jetzt" – neues Paar-Motiv; „und" – Straßenbahn-Motiv; „erst" – neues Straßenbahn-Motiv; „jetzt" – neues Paar-Motiv. Usw. Die Einstellungen gehen nach und nach von der Totalen in die Großaufnahme über und steigern sich so.

Mayer hat die beiden Modi mit einer monotonen, minimalistischen Musique concrète markiert. Sie ist aus den Innen- und Außengeräuschen der Straßenbahn abgeleitet. In den Straßenbahn-Sequenzen ertönt, sowohl bei Innen- als auch bei Außenaufnahmen, das leicht verfremdete Brummen des fahrenden Zuges, wie es ein Fahrgast hört. In den Paar-Sequenzen wird mit Perkussionsinstrumenten das klappernde Rollen der Waggonräder über die Schienen und Weichen simuliert, wie es ein Passant auf der Straße hört. So sind also Straßenbahn und Paar auch als Gegensatz von Innen und Außen bestimmt. Und das Paar ist bereits mit der Bahn verbunden, noch bevor beide, Paar und Bahn, sich wirklich, in einem fatalen Jetzt, begegnen.

Von gewöhnlichen Literaturverfilmungen unterscheidet sich *Jetzt* allein schon dadurch, dass es nicht kürzer, sondern deutlich länger als der gelesene Text ist. Trotzdem oder gerade deswegen will der Regisseur Georg Bense nicht von einer „Literaturverfilmung", sondern lieber von einer „filmischen Interpretation" eines Textes sprechen. Die filmischen Interpretationen von Literatur, die der junge Regisseur und seine Freunde damals vorlegten, gehören zu den genauesten überhaupt. Sie gehen etwa über die ebenfalls hohe, aber naturalistische Texttreue der Hölderlin- oder

a can aside, turning a cartwheel, blowing a nose, drawing on a cigarette, laughing, separating etc. – forms the "now!" as salient events which one could relate years later. Back then. when we kissed for the first time. And when you did a cartwheel. And you pressed your hand into my mine.

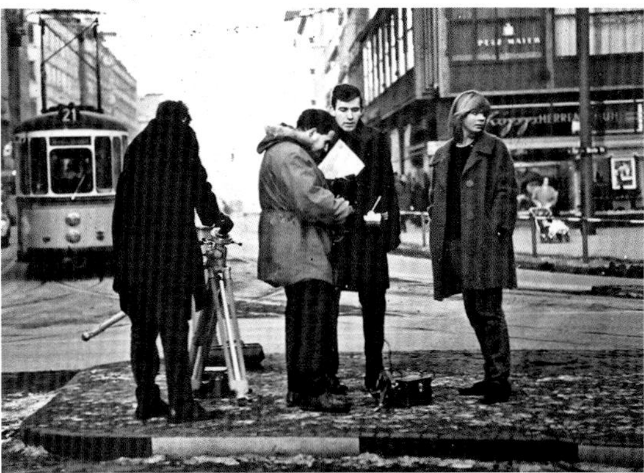

FAT shooting in Stuttgart „Jetzt" film

The tram on the other hand has no now, it simply follows a plan that it adheres to every working day in the same dogged manner. It is the concretised "always". Nothing is less surprising than a tram in Stuttgart.

The text, which by now can no longer be heard apart from the occasional "now!" interposed for the sake of recollection, is replaced in this way by images. "Now, now and now", is rendered for instance at the beginning as follows: "Now" – motif of the couple; comma – field of white; "now" – new motif of couple; "and" – tram motif; "only" – new tram motif; "now" – new motif of couple. And so on. The shots move successively from long distance to close up and in that way create a build-up.

Mayer underscored the two modes by a monotonous, minimalist *musique concrète* derived from the sounds inside and outside of a tram. During the tram sequences, shot both from both inside and out, we hear the slightly altered drone of the vehicle in motion, as a passenger would hear it. During the sequences with the couple, percussion instruments have been used to simulate the rattling of the coach wheels along the tracks and over the points, now as a passer-by would hear it on the street. Thus the tram and the couple are also cast as opposites in terms of inside and outside. And the couple is already connected with the tramline, even before the two, couple and tram, actually meet up in a fatal now.

Jetzt differs from the usual screen adaptations in the fact alone that it is not shorter but considerably longer than the read text. Despite or perhaps because of this, director Georg Bense likes to talk not of a "literary adaptation" but rather of a "cinematic interpretation" of

Pavese-Filme von Danièle Huillet und Jean-Marie Straub hinaus, erkunden strukturelle Analogien von poetischer Sprache und Film.

Leitend war dabei Max Benses Vorstellung von einer abstrakten Ästhetik, „die ihre anwendbarkeit auf jeden beliebigen bereich spezieller ästhetischer objekte impliziert, gleichgültig, ob es sich dabei um architektur, skulptur, malerei, design, poesie, prosa, dramaturgie, film, musik oder happening handelt". Darüber, ob es möglich ist, all diese Kunstgenres auf einen Nenner zu bringen, lässt sich streiten. Aber steile Thesen regen das Denken mehr an als platte Übereinkünfte. Benses abstrakte Ästhetik erlaubte nicht nur, sie förderte eine Begegnung der Künste, und das ist ganz wörtlich zu verstehen.

Am von ihm geleiteten Studium Generale der Technischen Hochschule Stuttgart trafen sich Studenten, Wissenschaftler aller Fachbereiche mit Künstlern zu einem produktiven Austausch. Da konnten die Architekten Konrad Wachsmann und Curt Siegel zwei Stunden lang höchst lehrreich über ein einziges Objekt streiten, da las Nathalie Sarraute aus ihren Werken, obwohl sie, die unter den Nazis gelitten hat, sich einst schwor, nie wieder deutschen Boden zu betreten, da stellten Marc Adrian, Kurt Kren und Peter Kubelka ihre aufregenden, neuen Filme vor. Das Publikum bestand zum Großteil nicht aus Spezialisten, sondern aus interessierten Laien.

An dieser unerhört vielseitigen und anregenden Institution war auch das Filmarbeitsteam (FAT) angesiedelt, dem neben Georg Bense der Künstler und Verleger Hansjörg Mayer angehörte, der nicht nur für *Jetzt* den Soundtrack beisteuerte. Der angehende Architekt Rainer Wössner war so etwas wie der Aufnahmeleiter und ruhende Pol des FAT, er kümmerte sich um Ausstattung, Beleuchtung und Technik.

Stuttgart galt nach dem Krieg als ein Zentrum der Moderne. Am Süddeutschen Rundfunk sorgten erst Alfred Andersch, nach ihm Helmut Heißenbüttel für die Vermittlung neuester Literatur. An der Staatsgalerie vollzog sich der später „Stuttgarter Museumswunder" genannte Aufbau einer Sammlung der Moderne auf internationalem Niveau. Und um Willi Baumeister und Ottomar Domnick scharten sich Maler, Bildhauer, Dichter – und Filmemacher. Domnick veranstaltete mit seinem Bruder, dem Dokumentarfilmer und Produzenten Hans Domnick, gelegentlich Filmabende, an einigen nahm auch der junge Georg Bense teil.

Ottomar Domnicks eigene Filme, die konstruktive Formen spannend in eine psychologische Spielhandlung einbauen, haben auch Bense beeinflusst, doch weniger ihr anfangs noch deutlich expressionistischer Duktus und am wenigsten ihr Umgang mit dem Wort. Denn zwar sind Domnicks

a text. The cinematic interpretations of literature which the young director and his friends presented back then are among the most exact ever to be made. They go even beyond the likewise great if naturalistic fidelity to the text shown for instance in the Hölderlin and Pavese films by Danièle Huillet and Jean-Marie Straub, for they explore the structural analogies between poetic language and film.

Central to this was Max Bense's notion of an abstract aesthetic "that implies an applicability to any desired field of special aesthetic objects, irrespective of whether architecture, sculpture, painting, design, poetry, prose, dramaturgy, film, music or happening". Whether or not a common denominator can be found for all of these genres is a matter of debate. But bold theses do more to stimulate thought than bland agreements. Bense's abstract aesthetic not only permitted but actually encouraged an encounter between the arts, in a quite literal way.

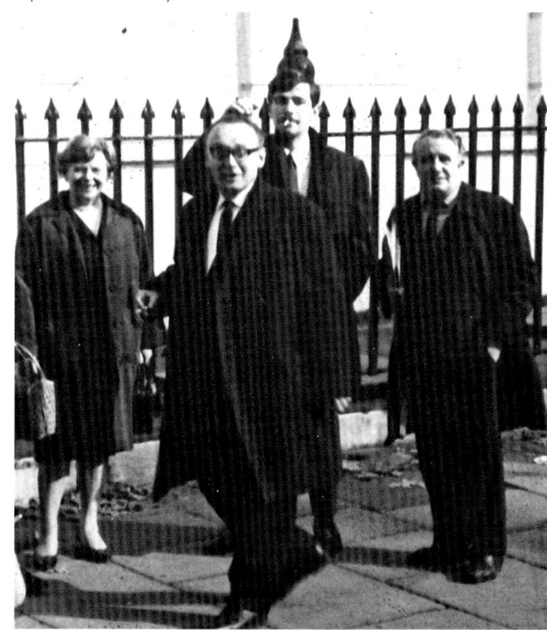

Elisabeth Walther, Ernst Jandl, Hansjörg Mayer, Max Bense in London 1966

The general studies course he ran at the Technische Hochschule Stuttgart was a meeting place for students and researchers from all backgrounds to enter a productive exchange of ideas with artists. As for instance when the architects Konrad Wachsmann and Curt Siegel argued for two hours in the most illuminating way about one single building, or Nathalie Sarraute read from her works, even though she had suffered under the Nazis and sworn never to step on German soil, and Marc Adrian, Kurt Kren and Peter Kubelka screened their latest, gripping films. The audience largely consisted of interested laymen rather than specialists.

Texte, die an die inneren Pluriloge des modernen Großtstadtromans, etwa *Berlin Alexanderplatz* oder *Ulysses*, erinnern, originell, aber sie bleiben doch ebenso den Bildfindungen untergeordnet wie die „Kommentare" von Hans Magnus Enzensberger (zu *Jonas*, 1957), Karl Günther Hufnagel (zu *Ohne Datum*, 1962) oder Friederike Roth (zu *Augenblicke*, 1972). Für Domnick ist das Wort erklärtermaßen sekundär. Für das FAT steht das Wort nicht nur am Anfang, es steht im Zentrum.

In *Der plötzliche Spaziergang* (1959) ist es die gleichnamige Kurzprosa Kafkas, die vollständig eingesprochen und bildlich interpretiert wird. Aber kann es mit Bildern allein getan sein? Kafkas strenge Prosa ist hier im Wesentlichen aus einem sehr langen Wenn-dann-Satz konstruiert: „Wenn man sich am Abend endgültig entschlossen zu haben scheint, zu Hause zu bleiben, … wenn man nun trotz allem in einem plötzlichen Unbehagen aufsteht, … weggehen zu müssen erklärt, es nach kurzem Abschied auch tut …, und wenn man so die langen Gassen hinläuft, – dann ist man für diesen Abend gänzlich aus seiner Familie ausgetreten …"

Ein Wenn-dann-Satz ist eine Schlussfolgerung, die in der Logik auch „materiale Implikation" genannt wird. Aus einem mit „wenn" eingeleiteten Antezedens ergibt sich „dann" ein Sukzedens. Diese Schlussfolgerung soll über alle Zeiten und Orte hinweg wahr sein. Wenn es regnet, dann wird die Erde nass. Mit dieser allgemeingültigen Struktur verleiht Kafka seiner kurzen Erzählung Gewicht. Er schildert nicht etwa, wie irgendjemand, nach einigem Zögern und gegen alle Wahrscheinlichkeit, seine Familie verlässt, sondern er gibt etliche Antezedentia an, die unabhängig von Person, Zeit und Ort zu diesem Sukzedens führen sollen: „dann ist man für diesen Abend gänzlich aus seiner Familie ausgetreten". Wie nun dieser Konstruktion gerecht werden? Wie in einem Medium, das fast immer an Person und Ort, immer an Zeit gebunden ist, nämlich dem Film, eine abstrakte Schlussfolgerung wiedergeben?

Bense und das FAT kommen hier auf eine ebenso überraschende wie überzeugende Lösung: Sie führen die Abstraktheit des Kafkaschen Satzes gerade dadurch vor Augen, indem sie ihn ganz konkret und peinlich genau in einer Folge von Stand- und Bewegtbildern realisieren. Sie wählen für die einzelnen Elemente des Kafkaschen Satzes jeweils eine – für das Stuttgart von 1959, nicht für das Prag von 1912 – möglichst typische Modellierung. Kafkas „man" ist im Film ein junger Familienvater (Eberhard Schmid), das „Nachtmahl" eine Suppe, das gemeinsame „Spiel" eine Partie „Mensch ärgere dich nicht!", usw. Wenn es bei Kafka heißt: „dann ist man für diesen Abend gänzlich aus seiner Familie ausgetreten, die ins

Also located at this astonishingly broad and stimulating institution was the Filmarbeitsteam (FAT), the film work team which apart from Georg Bense also included the artist and publisher Hansjörg Mayer, who did the soundtrack for not only *Jetzt*. Over and beyond these two, the calm backbone of the outfit was budding architect Rainer Wössner, who was something like the unit manager and saw to the décor, lights and technology.

Stuttgart had a name after the war as a centre of Modernism. Writers Alfred Andersch and, after him, Helmut Heissenbüttel presented the latest in literature via the regional radio station, Süddeutscher Rundfunk. The Staatsgalerie built up a modernist collection of international standing in what was later referred to as "Stuttgart's museum miracle". And painters, sculptors, poets – and film makers – gathered round Willi Baumeister and Ottomar Domnick. Domnick and his brother, the documentary film maker and producer Hans Domnick, occasionally put on film evenings in which the young Georg Bense also participated.

Ottomar Domnick's own films, which have an intriguing way of inserting constructive forms into a psychological plot, also influenced Bense, although not so much through what initially was a clearly expressionist style, and least of all from their approach to the word. For despite the originality of Domnick's texts, which are reminiscent with their inner plurilogues of the modern urban novel, such as *Berlin Alexanderplatz* and *Ulysses*, they remain just as secondary to the visuals as the "commentaries" written by Hans Magnus Enzensberger (to *Jonas*, 1957), Karl Günther Hufnagel (to *Ohne Datum*, 1962), and Friederike Roth (to *Augenblicke*, 1972). For Domnick, the word is secondary, avowedly so. For the FAT, by contrast, the word not only came first, it was central.

In *Der plötzliche Spaziergang* (= The Sudden Walk, 1959), Kafka's short story of the same name is spoken in full and visually interpreted. But can this be done with visual images alone? Essentially Kafka's stringent prose is constructed from a very long conditional sentence: "When it seems that you have finally made up your mind to stay at home for the evening… when despite all this you have got up with a sudden feeling of unease … said that you have to go out and after a brief farewell actually done so … and when you walk down the long streets in this mood – then you have completely divorced yourself for that evening from your family…"

A conditional sentence ("if… then") is based round what in logic is termed a "rule of inference". An antecedent introduced by "if" or "when" results "then" in a succedent. This conclusion is meant to be true for all times and places. If it rains the earth will get wet. Using this universally valid structure, Kafka lends weight to this

Wesenlose abschwenkt", bleibt der Film nicht etwa bei dem auf der Gasse befreit ausschreitenden Familienvater, sondern schneidet, ganz text- und satztreu, zurück auf die Familie, die in einer Überblendung mit dem Gesicht des Mannes tatsächlich „wesenlos" erscheint. Kurz, Abstraktheit wird mittels hingebungsvoller Konkretisierung erreicht.

Der plötzliche Spaziergang ist ein Experiment auf der Grenze zwischen Literatur und Film, das hervortreten lässt, was die beiden Medien voneinander trennt, und gerade aus dieser Konfrontation seinen ästhetischen Mehrwert zieht. Darin unterscheidet sich dieser Film von *Jetzt*, der eine *strukturelle* Analogie behauptet und vollzogen hat (und zugleich ein Film über Film ist).

Ähnlich konfrontativ wie der Kafka-Film, doch wiederum mit völlig anderen Mitteln operiert *Der Fisch fliegt steil* (1961), die einzige Arbeit des FAT, die nicht nur im Studium Generale und auf Filmfestivals gezeigt worden ist, sondern auch im Kino, wenn auch nur für einige Vorführungen. Ottomar Domnick wählte den *Fisch* als Vorfilm zu seiner Reflexion über Krebs, *Ohne Datum*, um so eine Voraussetzung für das Prädikat „Besonders wertvoll" zu erfüllen. Doch da dem Vorfilm selbst dieses Prädikat versagt wurde, ersetzte ihn Domnick bald darauf mit einem Kurzfilm aus eigener Produktion.

Der Fisch fliegt steil ist eine Annäherung von poetischem Text und filmischem Bild, die sich zunutze macht, dass in der Konkreten Poesie eine Annäherung von Schrift und Bild bereits vollzogen worden ist. So existiert beispielsweise von Max Benses „jetzt" eine konkrete Fassung, die wilde Satz-Bögen auf einer Seite anordnet. Auch die Vorlage von *Fisch* stammt von einem Vertreter der Konkreten Poesie – Claus Bremer. Der Text gehört zu einem Zyklus, der alle Kombinationsmöglichkeiten eines bestimmten, begrenzten Vokabulars durchprobiert. Hier sind es „Sonne", „Fisch" und „Meer", die jeweils „sinken" oder „fliegen" können, und zwar ausschließlich „steil". Die Kombinationen lassen, so Bremer, „an die Stelle der einsinnigen syntaktischen Perspektive eine neue Offenheit treten". Aber wichtiger für die Film-Adaption ist, dass der Dichter die Verhältnisse der Wörter *im Raum* formuliert, sie nämlich auf der Seite so gruppiert, dass die jeweiligen Sätze und Satzteile in alle Richtungen anschließbar und weiterführbar werden.

Die Filmfassung erhöht diese Offenheit und Anschließbarkeit nur. Bremers Text wird nicht nur einzeln und chorisch (von Monika Bense und Wolfgang Matschke) eingesprochen, sondern fast den ganzen Film hindurch, weiß auf schwarz, als Texttableau gezeigt, das sich über das Tableau der Großstadtnacht legt. Nicht nur die Buchstaben auf ihrem dunklen Untergrund, sondern auch die Lichter der Stadt erscheinen wie Stern-Konstellationen. Der im Vorspann

short story. He does not describe for instance how someone leaves his family after some hesitation and against all odds, but lists any number of antecedents which, independent of time, place or person, are to lead to this succedent: "then you have completely divorced yourself for that evening from your family." How is justice to be done to this construction? How is an abstract conclusion to be replicated in a medium that is almost always bound to place and person and always tied to time, to wit: in film?

Bense and the FAT arrive here at a solution that is as surprising as it is convincing: they visualise the abstractness of Kafka's sentence precisely by realising it very concretely and with meticulous accuracy in a sequence of still and moving images. For each of the individual elements of Kafka's sentence they take the most typical example – typical, that is, of Stuttgart in 1959, not Prague in 1912. Kafka's "you" in the film is a young family father (Eberhard Schmid), the "supper" is a bowl of soup, the "game" they play is a round of "Ludo", and so on. When we read in Kafka: "then you have completely divorced yourself for that evening from your family, which fades into insubstantiality", the film does not remain with the family father striding down the street, but cuts in keeping with the text and the sentence to the family, which, in a cross-fade with the husband's face, really does appear "insubstantial". In short, abstraction is attained by means of devoted concretisation.

Der plötzliche Spaziergang is an experiment on the borderline between literature and film, that highlights the distinctions between the two disciplines, and that derives its aesthetic impact directly from this confrontation. That is where the film differs from *Jetzt*, which advances and accomplishes a *structural* analogy (and simultaneously is a film about film).

No less confrontational than the Kafka film, if done with completely different means, is *Der Fisch fliegt steil* (= The Fish Flies Steeply, 1961), the only piece by the FAT to be shown not only at the general studies course and film festivals, but also at the cinema, if only for a few performances. Ottomar Domnick chose *Fisch* as support film for his reflection on cancer, *Ohne Datum*, in order to receive a special merit rating. But when the support film failed to gain this grade, Domnick replaced it soon after with a short film of his own making.

Der Fisch fliegt steil shows a convergence of poetic text and cinematic image that makes use of the fact that concrete poetry had already brought about a marriage of text and image. Thus there is a concrete version of Max Bense's *jetzt* in which wild curving sentences have been arranged on the page. The text for *Fisch* also came from a practitioner of concrete poetry, Claus Bremer. It is part of a cycle that tries out every possible

angekündigte Übergang „der speziellen welt der worte in die visuelle welt der signale" verläuft hier nicht syntaktisch wie in *Jetzt,* auch nicht semantisch wie in dem Kafka-Film, sondern pragmatisch über selbstreferenzielle Bilder. Selbstreferenziell sind alle Bild-Schichten, die der Film mit virtuosen Mehrfachbelichtungen über Bremers Tafeln legt, denn sie verweisen lediglich auf sich selbst. Sie meinen sich selbst als Bild-Signale. Leuchtreklamen, Leuchtbänder, beleuchtete Verkehrszeichen und Markierungen, eine Schreibmaschine, eine Zeitungsseite, ein Telefon und ein telefonierendes Paar gehören sämtlich in den Bereich der Signalübertragung. Der Film kommuniziert Kommunikation.

Das heißt, die semantische Dimension wird mit voller Absicht ignoriert: Keine Sonne, kein Fisch, kein Meer, kein Sinken und auch nichts Steiles ist zu sehen. Nur der Satz „der fisch sinkt ins meer" hebt ab und fliegt tatsächlich, nämlich von der linken zur rechten Seite. Wir sind hier so weit entfernt wie möglich vom sonnigen Süden und vom Meer mit seinen fliegenden Fischen, nämlich mitten in der nächtlichen Stadt – einer Stadt, verstanden als Umschlagplatz von technischer Kommunikation.

Wenn sich sagen lässt, dass der Film *Jetzt* das Funktionieren von Film und die Kafka-Adaption *Der plötzliche Spaziergang* das Funktionieren von Literatur herausarbeitet, dann erlaubt *Der Fisch fliegt steil* eine Begegnung von Film und Literatur, jedoch auf einer abstrakten Ebene. Das heißt aber nicht, dass sich das Filmarbeitsteam nicht auch mit epischen Aspekten von Texten auseinandergesetzt hätte.

Neben seiner Kafka-Adaption legte es drei weitere Kurzfilme vor, die erzählerische Formen benutzen, ohne deshalb auf die Konventionen des Erzählkinos zurückzufallen. *Wortlos und Zugleich* basiert auf einer Erzählung Ernst Blochs, *Der Schritt nach vorn* auf der *Spoon River Anthology* (1915) von Edgar Lee Masters.

Zu den Experimenten mit Erzählstoffen gehört auch der vielleicht ehrgeizigste Film des FAT: *Der Monolog der Terry Jo,* und dies, obwohl die Textvorlage von einem ausgewiesenen Vertreter der Konkreten Poesie, nämlich wiederum von Max Bense, stammt. Doch diese Vorlage bedient sich aus makabrem Tatsachenmaterial, sie beruht auf einem *true crime,* der Ermordung der Familie des Optikers Dr. Arthur Dupperault sowie von Mary Dene Harvey, der (sechsten) Frau des Mörders, Julian Harvey, auf der Luxusyacht „Bluebelle" am 12. November 1961. Der Bluttat auf offener See entkam nur die damals elfjährige Terry Jo Dupperault. Als sie drei Tage später, halb tot, vor Florida aus ihrem dahintreibenden Korkfloß geborgen wurde, nahm sich der Mörder, der die Zeugin tot geglaubt hatte, das Leben. Der inzwischen längst vergessene Fall ging

permutation of a restricted vocabulary. In this case "sun", "fish" and "sea", which variously can either "sink" or "fly", if only "steeply". In Bremer's words, the combinations allow "a new openness to take the place of the univocal syntactical perspective". But more important for the film adaptation is that the poet formulated the relations between the words *in space*, grouping them on the page so that the various sentences and parts thereof can join up and continue in all directions.

The film version simply increases this openness and facility to join up. Bremer's text is not only spoken singly and in chorus (by Monika Bense and Wolfgang Matschke), but also shown throughout almost the entire film as white on black text boards that are superimposed on the tableau of the night-time city. Not only the letters on their dark background, but also the city lights appear like constellations of stars. The transition announced in the opening credits "from the special world of words to the visual world of signals" is not done syntactically, as it was in *Jetzt*, nor semantically, as in the Kafka film, but pragmatically by means of self-referential images. Self-referential here are all of the image layers which the film superimposes on Bremer's boards using virtuoso multiple exposures, because they refer solely to themselves. They mean themselves as image signals. Neon adverts, lighting strips, illuminated traffic signs and markings, a typewriter, a page of a newspaper, a telephone and a couple talking on the phone all belong to the realm of signal transmission. The film communicates communication.

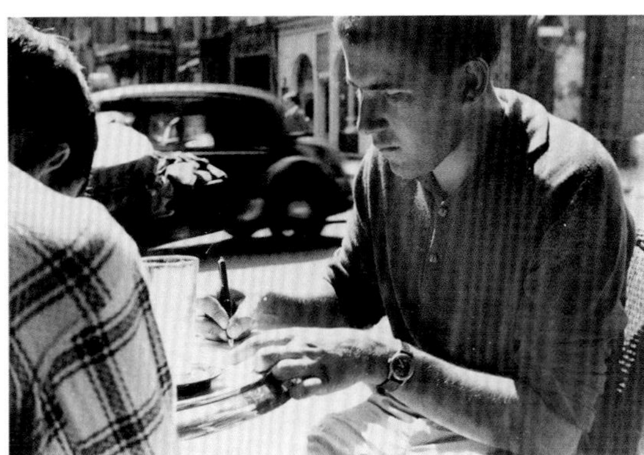

Georg Bense working on a film script 1958 (foto: Rainer Wössner)

This means that the semantic dimension is quite deliberately ignored: no sun, no fish, no sea, no sinking and nothing steep is here to be seen. Just the sentence "the fish sinks into the sea" rises up and actually flies, from the left to the right-hand side. We are as far away as could be from the sunny south and the sea and its flying fish, which is to say in the midst of a city by night – a city viewed as a hub for technical communications.

If one can say that the film *Jetzt* has teased out the way

damals um die Welt, das Foto von der kleinen Terry Jo in ihrem Floß fand sich auf den Titelseiten.

Die Phantasie des Autors Max Bense entzündet sich an dem Umstand, dass die vom Schock, von Sonne und Durst völlig ausgebrannte Terry Jo zunächst nur wirr stammeln konnte. In seiner Version organisiert sie wie eine allmählich gesundende Sprachgestörte nach und nach die sprachlichen Grundformen, sie fügt ihre zerschmetterte Grammatik langsam wieder zusammen. Zunächst verfügt sie nur über einen Artikel und eine Konjunktion („das / dass / das / dass"), bald über einfache Verbformen, Präpositionen und Pronomen („für / ein / etwas / noch / ist") und irgendwann über alle Wortarten. Am Ende werden ganze Sätze daraus, wenn auch unzusammenhängende.

Das ist übrigens nicht der tatsächliche Verlauf der Regeneration einer Sprachgestörten. Beim Erwerb oder Wiedererwerb einer Sprache kommen nie die Artikel oder Konjunktionen zuerst. Von den Tatsachen weicht der Text auch ab, wenn er, mit dem Versiegen der Wörter ganz am Schluss, den Tod des Mädchens andeutet. Doch geht es Bense gar nicht um Tatsachen. „Dieser Text erzählt Wörter", merkt er an.

In einer beeindruckenden Hörspielfassung haben Max Bense und Ludwig Harig 1968 die Rede des Mädchens mit einem Vocoder wiedergegeben, der zunächst nur verzerrte Stimmlaute, schließlich die verfremdete Stimme der Terry Jo erkennen lässt. Im Hörspiel treten etliche weitere Zeugen auf, die, gemeinsam mit der Sterbenden, die Geschichte entwickeln.

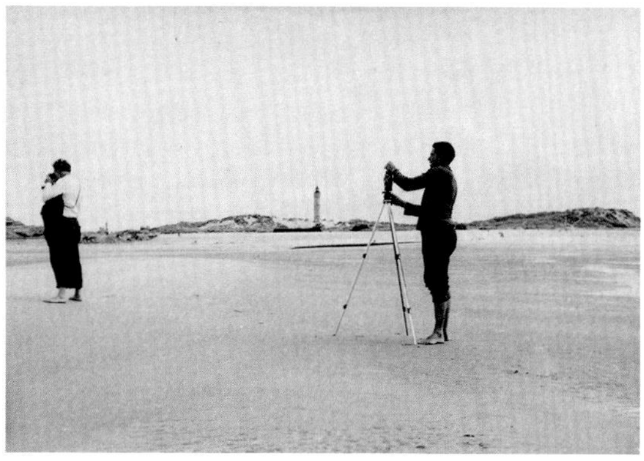

Shooting „Der Monolog der Terry Jo" on a beach in Sanary-sur-Mer
(foto: Hansjörg Mayer)

An dieser Entwicklung ist die Filmfassung nicht interessiert. Sie assoziiert dem Text einzelne starke Einstellungen: das sich im Wasser wälzende Mädchen, die „Bluebelle" in der Nacht. Was Mayer in sein Notizbuch schrieb, dürfte für die ganze Gruppe Gültigkeit besessen haben: „film ist noch zuviel abfilmen. film muss sich mehr von der handlung lösen." Der *Monolog der Terry Jo*, der 1963, kurz vor dem

film functions, and the Kafka adaptation *Der plötzliche Spaziergang* has done the same for literature, then *Der Fisch fliegt steil* grants an encounter between film and literature, albeit on an abstract plane. Which is not to say that the FAT never took a closer look at the epic aspects of texts as well.

Apart from its Kafka adaptation, it produced three more short films that employed narrative forms, without falling back for that reason on the conventions of narrative cinema. *Wortlos und Zugleich* [Wordless and at Once] is based on a story by Ernst Bloch, and *Der Schritt nach vorn* [The Step Forward] on Edgar Lee Masters's *Spoon River Anthology* (1915).

Among the experiments with narrative material is what perhaps is the FAT's most ambitious film: *Der Monolog der Terry Jo* [Terry Jo's Monologue], despite the fact that the original text came once again from a card-carrying representative of concrete poetry, Max Bense. But this text makes use of macabre factual material, based as it is on a true crime story, the murder of the family of the optometrist Dr Arthur Dupperault and of Mary Dene Harvey, the (sixth) wife of the murderer, Julian Harvey, on the luxury yacht "Bluebelle" on 12 November 1961. Sole survivor of the bloody deed that transpired on the high seas was Terry Jo Dupperault, aged eleven. When she was found, three days later, half dead on a cork raft drifting off the coast of Florida, the murderer, who had believed the witness to be dead, took his life. Although now long since forgotten, at that time the case went swiftly round the world and the photo of young Terry Jo on her raft was splashed across the front pages.

Max Bense's imagination was fired by the fact that Terry Jo, completely exhausted from shock, sun and thirst, could only at first stammer confused nonsense. In his version she begins to organise the basic linguistic forms bit by bit, like a person whose speech has been seriously damaged but who is gradually recovering, slowly piecing her shattered grammar back together. At first she has only the use of one article and one conjunction ("das / dass / das / dass", roughly 'that' in its two meanings), then soon simple verbal forms, prepositions and pronouns ("für / ein / etwas / noch / ist" – for / an / some / more / is), and at some point all species of word. Finally she puts them together to make whole if still somewhat disjointed sentences.

This is not in fact the normal course of regeneration for someone whose speech has been impaired. It is not the articles or conjunctions that come first when acquiring or re-acquiring language. The text also deviates from the facts when the girl's words dry up at the very end and suggest that she has died. But Bense was not concerned with facts. "This text narrates words", as he noted.

In a very impressive version for radio in 1968, Max

Auseinandergehen des FAT, gedreht wurde, konnte damals nicht montiert werden und ist deshalb erst 2013 von Georg Bense abgeschlossen worden. Ebenfalls fast fünfzig Jahre nach den Dreharbeiten hat Mayer den Film auf seine Weise realisiert und dafür auf seinen Reisen eigenes neues Material aufgenommen.

Auch ein anderer Film aus dem Jahr 1963 greift auf Texte von Max Bense zurück, doch gingen in diesem Fall neben Impulsen aus der Literatur auch solche aus der Malerei in die Arbeit ein. Bereits der Titel *Bewusste Landschaft* bezieht sich auf ein Gemälde, nämlich auf die kleinformatige *Conscious Landscape*, die Max Ernst 1942 in New York gemalt hat. Es ist eines der vielen Bilder, mit denen Ernst die Technik der Décalcomanie, also des Farbabklatschs, verfeinert hat. Dabei wird Farbe auf die Leinwand aufgetragen, sodann ein Blatt Papier oder eine Platte aufgepresst. Die Auflage kann bewegt werden, solange die Farbe frisch ist. Wird sie abgezogen, bieten sich zufällige, oft bizarre Farbmuster, die mit dem Pinsel ausgearbeitet und ausgedeutet werden. Eine Ähnlichkeit mit den nicht-intentionalen Methoden Mayers, etwa seiner Arbeit mit defekten Farbwalzen, ist unverkennbar, auch wenn Mayer Zufallsergebnisse niemals ausgepinselt hat.

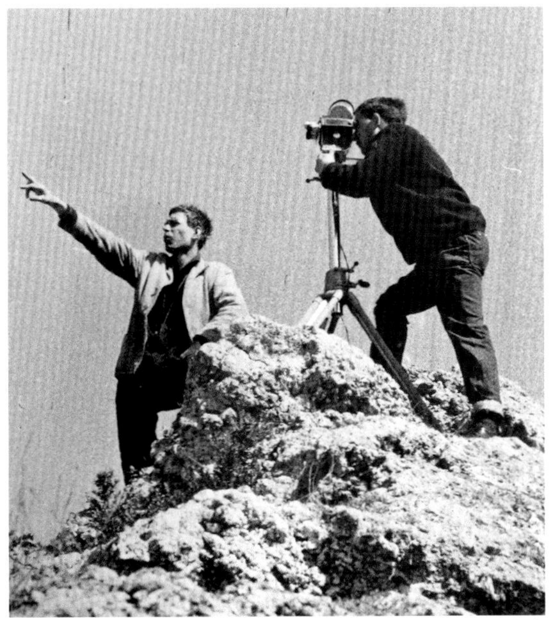
Rainer Wössner and Georg Bense shooting „Bewusste Landschaft"

Auf *Conscious Landscape* sind ein halbes Dutzend zylindrischer Figuren zu sehen, die wie geschnitzte Totempfähle, aber auch wie Korallenriffe oder stark erodierte Felsen wirken. Ganz ähnliche Fels- und Mauertexturen finden sich am Schauplatz des Films, in den Erosionslandschaften der Dauphiné in Südostfrankreich. Wie Ernst seinem Gemälde eine

Bense and Ludwig Harig rendered the girl's speech with a vocoder, which at first only produced distorted vocal sounds, but finally could be recognised as Terry Jo's alienated voice. A row of other witnesses appear in the radio play who, together with the dying girl, develop the story.

The film version has no interest in this development. It associates various powerful camera angles with the text: the girl rocking in the waves, the "Bluebelle" at night. The observation that Mayer made in his notebook must have been valid for all three at the time: "film is still too much a matter of letting the camera roll. film must free itself more from plot." The *Monolog der Terry Jo*, which was filmed in 1963, shortly before FAT drifted apart, could not be assembled at the time and was thus only completed by Georg Bense in 2013. Likewise almost fifty years after shooting, Mayer has realised the film in his own manner and to this end shot new material of his own on his travels.

Another film from 1963 also employed texts by Max Bense, but in this case the impulses for the piece came not only from literature but also from painting. Already the title *Bewusste Landschaft* cites a painting, the small work *Conscious Landscape* that Max Ernst painted in 1942 in New York. It is one of the many works that Ernst did using decalcomania, a paint blot technique that he refined. For this, paint is applied to a canvas and a sheet of paper or a board pressed on top. The latter can be moved about so long as the paint is fresh, and once it is removed reveals chance and often bizarre paint patterns which can be worked and interpreted with a brush. A similarity with Mayer's own non-intentional methods, such as his work with defective ink rollers, is unmistakable, even if Mayer never took a brush to the chance outcomes.

Conscious Landscape shows half a dozen cylindrical figures that look like a mixture of carved totem poles, coral reefs and heavily eroded rocks. Very similar rock and wall textures can be found at the scene of the film, in the eroded landscapes of the Dauphiné in southeast France. Just as Ernst gave his painting unnatural colours, Georg Bense used colour filters in *Bewusste Landschaft*. And this is not his only reference to art. The patterns of the lavender fields, which Mayer also captured in his photographs, are a bow to the Concrete and Op Artist Almir Mavignier, while the crashing and whirling lines of the "living machines" at the end recall the Dante illustrations of the neo-Mannerist Karl Kunz, whom the team met during the filming.

Also unusual in this film – which not only Rainer Wössner now regards as the most beautiful of the works made by the FAT – is that the link between literature and image is more open and richer in allusion, in contrast to the strict, clearly laid down approach in

unnatürliche Farbigkeit verleiht, so setzt Georg Bense bei *Bewusste Landschaft* Farbfilter ein. Das ist nicht seine einzige Referenz auf Kunst. Die Muster der Lavendelbuschfelder, die Mayer auch auf Fotos festgehalten hat, sind eine Verbeugung vor dem Konkretisten und Op-Art-Künstler Almir Mavignier, die stürzenden und wirbelnden Linien der Wohnmaschinen am Ende lassen an die Dante-Illustrationen des Neo-Manieristen Karl Kunz denken, dem das Team bei seinen Dreharbeiten begegnet ist.

Ungewöhnlich an diesem Film, den nicht nur Rainer Wössner heute für den schönsten des FAT hält, ist auch, dass zwischen Literatur und Bild eine eher offene, anspielungsreiche Verbindung besteht, keine strikte, festgelegte wie in den frühen Arbeiten der Gruppe. An Verweisen auf Literatur wird dabei nicht gespart: Der Mont Ventoux tritt auf, den einst Petrarca bestiegen hat – „dann aber wandte ich, zufrieden, vom Berg genug gesehen zu haben, die inneren Augen auf mich selbst, und von jener Stunde an konnte keiner mich reden hören, bis wir ganz unten angelangt waren" –, mehrfach erscheint in Aufschriften der Name der Madame de Sévigné und einmal auch ihre Skulptur auf einem Platz in Grignan. Die Schriftstellerin warb in ihren berühmten Briefen um ihre Tochter, die Madame de Grignan, die das ebenfalls im Film gezeigte Schloss bei dem Örtchen bewohnt hat. Mit dem verrosteten Werbeschild: „Dubo.. Dubon.. Dubonnet" wird auf ein Beispiel in einer semiotischen Studie Max Benses referiert. Doch dessen Prosa wird diesmal nicht Wort für Wort, sondern eher sinngemäß interpretiert.

Mauer- und Felstexturen sind häufig; „Mauern und Mauern aus Mauern von Mauern aus Mauern von Mauern aus Mauern", heißt es in der vom Autor eingesprochenen Passage aus seiner *grignan-serie*. „Dieses Land ist ein Land von Mauern", schreibt Philippe Jaccottet, der Schweizer Dichter, der seit 1953 in Grignan wohnt, und weiter: „Die Ortschaften haben häufig ihre Grenzmauern bewahrt, manche sind hoch aufgerichtet, erhaben und vielgestaltig; und im Boden, die Wege lang, rund um die Anwesen, gibt es noch immer etliche dieser Mäuerchen aus ausgedörrten Steinen, deren Beschaffenheit je nach dem Stoff um sie her variiert. … Wenn die Steinchen winzig wie Blättchen sind, scheinen sie Adern und Fibern zu besitzen wie organische Materie, eine Reihe schräg und quer gelegter Steine bekrönt sie. Diese Mauern, schlichte Einfriedungen und Grenzen, von denen viele gar nicht so alt sind, lassen mich vage an uralte Monumente denken, Festungs- und Tempelfundamente, ihre Schönheit ist mir ein großes Rätsel und ich weiß, mühte ich mich länger, es zu lösen, käme ich wohl aufs neue dazu, diese Steine mit Opfern und Göttern in Verbindung zu setzen."

Jaccottets Landschaft ist die entgötterte Hölderlins. Das

the group's early works. Nor did they spare the literary allusions: Mont Ventoux, which Petrarch once climbed, makes an appearance: "Then … satisfied that I had seen enough of the mountain, I turned my inward eye upon myself, and from that moment not a syllable left my lips until we reached the bottom again"; the name Madame de Sévigné appears on several occasions in the inscriptions, as does on one occasion her sculpture on a square in Grignan. The writer was wooing her daughter, Madame de Grignan, who resided in the castle in the village that is likewise shown in the film. The rusty advertising sign "Dubo.. Dubon.. Dubonnet" refers to an example used in a semiotic study by Max Bense. But this time his prose is not taken word for word, but interpreted more according to its meaning.

The textures of rocks and walls are frequently shown; "Walls and walls of walls from walls of walls from walls of walls", as the author himself reads from a passage in his *grignan series*. "This land is a land of walls", writes Philippe Jaccottet, the Swiss poet who has lived since 1953 in Grignan, and then: "the villages have often kept their boundary walls, some of which are raised on high, elevated and varied in form; and in the ground, along the paths, around the properties, there are still any number of such tiny walls made of parched stones, whose consistency varies according to the stuff that lies round about. … sometimes the pebbles are as small as tiny leaves, and seem to have veins and fibres like organic matter, and they are capped by a row of stones set crossways and on the diagonal. These walls, simple enclosures and boundaries, many of which are not that old, prompt me to vague thoughts of ancient

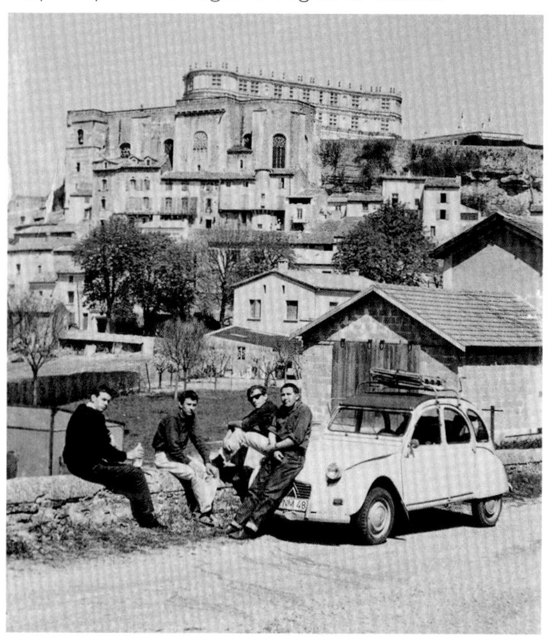

Shooting „Bewusste Landschaft" in Grignan
Rainer Wössner, Wolfgang Matschke, Hansjörg Mayer, Georg Bense

heißt zugleich, dass hinter ihrer verwitterten Oberfläche die Erinnerung an etwas anderes wohnt. Mauern, Bäume und Bäche geben eine Topographie jenseits des Sichtbaren an, eine Art Tiefenschichtung, wie sie auch Max Bense andeutet: „Mauern und Mauern aus Mauern von Mauern aus Mauern von Mauern aus Mauern".

Georg Benses Landschaft ist wie die Jaccottets weder ganz Natur noch ganz Kultur, sie ist eine erodierte, uralte Landschaft aus Bruchstücken, Gräbern, Skulpturen, Kreuzen, Fassaden, Feldern, Gittern, Grenzen, Mauern und Felsen. „Nur was an den Rändern liegt, ist noch ein Ding", heißt es im eingesprochenen Text. Auch der Film ist auf der Suche nach den Rändern. Auch aus der Landschaft des Films spricht eine noch unentzifferte Erinnerung, eine Geschichte, die Menschen in sie eingeschrieben haben. Aber Menschen sind nicht zu sehen. Es ist die „Vision eines menschenleeren Kosmos", wie Max Bense à propos von Raymond Queneaus *Petite cosmogonie portative* (Taschenkosmogonie) schreibt. „Kein Mensch zu Hause".

Die Zeit scheint stillzustehen wie die Uhr auf dem verlassenen Bahnhof von Montségur. Ein Leichenwagen erinnert an das Fuhrwerk des Todes aus Victor Sjöströms *Körkarlen* (1921). Abgestellt steht er im Schuppen. Die Toten haben die Toten begraben. Und doch befindet sich alles in einer somnambulen Bewegung. Es ist der Film selbst, der die verlassene Gegend mit seinen Fahrten, seinen häufigen Schwenks und *crash zooms*, mit Farbfiltern und Überblendungen in Bewegung versetzt. Er ist es, der nicht nur eine bewusste, sondern auch eine berauschte Landschaft schafft.

Mayers konkrete Musik, gewonnen aus dem verfremdeten und verhallten Rollen und Pfeifen eines Zuges, dem Bellen von Hunden, Kreischen von Vögeln, einem enervierenden Pfeifen, Schlagen und Klopfen, haucht der bewegten Landschaft eine Tier- und Maschinenseele ein. Mehr noch als *Terry Jo* vermittelt *Bewusste Landschaft* etwas Unheimliches, Unaufgelöstes und Ungeklärtes.

Im Jahr darauf trennten sich die Wege von Georg Bense, Hansjörg Mayer und Rainer Wössner. 1966 waren bei einem Arbeitskreis in Rouen, bei dem die Gruppe allein von Wössner vertreten wurde, zum letzten Mal Arbeiten des Stuttgarter Filmarbeitsteams zu sehen. Seine mit äußerst bescheidenen Mitteln produzierten Kurzfilme haben Verbindungen von Literatur und Film ermöglicht, die in ihrer Ideen-, Formen- und Methodenfülle unerreicht sind.

Stefan Ripplinger

monuments, of the foundations of forts and temples, their beauty is a great mystery to me and I know that were I to make more effort to solve it, I would return once again to linking these stones with gods and sacrifices."

Jaccottet's landscape is that of Hölderlin, stripped of divinities. Which also means that the memory of something else resides beneath its weather-beaten surface. Walls, trees and brooks present a topography beyond what is visible, a kind of deep layering such as Max Bense has already alluded to: "Walls and walls of walls from walls of walls from walls of walls."

Georg Bense's landscape is like that of Jaccottet: neither completely nature nor completely culture, it is an eroded, primeval landscape of shards, ditches, sculptures, crosses, facades, fields, railings, borders, rocks and walls. "Only what lies on the edges is still a thing", as we learn in the spoken text. The film, too, searches for edges. Even the landscape in the film tells of a still undeciphered memory, a story that people have inscribed into it. But no one is to be seen. It is the "vision of a cosmos void of people", as Max Bense writes of Raymond Queneau's *Petite cosmogonie portative* (Small Portative Cosmogeny). "No one is at home".

Time seems to have come to a standstill, like the clock at the abandoned station in Montségur. A hearse recalls Death's carriage in Victor Sjöström's *Körkarlen* (1921). It has been parked in a shed. The dead have buried the dead. But nevertheless everything is still in somnambulistic motion. It is the film itself – with its tracking shots, its frequent pans and crash zooms, its colour filters and dissolves – that sets the desolate region in motion. It is the film that creates not only a conscious but also an intoxicated landscape.

Mayer's concrete music, derived from the defamiliarised and echoing whistles and rumbles of a railway train, barking dogs, shrieking birds, an enervating piping, crashing and banging, breathes an animal and mechanical soul into the landscape. More even than *Terry Jo*, *Bewusste Landschaft* conveys something uncanny, unexplained and unresolved.

A year later, the paths of Georg Bense, Hansjörg Mayer and Rainer Wössner went their separate ways. In 1966 a study group in Rouen, which was attended only by Wössner, showed the works of the Stuttgart Filmarbeitsteam one last time. The team's short films, made with extremely modest means, allowed links to be made between literature and film that have remained unparalleled in the richness of their ideas, forms and methods.

Stefan Ripplinger

Quellen

Georg Bense: „Entwurf – Überlegung – Herstellung. Der 'Jetzt' Film – ein Protokoll", in: Elisabeth Walther und Ludwig Harig, Hg.: *muster möglicher welten. eine anthologie für max bense*. Wiesbaden: Limes o.J. (1970), S. 11–13

Max Bense: *grignan-serie. beschreibung einer landschaft*. O.O. (Stuttgart): Der Augenblick 1960 (rot, 1)

Ders.: „kleine abstrakte ästhetik", in: Ders.: *Ausgewählte Schriften in vier Bänden*. Hg. v. Elisabeth Walther. Band 3: Ästhetik und Texttheorie. Stuttgart, Weimar: Metzler 1998, S. 419–443

Ders.: „jetzt", „Vielleicht zunächst wirklich nur. Monolog der Terry Jo im Mercey Hospital" und „Wegetext", in: Ders.: *Ausgewählte Schriften in vier Bänden*. Hg. v. Elisabeth Walther. Band 4: Poetische Texte. Stuttgart, Weimar: Metzler 1998, S. 67, S. 143–180 sowie S. 321

Herbert Brean: „The 'Bluebelle' Mystery", *Life*, 1. Dezember 1961, S. 30–39

Claus Bremer: *Anlaesse. Kommentierte Poesie 1949 bis 1969*. Hg. v. Franz Mon. Neuwied und Berlin: Luchterhand 1970

Ina Conzen: „Ausstellungen und Sammlungsaufbau an der Staatsgalerie Stuttgart", in: Julia Friedrich, Andreas Prinzing, Hg.: *„So fing man einfach an, ohne viele Worte". Ausstellungswesen und Sammlungspolitik in den ersten Jahren nach dem Zweiten Weltkrieg*. Berlin: Akademie 2013, S. 166–174

Ottomar Domnick: *Hauptweg und Nebenwege. Psychiatrie Kunst Film in meinem Leben*. Hamburg: Hoffmann und Campe 1977

Hans Magnus Enzensberger: „Jonas", in: Ders.: *Meine Lieblings-Flops, gefolgt von einem Ideen-Magazin*. Berlin: Suhrkamp 2011, S. 12f.

Max Ernst: (Katalog der Ausstellung) *Wallraf-Richartz-Museum Köln, 28. Dezember bis 3. März 1963, Kunsthaus Zürich, 23. März bis 28. April 1943*. Köln, Zürich 1962

Erle Stanley Gardner: „The Case of the Bluebelle's Last Voyage", *Family Weekly*, 25. März 1962, S. 4f.

Georg Wilhelm Friedrich Hegel: „Die sinnliche Gewißheit", in: Ders.: *Phänomenologie des Geistes*. Hg. v. Johannes Hoffmeister. Fünfte Auflage. Leipzig: Meiner 1949, S. 79–89

Gustav René Hocke: „Karl Kunz. Evokative Linie", in: Ders.: *Malerei der Gegenwart. Der Neo-Manierismus. Vom Surrealismus zur Meditation*. München: Limes 1976, S. 147–154

Sources

Georg Bense: "Entwurf – Überlegung – Herstellung. Der 'Jetzt' Film – ein Protokoll", in: Elisabeth Walther and Ludwig Harig, eds. *muster möglicher welten. eine anthologie für max bense*, Wiesbaden, Limes undated (1970), pp. 11–13

Max Bense, *grignan-serie. beschreibung einer landschaft*, no place of pubilcation (Stuttgart), Verlag der Augenblick, 1960 (= rot, 1)

———: "kleine abstrakte ästhetik", in Bense, *Ausgewählte Schriften in vier Bänden*, ed. Elisabeth Walther, vol 3, Ästhetik and Texttheorie, Stuttgart, Weimar, Metzler 1998, pp. 419–443

———: "jetzt", "Vielleicht zunächst wirklich nur. Monolog der Terry Jo im Mercey Hospital" and "Wegetext", in Bense, *Ausgewählte Schriften in vier Bänden, ed*. Elisabeth Walther, vol. 4, Poetische Texte, Stuttgart, Weimar, Metzler, 1998, p. 67, pp. 143–180 and p. 321

Herbert Brean, "The 'Bluebelle' Mystery", *Life*, December 1, 1961, pp. 30–39

Claus Bremer, *Anlaesse, Kommentierte Poesie 1949 bis 1969*, ed. Franz Mon, Neuwied and Berlin, Luchterhand, 1970

Ina Conzen, "Ausstellungen and Sammlungsaufbau an der Staatsgalerie Stuttgart", in Julia Friedrich, Andreas Prinzing, eds., *"So fing man einfach an, ohne viele Worte". Ausstellungswesen und Sammlungspolitik in den ersten Jahren nach dem Zweiten Weltkrieg*, Berlin, Akademie Verlag, 2013, pp. 166–174

Ottomar Domnick, *Hauptweg and Nebenwege. Psychiatrie Kunst Film in meinem Leben*, Hamburg, Hoffmann und Campe, 1977

Hans Magnus Enzensberger: "Jonas", in Enzensberger, *Meine Lieblings-Flops, gefolgt von einem Ideen-Magazin*, Berlin, Suhrkamp, 2011, p. 12f.

Max Ernst, exh. cat., *Wallraf-Richartz-Museum Köln, 28. Dezember bis 3. März 1963, Kunsthaus Zürich, 23. März bis 28. April 1943*, Cologne, Zurich, 1962

Erle Stanley Gardner, "The Case of the Bluebelle's Last Voyage", *Family Weekly*, March 25, 1962, p. 4f.

Georg Wilhelm Friedrich Hegel, "Die sinnliche Gewissheit", in Hegel, *Phänomenologie des Geistes*, ed. Johannes Hoffmeister, fifth edition, Leipzig, Meiner, 1949, pp. 79–89

Gustav René Hocke, "Karl Kunz. Evokative Liniet", in Hocke, *Malerei der Gegenwart. Der Neo-Manierismus. Vom Surrealismus zur Meditation*, Munich, Limes, 1976, pp. 147–154

Philippe Jaccottet: *Paysages avec figures absentes.* Paris: Gallimard 2001

Roman Jakobson: *Kindersprache, Aphasie und allgemeine Lautgesetze.* Frankfurt / M.: Suhrkamp 1969

Franz Kafka: „Der plötzliche Spaziergang", in: Ders.: *Die Erzählungen und andere ausgewählte Prosa.* Hg. v. Roger Hermes. Achte Auflage. Frankfurt a.M.: Fischer 1996, S. 44f.

Karl Kunz: *Großes Welttheater.* Gedächtnisausstellung zum 100. Geburtstag in der Toskanischen Säulenhalle, Augsburg 2005. Mit einer Einführung von Renate Miller-Gruber. Augsburg 2005

Francesco Petrarca: *Die Besteigung des Mont Ventoux.* Übers. u. hg. v. Kurt Steinmann. Stuttgart: Reclam 2007

Raymond Queneau: *Taschenkosmogonie. Ein Poem.* Übersetzt von Ludwig Harig, Vorwort von Max Bense. Wiesbaden: Limes 1963

Madame de Sévigné: *Correspondance.* Hg. v. Roger Duchêne. Drei Bände. Paris: Gallimard 1974

Philippe Jaccottet, *Paysages avec figures absentes*, Paris, Gallimard, 2001

Roman Jakobson, *Kindersprache, Aphasie and allgemeine Lautgesetze*, Frankfurt / M., Suhrkamp, 1969

Franz Kafka, "Der plötzliche Spaziergang", in Kafka, *Die Erzählungen and andere ausgewählte Prosa,* ed. Roger Hermes, eighth edition, Frankfurt a.M., Fischer, 1996, p. 44f.

Karl Kunz, *Großes Welttheater.* Gedächtnisausstellung zum 100. Geburtstag in der Toskanischen Säulenhalle, Augsburg, 2005. Mit einer Einführung von Renate Miller-Gruber, Augsburg, 2005

Petrarch, "The Ascent of Mount Ventoux", in Petrarch, *Familiar Letters*, Book IV, trans. (slightly amended) Morris Bishop, in Bishop, "Petrarch", chapter XI of J. H. Plumb, *The Italian Renaissance*, 1961, New York, American Heritage Publishing, pp. 161-175;

Raymond Queneau, *Petite Cosmogonie Portative*, Paris, Gallimard, 1950

Madame de Sévigné, *Correspondance*, ed. Roger Duchêne, three vols,. Paris, Gallimard, 1974

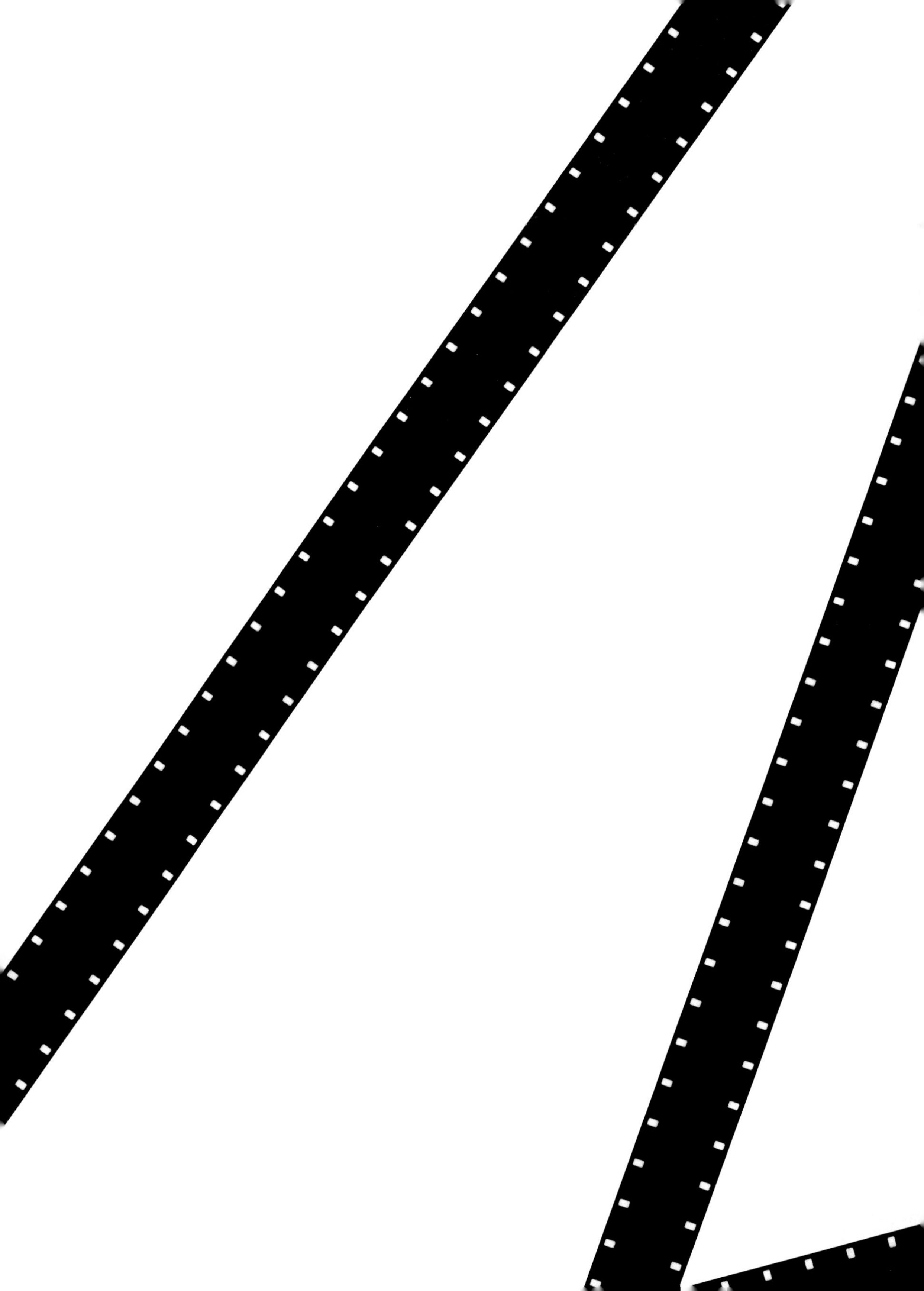

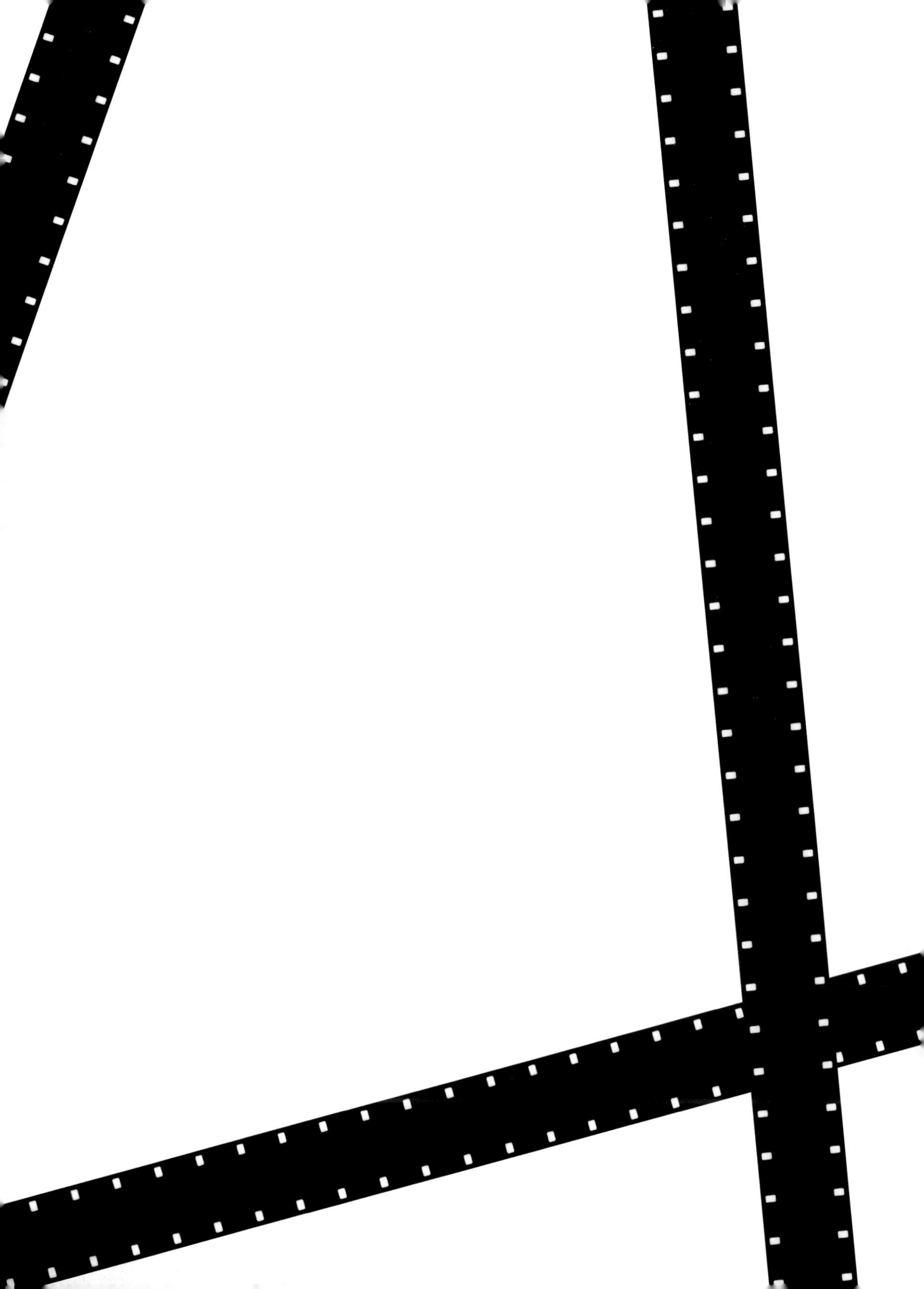

technische hochschule stuttgart diskussion studium generale

filmarbeitsteam zeigt

der plötzliche
spaziergang

ein film von
georg bense   eberhard schmid
hansjörg mayer   rainer wößner

donnerstag, 14. november 63 20.00 uhr huberstr.16 hörsaal 104

Der plötzliche Spaziergang

Datenblatt FILM

Filmtitel: DER PLÖTZLICHE SPAZIERGANG

Untertitel: Nach einer Erzählung von Franz Kafka

ergänzende Angaben Im Auftrag des des Lehrstuhls für Philosophie der Technischen Universität Stuttgart 1962/63

Produktionsangaben

Drehbuch/Kamera/Regie: Georg Bense
 (in Zusammenarbeit mit Hansjoerg Mayer
 und Rainer Wössner)
Vertonung: Hansjoerg Mayer
Produktionsleitung: Rainer Wössner

Digitale Bearbeitung 2014:
 Wolf Quiel / Georg Bense

Technische Angaben

Filmmaterial
 16mm schwarz/weiß Film, Magnetton

Filmlänge: 6'48

Darsteller / Sprecher
 Der Mann, der am Abend einen Freund
 besucht : Eberhard Schmidt
 Der Freund : Hansjoerg Mayer

 Sprecher: Jan-Aiko zur Eck

Konzeptionelle Angaben

Der Film ist der Versuch einen literarischen Text, in diesem Fall „Der plötzliche Spaziergang" von Franz Kafka, zu adaptieren ohne, in eine filmklassische Erzählstruktur zu verfallen. Geradezu akribisch folgt die Kamera der Linie der Worte, die in zwei unterschiedlich langen Sätzen die gesamte Geschichte erzählen. Ein Hauptsatz, der den Leser über mehrere Seiten hinweg fesseln soll und ein kurzer Ergänzungs-satz, der das Fazit des Geschehens zieht, das mit den Worten beginnt: „Wenn man sich am Abend endgültig entschlossen zu haben scheint..." bis „...dann ist man für diesen Abend..." Diese Wenn-dann-Satzkonstruktion schien zunächst ungeeignet für eine optische Umsetzung. Durch eine konsequente durchgehaltene Verfolgung der Geschichte und der vorlagengetreuen Montage ihrer Einzelteile zeigt der Film ein optisches Ergebnis, das im Hinblick auf die Möglich-keiten der optischen Interpretation und Umsetzung von Literatur in Filmformen, eine neue und vielleicht sogar überraschende Film-ästhetik erzeugt.

data sheet FILM

title: THE SUDDEN WALK

subtitle: Based on a short story by Franz Kafka

additional information Commissioned by the Chair of Philosophy at the Technische Hochschule Stuttgart 1962/63

production details

Screenplay/Camera/Direction:
  Georg Bense (together with Hansjoerg
  Mayer and Rainer Wössner)
Musical score: Hansjoerg Mayer
Head of Production: Rainer Wössner

Digitisation 2014: Wolf Quiel /
                   Georg Bense

technical details

film material

 16mm black and white film, magnetic sound

length: 6'48

actor / voice-over

 The man who visits a friend one
 evening: Eberhard Schmidt
 The Friend : Hansjoerg Mayer

 voice-over: Jan-Aiko zur Eck

film concept

The film is an attempt to adapt a literary text - in this case Franz Kafka's "The Sudden Walk", without reverting to the classic cinema narrative. The camera assiduously follows the line of the words, which tells the whole story in two sentences of differing length. A main sentence, which extends over several pages and is designed to captivate the reader, and a short addendum of a sentence which draws the conclusion to the events and begins with the words: "If it seems that you have finally made up your mind to stay at home for the evening" and goes on to say: "then you have completely divorced yourself for that evening from your family... " This "if and then" sentence structure did not seem at first to lend itself to a visual realisation. But by adhering strictly to the story and faithfully montaging its individual parts according to the original, the visual outcome of the film evinces above all a new and perhaps truly surprising aesthetic revolving round the possibilities of visual interpretation and transposing literature into cinematic forms.

„Wenn man sich am Abend endgültig entschlossen
zu haben scheint, zu Hause zu bleiben…"

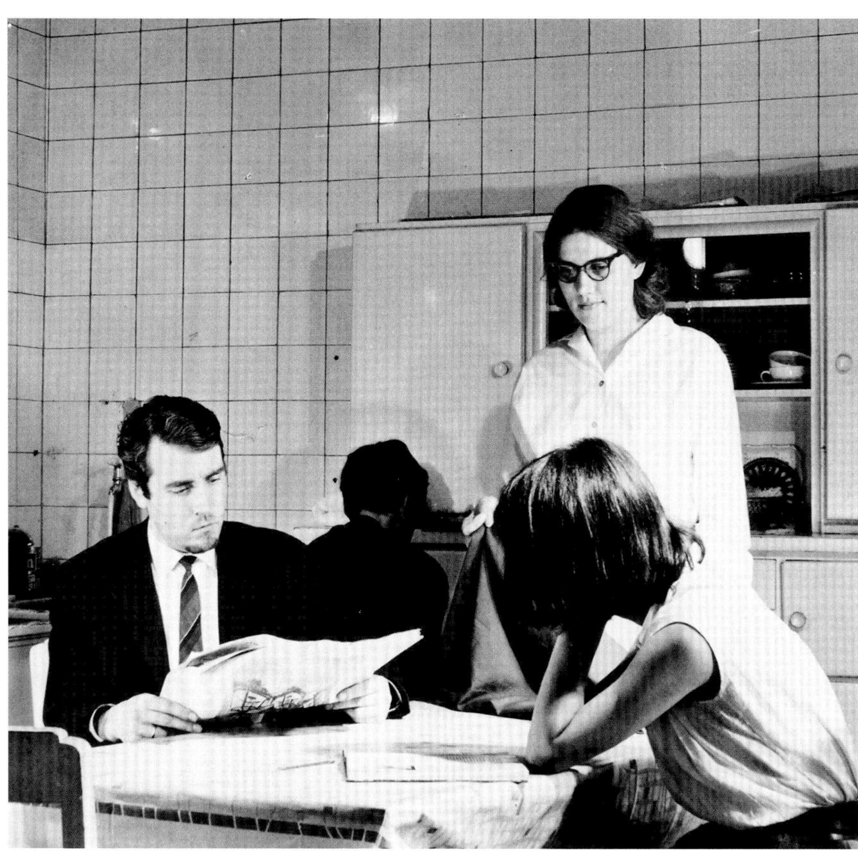

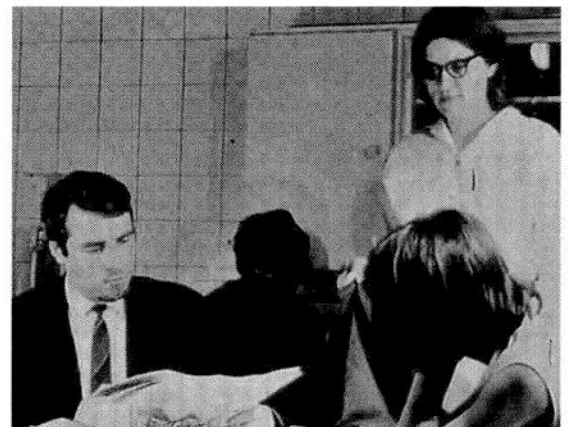

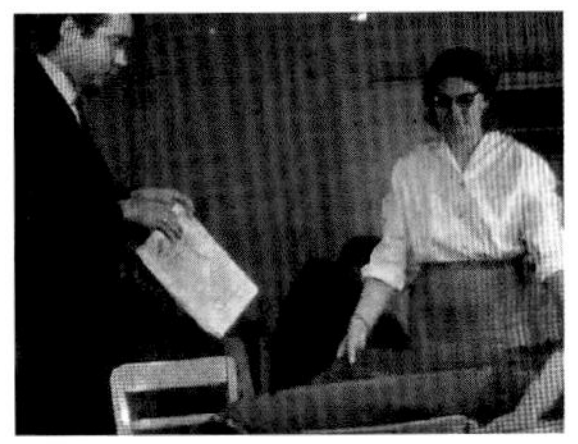
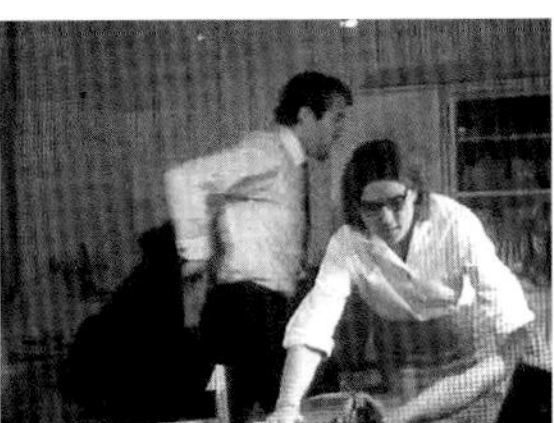
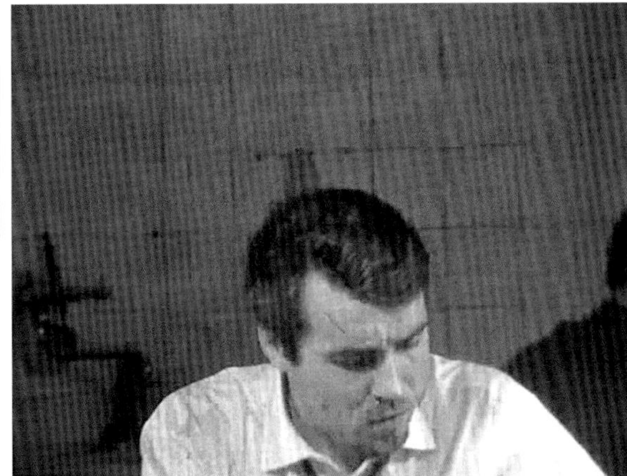
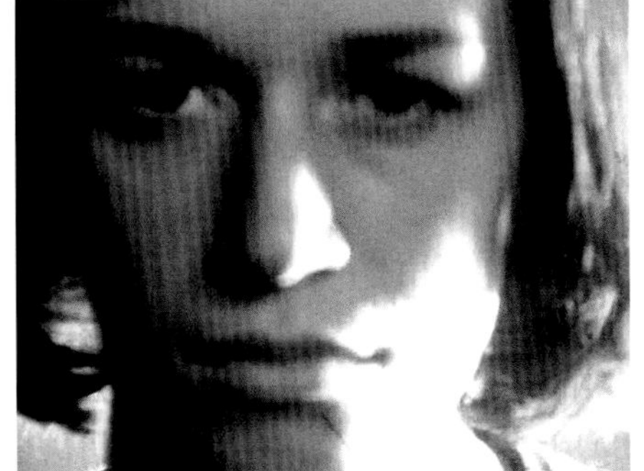
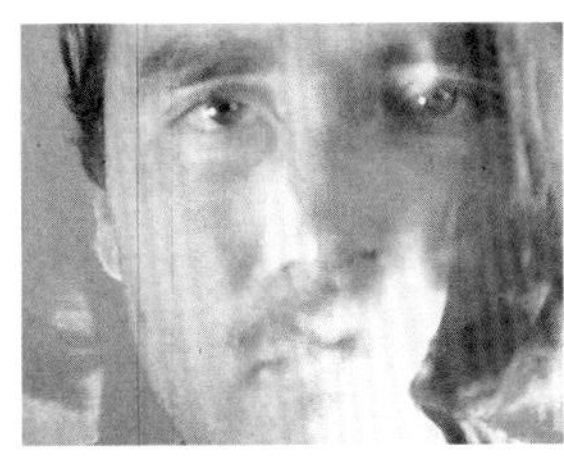
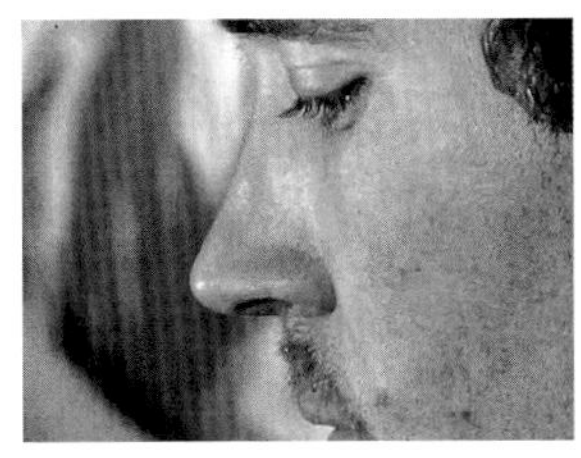
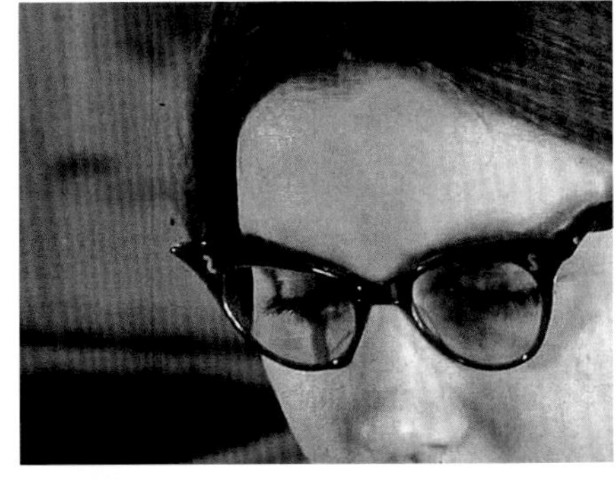
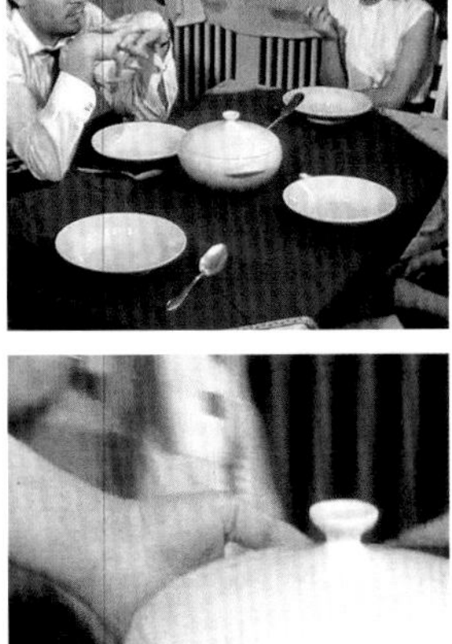
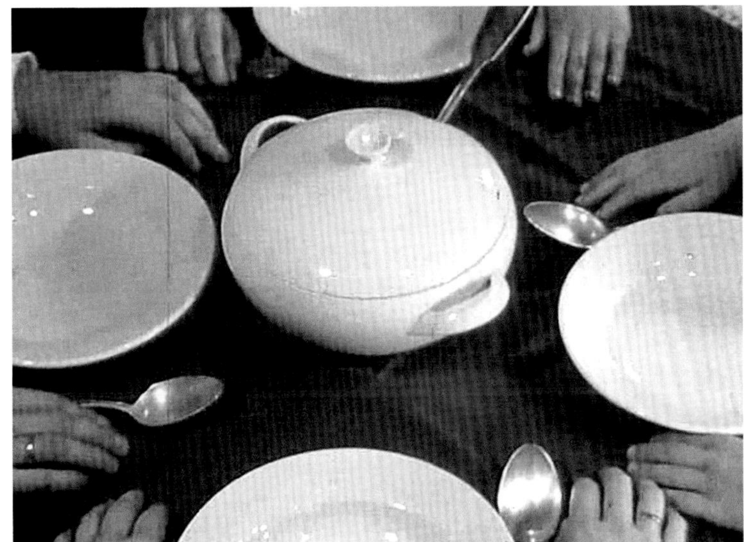

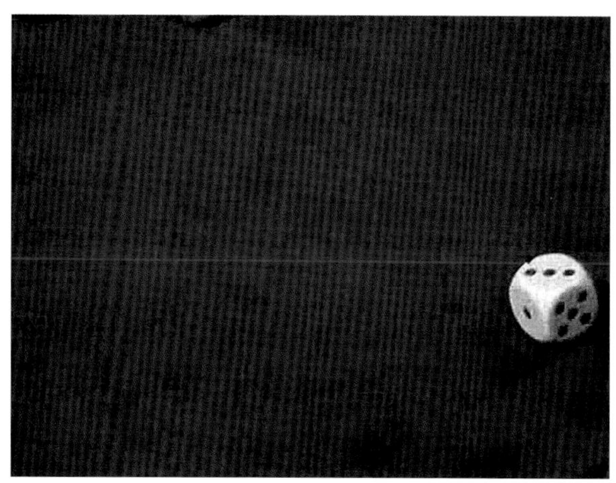

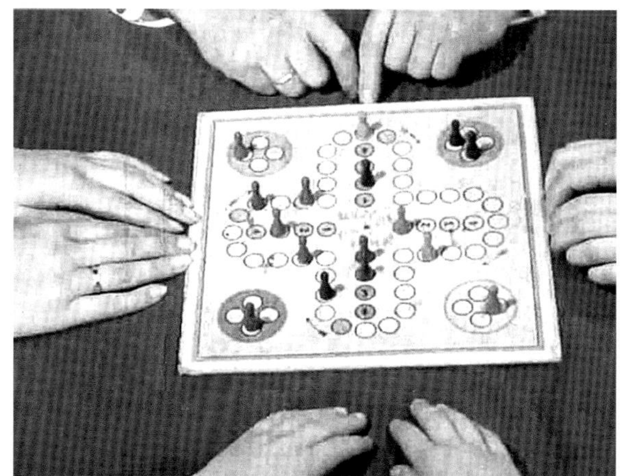

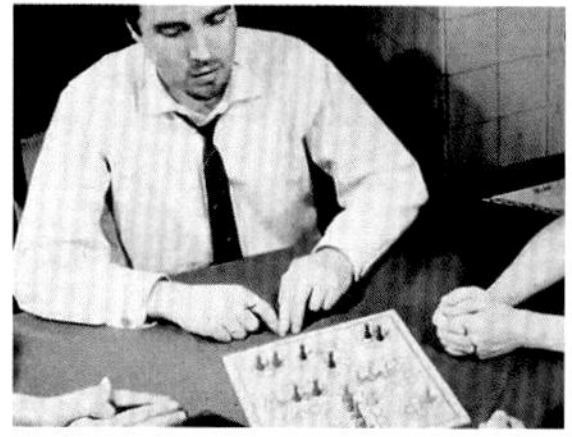

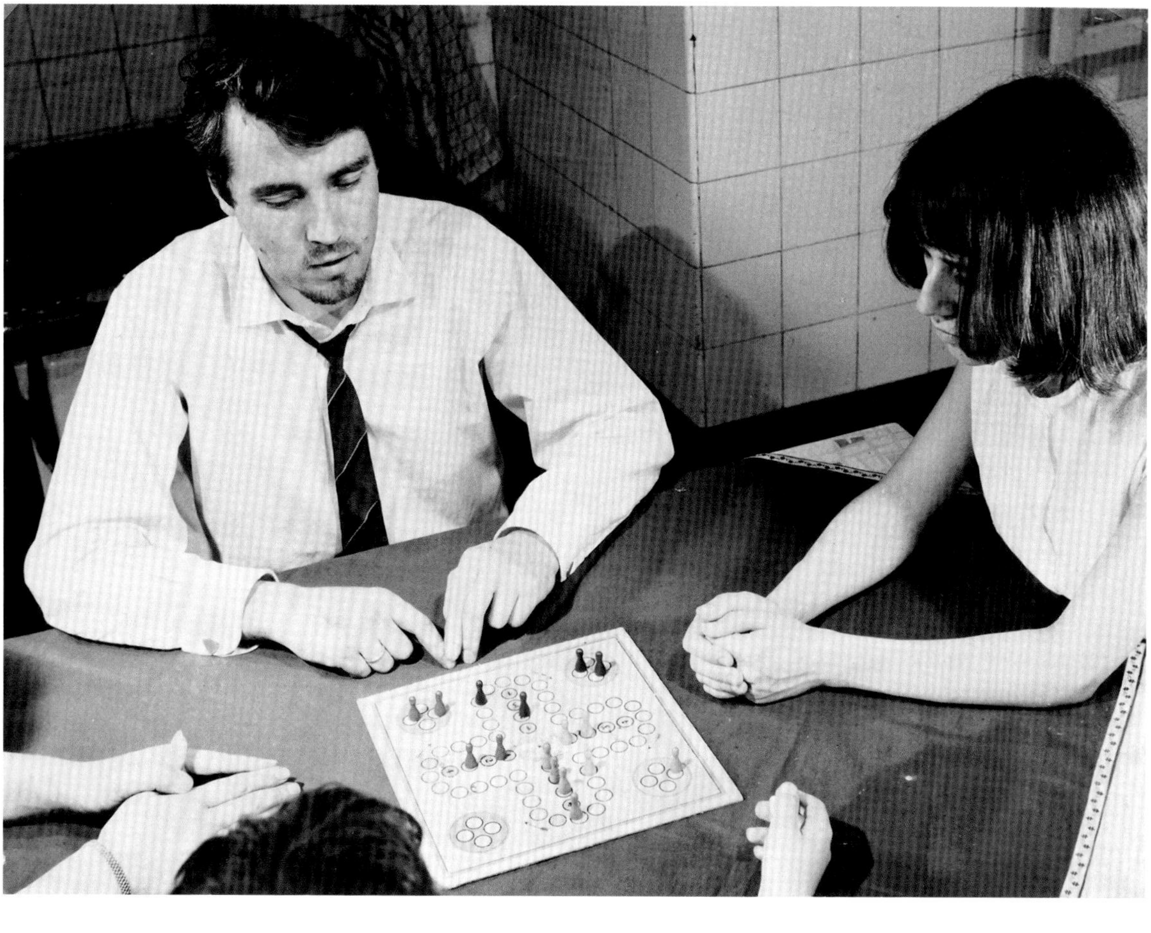

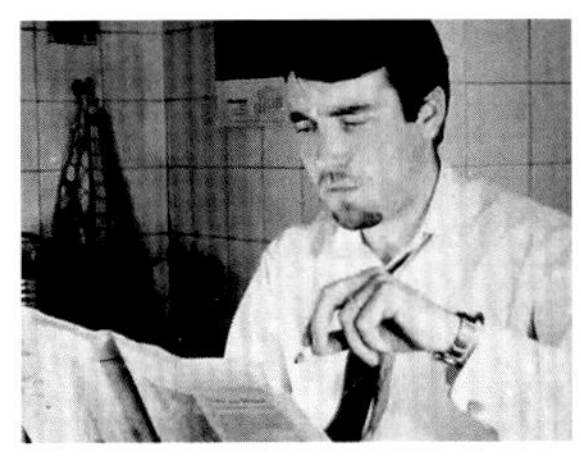
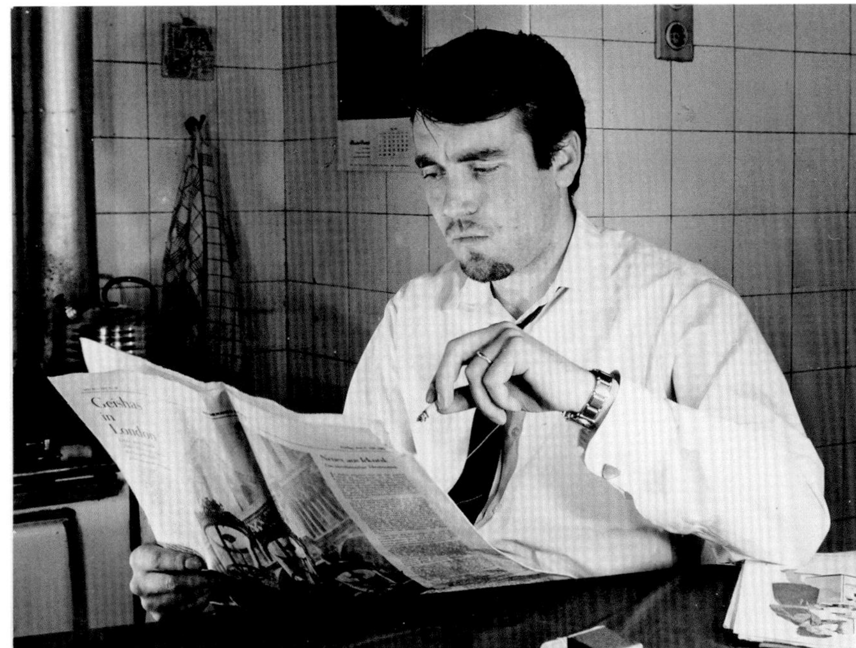
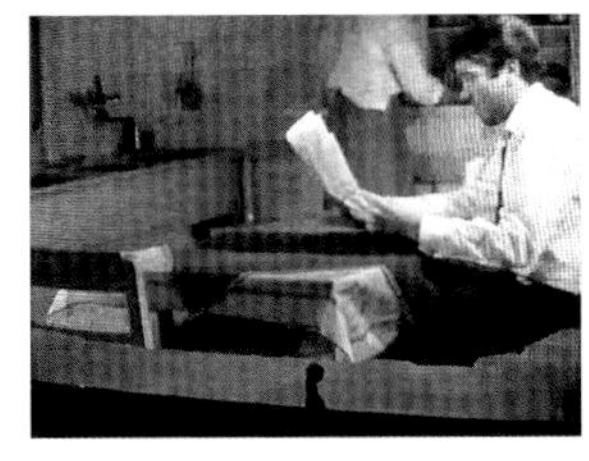
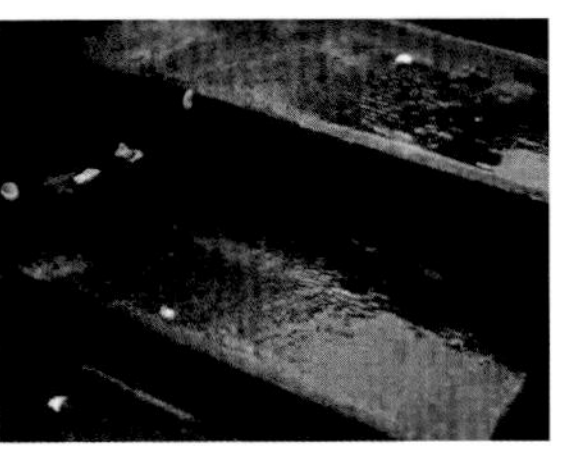
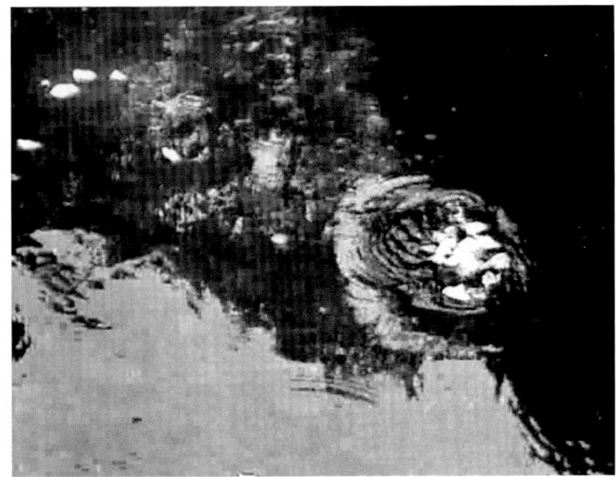
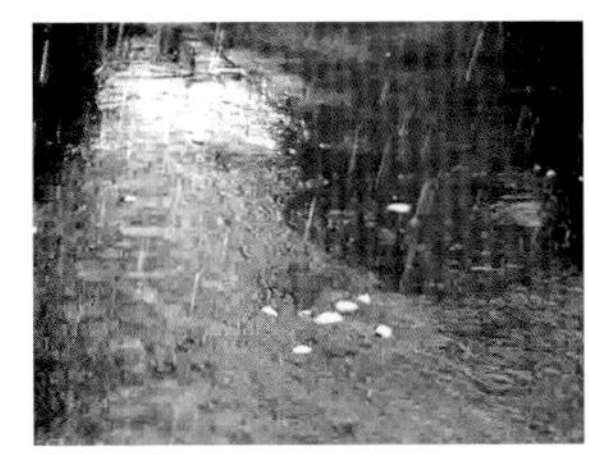
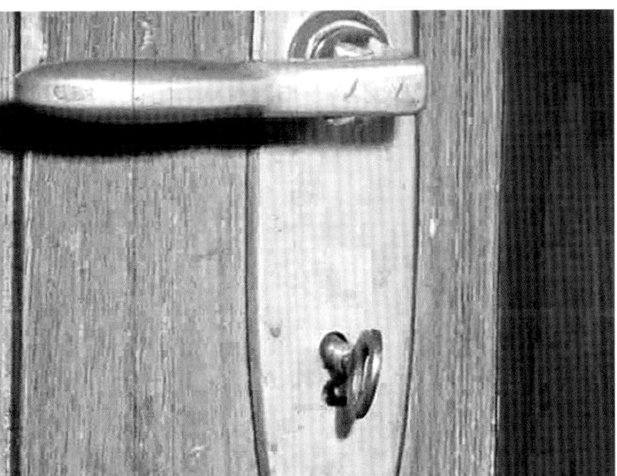
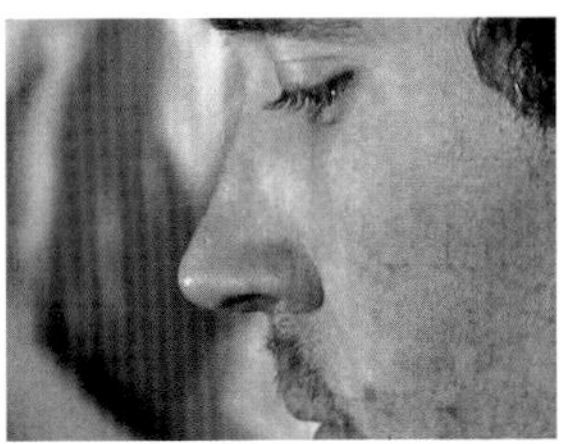
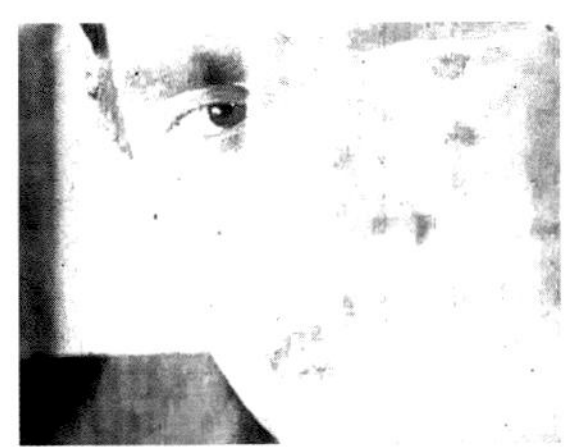

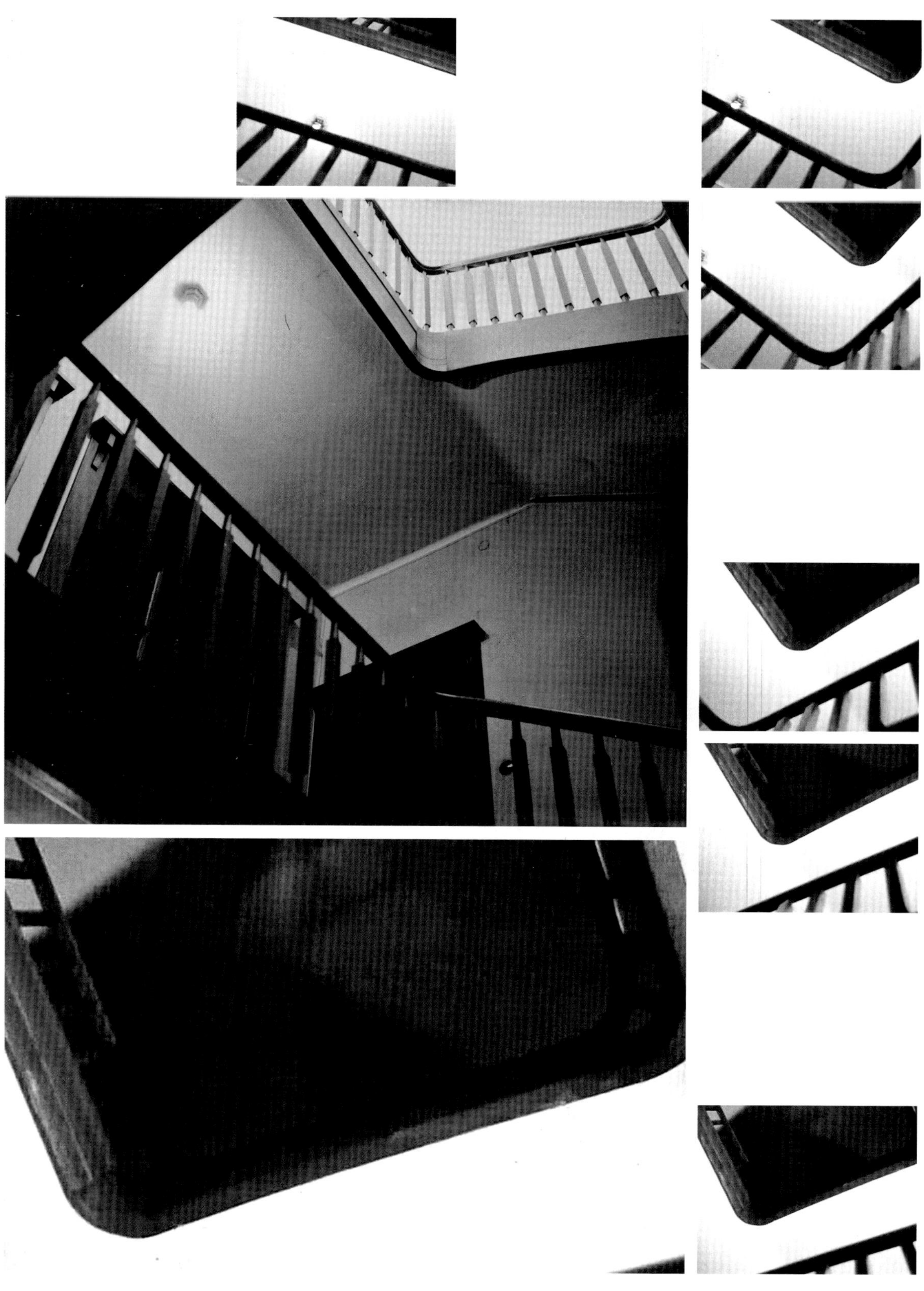

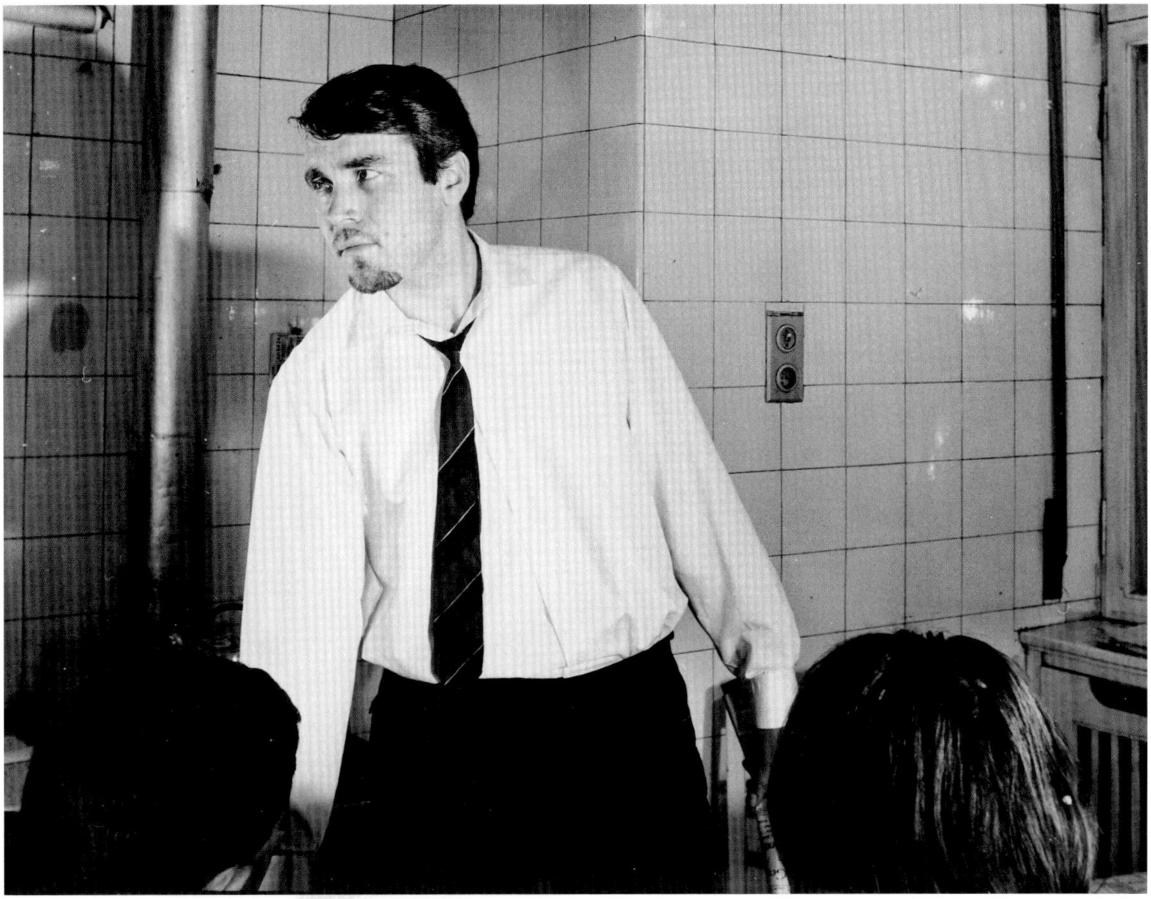

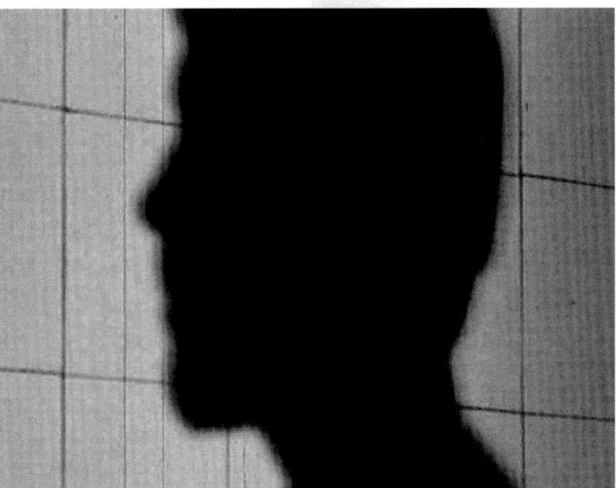

„...und wenn man nun trotz alledem in einem plötzlichen Unbehagen aufsteht..."

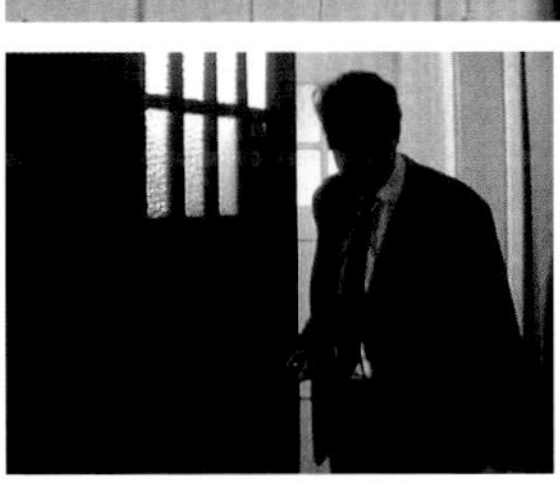

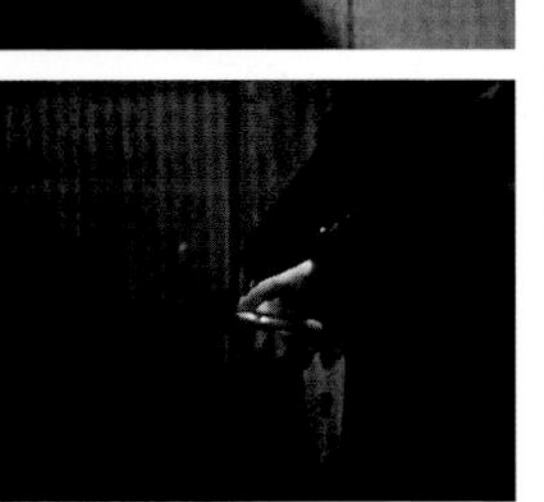

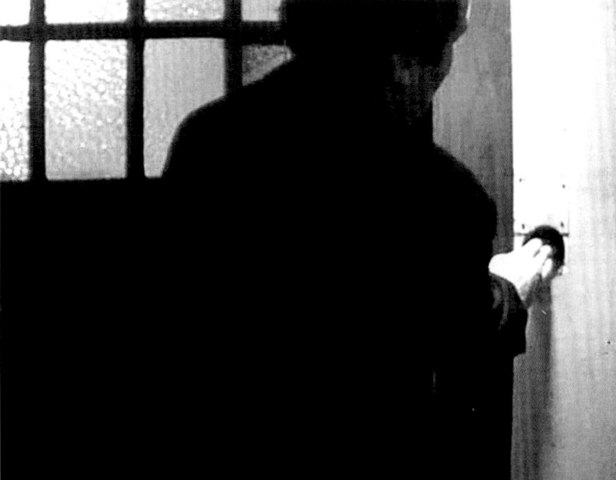

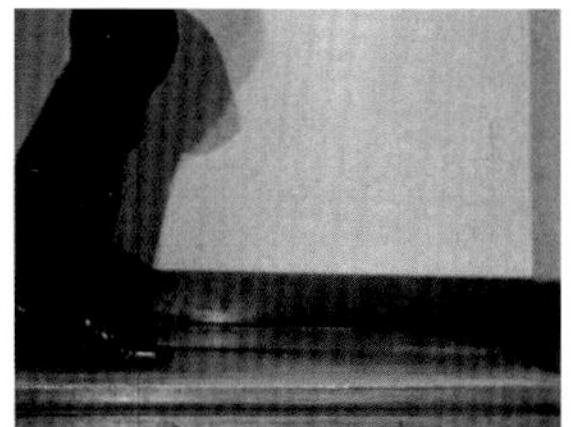
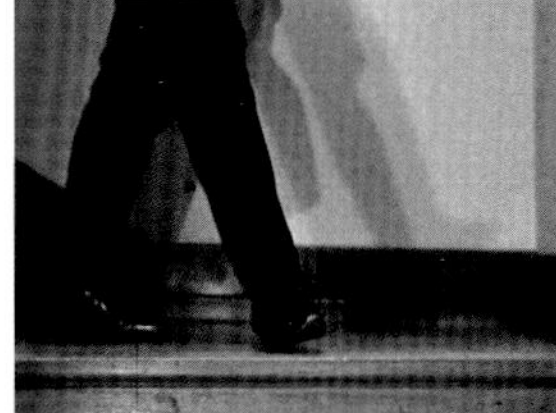
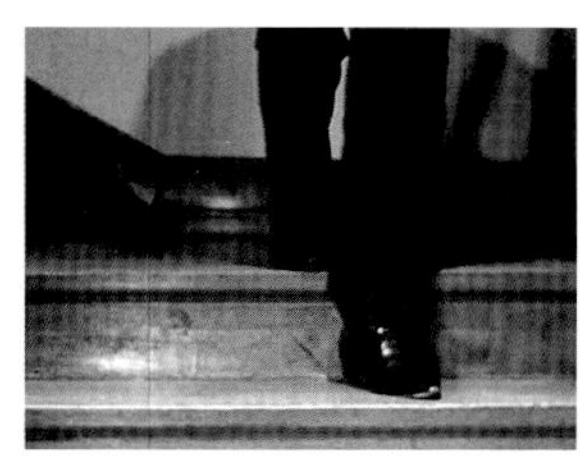
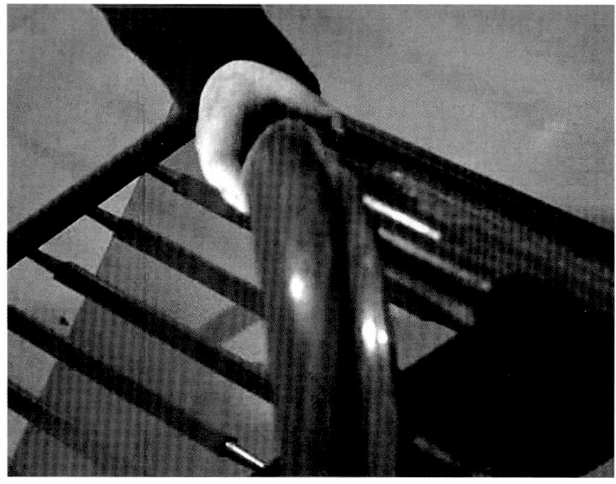
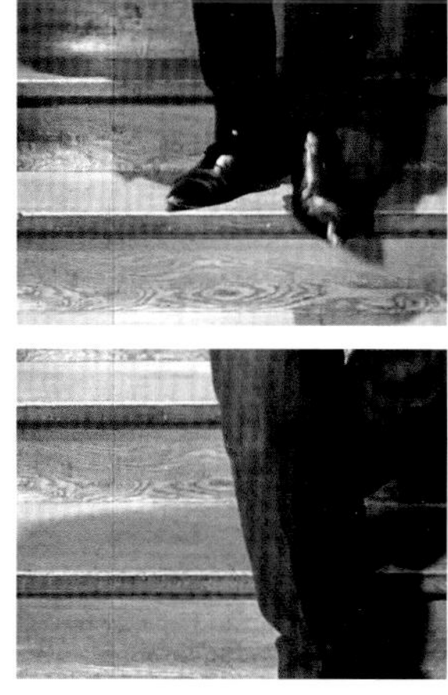
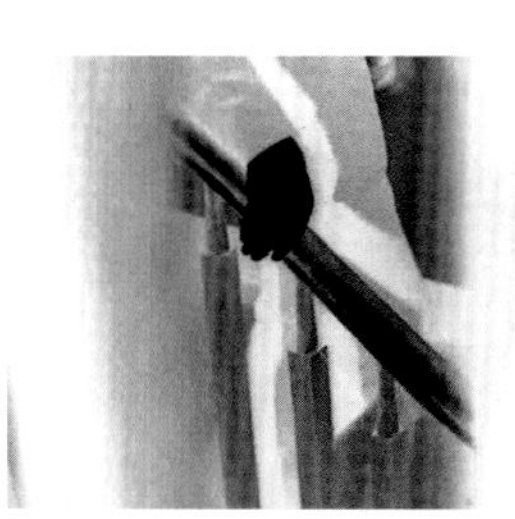
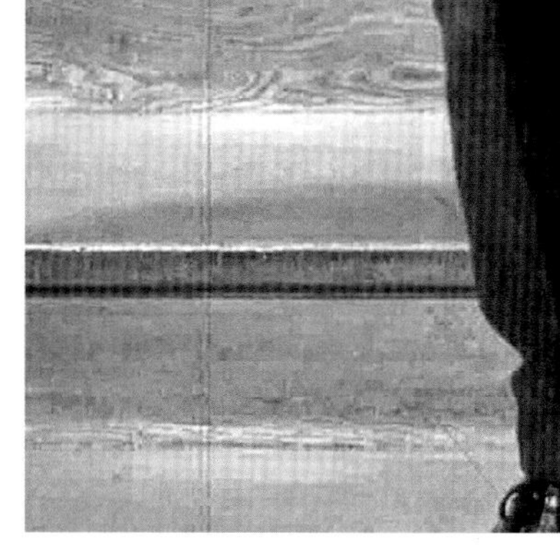
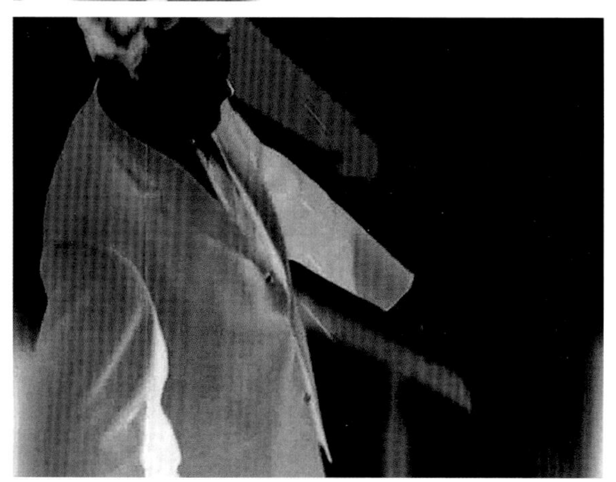
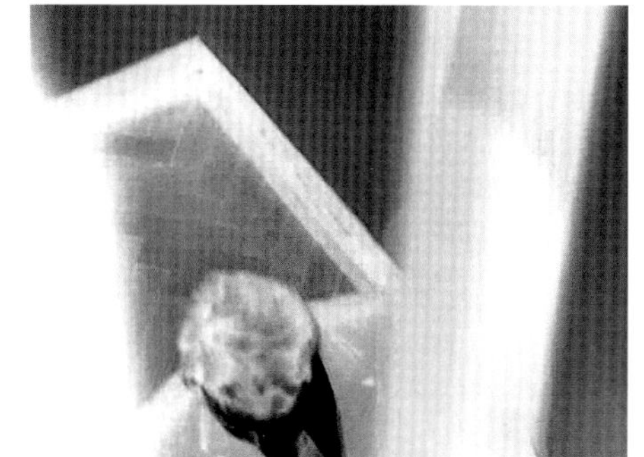

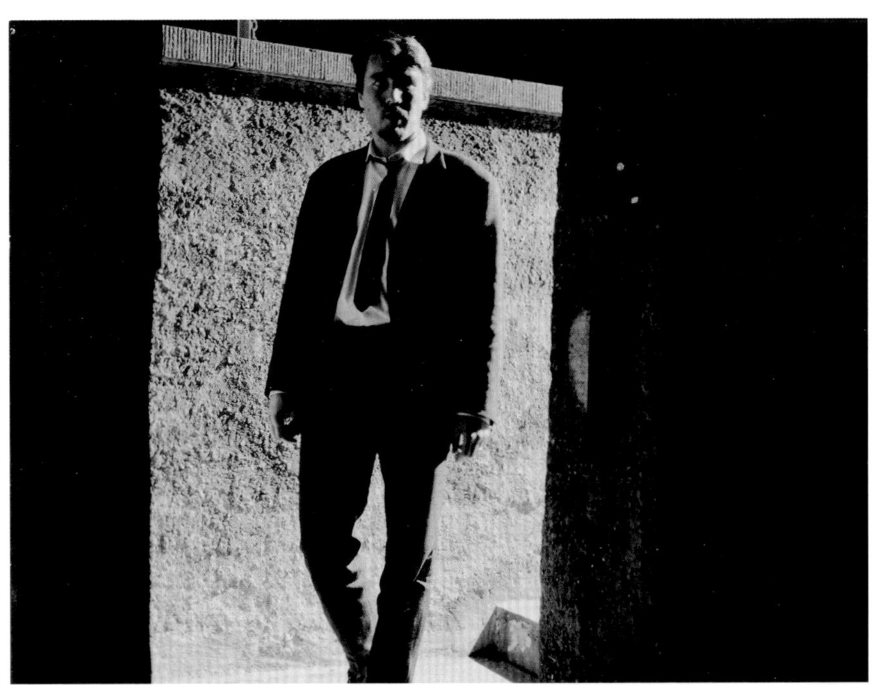

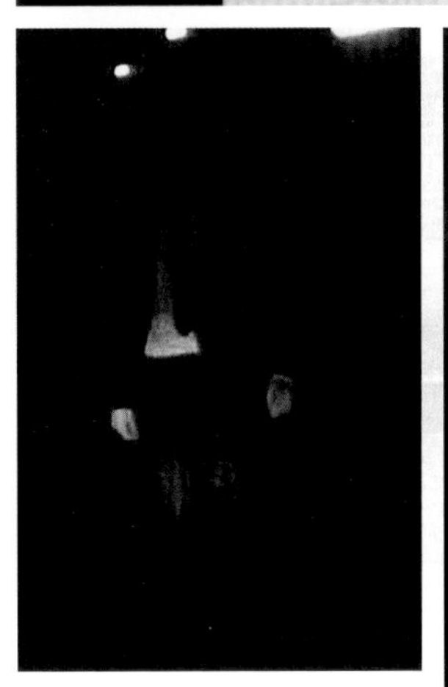

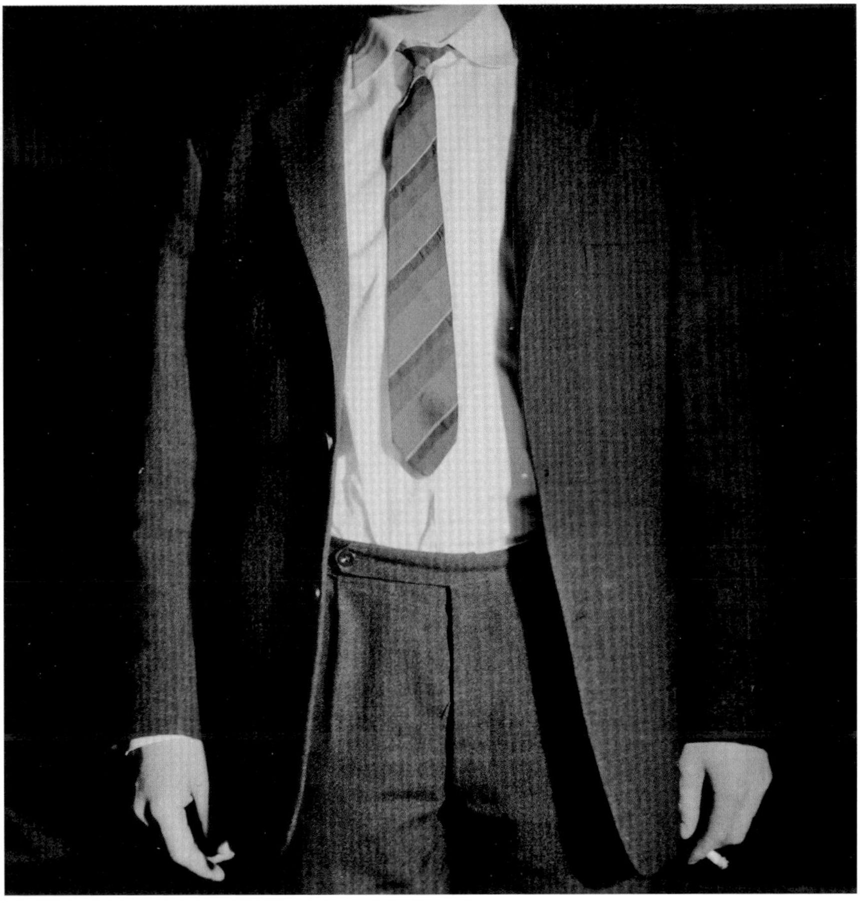

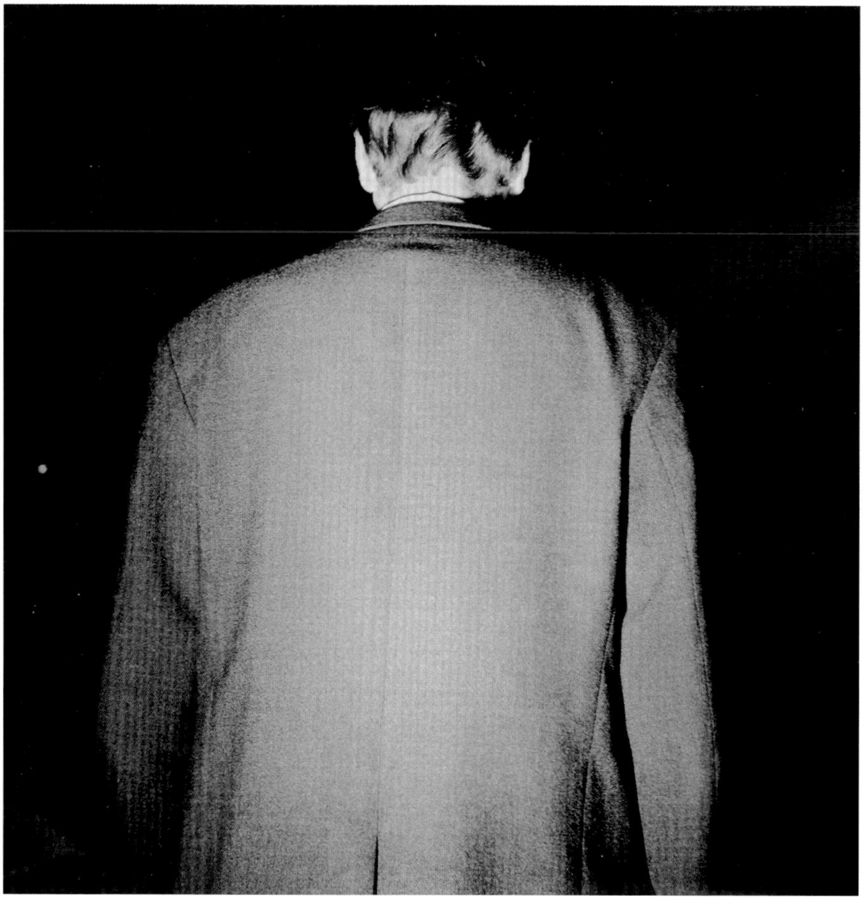

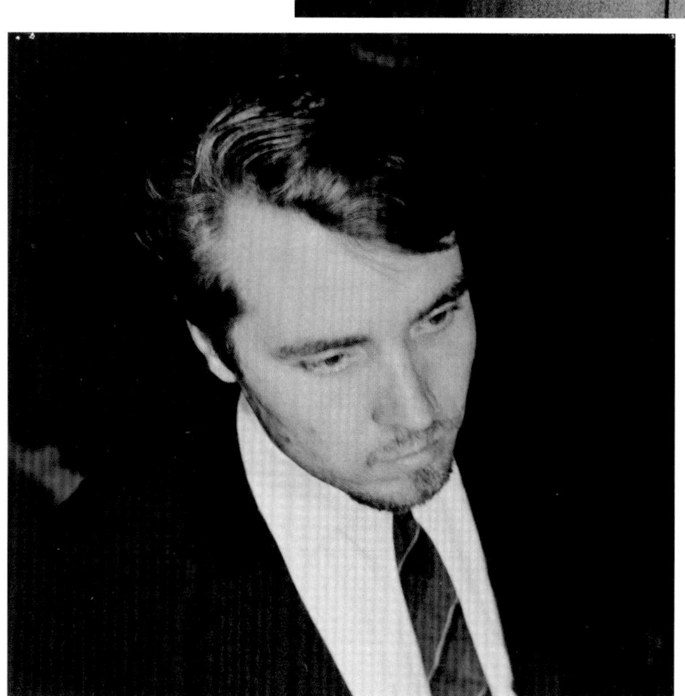
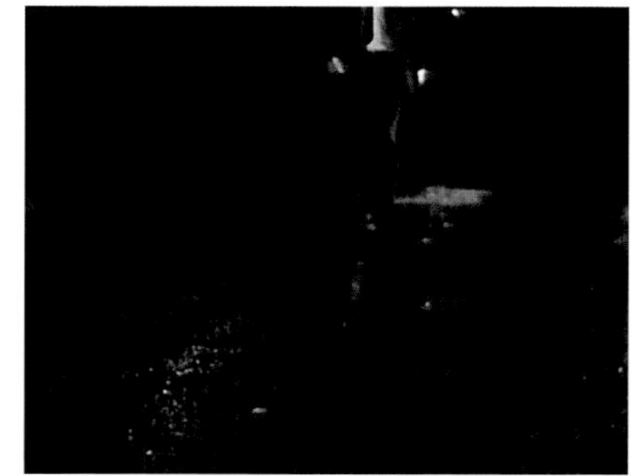

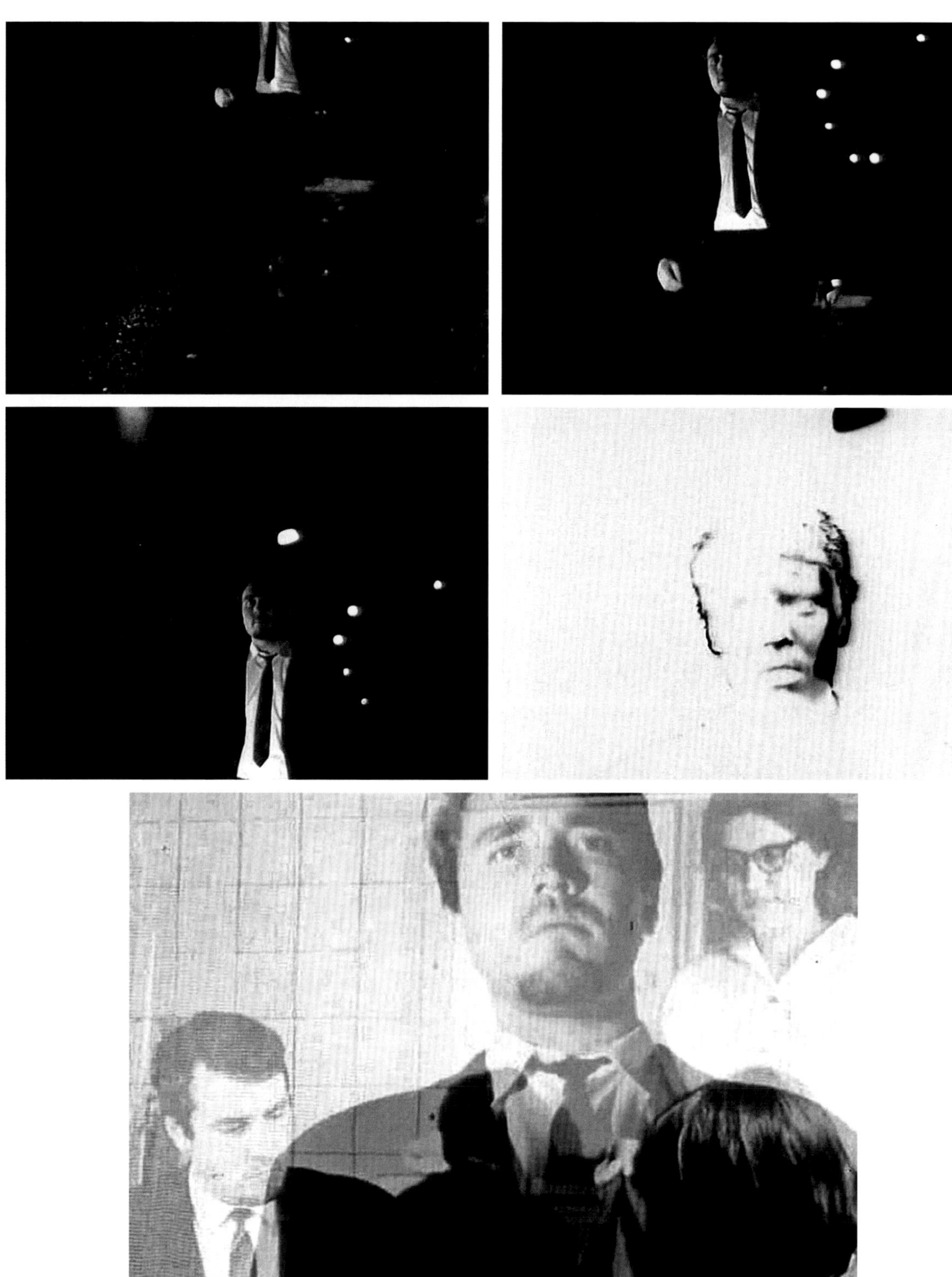

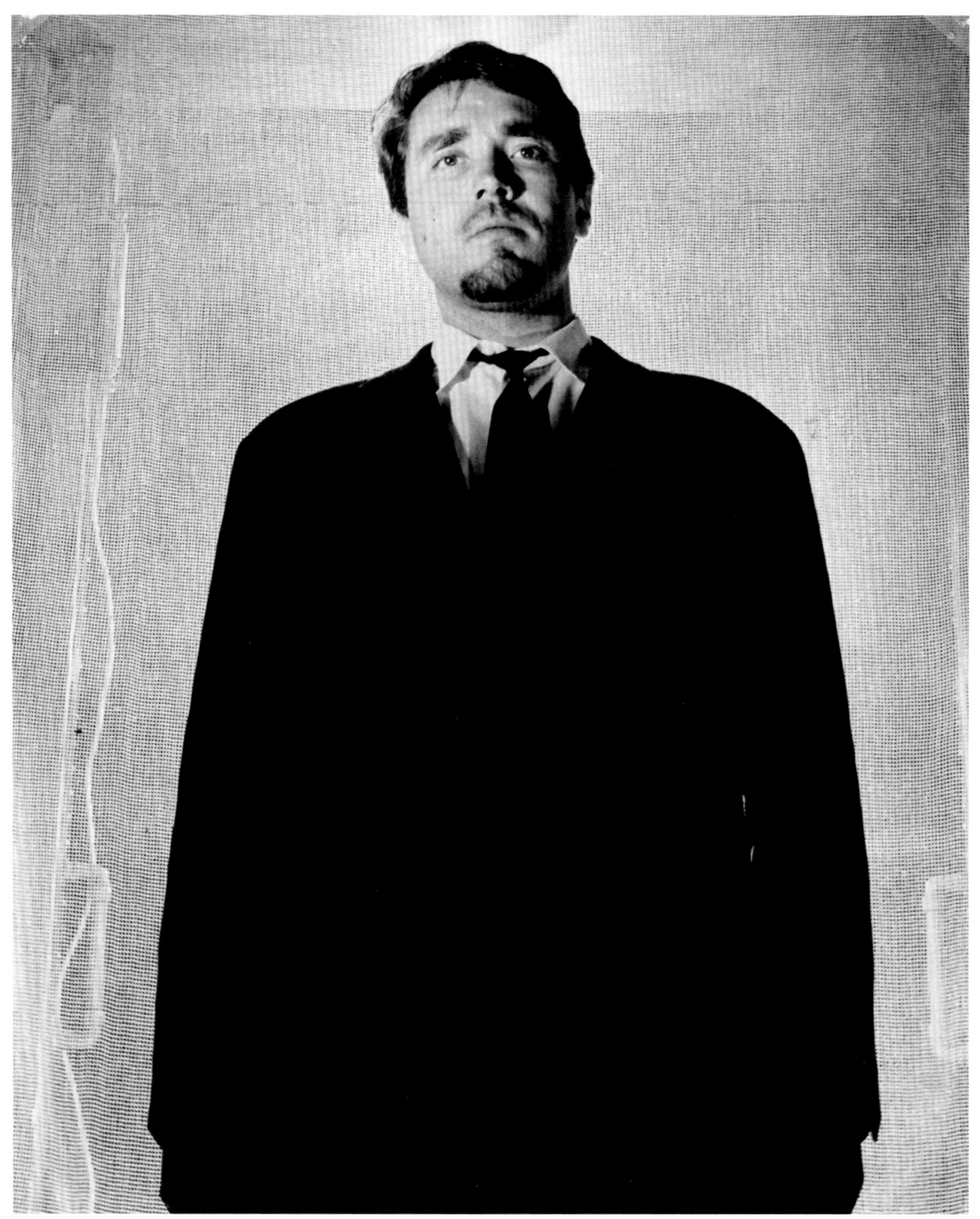

„ - dann ist man für diesen Abend gänzlich aus seiner Familie ausgetreten, die ins Wesenlose abschwenkt, während man selbst, ganz fest, schwarz vor Umrissenheit, sich zu seiner wahren Gestalt erhebt."

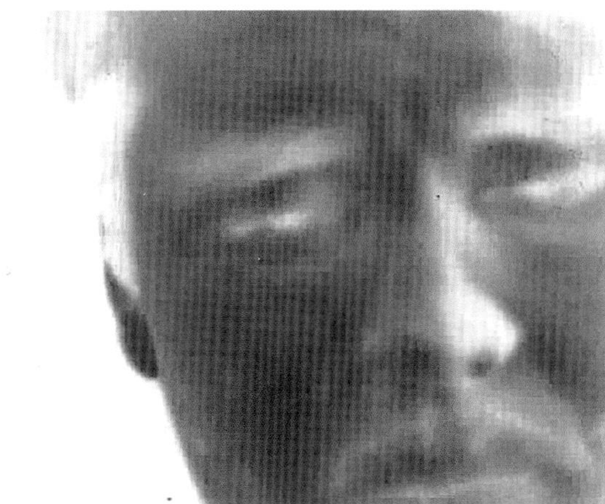
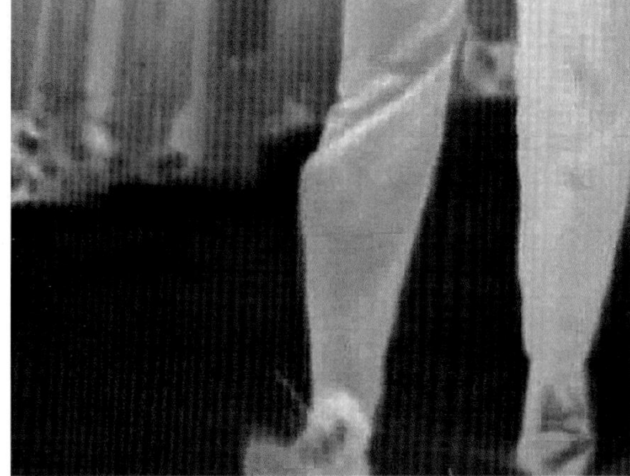
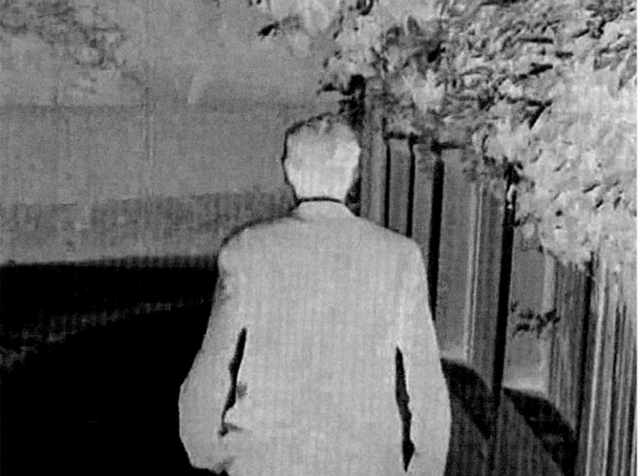
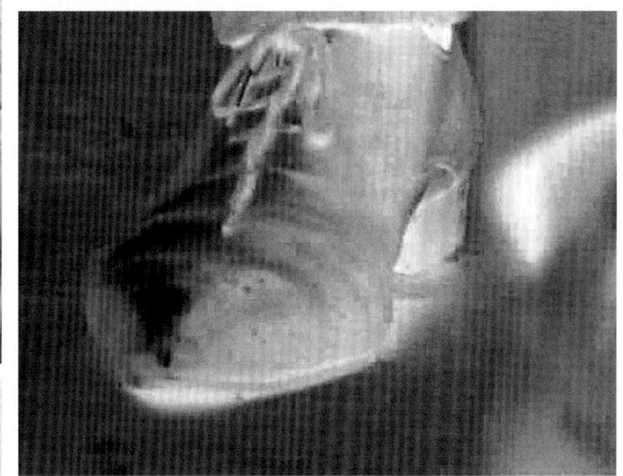
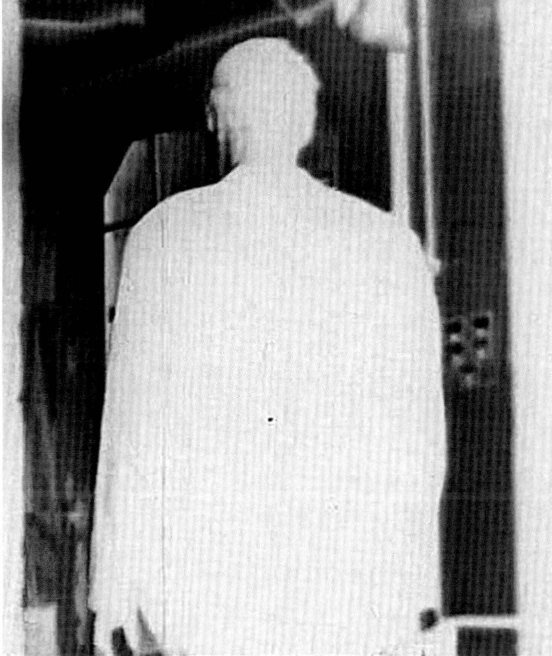
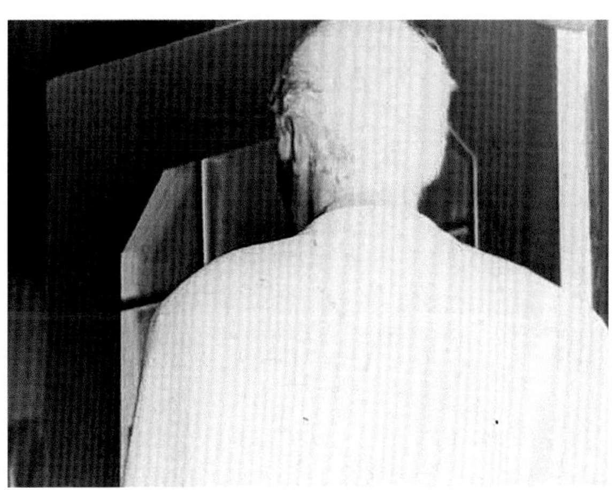

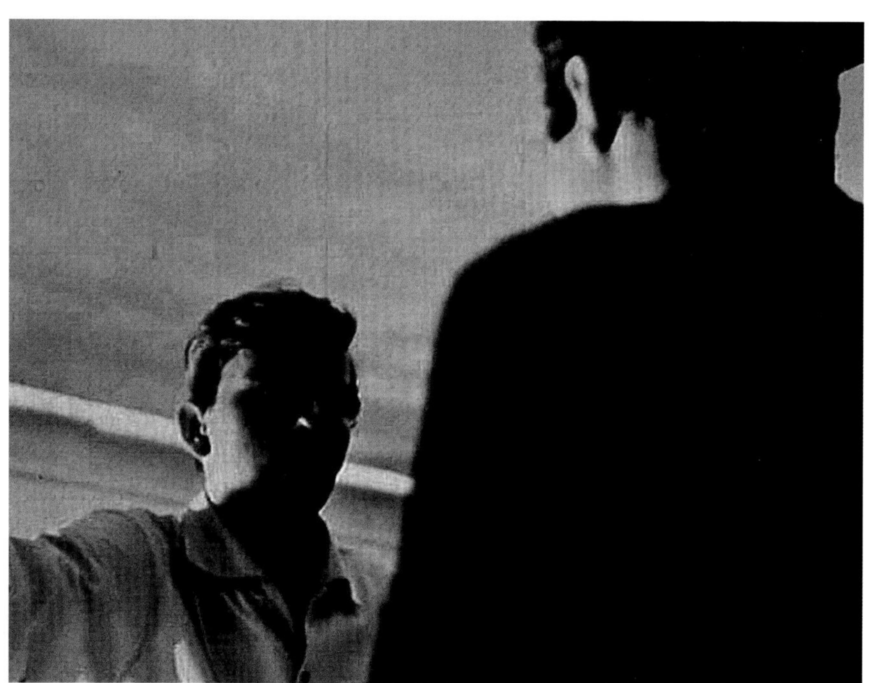

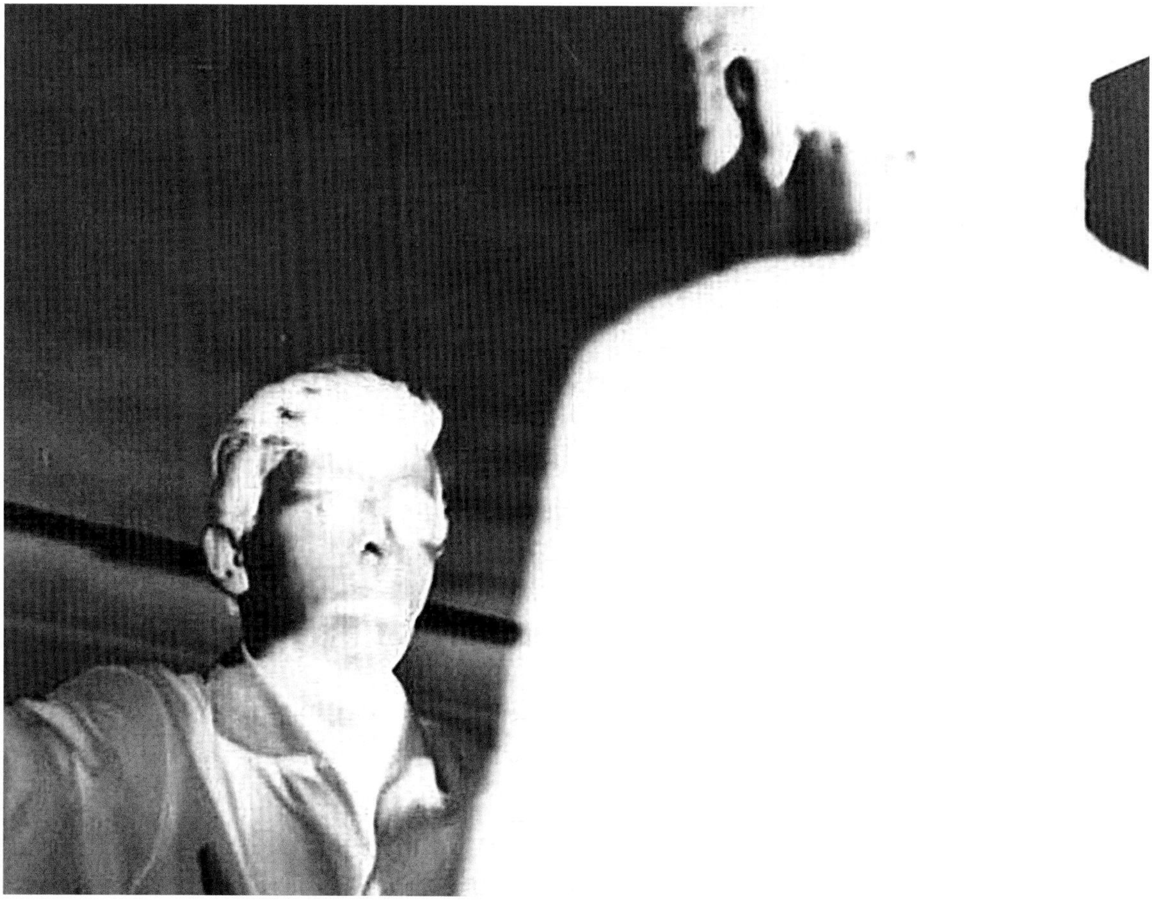

Technische Hochschule

S t u t t g a r t

Filmarbeitsteam des Studium Generale

und des Lehrstuhls f.Philosopie und Wissenschaftstheorie

       D e r   p l ö t z l i c h e   S p a z i e r g a n g
       Ein Experimentalfilm nach der gleichnamigen Erzählung
       von Franz Kafka.
        Drehbuch von Georg Bense
        unter Mithilfe von Marlis Roeber und Eberhard Schmid

Rollen :

Der Mann   : *Eberhard Schmid*

Die Frau   : ~~*Silke Schmalriede*~~ *Heidi Döhl*

Die Tochter : *Eva Möstle*

Der Sohn   : ~~*Axel Beckmann*~~ *Uli Bader*

~~Der Freund~~

Technik:

Kamera : Georg Bense

Beleuchtung und Lichttechnik:R.Wössner

Schnitt;Bense/Wössner/~~Roeber~~ /~~Schmid~~

Regie: ~~Schmid~~ ~~*Marlis Roeber*~~ Eberhard Schmid *Bense/*~~*Schmid*~~

unter Mithilfe von ~~M.Roeber~~ ~~*Eberhard Schmid.*~~

Ton : Photo Planet Stgt.

Standphotos : ~~M.Schmalriede.~~ *Bense/Mayer*

Material : Perutz Perkine U 15, 21, 27 ;
N 21.

Der Film wird im Auftrag des Lehrstuhls für Philosopie und
Wissenschaftstheorie hergestellt.

Stuttgart,den 25.6.63.

<u>Aus: Kafka, Tagebücher</u>
(Eintrag vom 5. 1. 1912)

<u>Die</u> <u>Einförmigkeit. Geschichte.</u> (1.Fassg. v. Der plötzliche Spa-
ziergang)

Wenn man sich am Abend endgültig entschlossen zu haben scheint,
zu Hause zu bleiben, den Hausrock angezogen hat, nach dem Nachtmahl beim beleuchteten Tisch sitzt und jene Arbeit oder jenes
Spiel vorgenommen hat, nach dessen Beendigung man gewohnheits-
mässig schlafen geht, wenn draussen ein unfreundliches Wetter
ist, das das Zuhausebleiben selbstverständlich macht, wenn man
jetzt auch schon so lange bei Tisch stillgehalten hat, dass das
Weggehn nicht nur väterlichen Ärger, sondern allgemeines Staunen
hervorrufen müsste, wenn nun auch schon das Treppenhaus dunkel
und das Haustor gesperrt ist und wenn man nun trotz alledem in
einem plötzlichen Unbehagen aufsteht, den Rock wechselt, sofort
strassenmässig angezogen erscheint, weggehn zu müssen erklärt,
es nach kurzem Abschied auch tut, je nach der Schnelligkeit, mit
der man die Wohnungstür zuschlägt und damit die allgemeine Be-
sprechung des Fortgehens abschneidet, mehr oder weniger Ärger zu
hinterlassen glaubt, wenn man sich auf der Gasse wiederfindet,
mit Gliedern, die diese schon unerwartete Freiheit, die man ihnen
verschafft hat, mit besonderer Beweglichkeit belohnen, wenn man
durch diesen einen Entschluss alle Entschlussfähigkeit in sich
aufgeregt fühlt, wenn man mit mehr als der gewöhnlichen Bedeutung erkennt, dass man mehr Kraft als Bedürfnis hat, die schnellste Veränderung leicht zu bewirken und zu ertragen, dass man
mit sich allein gelassen in Verstand und Ruhe und in deren Ge-
nusse wächst, dann ist man für diesen Abend so gänzlich aus
seiner Familie ausgetreten, wie man es durchdringender durch die
entferntesten Reisen nicht erreichen könnte und man hat ein Er-
lebnis gehabt, das man wegen seiner für Europaäussersten Einsam-
keit nur russisch nennen kann. Verstärkt wird es noch, wenn man
zu dieser späten Abendzeit einen Freund aufsucht, um nachzusehen,
wie es ihm geht.

———

Einstellung 1

Abgefilmtes Photo

Man sieht auf diesem Bild ein normal
ausgeleuchtetes Zimmer,mit verschiedenen
Requisiten.Es sind alle 4 Personen der
Familie zu sehen.Mann,Frau,Tochter,
Sohn.Die Frau ist gerade dabei eine
Decke auf den Tisch zu legen.,der Mann
sitzt auf einem Stuhl und beugt sich nach
unten um sich die Schuhe auszuziehen.
Das Mädchen steht im Hintergrund und
hantiert mit dem Rücken zum Bild auf dem
Küchenschrank mit einem nicht erkennbaren
Gegenstand.Der Junge sitzt am Tisch und liest
mit aufgestützten Armen in einem Heft.
Schnitt auf

Einstellung 2

Halbtotale

Bildausschnitt wie E 1.
Die Personen beginnen nun plötzlich zu
handeln.Die Kamera fährt langsam an den
Mann heran.Der hat die Schnürbändel an
seinen Schuhen gelöst und zieht die Schuhe
aus.Dann steht er auf,zieht die Krawatte
aus,die Jacke folgt,er geht zum Hintergrund und kommt eine neue Jacke anziehend
zurück.Dann nimmt er ein auf dem Tisch liegen-
des Journal,und setzt sich die Beine weit von
sich gestreckt in seinen Stuhl.
Schnitt auf

Einstellung 3

Nah

Die Kamera blickt auf eine Suppenschüssel,die
getragen wird.Sie schwenkt ,mit,bis die Schüssel
auf den Tisch gestellt wird.Dann fährt sie langsam zurück und erfasst in
Totale
die gesamte Familie beim Abendessen.Man ist gera-
dabei sich zu setzen.Die Frau etwas später.
Überblende auf

Sprecher:

"Wenn man sich am Abend
endgültig entschlossen zu
haben scheint,zu Hause zu
bleiben,den Hausrock angezogen hat,nach dem Abend-
mal beim beleuchteten Tische
sitzt und jene Arbeit oder
jenes Spielvorgenommen hat,
nach dessen Beendigung man
gewohnheitsgemäß schlafen
geht....."

Einstellung 4
Nah
Kamera von unten senkrecht gegen eine
Glasplatte.Auf dieser ist die selbe Be-
steck und Telleranornung wie auf dem Tisch.
Man sieht,das gegessen wird.Von den be-
teiligten Personen sind nur die Hände zu
sehen.Möglichst harter schwarz/weiß Kontr.
Abblende auf

Einstellung 5
Aufblende/Nah
IN die Blende hinein langsame Kamerafahrt
über die Teller der essenden Familie.
~~Kamxifftxxx~~Man ißt aus tiefen Tellern
Suppe.
Abblende auf

Einstellung 6
Aufblende /Nah
In die Blende hinein mittelschnelle Kamerafahrt an den Gesichtern der Familie vor-
bei.Nach dem letzten Gesicht läuft der
Schwenk wieder zurück.In diesen Schwenk
hinein,teilweise als Doppelbelichtung
die obere Kopfpartie der einzelnen Perso-
nen.Wichtig ist,dass die Augenpartie gut
herauskommt,da alle auf einen imaginären
Punkt starren(nach unten auf die Tischplatte).
Abblende auf

Einstellung 7
Aufblende/Nah -Halbtotale
Soweit wie möglich senkrecht von oben.Man sieht
die Familie beim"Mensch ärgere Dich nicht"Spiel.
Man sieht allerdings nur das Spielfeld mit den
Figuren.An den Rändern liegen paarweise die
Hände der einzelnen Personen.Nach kurzem Stand
blendet darüber ein Würfel der geworfen wird als
Doppelbelichtung.
Abblende auf

155

Einstellung 8

Aufblende/Ganz Groß

Kamera auf das Spiel.Langsamer Schwenk über
die Hände der 4 Personen die immer noch am
Rande des Spielfeldes liegen.Der Schwenk endet
bei den Händen des mannes.Der setzt seinen Stein
5 Felder weiter.Dann legt er die Hand,die er bewegt hat wieder in die Ausgangsstellung.Da-
bei fährt die Kamera sehr schnell zurück,schwenkt
nach oben,erfasst seinen Kopf bzw.sein Gesicht
frontal.Als Silhouetten angeschnitten sieht
man im Vordergrund die Personen,die ihm gegenüber
sitzen.Nach kurzem Stand fährt die Kamera langsam
auf sein Gesicht zu.In die Fahrt hinein

Schnitt auf

Einstellung 9

Abgefilmtes Photo

Regenwasser mit viel Dreck,verschwindet in
einem Abfluß Kanal.

Schnitt auf

Einstellung 1o

Nah /Totale

Langsame Kamerarückfahrt von einem Abfluß-
rohr aus dem Regenwasser fließt.Es regnet
immer noch. Die Kamera schwenkt ins Dunkle.

Schnitt auf

Einstellung 11

Totale

Blitze am Himmel.Wetterleuchten.
Verwendung einer Archivaufnahme.

Schnitt auf

Einstellung 12

Halbtotale

Die Kamera schwenkt aus dem Dunkel auf
eine regennasse Straße,und fährt sie
entlang,schwenkt dann auf den Rinnstein in dem regenwasser fließt.

Abblende auf

Sprecher: 8 sec

"Wenn draußen ein un-
freundliches Wetter
ist,welches das zu-
hause bleiben verständ-
lich macht..."

Einstellung 13
Aufblende/Halbtotale
Kamera fährt von der Straße aus auf ein
Fenster zu und blickt in das Zimmer.Ein
Vorhang ist zugezogen,der andere ist offen.
Das Spiel ist soeben beendet worden,und man
ist dabei einzupacken.Der mann steht auf,und
kommt nachdem er sich kurz gedehnt und ge-
reckt hat langsam auf das Fenster zu und
schaut durch die regennasse Scheibe nach
aussen,
Schnitt auf

Einstellung 14
Starres Bild.Abgefilmtes Photo.
Der Mann ,der durch die Scheibe
blickt.
Schnitt auf

Einstellung 15
Halbnah
Kamera schräg von der Seite.Er sitzt am
Tisch,nimmt seinen Tabacsbeutel und be-
ginnt sich die Pfeife zu stopfen.
Dann setzt er sie in Brand.
Überblende auf

Einstellung 16
Nah
Kamera aus einem anderen Aufnahmewinkel.Er
blättert zerfahren in einem Journal,um es dann
gleich auch wieder wegzu legen.
Überblende auf

Einstellung 17
Halbnah
Die Kamera blickt ihm über die Schulter auf
den Tisch.Er ist dabei seine Pfeife zuzerlegen.
Die Einzelteile liegen zerstreut auf dem Tisch.
Seine Bewegungen wirken ausgesprochen fahrig.
Überblende auf

Sprecher:
"Wenn man jetzt auch schon so
lange bei Tisch stillgehalten
hat,dass das Weggehen allgemeines Erstaunen hervorrufen
müsste..."

Einstellung 18
Abgefilmtes Photo
Dunkeles Treppenhaus.Alles sehr
schemenhaft.In einen Ecke eine Notbe-
leuchtung.
Schnitt auf

Sprecher:
"Wenn nun auch schon das
Treppenhaus dunkel und das
Haustor gesperrt ist..."

Einstellung 19
Totale
Die Kamera schwenkt und fährt ducrch das
Treppenhaus und bleibt schließlich auf
die Haustür gerichtet.Dann fährt sie
langsam am die Klinke heran,die von aussen
mehrmals heruntergedrückt wird.
Schnitt auf

Einstellung 2o
Abgefilmtes Photo.
Ein Photo von dem Innenraum .Jeder der
Familie ist gerade etwas am machen.
Die Personen sollen allerdings durch
die bewegungen völlig verwischt sein.
Schnitt auf

Sprecher:
" Und wenn man nun trotz alledem in einem plötzlichen Unbehagen aufsteht,den Rock wechselt
sofort straßenmäßig angezogen
erscheint,weggehen zu müssen
erklärt,es nach kurzem Abschied
auch tut,je nach der Schnelligkeit mit der man die Wohnungstür zuschlägt,mehr oder weniger
Ärger zu hinterlassen glaubt..."

Einstellung 21
Nah/Groß
Kamera in Bodenhöhe.Sie verfolgt die
Schritte des Mannes,der im Zimmer umher-
geht und sich dann wieder setzt.
Schnitt
Überblende auf

Einstellung 22
Sehr Groß
Eine Reihe von 3-4 Überblendungen von Ge-
sichtspartien.Man sieht ihm sehr deutlich
sein Unbehagen an.
Abblende auf

Einstellung 23

Totale

Der Tisch mit einem Teil der Familie
möglichst am Bildrand.Man blickt auf
den Mann,der mit dem Rücken zur Kamera
am Fenster steht und hinausschaut.Plötz-
lich dreht er sich um und geht mit raschen
Schritten durch das Zimmer an der Kamera vor-
bei.Die Frau,die mit einer Näharbeit am Tisch
gesessen hat,hebt den Kopf und schaut ihm
erstaunt nach.Die Kinder lesen weiter.
Er kommt nach einem Augenblick wieder ins
Bild und hat einen Regenmantel xxxxxxxxxx
über dem Arm hängen,den er beginnt anzuziehen,
indem er auf seine Frau zugeht.

Bewegungsschnitt auf

Einstellung 24

Halbtotale

Kamera auf den Mann.Der ist dabei sich den
Mantel überzuziehen.Die Frau steht auf und geht
zum Fenster.Die Kamera schwenkt und fährt mit,
damit die Aufnahmeposition geändert wird.Die
Frau kommt vom Fenster zurück.Die Kamera folgt.
sie steht abgewandt von der Kamera,während
er frontal zu sehen ist.Sie deutet hinter
sich in Richtung Fenster,worauf er nur die Schultern zuckt.
auf

Schnitt auf

Einstellung 25

Totale/Halbtotale

Der Mann küsst das Mädchen noch auf die Stirn,streicht
dem Jungen im Vorbeigehen über das Haar,und geht dann
auf die Tür zu,während die Kamera vor ihm herfährt.
Seine Frau läuft mit 2 -3 schnellen Schritten
hinter ihm her,holt ihn ein,deutet zum Fenster,er
zuckt ohne sich umzusehen die Schultern und geht
weiter.Auf dem Weg zur Tür wiederholt sich dieser
Vorgang nochmal,schiebt er sie unter beruhigenden
Gesten ins Zimmer und schließt die Tür hinter sich.

Schnitt auf

Einstellung 26
Groß
Die Hand des Mannes an der Türklinke.
Er hält sie einen Augenblick fest,lässt
sie dann los,sie schnappt nach oben,die
Kamera fährt zurück und schwenkt ihm
nach,wie er auf die Treppe zugeht.
Überblende auf

Einstellung 27
Sehr Groß
Kamera frontal auf 2 Stufen gerichtet.
Die Füße des Mannes kommen in Zeitlupe
die Treppe herunter.
Überblende auf

Einstellung 28
Groß/Nah
Kamera nach links verkantet.
Der Mann kommt schnellen Schrittes die
Treppe herunter.
Überblende auf

Einstellung 29
Halbtotale
Kamera nach rechts verkantet.
Der Mann kommt sehr schnellen Schrittes,
Stufen überspringend ,die Treppe herunter.
Überblende auf

Einstellung 30
Totale/Nah
Doppelbelichtung
1.Bel.: Während der Mann die Treppe
hinunterläuft(schnell) dreht die Kamera
sich einmal um ihre Achse.
2.Bel.: Ausschnitt Nah,die Kamera dreht
sich bei gleichem Spiel in entgegengesetzter
Richtung.
Überblende auf
Einstellung 31.
Sehr groß
Türschloß.Haustür.Der Schlüssel wird abgezogen.
Schnitt auf

Einstellung 32
Halbtotale
Von innen durch das Fenster.
Nach aussen.Rechts im Bild angeschnitten
die Frau,die versucht nach aussen zu sehen
und mit den Händen das Licht abzudecken versucht.
Man erkennt,wie draußen ,unterhalb des Fensters
der Mann vorbeigeht, ~~und in der Dunkelheit~~
~~verschwindet~~. *Nicht ganz weg.*
Schnitt auf

Einstellung 33
Abgefilmtes Photo
Der Mann,der an dem Fenster *ersetzt!*
vorbeigeht. ~~Seine Frau blickt ihm~~
~~nach.~~ Das Bild muß von aussen gemacht
werden.

" Wenn man sich auf der
Gasse wiederfindet,mit
Gliedern die diese schon
unerwartete Freiheit,die
man ihnen verschafft hat
mit besonderer Beweglich-
keit beantworten..."

Einstellung 34
Totale
Die Kamera fährt rückwärts vom Haus weg.
Der Mann ist rechts angeschnitten im
Bild.Er bleibt stehen und stellt sich
den Kragen hoch.Da die Kamera dabei weiter-
fährt kommt der Mann in Bildmitte.Das Haus
verschwindet in der Dunkelheit.Der Mann
geht schnell und eelastisch.
Schnitt auf

Einstellung 35
Totale.
Eine lange Straße ohne Häuser.
Möglicht bergangehend.Der Mann geht
mit dem Rücken zur Kamera von dieser weg.
Bleibt plötzlich stehen.
Schnitt auf
Einstellung 36
Abgefilmtes Photo
Die Familie beim Spiel. *Man Photo gemacht.*

Schnitt auf

"Wenn man durch diesen einen
Entschluss alle Entschlussfähigkeit in sich gesammelt
fühlt.

Einstellung 36 b
Abgefilmtes Photo
Der Mann und die Frau an der Wohnungstür.
Schnitt auf

Sprecher :
"Wenn amn mit größerer als der ge-
gewöhnlichen Bedeutung erkennt,dass
man ja mehr Kraft als Bedürfnis hat
die schnellste Veränderung leicht
zu bewirkem und zu ertragen..."

Einstellung 36 c
Abgefilmtes Photo
Wiederholung des Photos von Einst.33
Schnitt auf

Sprecher:
"Und wenn man so die langen
Gassen hinläuft ..."

Einstellung 37
Groß
Das Gesicht des Mannes ,der stehen geblie-
ben ist.Hin und wieder wird ein Photoapparat
vor sein Gesicht gehalten.Blitzlichter.Sein
Gesicht wird stellenweise dadurch überbelich-
 tet.
Langsamer Übergang auf Weißfilm

Einstellung38
Aus dem Weißbild heraus entwickelt sich
das starre Photo.Das Zimmer.Die Kinder am
Tisch.Sie blicken auf die Mutter,die hinaus-
sieht und versucht etwas zu erkennen.
Das Bild wird langsam Unscharf durch
Trafofahrt auf die Frau am Fenster.
Überblende auf

Sprecher :
" dann ist man für diesen
Abend gänzlich aus seiner Familie ausgetreten,die ins
wesenlose abschwenkt,während
man selbst,schwarz vor umrissenheit,hinten die Schenkel
schlagend,sich zu seiner
wahren Gestalt erhebt.

Einstellung 39
Das Bild wird langsam scharf,durchTrafo-
Rückfahrt.Der Mann auf der Straße.Nacht.
Gesicht sehr hell ausgeleuchtet.Nach Stand
wird das Bild in Abständen sehr hell und geht
in Weißfilm über.
Schnitt auf

Einstellung 4o
Nah
Langsame Entwicklung aus Weißfilm.
Der Mann der steht.Photoapperate werden
hochgehoben.Blitzlichter.Allerdings nimmt
das Bild langsam wieder die normale Beleuchtung
an.Plötzlich geht der Mann weiter.Das Blitzen
hört auf. Er kommt sehr schnell auf die Kamera
zu.
Schnitt auf

Einstellung 41
Totale/Weitwinkel
Kamera in Bodenhöhe.Fährt vor dem Mann her.
Von ihm sind nur rechts im Bild die Schuhe
zu sehen.Der Mann geht immer schneller.
Läuft dann.Die Kamera versucht ihn im Bild zu
halten,verliert ihn aber.Bleibt dann ruckartig stehen
stehen,schwenkt hinter ihm her.Dieser verschwindet
in der Dunkelheit.Dann langsamer Schwenk auf das
Wasser,welches den Rinnstein hinunterläuft.
Schnitt auf

Die folgenden Einstellungen werden im Negativfilm eingeschnitten,
sodass eine s/w Umkehrung eintritt.d.h.Die Personen werden weiß
der Hintergrund schwarz.Der Hintergrund muß sehr gut ausgeleuchtet
sein,damit die nicht beleuchtete Person sich gut weiß abhebt.

Einstellung 42
Nah
Auf das Wasser,welches den Rinnstein hin-
unterfließt.Standpunkt wie E 41,nur der
Blick in entgegengesetzter Richtung.Stand.
Dann kommt der Mann ins Bild.Die Kamera folgt
genau so schnell und folgt ihm eine Zeitlang.
Beide bleiben dann ruckartig stehen.Man erkennt
aus der Bodenperspektive,den unteren Teil einer
Haustür.
Schnitt auf

Einstellung 43
Nah
Ein Klingelbrett an einer Haustür.Ein Finger
drückt eine Klingel.Darüber Doppelbelichtung
sehr kurz,ein erleuchtetes Hochaus.
Schnitt auf

E.44

Totale / Nah.

Kamera hat zunächst
nur den ~~Staat~~ die Straße
Bild. Fährt dann aber
einem Halbkreis und erfaßt
den Mann, der vor der
Haustür steht. Die Kamera
fährt so um ihn herum, das
es mit dem Rücken zur K.
Nah. Es geht auf die Tür
zu, die in dem selben Augenblick aufgeht. Die Kamera
folgt ihm. Sodaß er nur
noch als schwarze Gestalt
im Türrahmen Nah. Dann
fährt (kurbeln) sich die Kamera
langsam nach unte, sodaß
sein Gestalt größer möchtig
wird. Stand.
Kamera zurück.
zich. Schwenk auf Rumst.
Schnitt auf

Einstellung 44

ah/Totale

Kamera blickt frontal auf eine Haustür.

Es erscheint bildfüllend an der Tür

der Freund.Die Kamera fährt langsam

zurück bis zur Totalen

Die beiden Männer geben sich die Hand.

Das Gesicht des Freundes zeigt freudiges

Erstaunen.Er macht eine einladende

Gebärde in Richtung Hausinnern.

Der Mann schaut auf die Uhr,nickt mit dem

Kopf,hebt die rechte Hand,so als wolle er

sagen,"aber nur für 5 Minuten", klopft sich

den Regen vom Mantel und geht durch die

Tür ,die ihm der Freund aufhält.Die Kamera f

fährt langsam in einem Halbkreis um die Tür.

Der Freund folgt dem Mann.Kamera fährt etwas

zurück,die Tür wird geschlossen.Die Kamera

schwenkt auf das Wasser das im Rinnstein fliest.

Schnitt auf

Einstellung 45

Abgefilmtes Photo

Der Mann und sein Freund an der Tür.

Sie geben sich die Hand.

Schnitt auf

Einstellung 46

Nah/Totale

Die geschlossene Haustür.

Kamera schwenkt auf das Wasser im Rinnstein.

Schnitt auf

Einstellung 47

Nah

Positivfilm

Das Wasser im Rinnstein.

Der gleiche Standpunkt wie E.46.

Abblende auf

Sprecher:

"Verstärkt wird alles wenn man zu dieser späten Abend zeit noch einen Freund aufsucht ,um nachzusehen wie es ihm geht!"

Einstellung 44

Nah/Totale /Trafo

Kamera blickt auf eine Tür.Diese geht
auf und ers erscheint bildfüllend
das Gesicht des Freundes.Die Kamera
fährt langsam ein Stück zurück,bis zur
Halbtotalen
Die beiden Männer geben sich die Hand.
Das Gesicht des Freundes zeigt freudiges
Erstaunen.Dann macht der Freund eine
einladende Gebärde in Richtung Haus-
inneres.Der Mann schaut auf die Uhr,
nickt mit dem Kopf,hebt lächelnd die
Hand,so als wolle er sagen,aber nur
für 5 Minuten,klopft sich den Regen vom
Mantel und geht durch die Tür,welche der
Freund aufhält.Die Kamera fährt zurück
bis zur Totalen .Die Tür wird geschlossen
nachdem der Freund darin verschwunden ist.
Die Kamera schwenkt langsam nach unten auf Wasser
welches im Rinnstein fließt.

Schnitt auf

Einstellung 45
Positivfilm
Der gleiche Standpunkt und Bildausschnitt
wie in der vorhergehenden Einstellung auf
das Wasser im Rinnstein.

Abblende in schwarz

                    E   n   d   e

Kalkulation

9 Spulen à 30 Mark   =   270 DM
1 Spule Negativ Film à 20 DM = 20 DM

1 500 [W] Birne à 18 DM =   18 DM
3 250 [W]   " à 6.50 = 19,50

240 m Tonspur   =   35 DM.
3 Std. Tonstudio   =   75 DM

10 Photos }
oder 2   }   =   60 DM
               =   10 DM.

____

         450 Einzelteile

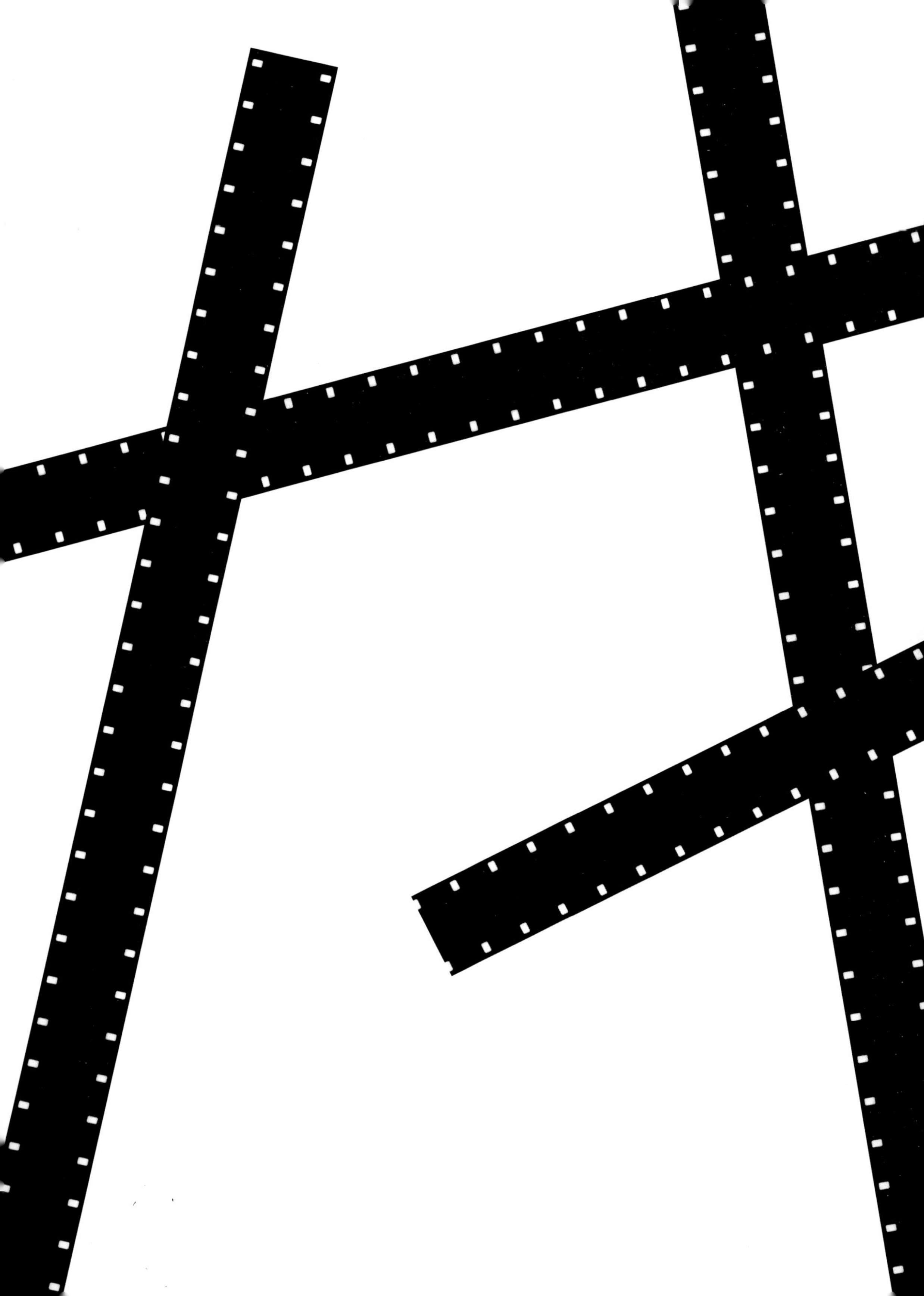

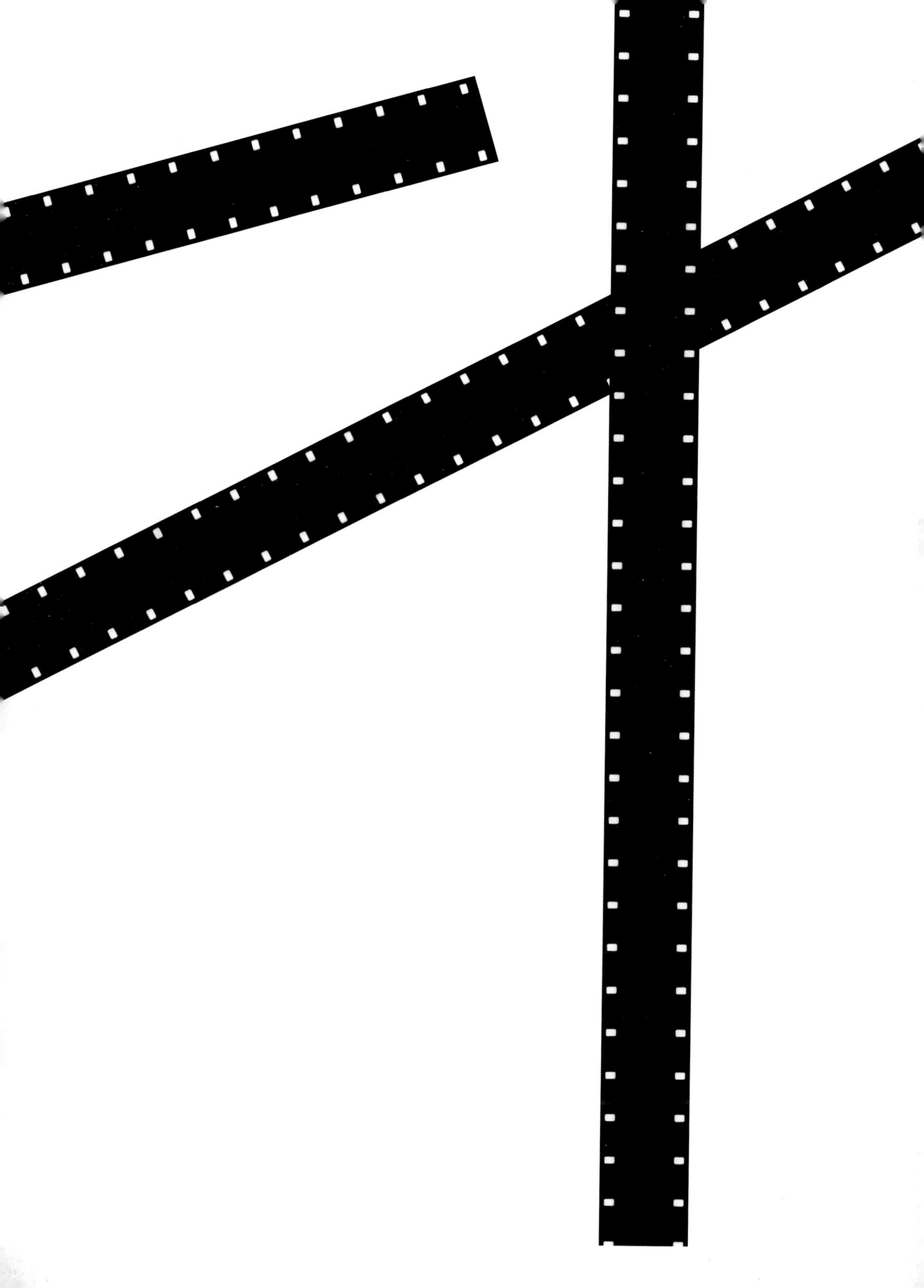

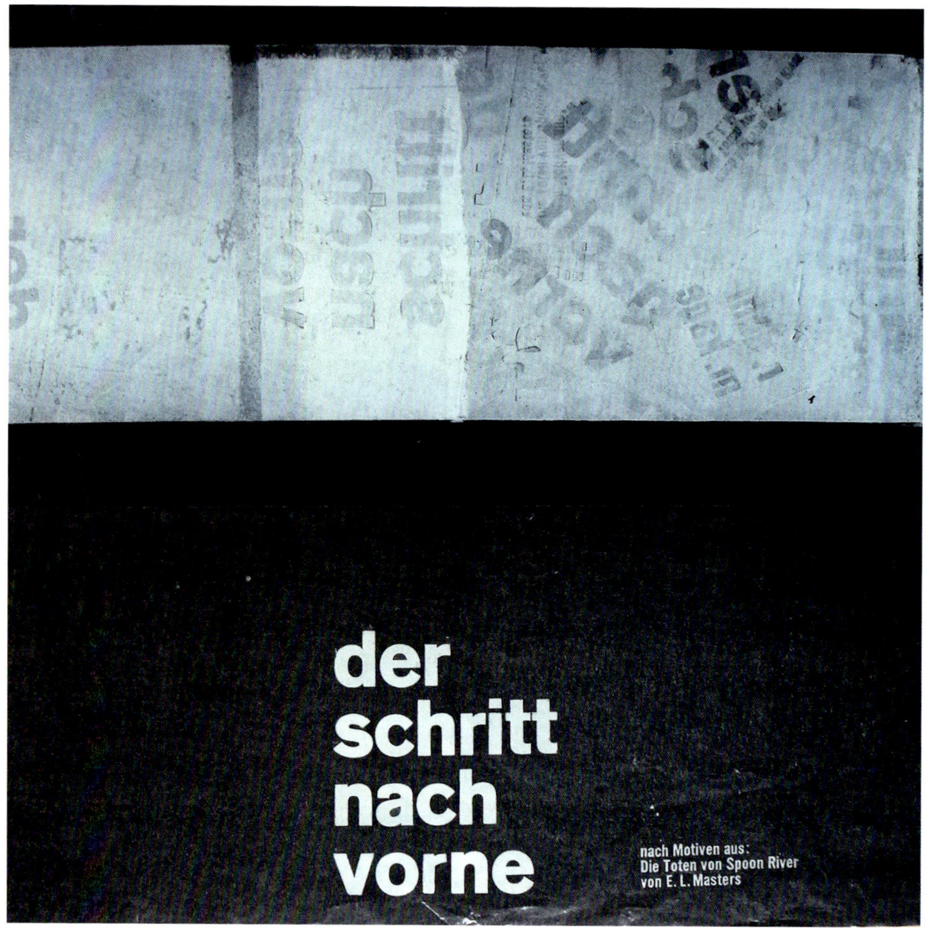

der
schritt
nach
vorne
nach Motiven aus:
Die Toten von Spoon River
von E. L. Masters

Der Schritt nach vorne

Datenblatt FILM

Filmtitel: DER SCHRITT NACH VORNE

Untertitel: Nach Motiven aus „Die Toten von Spoon River" von E.L.Masters

ergänzende Angaben

Im Auftrag des Studium Generale der Technischen Hochschule Stuttgart 1962/63

Produktionsangaben

Drehbuch/Kamera/Regie: Georg Bense
Musik/Vertonung: Hansjoerg Mayer und
                   Freimut Wössner
Polychromatische Fotografie: Manfred
                           Kage
Produktionsleitung: Rainer Wössner

Digitale Bearbeitung 2014:
       Wolf Quiel/Georg Bense

Technische Angaben

Filmmaterial

16mm schwarz/weiß, Magnetton

Filmlänge: 21′37

Darsteller / Sprecher

Ulli Bader
Bernd Dieterich
Wolfgang Matschke
Yüksel Pazarkaya

Die 4 Originaltexte wurden von einer
Computerstimme gesprochen

Konzeptionelle Angaben

Der Film entstand nach Motiven aus der „Spoon River Anthologie" (dt. „Die Toten von Spoon River") des amerikanischen Schriftstellers Edgar Lee Masters. Ein Dichter geht über den Friedhof einer Ortschaft im amerikanischen Mittelwesten und lässt jeden Toten über sein Leben und die Hintergründe seines Todes sprechen. Aus dieser Anthologie hat der Film vier Episoden übernommen. Was bei Edgar Lee Masters der Friedhof ist, war den Filmemachern das Foto eines Dorfplatzes, auf dem vier Personen zu sehen sind. Der Film beschreibt die Momente nach dem Photoklick, die Schritte der Protagonisten heraus aus dem Foto, die jedes Mal zu ihrem Tod führen. So zeigt der Film vier Arten zu sterben. Am Beispiel ihres Todes will der Film die Banalität des Todes zeigen. Spielende Kinder, Barackenleben, Verkehrsunfall und Schlachtfeld sind Hintergründe des Geschehens. Die optische Erzählung ist vielfach verfremdet. Die Suche nach modernen Ausdrucksformen, weg von den klassischen Erzähl- mustern des Films haben einige Male den Charakter von Fingerübungen. Das ist bewusst geschehen und gehörte damals (1962/63) zum „Credo" des Filmarbeitsteams (FAT) auf der experimentellen Suche nach neuen Filmformen für die Literatur.

data sheet FILM

title: THE STEP FORWARD

subtitle: Based on motifs from Spoon River Anthology by E. L. Masters

additional information

Commissioned by the Studium Generale, Technische Hochschule Stuttgart 1962/63

production details

Screenplay/Camera/Direction: Georg Bense
Music/Sounds: Hansjoerg Mayer and
                Freimut Wössner
Polychromatic Photography: Manfred Kage
Head of Production: Rainer Wössner

Digitisation 2014: Wolf Quiel /
                Georg Bense

technical details

film material

16mm black and white film, magnetic sound

length: 21´37

actor / voice-over

Ulli Bader
Bernd Dieterich
Wolfgang Matschke
Yüksel Pazarkaya

The four original texts were spoken by a computer voice.

film concept

This film was based on excerpts from the Spoon River Anthology by US American writer Edgar Lee Masters. A poet walks about the cemetery in a small town in the American Midwest and allows each of the dead to tell of their lives and the circumstances attending their deaths. The film focuses on four episodes from the anthology. What in Edgar Lee Masters's case is the cemetery is for the filmmakers a photo of the village square, on which four people can be seen. The film describes the moments after the click of the shutter, the steps the protagonists take out of the photo, which in every case leads to death. In this way the film shows four ways of dying. Taking the example of the ways they die, the film wishes to show the very banality of death. Children at play, life in the barracks, a traffic accident and the battlefield form the backdrop to the occurrences. The visual narrative has been defamiliarised in many ways. The search for modern means of expression, away from the classic patterns of film narrative, have in several instance the characters of finger exercises. That was deliberately so, being as it was part of the "creed" back then (1962/63) that informed the experiments of the Filmarbeitsteam (FAT) in its search for new kinds of film for literature.

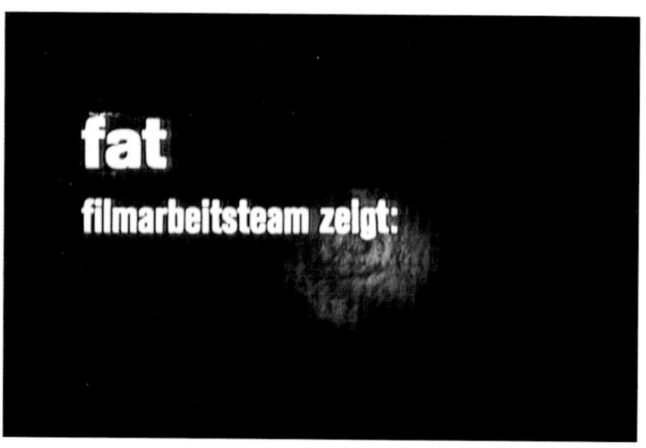
fat
filmarbeitsteam zeigt:
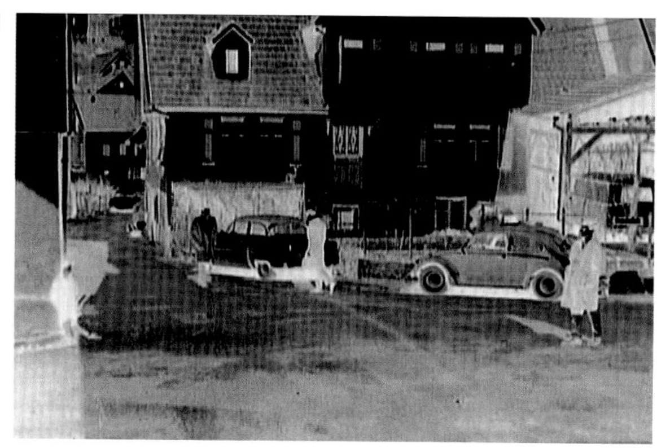
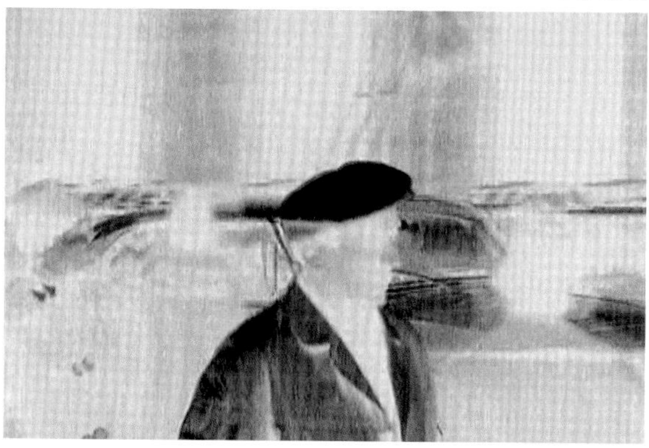
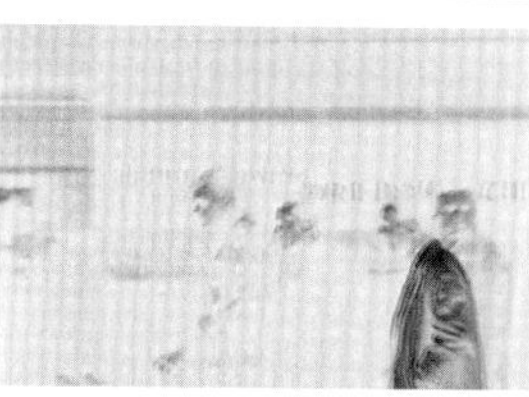
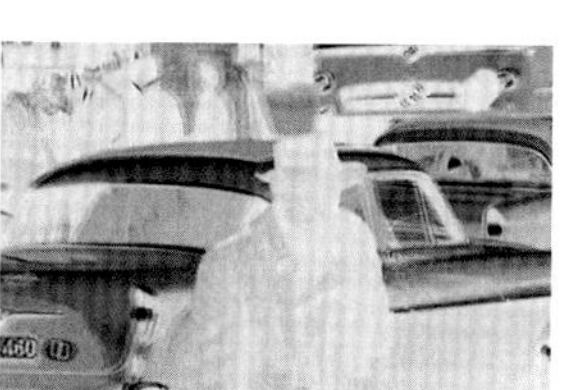
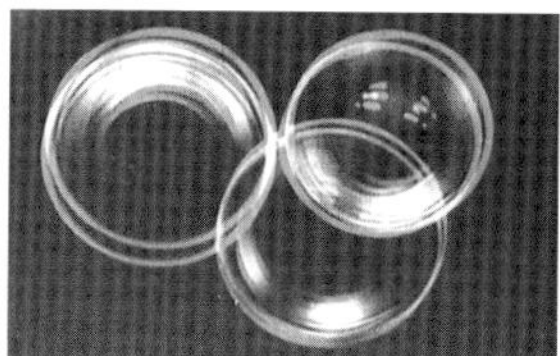
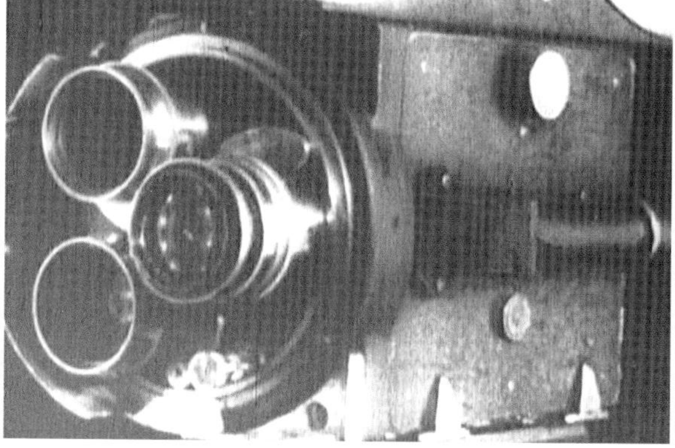
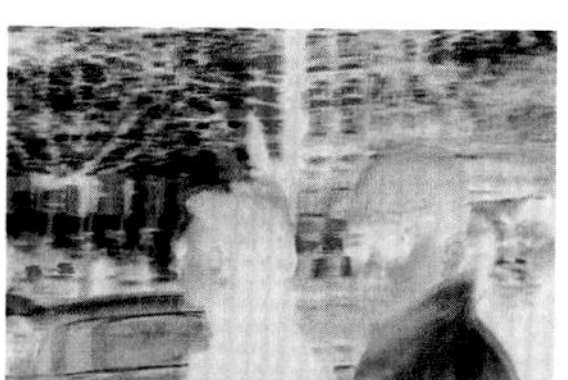
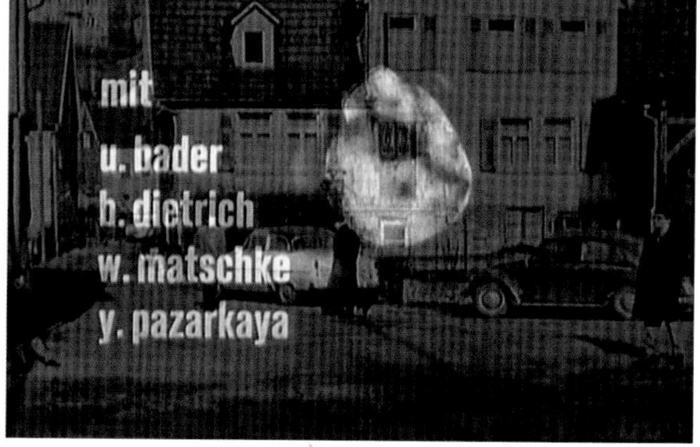
mit
u. bader
b. dietrich
w. matschke
y. pazarkaya

der
schritt
nach
vorne
nach Motiven aus:
Die Toten von Spoon River
von E. L. Masters

CHARLIE FRENCH

Hat man je erfahren,
Wer von den Buben O'Briens die Spielpistole
Auf meine Hand losdrückte?
Da, als die Fahnen rot und weiß im Wind
Wehten und Bucky Estil
Die Kanone abfeuerte, die Hauptmann Harris
Von Vicksburg nach Spoon River gebracht hat;
Um die Limonadenbuden war ein Gedränge,
Und die Kapelle spielte.
Alles das verdorben von einem Stückchen
Knallkorken, das mir in die Hand drang!
Und die Buben um mich gedrängt, sie sagten:
„Du stirbst ganz sicher am Starrkrampf, Charlie."
Ach Gott, ach Gott,
Wer von meinen Freunden hat das nur getan?

CHARLIE FRENCH

DID YOU ever find out
Which one of the O'Brien boys it was
Who snapped the toy pistol against my hand?
There when the flags were red and white
In the breeze and „Bucky" Estil
Was firing the cannon brought to Spoon River
From Vicksburg by Captain Harris;
And the lemonade stands were running
And the band was playing,
To have it all spoiled
By a piece of a cap shot under the skin of my hand,
And the boys all crowding about me saying:
„You'll die of lock-jaw, Charlie, sure."
Oh, dear! oh, dear!
What chum of mine could have done it?

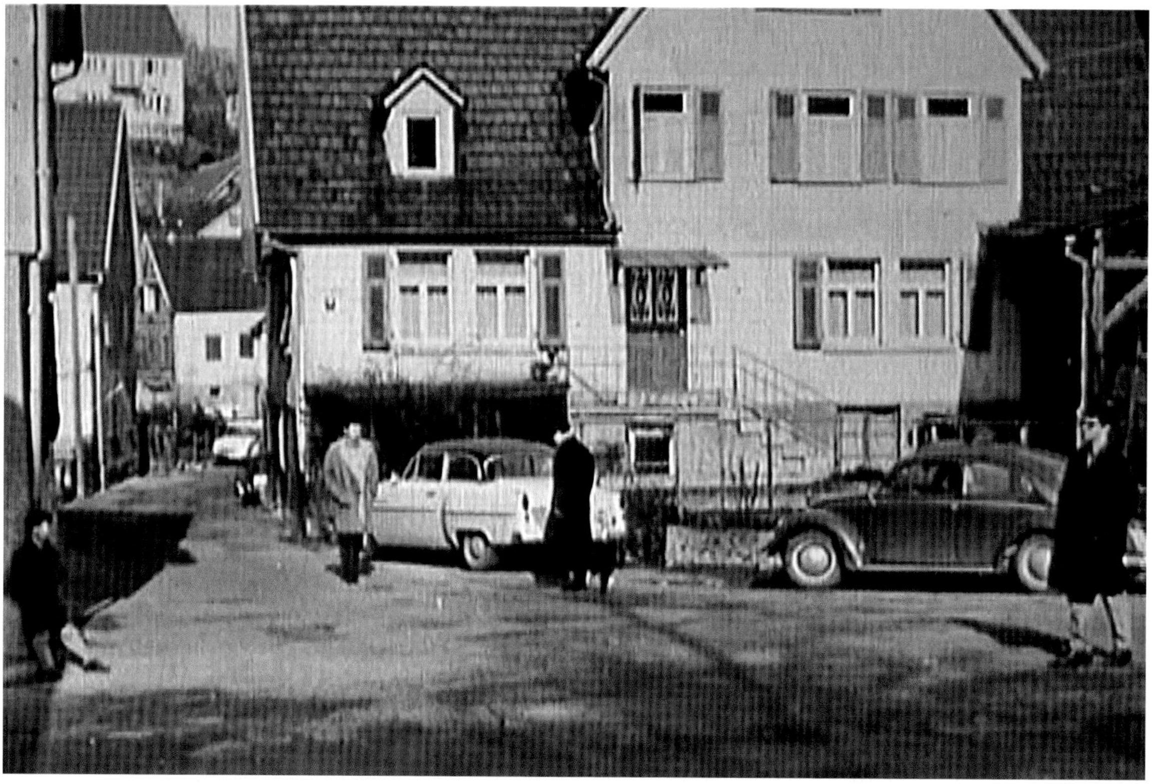

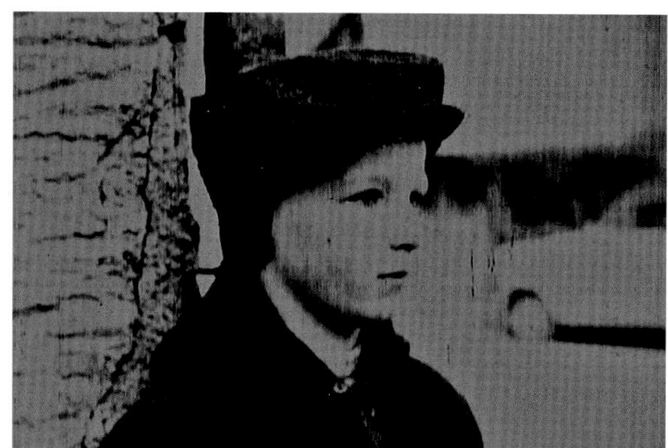
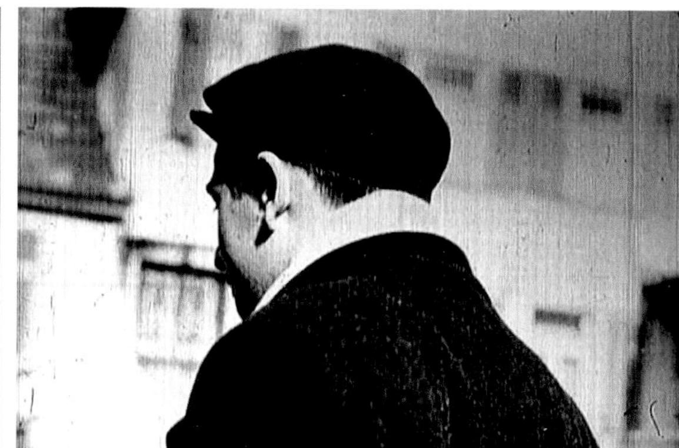
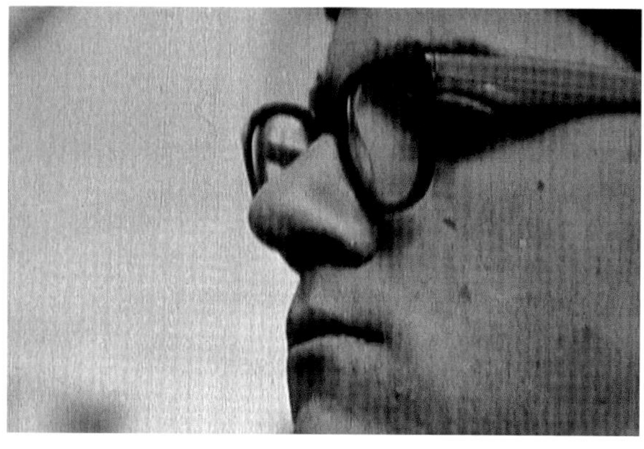
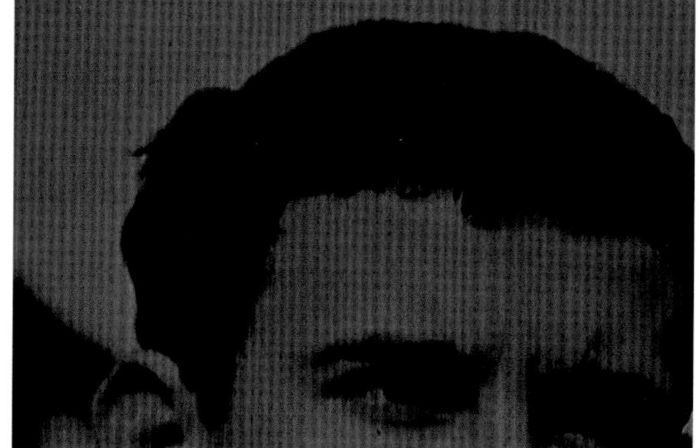

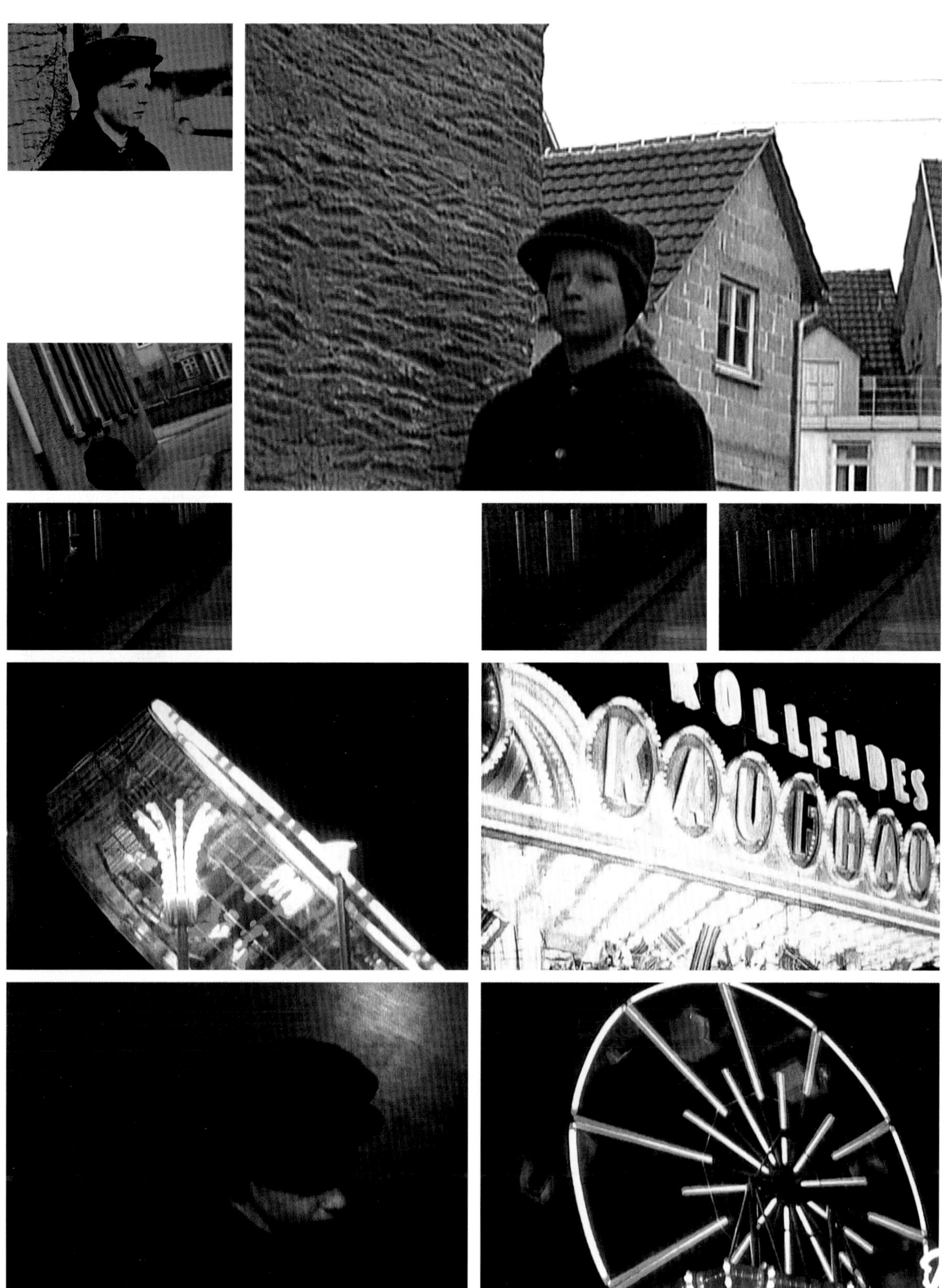
ROLLENDES
KAUFHAU

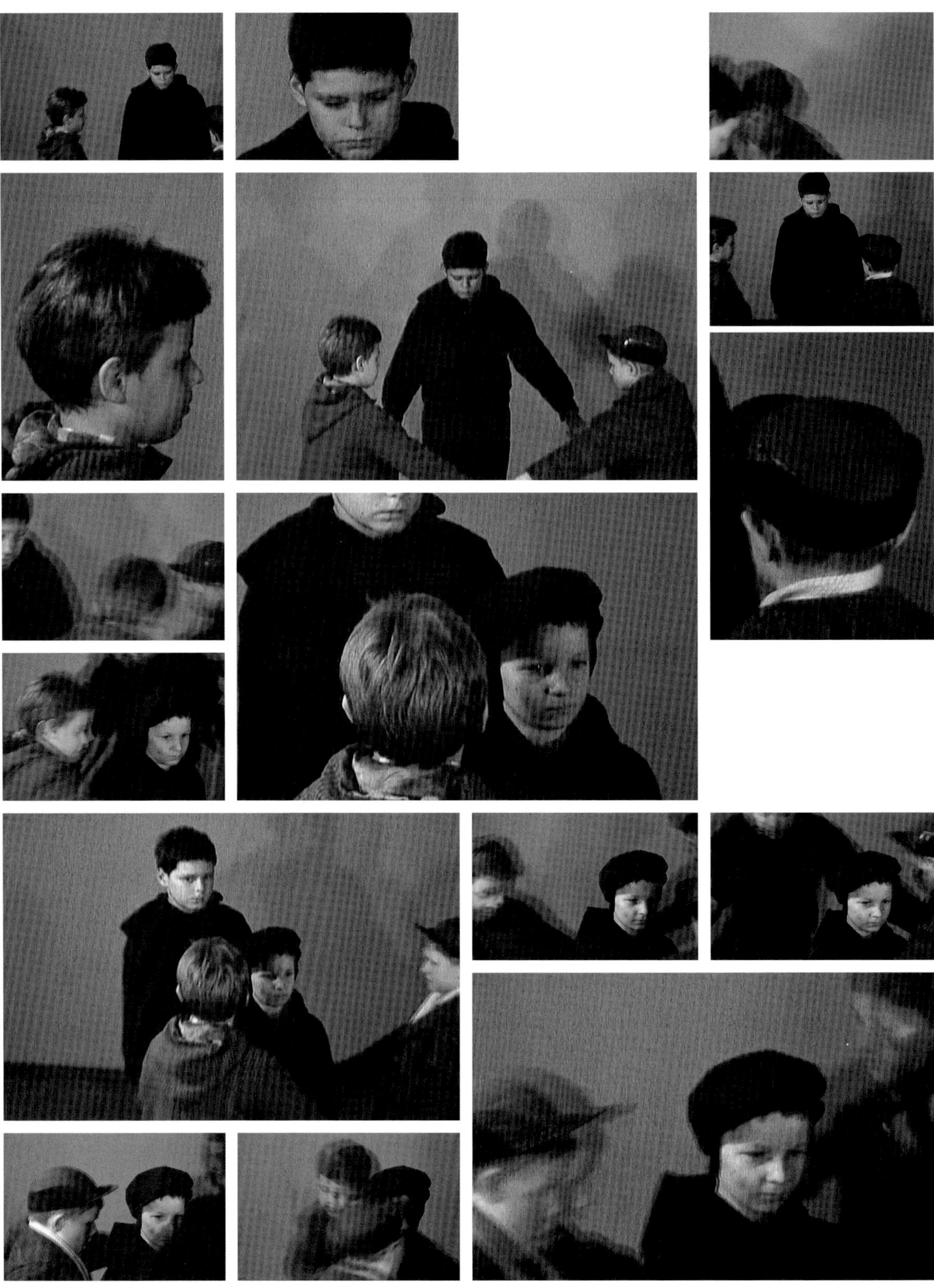

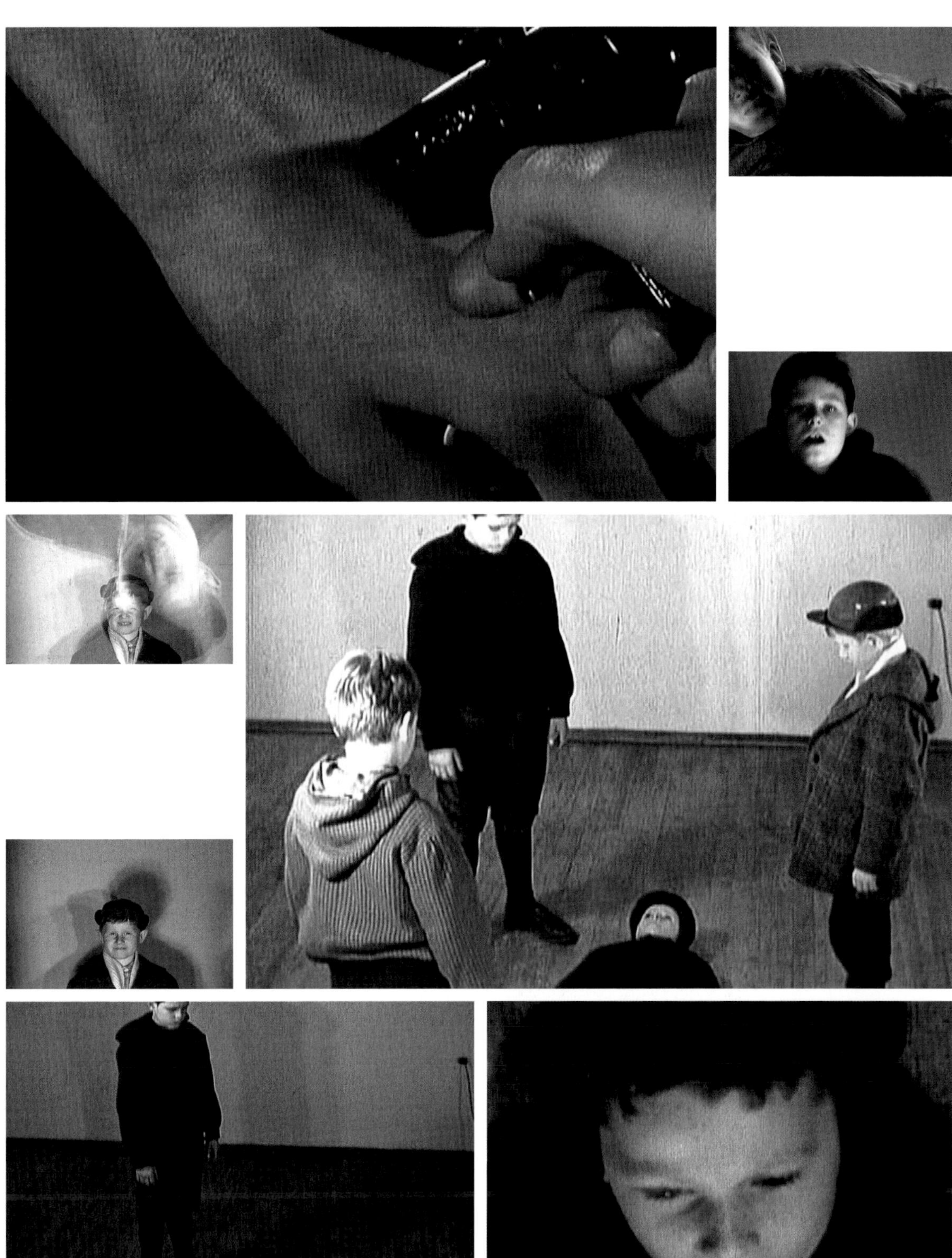

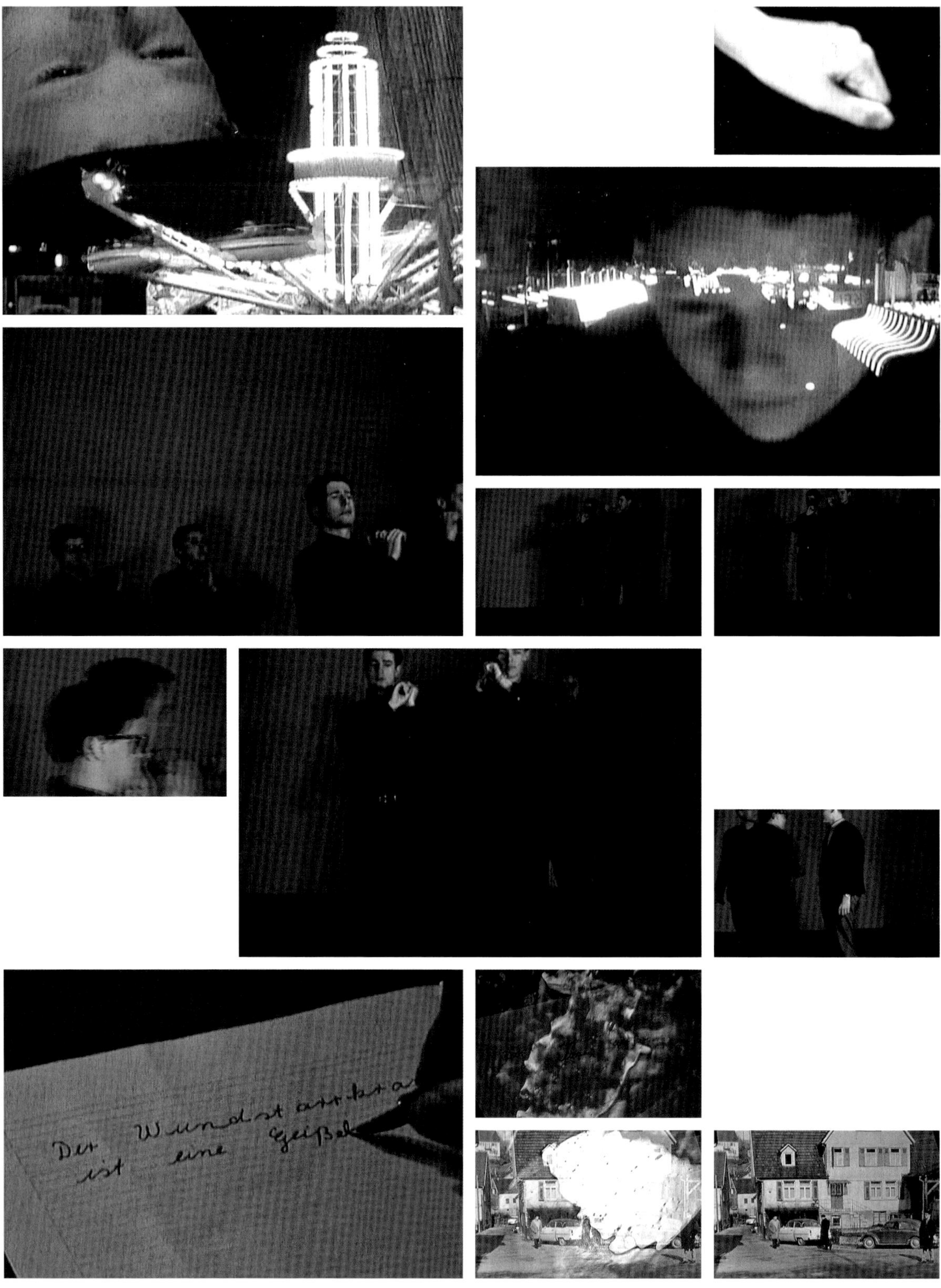
Der Wundstarrkrampf ist eine Geißel

HAROLD ARNETT

Ich stand an den Herd gelehnt, krank, krank,

Ich dachte an meinen Bankrott, vor dem Blick den Abgrund,

Matt von der Hitze des Mittags.

Eine Kirchenglocke klang klagend und fern,

Ich hörte den Schrei eines Kindes

Und das Husten von John Yarnell,

Bettlägerig, fiebrisch, fiebrisch, am Ende,

Dann kam die böse Stimme meiner Frau:

«Paß auf, die Kartoffeln brennen an!»

Ich roch sie … dann kam der unwiderstehliche Ekel.

Ich drückte ab … Dunkel … Licht …

Unsägliche Reue … ein Tasten zurück nach der Welt.

Zu spät! So kam ich hierher,

Mit Lungen zum Atmen … man kann hier nicht atmen mit Lungen,

Doch atmen muß man …

Warum sich von der Welt befreien,

Wenn keiner dem ewigen Verhängnis des Lebens entrinnt?

HAROLD ARNETT

I LEANED against the mantel, sick, sick,

Thinking of my failure, looking into the abysm,

Weak from the noon-day heat.

A church bell sounded mournfully far away,

I heard the cry of a baby,

And the coughing of John Yarnell,

Bed-ridden, feverish, feverish, dying,

Then the violent voice of my wife:

„Watch out, the potatoes are burning!"

I smelled them ... then there was irresistible disgust.

I pulled the trigger ... blackness ... light ...

Unspeakable regret ... fumbling for the world again.

Too late! Thus I came here,

With lungs for breathing ... one cannot breathe here with lungs,

Though one must breathe

Of what use is it to rid one's self of the world,

When no soul may ever escape the eternal destiny of life?

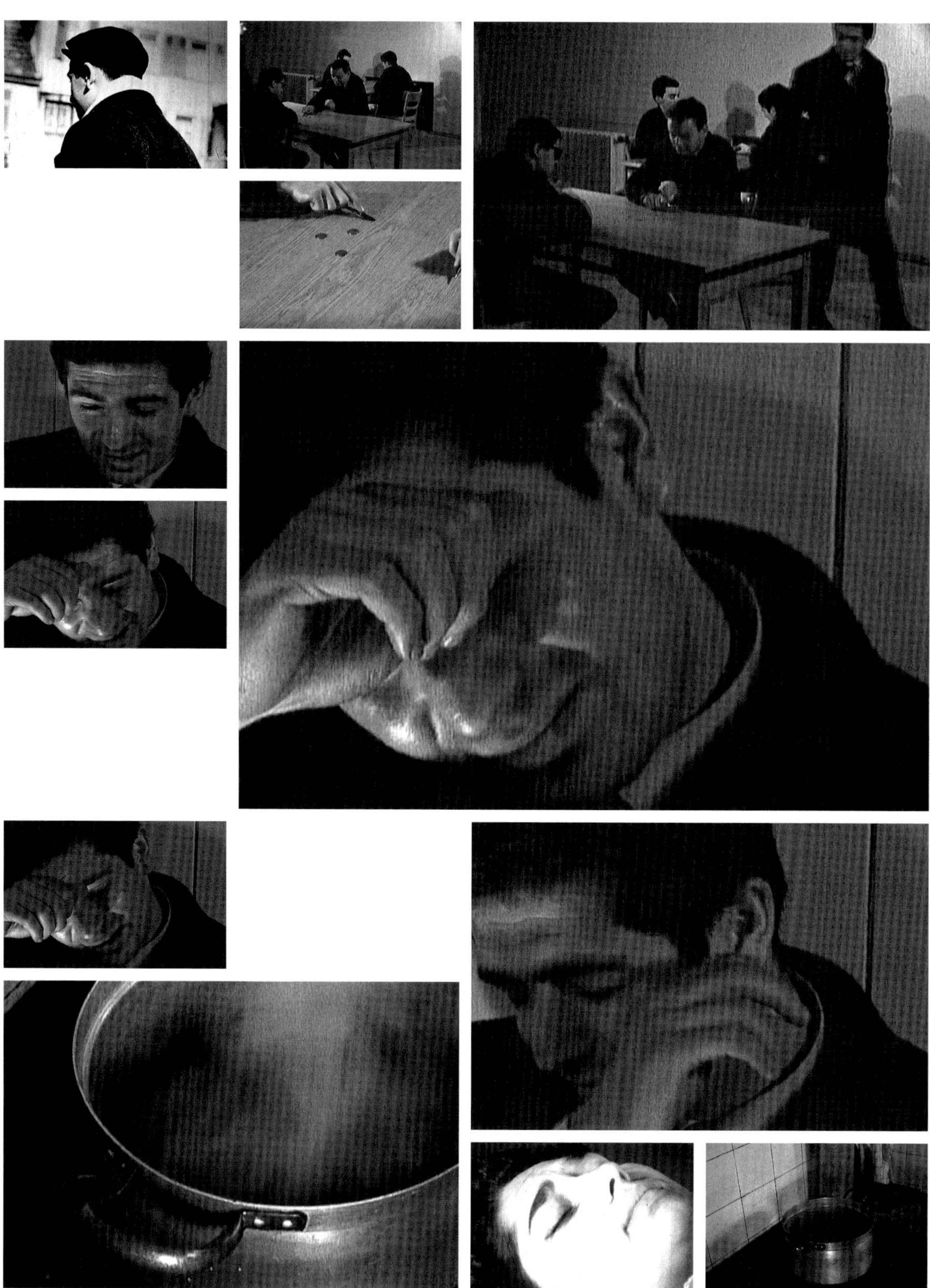

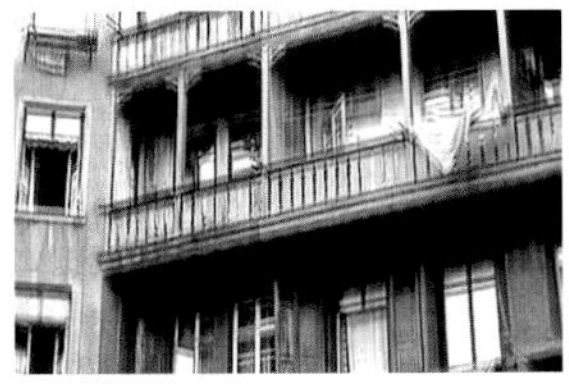
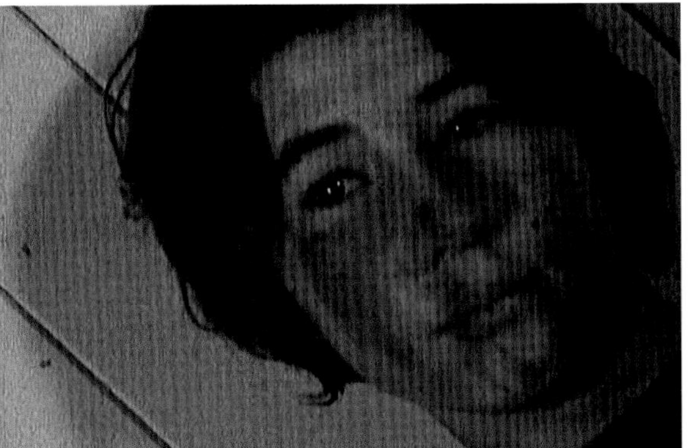
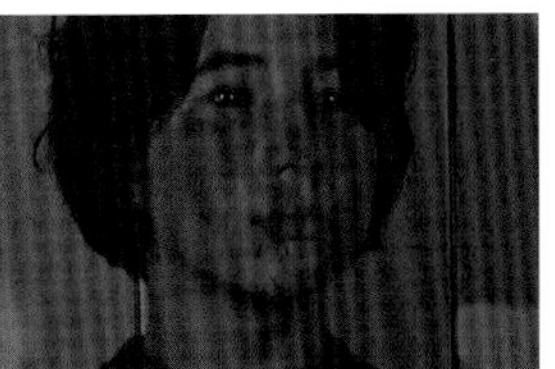
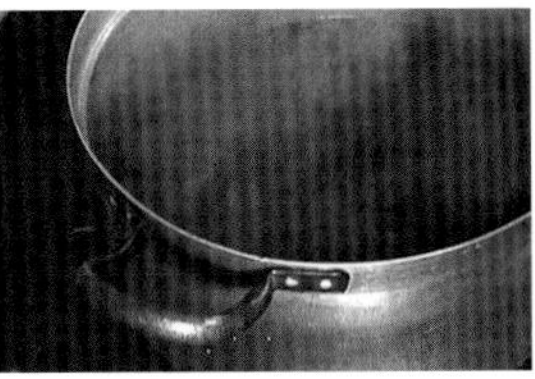
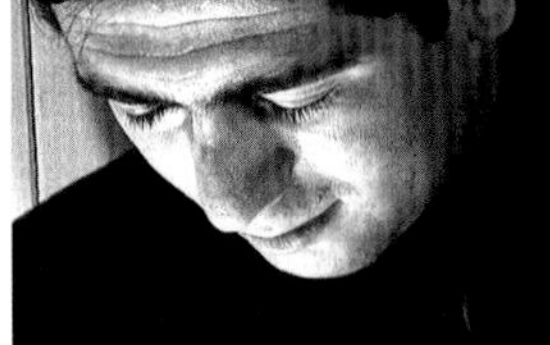
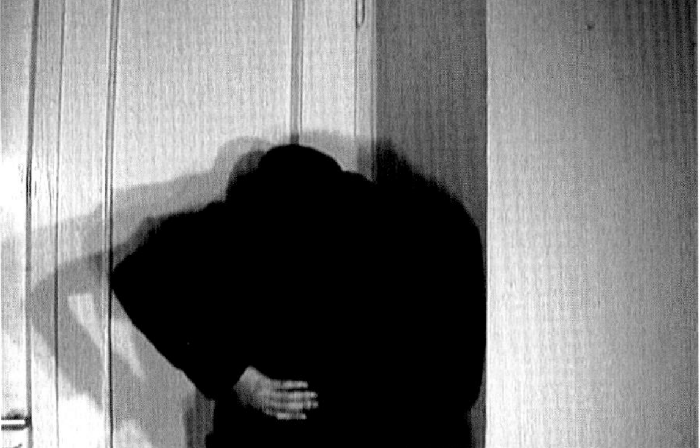
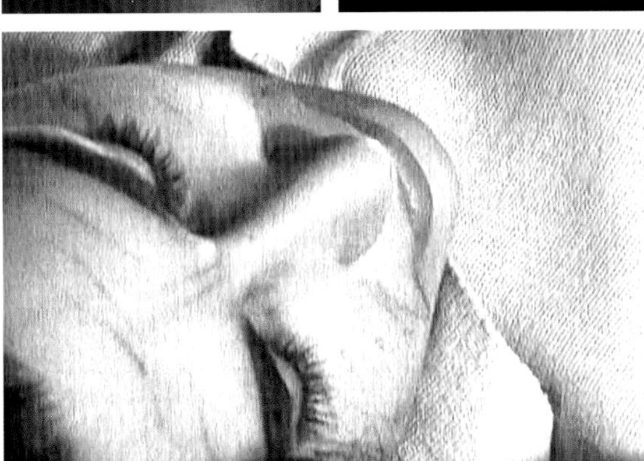
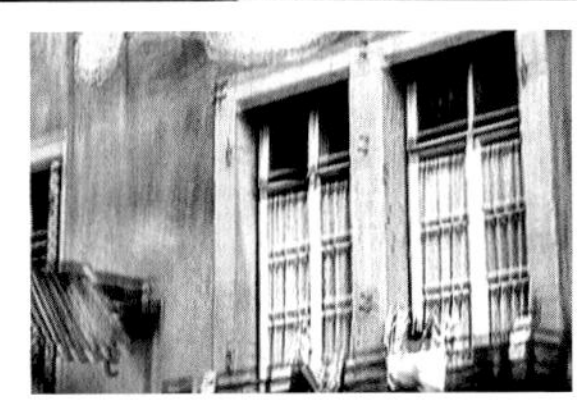
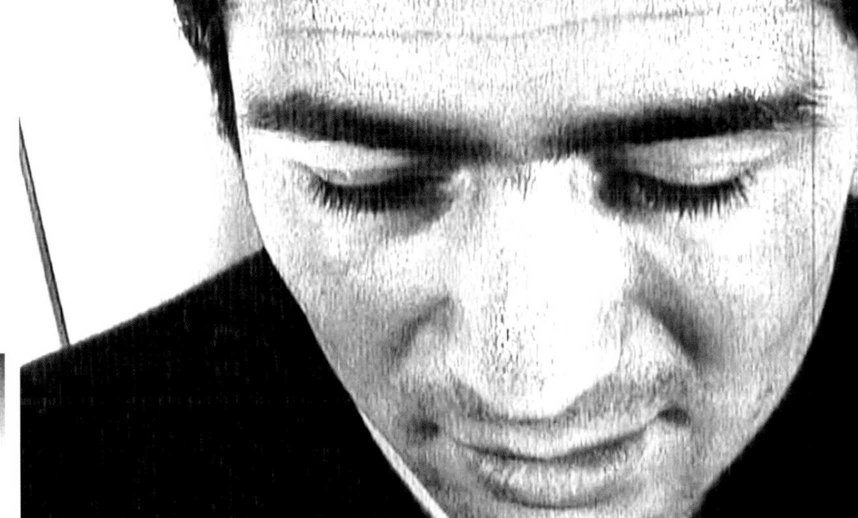
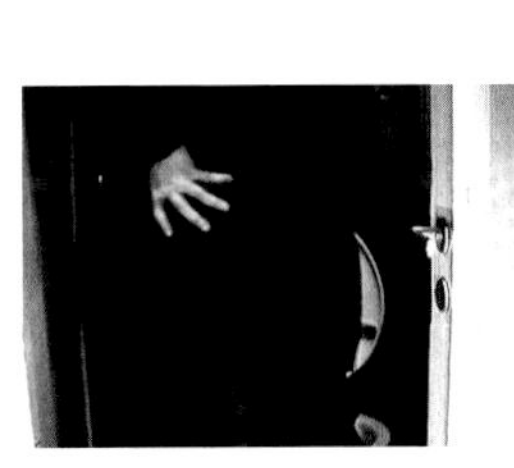

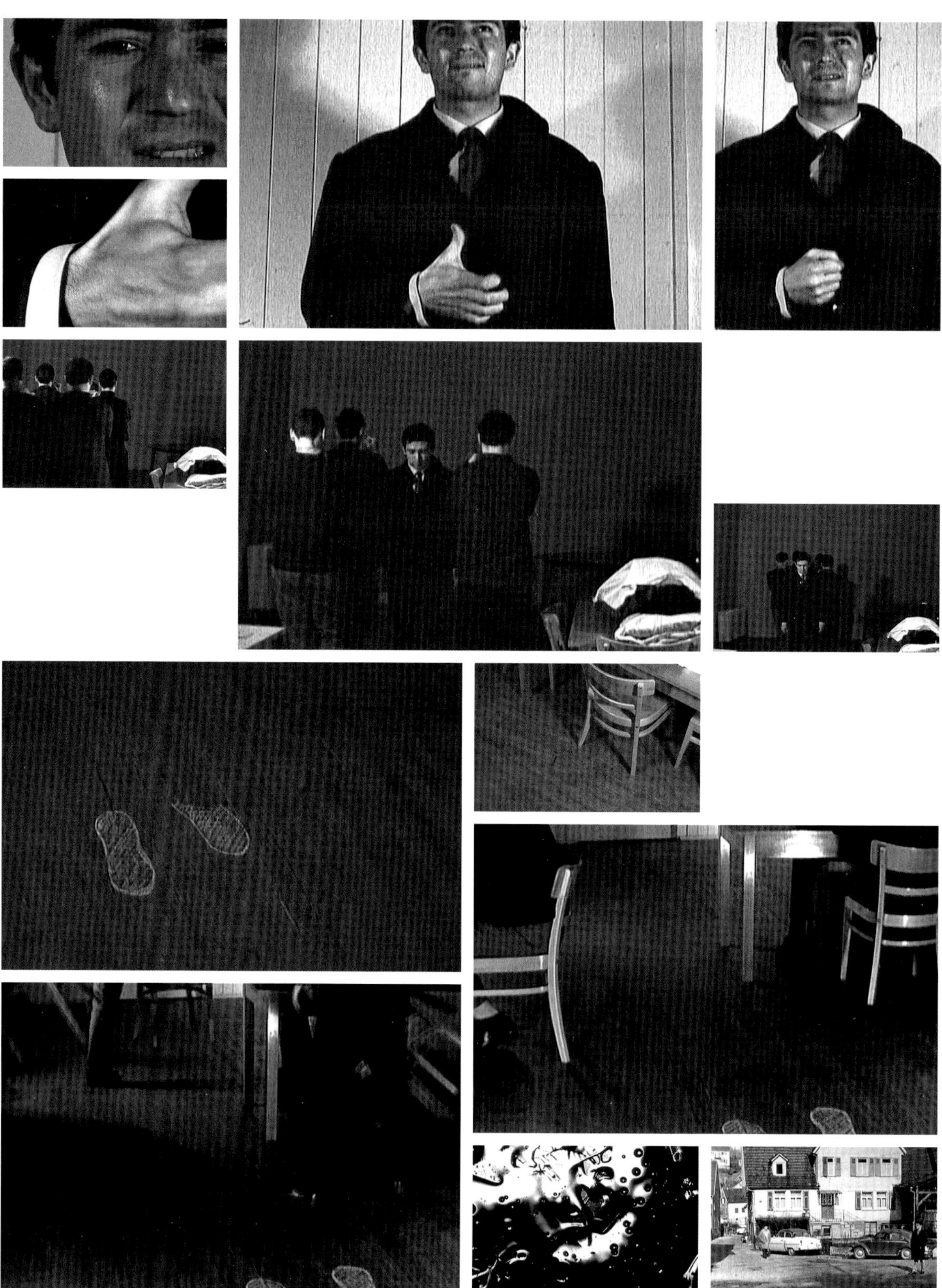

HENRY LAYTON

Wer du auch
seist, der hier vorübergeht,
Wisse, mein Vater war sanft,
Und meine Mutter war heftig
Und ich das Ganze solch feindlicher Hälften,
Die sich nicht mischten und banden,
Jede gesondert, kaum aneinander geschweißt.
Mancher empfand mich als sanft,
Mancher als heftig
Und mancher als beides.
Doch keine dieser Hälften wurde mein Verderben.
Es war das Auseinanderfallen
Der nie Zusammengehörenden,
Das mich als leiblose Seele zurückließ.

HENRY LAYTON

WHOEVER thou art who passest by
Know that my father was gentle,
And my mother was violent,
While I was born the whole of such hostile halves,
Not intermixed and fused,
But each distinct, feebly soldered together.
Some of you saw me as gentle,
Some as violent,
Some as both.
But neither half of me wrought my ruin.
It was the falling asunder of halves,
Never a part of each other,
That left me a lifeless soul.

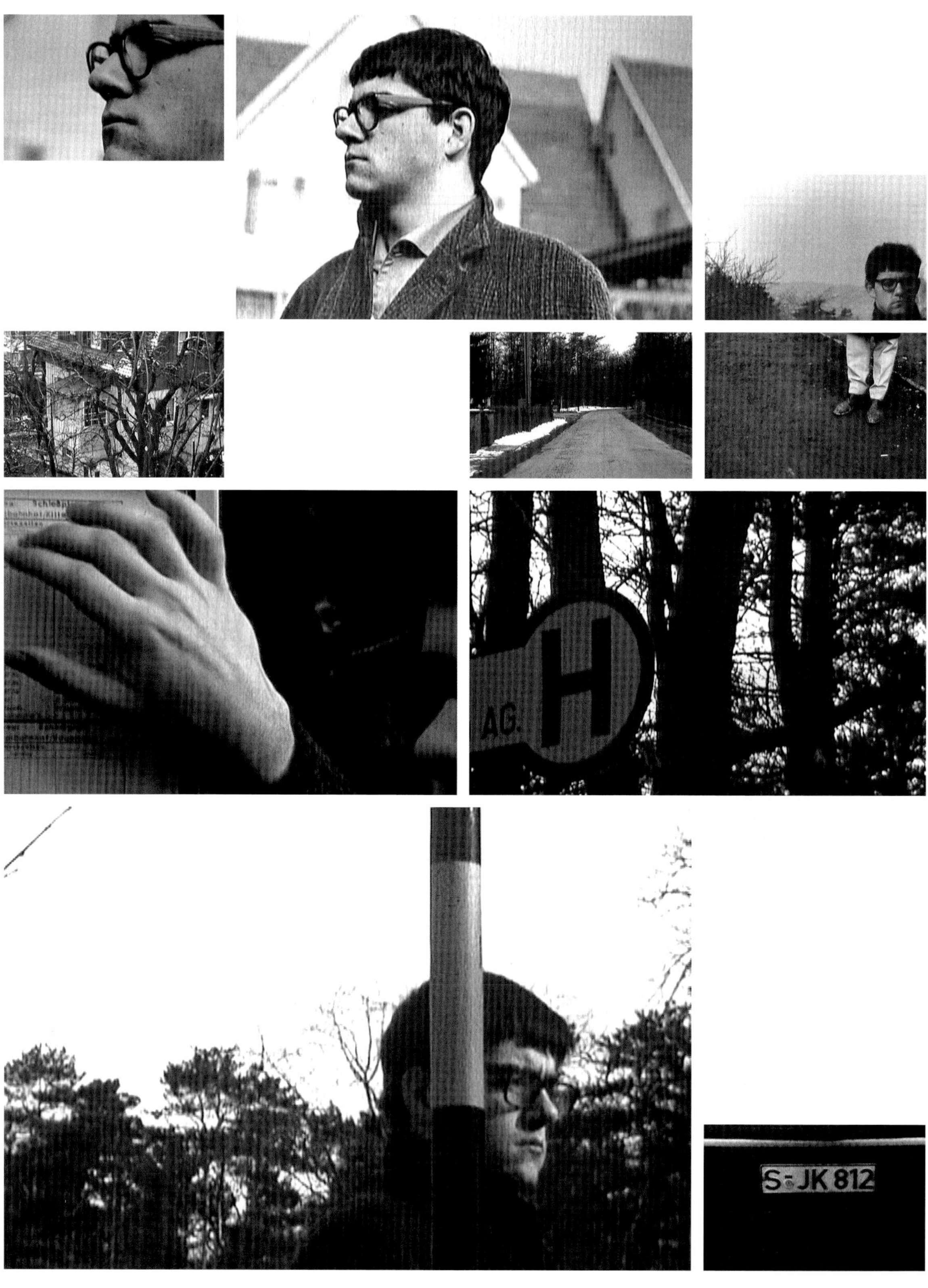

S - JK 812

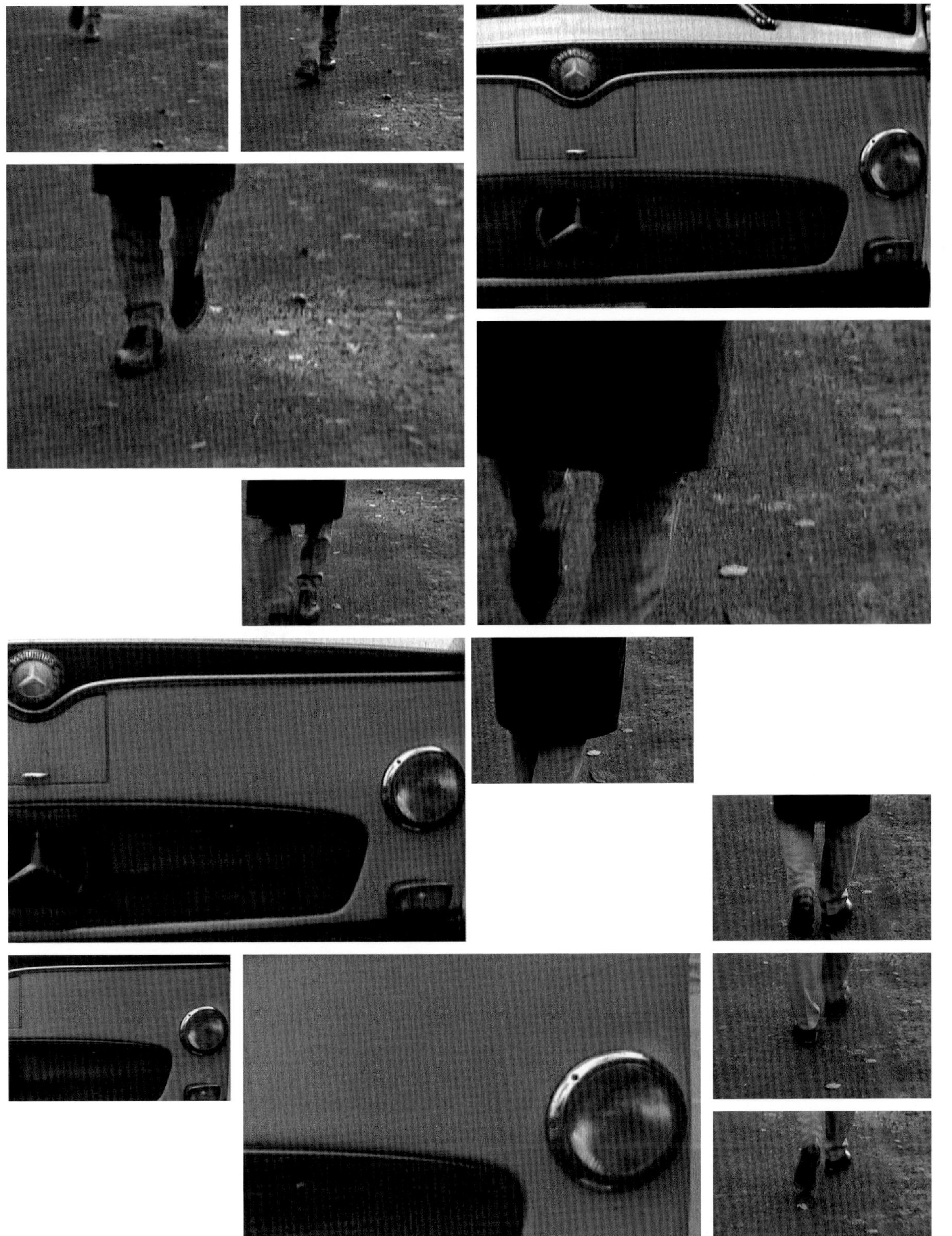

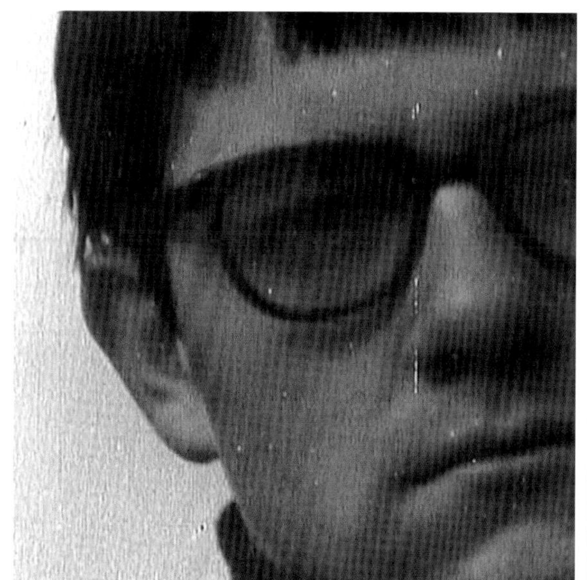
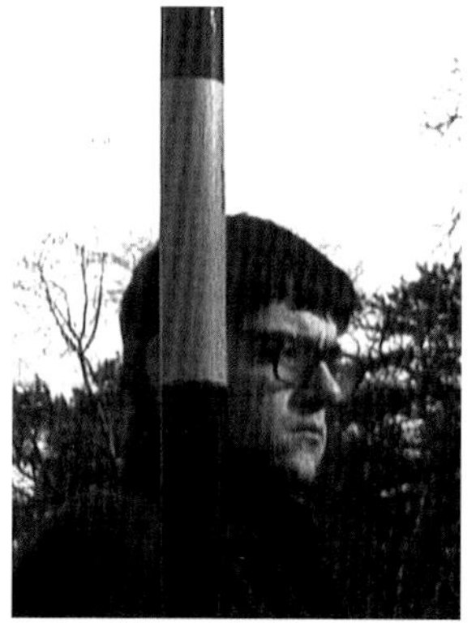
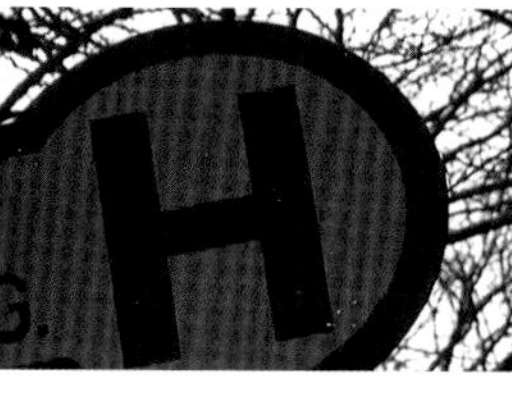
G.
H
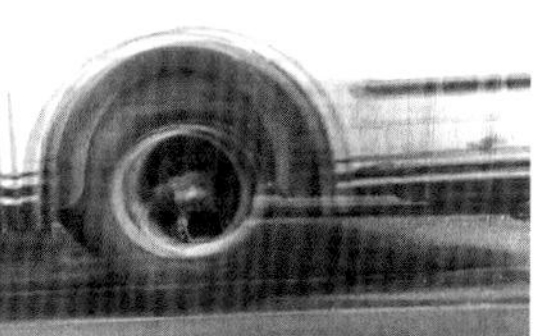
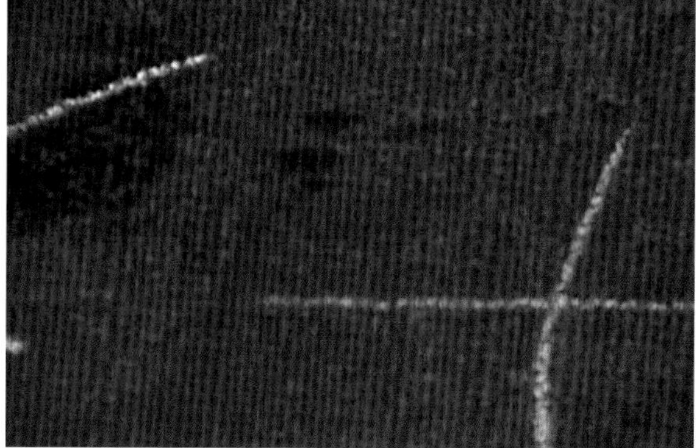
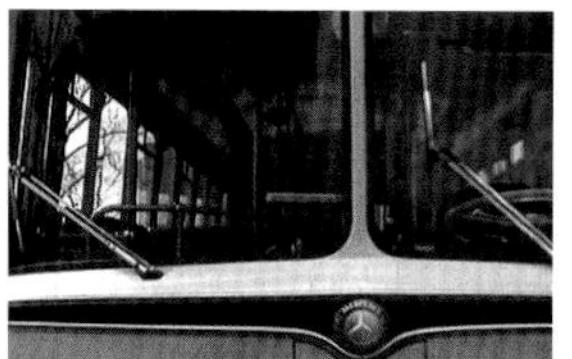
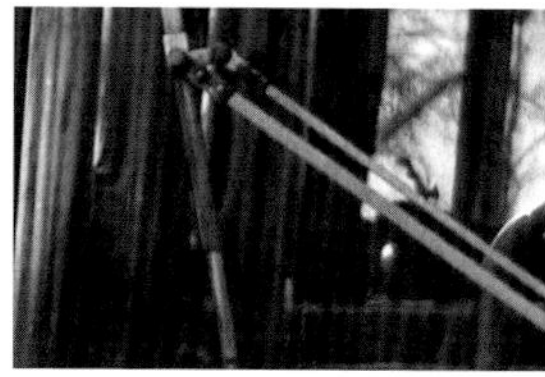
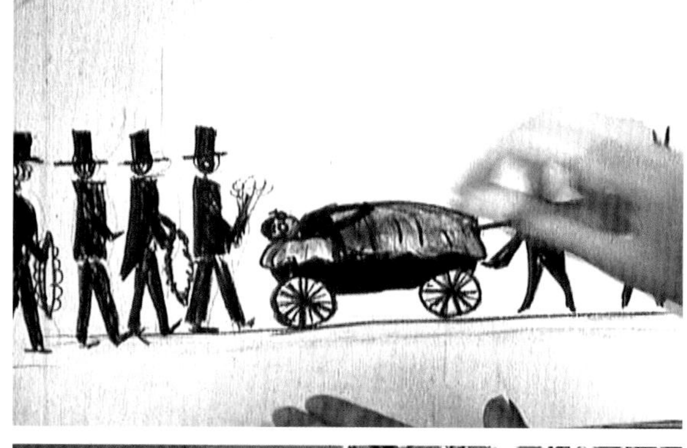
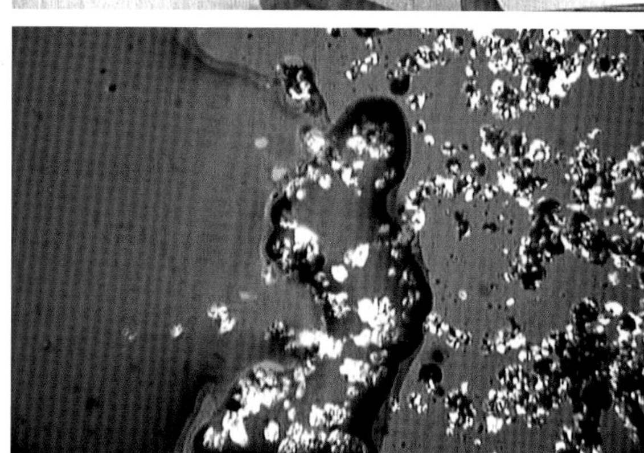
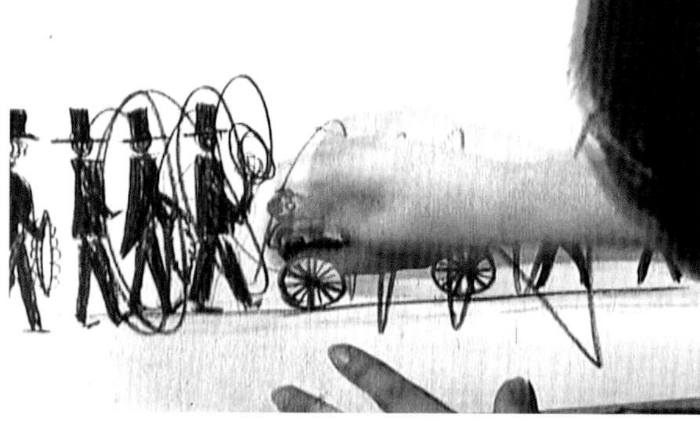
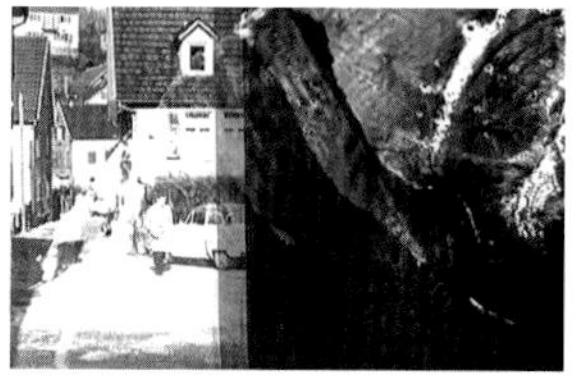
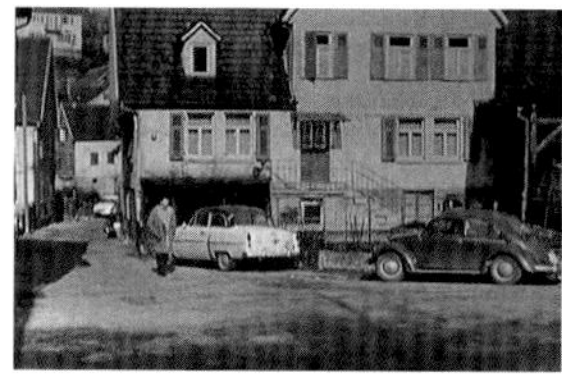

HARRY WILMANS

Ich war grade einundzwanzig geworden,
Und Henry Phipps, der Sonntagsschulvorsteher,
Hielt eine Rede in Bindles Theater.
„Die Ehre der Fahne muß aufrechterhalten werden",
sprach er,
„Ob sie nun angegriffen wird von einer Horde
Barbaren
Oder der größten Macht Europas."
Und wir schrien hurra! hurra! und schwenkten die
Fahne
Zu seiner Rede.
Und ich ging in den Krieg, gegen den Willen des
Vaters,
Und folgte der Fahne, bis wir sie hißten
Bei unserm Lager in einem Reisfeld unweit Manila,
Und alle schrien hurra! hurra!
Aber da gab es Fliegen und giftige Dinger,
Und da war das todbringende Wasser,
Die grausame Hitze,
Das faule, verdorbene Essen
Und der Gestank der Latrine dicht hinter den Zelten,
Wo sich die Soldaten entleerten.
Und da waren die Huren, die uns folgten, mit ihrer
Syphilis,
Und die Schweinereien, die wir allein
Oder miteinander trieben,
Und Raufhändel, Haß und Erniedrigung unter uns,
Tage des Überdrusses und Nächte der Angst,
Bis zur Stunde des Angriffs durch den dampfenden
Sumpf,
Der Fahne nach,
Bis ich aufschrie und fiel, durch die Därme geschossen.
Jetzt weht eine Fahne über mir in Spoon River –
Eine Fahne!

HARRY WILMANS

I WAS just turned twenty-one,
And Henry Phipps, the Sunday-school superintendent,
Made a speech in Bindle's Opera House.
„The honor of the flag must be upheld," he said,
„Whether it be assailed by a barbarous tribe of Tagalogs
Or the greatest power in Europe."
And we cheered and cheered the speech and the flag he
waved
As he spoke.
And I went to the war in spite of my father,
And followed the flag till I saw it raised
By our camp in a rice field near Manila,
And all of us cheered and cheered it.
But there were flies and poisonous things;
And there was the deadly water,
And the cruel heat,
And the sickening, putrid food;
And the smell of the trench just back of the tents
Where the soldiers went to empty themselves;
And there were the whores who followed us, full of
syphilis;
And beastly acts between ourselves or alone,
With bullying, hatred, degradation among us,
And days of loathing and nights of fear
To the hour of the charge through the steaming swamp,
Following the flag,
Till I fell with a scream, shot through the guts.
Now there's a flag over me in
Spoon River. A flag!
A flag!

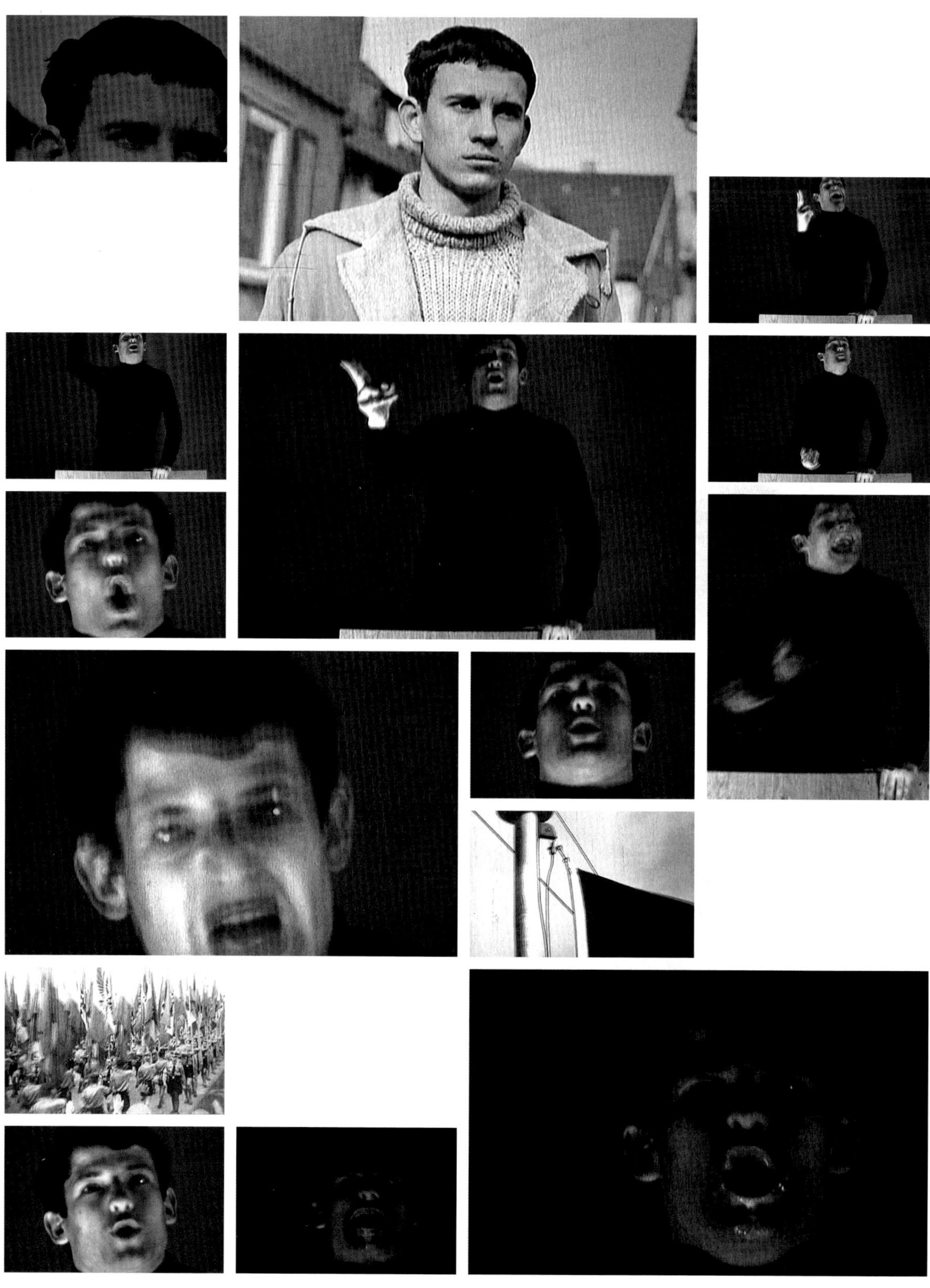

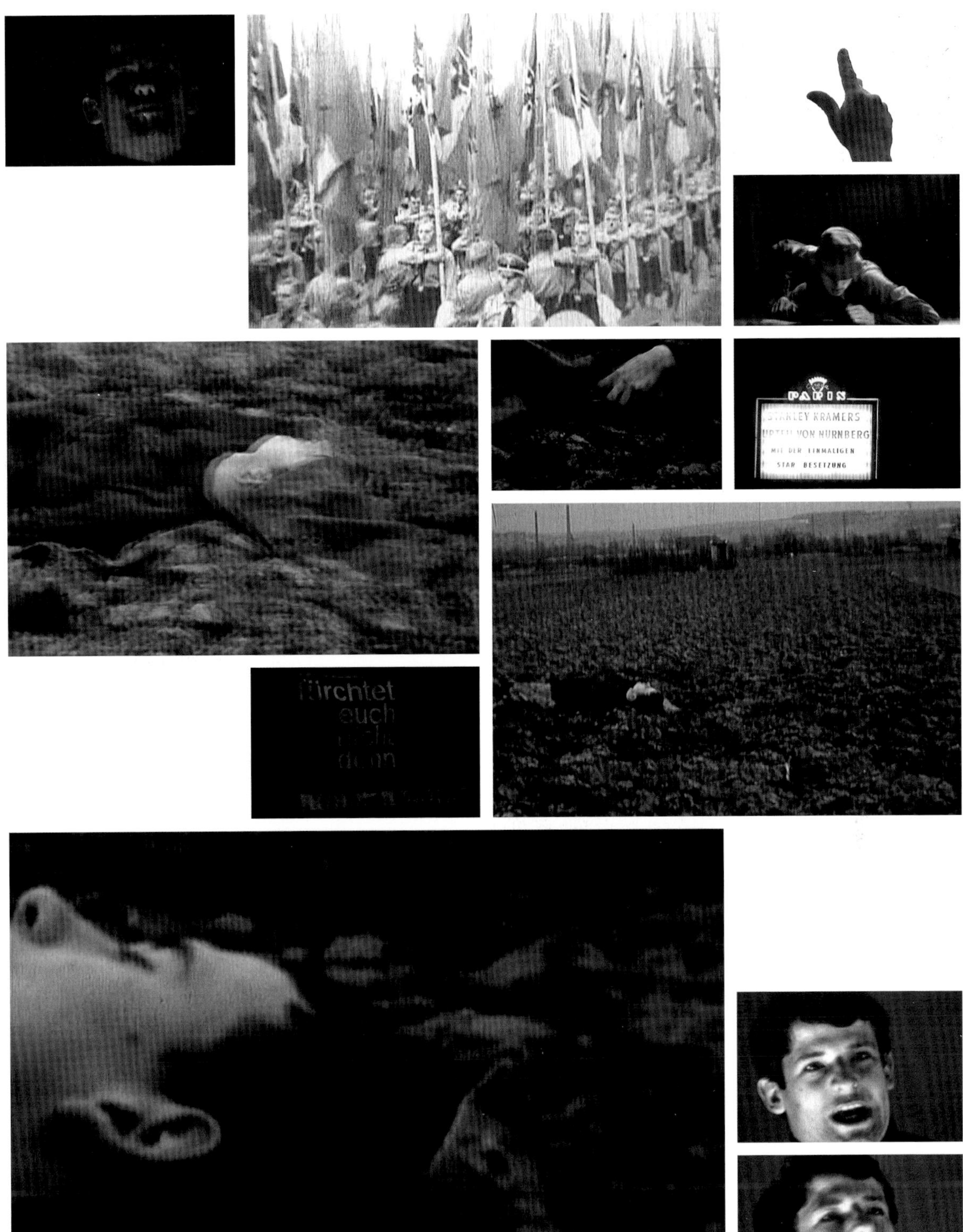

PARIS
STANLEY KRAMERS
URTEIL VON NÜRNBERG
MIT DER EINMALIGEN
STAR BESETZUNG

fürchtet
euch
nicht
dann

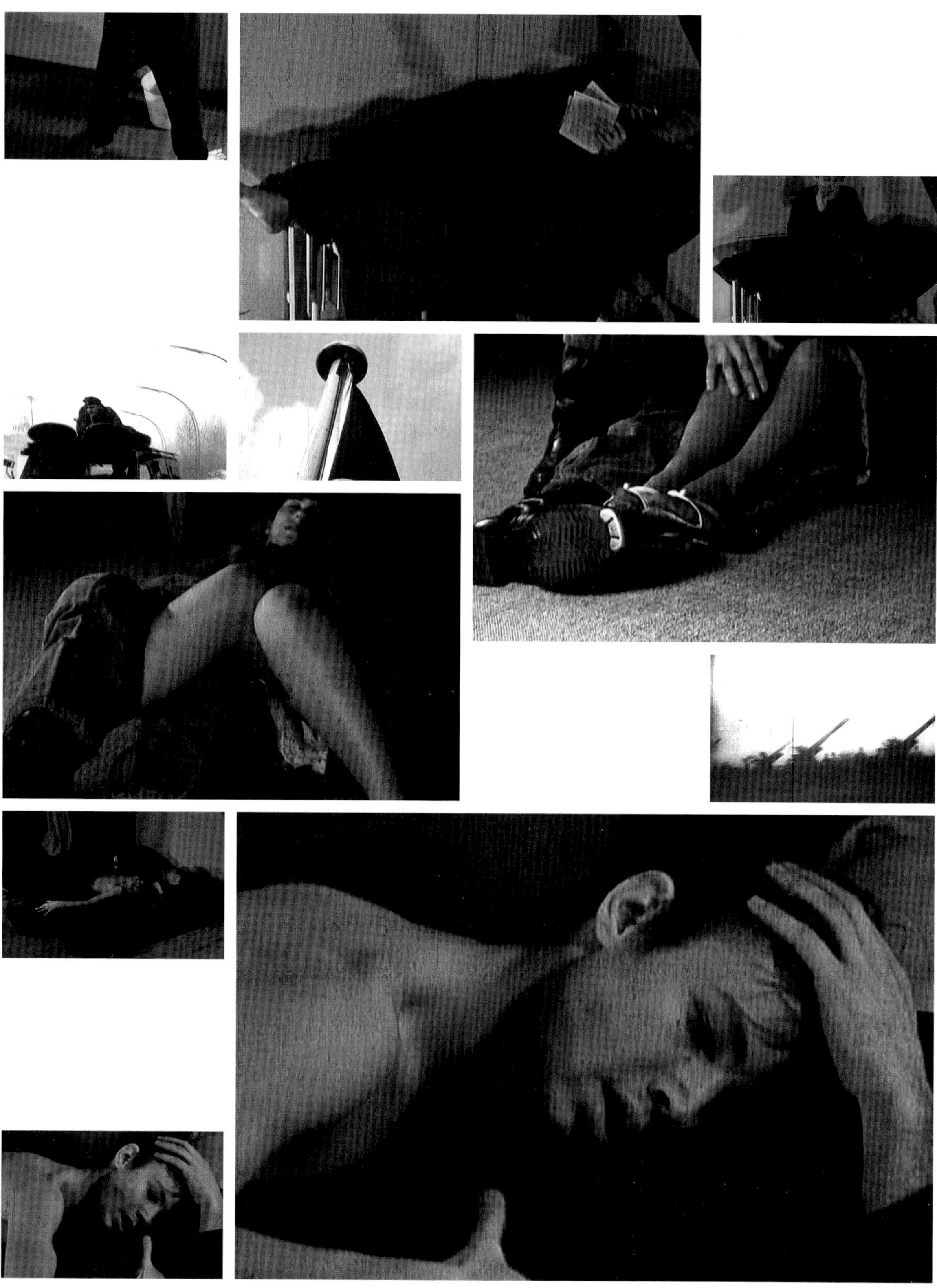

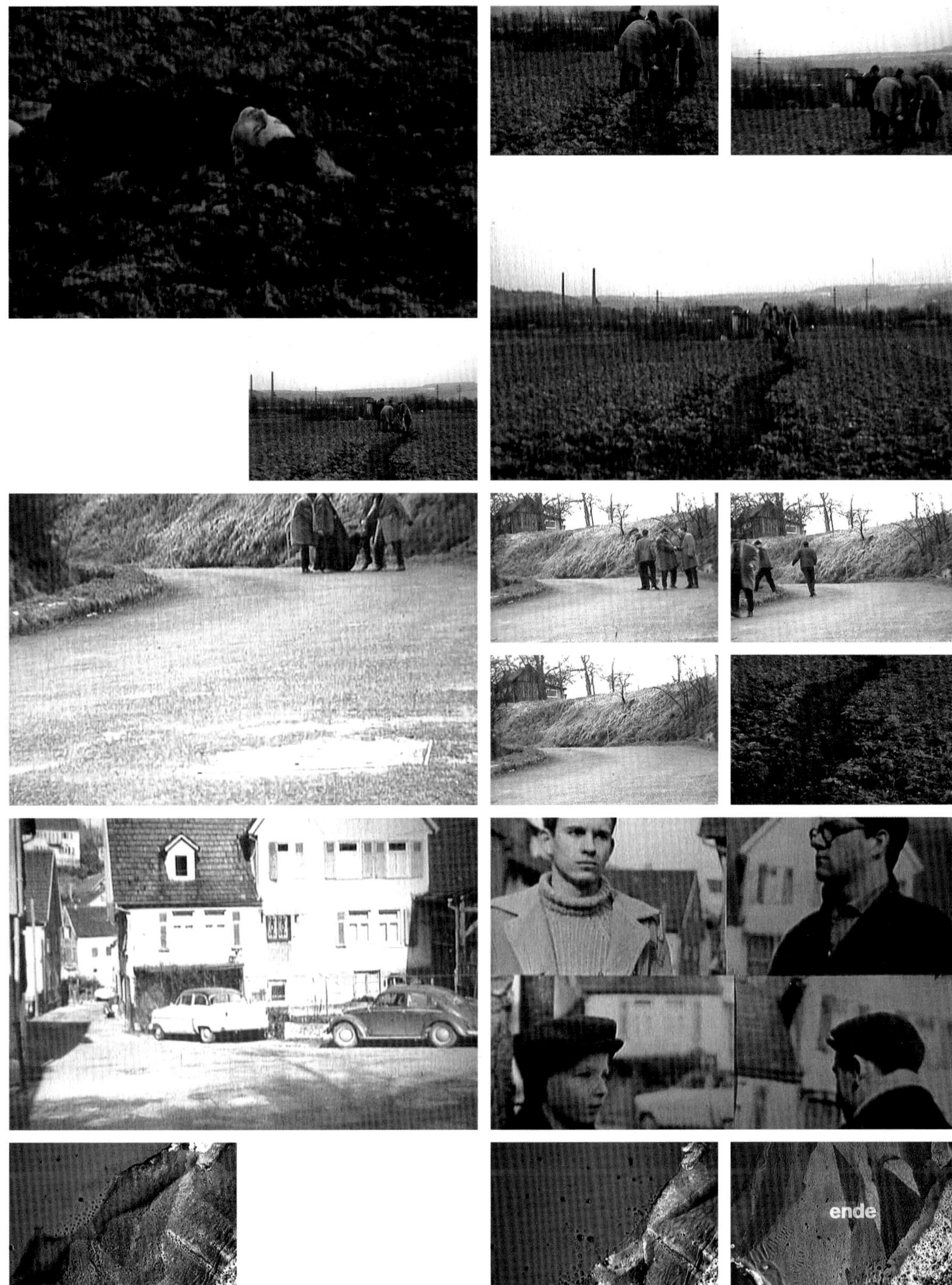
ende

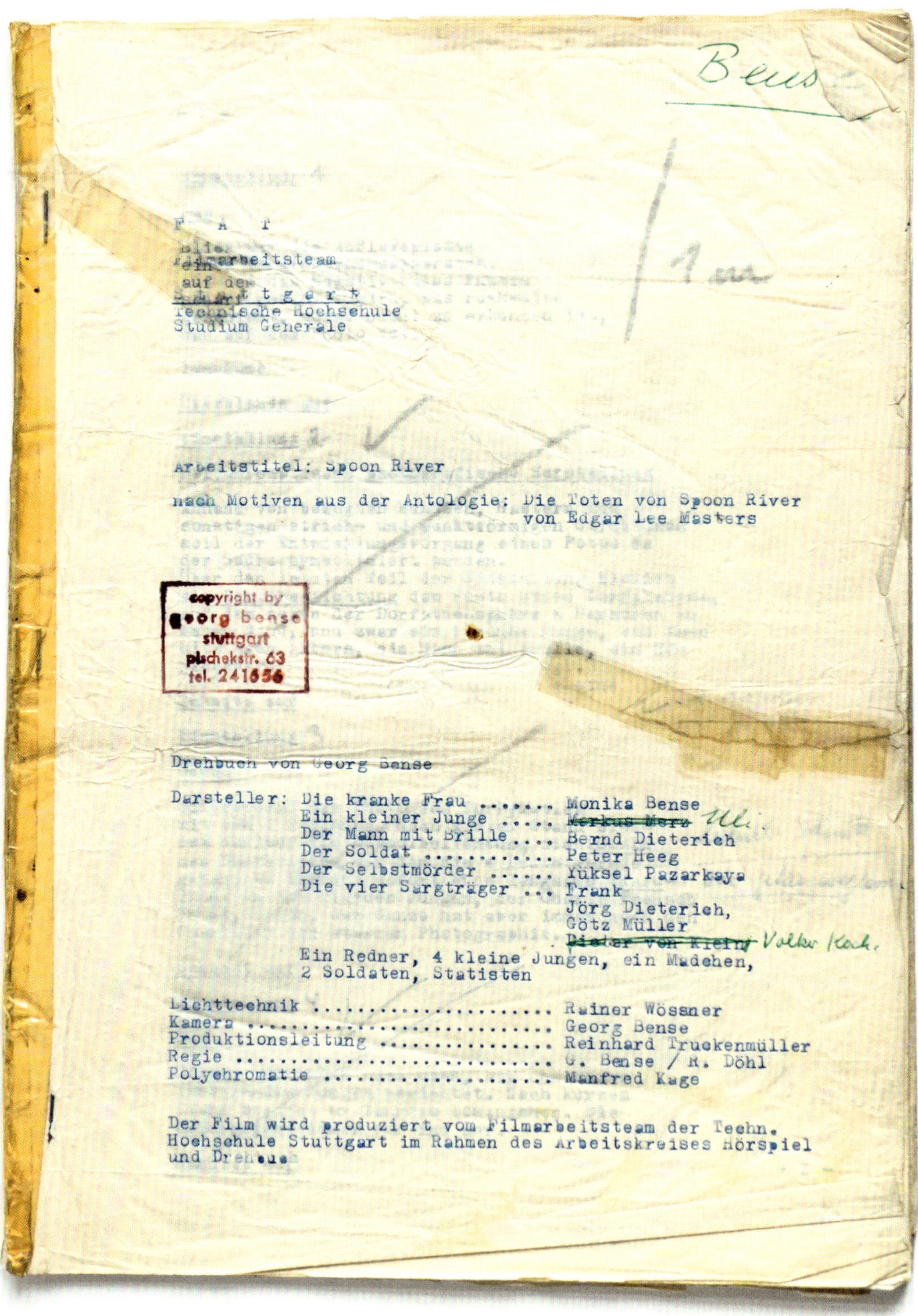

F A T
Filmarbeitsteam
auf der
Stuttgart
Technische Hochschule
Studium Generale

Arbeitstitel: Spoon River

nach Motiven aus der Antologie: Die Toten von Spoon River
von Edgar Lee Masters

Drehbuch von Georg Bense

Darsteller: Die kranke Frau .... Monika Bense
            Ein kleiner Junge ..... Markus Merz Uli.
            Der Mann mit Brille .... Bernd Dieterich
            Der Soldat .... Peter Heeg
            Der Selbstmörder ...... Yüksel Pazarkaya
            Die vier Sargträger ... Frank
                                    Jörg Dieterich,
                                    Götz Müller
                                    Dieter von Klein Volker Koch.

            Ein Redner, 4 kleine Jungen, ein Mädchen,
            2 Soldaten, Statisten

Lichttechnik .... Rainer Wössner
Kamera .... Georg Bense
Produktionsleitung .... Reinhard Truckenmüller
Regie .... G. Bense / R. Döhl
Polychromatie .... Manfred Kage

Der Film wird produziert vom Filmarbeitsteam der Techn.
Hochschule Stuttgart im Rahmen des Arbeitskreises Hörspiel
und Drehbuch

Einstellung 1

NAH

Blick auf die Auflageplatte
eines Vergrößerungsapparates,
auf dem das Negativ eines Photos
scharf gestellt wird, was ruckweise
geschieht, sodaß nicht zu erkennen ist,
was auf dem Photo ist.

langsame

Überblende auf

Einstellung 2

Polychromatische photografische Herstellung

Anhand von bewegten Punkten, Rastern und
sonstigen strich- und punktförmigen Strukturen
soll der Entwicklungsvorgang eines Fotos in
der Säure symbolisiert werden.
Über den letzten Teil der Einstellung blendet
als Doppelbelichtung das Photo eines Dorfplatzes,
auf dem neben der Dorfathmosphäre 4 Personen zu
sehen sind, und zwar ein kleiner Junge, ein Mann
mittleren Alters, ein Mann mit Brille, ein 20-
jähriger.

Schnitt auf

Einstellung 3

GROSS

Bildfüllend das Photo des Dorfplatzes
mit den 4 Personen. Nach kurzem Stand blendet darüber als Doppelbelichtung die TOTALE
des Dorfplatzes, auf dem die 4 Leute gerade
gehen. Es beginnt sofort eine langsame TRAFO-
FAHRT an den kleinen Jungen, der Charly Frensch
heißt, heran, das Ganze hat aber immer noch den
Charkater der starren Photographie.

Schnitt auf

Einstellung 4

NAH

Kamera von unten nach oben, auf den starr
dastehenden Jungen gerichtet. Nach kurzem
Stand beginnt er langsam loszugehen. Die
Kamera geht immer vor ihm her.

Schnitt auf

Einstellung 5

<u>HALBNAH</u>

Kamera verkantet. Der Junge kommt langsam
auf die Kamera zu, stößt hin und wieder mit
dem Fuß an einen Stein, wie es spielende
Kinder öfter tun.

<u>Schnitt auf</u>

Einstellung 6

<u>TOTALE Weitwinkel</u>

Kamera von oben in eine Dorfstraße mit
dem Ortsausgang. Der Junge geht langsam
auf diesen zu und verschwindet aus dem
Bild. Kurzer Stand. Auf den letzten beiden
Einstellungen dürfen außer dem Jungen keine
anderen Menschen zu sehen sein.

<u>Schnitt auf</u>

Einstellung 7

<u>TOTALE</u>

Nacht. Rummelplatz, Feuerwerk u.dgl.
Darüber als Doppelbelichtung der kleine
Junge, der einfach dahingeht.

<u>Schnitt auf</u>

Einstellung 8

<u>HALBTOTALE</u>

Aus dem Dunkeln kommen 4 Männer, die so tun,
als würden sie einen Sarg tragen, tragen aber
keinen. Sie gehen langsam und gemessenen
Schrittes, einer trägt in der linken Hand
noch eine Fackel.

<u>Schnitt auf</u>

Einstellung 9

<u>NAH</u>

Ausschnitt aus einer Vergewaltigungs-
szene. Man sieht allerdings nur die Hände,
die ineinander verkrampft sind.

<u>Schnitt auf</u>

Einstellung 10

HALBTOTALE

Der Junge, der wieder über den
Rummelplatz geht, plötzlich aber
in der Nähe einer Gruppe Kinder
stehen bleibt, und Ihnen aus der
Entfernung zusieht.

Schnitt auf

Einstellung 11

GROSS

Ausschnitt aus einer Operations-
szene. Man sieht allerdings nur die
Hände eines Arztes mit dem Skalpell
und ein Stück eines menschlichen Kör-
pers, an dem er zu schneiden beginnt.

Schnitt auf

Einstellung 12

HALBNAH

Ausschnitt aus einer Schlägerei,
sehr kurze Einstellung.

Schnitt auf

Einstellung 13

NAH

Die 4 Personen, die so tun, als ob
sie einen Sarg trügen. Sie kommen auf
die Kamera zu, bleiben plötzlich stehen, geben ihre Haltung auf, verabschieden sich voneinander und gehen auseinander. Der mit der Fackel bleibt noch einen
Augenblick stehen, läßt dann die Fackel
auf den Boden fallen, und beginnt, sie
mit dem Fuß auszutreten. Es wird dunkler,
wenn die Fackel aus ist, ist das Bild
schwarz.

Schnitt auf

Einstellung 14

TOTALE

Zunächst ist das Bild schwarz.
Dann gehen schlagartig die Scheinwerfer
an, wobei man ruhig den einen oder anderen
sieht, sowie einige Leute vom technischen Personal. Dann macht die Kamera einen
Schwenk auf den Raum zwischen den Scheinwerfern, auf dem ab

Zunächst ist das Bild schwarz.
Dann gehen schlagartig die Scheinwerfer an,
wobei man ruhig den einen oder anderen sieht,
sowie einige Leute vom technischen Personal. Dann
macht die Kamera einen Schwenk auf den Raum zwischen den Scheinwerfern, auf dem aber noch niemand zu
sehen ist.

Schnitt auf

Einstellung 15

TOTALE

4 Kinder stehen in Kreisform im Mittelpunkt
des Raumes. Dann schnelle Heranfahrt an die
Köpfe der Kinder. Schwenk von links nach rechts.

Schnitt auf

Einstellung 16

TRAFO

Zunächst wie die vorhergehende Einstellung.
Dann plötzlich schnelle Heranfahrt an die
Hände de von 2 nebeneinanderstehenden Jungen,
die sich plötzlich anfassen. Sofort Trafofahrt
rückwärts. Das Bild ist wieder starr. Alle
Kinder halten sich bei den Händen gefaßt.

Schnitt auf

Einstellung 17

HALBTOTALE

Nach kurzem Stand schnelle Heranfahrt
an die Köpfe der Kinder. Bei

NAH

fangen die Kinder plötzlich an zu tanzen.
(Ringelreihen). Man sieht immer nur die
Köpfe der Kinder durch das Bild gehen.

Schnitt auf

Einstellung 18

NAH

Kamera zunächst wie vorige Einstellung.
Dann schneller Schwenk auf die Hände der
Kinder, die durch das Bild gehen.

- 5 -

Schnitt auf

Einstellung 19

NAH - GROSS - SEHR GROSS - TRAFO

Zunächst wie vorige Einstellung.
Dann schneller Schwenk auf die Füße
der Kinder, die durch das Bild tanzen.
Dann plötzlich schnelle

TRAFOFAHRT

rückwärts. Das Bild erstarrt wieder
zum Stand.

Schnitt auf

Einstellung 20

HALBNAH

Der Junge auf dem Rummelplatz.
Schaut den Kindern zu, die ihn be-
merken, und nach kurzer Pause auf ihn
zugehen.

ÜBERBLENDE AUF

Einstellung 21

NAH

Kamera vom Standpunkt des Jungen, der
rechts angeschnitten im Bild ist. Die
Kinder kommen langsam immer näher und
bleiben schließlich stehen. Man sieht
nur ihre 4 Köpfe, die in Richtung Kamera starren.

Schnitt auf

Einstellung 22

NAH

Mit Hilfe der geteilten Optik fällt ein
Kopf nach dem anderen ein, sodaß schließlich alle Kinderköpfe nebeneinander im Bild
sind, sich an den Rändern aber überschneiden.

Schnitt auf

Einstellung 23

HALBTOTALE - TRAFO

Inmitten des erstarrten Kreises steht plötz-

lich der Junge. Die Kamera macht eine
schnelle

HERANFAHRT

an sein Gesicht. Die anderen Kinder beginnen wieder um ihn zu tanzen, sodaß
sein Gesicht teilweise durch die vorbei-
tanzenden Hinterköpfe verdeckt ist.

Schnitt auf

Einstellung 24

Schnittmontage von den Lichtern und
Merkmalen eines Budenmarktes, sowie
den tanzenden Kindern, die einzelnen
Teilstücke werden im Verlauf der Einstellung
immer kürzer, sodaß man schließlich kaum erkennen kann,
was auf dem Bild ist. In diese immer kürzer
werdenden Schnittfolge werden langsam die
Aufnahme einer Hand in

NAH

eingeschnitten. Diese Einsätze werden immer länger, sodaß eine Art Übergang zwischen
Tanz und der Hand entsteht.

Schnitt auf

Einstellung 25

GROSS

Kurze Aufnahme der Hand. Der Handrücken
groß im Bild.

Schnitt auf

Einstellung 26

HALBTOTALE

Wieder die tanzenden Kinder. Der Junge in
der Mitte. Plötzlich gehen die Kinder
auseinander, lassen die Hände los, er-
weitern den Kreis. Alle Bewegungen werden ruckweise ausgeführt. Dazwischen immer
wieder einige Sekunden Pause. Dann wieder
starres Bild.

Schnitt auf

Einstellung 27

HALBTOTALE

Einses der Kinder steht jetzt vor dem Jungen,

starres Bild ohne Bewegung.

Schnitt auf

Einstellung 28

GROSS
Die Hand des Jungen im Bild

Schnitt auf

Einstellung 29

Die Hand des Jungen, auf die jetzt
eine Kinderpistole gesetzt ist, Die Hand,
die die Pistole hält, hat den Finger am
Drücker.

Schnitt auf

Einstellung 30

SEHR GROSS
Der Finger um den Drücker der Pistole
krümmt sich langsam.

Schnitt auf

Einstellung 31

Weißfilm

Schnitt auf

Einstellung 32

Zuerst Weißfilm.
Dann stufenweises Zurückgehen auf
normale Aufnahmeblende.
HALBTOTALE

Die Kinder stehen im Kreis, nicht
angefaßt um den Jungen herum, der
am Boden liegt. Starres Bild.
Schnitt auf

Einstellung 33

NAH

Kamera vom Boden aus auf die im Kreis
herumstehenden Kinder. 2 Kinder gucken
direkt in die Kamera. Dann drehen sie
sich plötzlich um, und beginnen davon-
zulaufen.

Bewegungsschnitt auf

Bewegungsschnitt auf

Einstellung 34
GROSS

Das Gesicht eines der Kinder. Es
läuft. Hat den Mund offen. Kamera
bewegt sich mehrere Male von unten
nach oben. Aber es bleibt nur das
Gesicht im Bild.

Schnitt auf

Einstellung 35
Dieselbe Einstellung mit dem 2.
Kind. Kamera ist nach rechts verkantet.

Schnitt auf

Einstellung 36

Dasselbe mit dem 3. Kind. Kamera
nach links verkantet.

Schnitt auf

Einstellung 37

Dasselbe mit dem 3. Kind. Kamera
schräg nach unten. Aus der Hand
filmen.

Schnitt auf

Einstellung 38

Dasselbe mit dem 4. Kind. Kamera
auf dem Kopf.

Schnitt auf

Einstellung 39

Dieselbe Richtung. Das Gesicht des
am Boden liegenden Jungen. Es wird
unscharf.

Schnitt auf

Einstellung 40
SEHR GROSS

Im Bild ist nur eine brennende Fackel.
Dann macht die Kamera eine langsame

TRAFOFAHRT

rückwärts, bis die Gruppe der 4
Sargträger wieder im Bild ist, die
nur dastehen und so tun, als ob sie
einen Sarg trügen.

Schnitt auf

Einstellung 41

NAH

Blick auf ein Schulheft. Eine Kinderhand schreibt "Der wundstarrkrampf ist eine Geißel....

Bewegungsschnitt

auf Einstellung 42

NAH

Eine Hand, durch die ein Seil läuft.
Schnitt auf

Einstellung 43

NAH

Eine Schaufel, auf der Erde ist, die
dann heruntergeworfen wird.

Schnitt auf

Einstellung 44

Unscharf. Wird scharf, man erkennt das
Gesicht des Jungen.
Schnitt auf

Einstellung 45

NAH

Schaufel mit Erde. Kamera macht

TRAFOFAHRT

auf die herunterfallende Erde.

Schnitt auf

Einstellung 46

Polychromatische Darstellung von fallender Erde
(Schleier mit Punkten)

<u>Überblende auf</u>

<u>Einstellung 47</u>

Entwicklungsvorgang des Anfangphotos
polychromatisch dargestellt.
Sehr langsame, teilweise als Doppelbelichtung fungierende

<u>Überblende auf</u>

<u>Einstellung 48</u>

Bildfüllend das Photo von dem Dorfplatz, auf dem jetzt nur der kleine
Junge fehlt.

<u>Schnitt auf</u>

<u>Einstellung 49</u>

<u>NAH</u>

Ausschnitt aus dem Photo. Es sind
jetzt nur noch 2 Personen zu sehen.

<u>Schnitt auf</u>

<u>Einstellung 50</u>

<u>NAH</u>

Noch kleinerer Ausschnitt. Es ist nur
noch eine Person zu erkennen. Es handelt sich um einen Mann.

<u>Schnitt auf</u>

<u>Einstellung 51</u>

<u>GANZ GROSS</u>

Herausvergrößerung des Mannes zu einem
Portraitphoto.

<u>Überblende auf</u>

<u>Einstellung 52</u>

<u>SEHR GROSS</u>

Nicht mehr das Photo, sondern den Mann
aus der selben Perspektive wie auf dem
Photo gefilmt.

<u>Schnitt auf</u>

Einstellung 53

SEHR GROSS

Der Mann ist plötzlich verschwunden.
Die Kamera blickt auf die Mauer, wo
er gestanden hat.

Schnitt auf

Einstellung 54   *fällt weg*

NAH

Kamera blickt auf die gekachelte
Wand einer Küche.

Schnitt auf

Einstellung 55

HALBTOTALE

Kamera steht zunächst wie in der
vorhergehenden Einstellung, fährt
dann zurück und schwenkt durch den
Raum, bis sie eine Tür erfaßt, an
die sie heranfährt.

Schnitt auf

Einstellung 56

HALBTOTALE

Die Tür geht auf. Hintereinander bringen
6 Männer immer 2 und 2 drei Tische herein.
Sie stellen die Tische hin. Der vorderste
Mann ist der Mann vom Dorfplatz. Alle gehen wieder hinaus, nur der Mann vom Dorfplatz bleibt im Raum. Er geht langsam
durch den Raum, die Kamera folgt ihm ruckweise.

Schnitt auf

Einstellung 57

TOTALE

Von einem der Tische herunter auf den
Boden. Man sieht nur die Füße des Mannes.
Aufnahme erfolgt in Zeitlupe, sodaß es aussieht,
als gleiten seine Füße über den Boden.

Schnitt auf

Einstellung 58

Schnitt auf

<u>TOTALE</u>

Die Kamera blickt auf die Tür.
Diese geht wieder auf. Die rest-
lichen Männer kommen wieder herein,
jeder trägt einen Stuhl, sie stellen
die Stühle hin und setzen sich an den Tisch.

<u>Schnitt auf</u>

<u>Einstellung 59</u>

<u>HALBTOTALE</u>

An jedem Tisch sitzen 2 Mann. Sie ziehen
Geldbörsen aus der Tasche, nehmen Geld-
stücke heraus, die sie auf den Tisch legen, und beginnen ein sog. Dreieckfußball.

<u>Schnitt auf</u>

<u>Einstellung 60</u>

<u>GROSS</u>

Einer der Spieler zielt mit dem Prennig
auf den seines Gegenspielers und schießt
ab. *Treffer.*

<u>Schnitt auf</u>

<u>Einstellung 61</u>

Blankfilm

<u>Schnitt auf</u>

<u>Einstellung 62</u>

Kopf des Mannes vom Dorfplatzfoto.
Er macht einen kranken Eindruck.
Er wischt sich den Schweiß von der Stirn.

<u>Schnitt auf</u>

<u>Einstellung 63</u>

Blankfilm

<u>Schnitt auf</u>

<u>Einstellung 64</u>

<u>NAH</u>

Kranke Frau im Bett.
Langsame <u>Trafofahrt</u> an den
hustenden Mund.   *Trafofahrt fehlt.*
                   Eventl. nachdrehen.

<u>Schnitt auf</u>

Einstellung 65

Blankfilm

Schnitt auf

Einstellung 66

NAH

Ein brodelnder, dampfender Kochtopf
auf dem Herd.

Schnitt auf

Einstellung 67

NAH

Kamera nach links verkantet.
Hustende Frau im Bett.

Schnitt auf

Einstellung 68

Ein brodelnder, dampfender Kochtopf
auf dem Herd.

Schnitt auf

Einstellung 69

TOTALE

Kurzer Schwenk über ein Barackenlager.

Schnitt auf

Einstellung 70

NAH

Ein weinendes, verschmiertes Kindergesicht.

Schnitt auf

Einstellung 71

TOTALE - HALBTOTALE

Eine Dokumentaraufnahme, die den Snobismus
unserer Zeit zeigt.

Schnitt auf

Einstellung 72

Hustende Frau im Bett

Schnitt 73 auf

Einstellung 73

NAH

Der Kochtopf auf dem Herd.

Schnitt auf

Einstellung 74

NAH

Kamera nach rechts verkantet,
das weinende Kind.

Schnitt auf

Einstellung 75

HALBTOTALE

Ausschnitt aus einem Leben im Barackenlager.

Schnitt auf

Einstellung 76

HALBNAH

Sein Kopf. Schweißperlen auf der Stirne.

Schnitt auf

Einstellung 77

HALBNAH

Kamera von hinten.
Der Mann vor einem Klosett. Pinkelt hinein.
Plötzlich krümmt er sich zusammen. Anfall
mit starken Schmerzen.

Schnitt auf

Einstellung 78

SEHR GROSS

Sein Gesicht frontal, bildfüllend.
Schweißperlen auf der Stirn.

Schnitt auf

Ei

Einstellung 79

HALBTOTALE

Der weiße Raum mit den Spielern.
Auf dem Tisch liegt jetzt die hustende
Frau. Der Mann steht so in der Ecke,
als stände er noch vor dem Klosett-
becken. In einer Ecke kauert das kleine
Kind. Die anderen Spieler haben aufgehört zu spielen, stehen an den Wänden,
mit verschränkten Armen und schauen auf ihn,
der sich jetzt langsam umdreht und sie an-
schaut.
Dann gehen alle hinaus bis auf ihn, die
Frau und das Kind.

Schnitt auf

Einstellung 80

NAH

Sehr kurz. Das weinende Kind.

Schnitt auf

Einstellung 81

NAH

Sehr kurz. Hustende Frau.

Schnitt auf

Einstellung 82

2 Bilder Blankfilm

Schnitt auf

Einstellung 83

NAH

Seine Hand. Schweißhand. Verkrampft sich.
Finger gehen auf und zu.

Schnitt auf

Einstellung 84

3 Bilder Blankfilm

Schnitt auf

Einstellung 85

NAH

Der kochende Topf auf dem Herd.

Schnitt auf

Einstellung 86

4 Bilder Blankfilm

Schnitt auf

Einstellung 87

NAH - TRAFO

Der Mann steht so, daß man die auf dem
Tisch liegende Frau unscharf sieht. Sein
Gesicht ist verkrampft. Eine Art Hoffnungslosigkeit
macht sich bemerkbar. Dann ganz langsam TRAFOFAHRT
rückwärts bis die Tür wieder im Bild ist. Diese öff-
net sich, die Spieler, die vorhin hinaus sind, kommen jetzt wieder herein. In Form eines Trauerzuges.
Die vorderen 4 tun so als trügen sie einen Sarg,
der andere geht langsam als Symbol der Trauergemeinde hinterher. Plötzlich beginnt das Licht zu
wechseln, sodaß es immer von einer anderen Seite
kommt.

Schnitt auf

Einstellung 88

NAH

Die hustende Frau.
Das Bild wird unscharf.

Schnitt auf

Einstellung 89

NAH

Das schreiende Kind.
Das Bild wird unscharf.

Schnitt auf

Einstellung 90

NAH

Seine Hand verkrampft sich. Sieht nach oben
aus dem Bild.

Schnitt auf

Einstellung 91

NAH

Seine Hand kommt von unten aus dem
Bild. Seine Finger krümmen sich, als
habe er eine Pistole in der Hand.

Schnitt auf

Einstellung 92

Blankfilm Farbe

Überblende auf

Einstellung 93

Polychromatisch. Schnelles Durcheinander von
Farben und Formen. Darüber als Doppelbelichtung

a) den Mann in einer Umarmung mit dem Mädchen
b) der Mann eng umschlungen auf einer Bank
c) ein Geldschein flattert durchs Bild
d) mit Mädchen im Auto
e) Er mit Frau, Auseinandersetzung
f) Geldschein flattert durchs Bild
g) Er an einer Theke, trinkt.

Abblende in Blankfilm

Einstellung 94

Blankfilm. Dann Abblende auf normale Belichtung. Der weiße Raum. Die Trauergemeinde
verläßt gerade den Raum. Als letzte geht die
kranke Frau. Sie hat das weinende Kind an der
Hand.
Die Kamera schwenkt an den Punkt, wo der Mann
gestanden hat. Auf die Stelle ist das Profil
der Schuhsohlen mit Kreide gemalt. Das linke
Profil ist unvollendet.

Schnitt auf

Einstellung 95

HALBTOTALE

Die Kamera schwenkt weiter. Erfaßt Stuhlbeine,
Tischbeine und Füße. Die 6 Spieler spielen noch.
Man sieht sie allerdings nicht, nur Füße.
Plötzlich stehen sie auf, fassen 2 und 2 ihre
Tische und tragen sie hinaus.

Schnitt auf

Einstellung 96

Einstellung 96

HALBNAH

Kamera liegt genau in der Tür. Die Spieler kommen einzeln hintereinander auf
die Kamera zu, sie tragen Stühle. Vor
der Kamera heben sie diese hoch als trügen sie sie darüber weg.

Schnitt auf

Einstellung 97

HALBTOTALE

Schwenk durch den leeren weißen Raum.
Blende geht auf Überbelichtung.
Blankfilm.

Schnitt auf

Einstellung 98

Blankfilm.

Polychromatisch. Entwicklungsvorgang des
Photos. Letzter Teil als Doppelbelichtung.

Überblende auf

Einstellung 99

NAH

Das Photo des Dorfes. Auf dem Platz sind
jetzt nur noch 2 Leute zu erkennen.

Schnitt auf

Einstellung 100

TRAFO

Langsame Heranfahrt an die Person des
jungen Mannes mit der Brille. Wenn
dieser groß im Bild

Schnitt auf

Einstellung 101

GROSS

Der Mann mit der Brille. Genau wie auf
dem Photo. Es regnet. Er setzt sich in
Bewegung.

Schnitt auf

Einstellung 102

Einstellung 102

HALBNAH

Dorfstraße. Matsch. Es regnet.
Man sieht es an der Oberfläche der
Pfützen.

Kein Regen!

Schnitt auf

Einstellung 103

NAH

Leere matschige Dorfstraße. Kamera
vor dem Mann mit der Brille. Er
sieht starr gerade aus.

Schnitt auf

Einstellung 104

Andere Perspektive. Niemand auf
der Straße. Personifizierte Kamera durch das Dorf.

Überblende auf

Einstellung 105

Die Kamera geht langsam an einigen
Häuserfronten entlang. Bewegung wie
das menschliche Auge bei der Betrachtung
eines Gegenstandes.

Überblende auf

Einstellung 106

Einige kurze Schnitte aus verschiedenen
Perspektiven auf das Dorf. Das Letzte
ist eine Bushaltestelle.

Hedelfingen!

Schnitt auf

Einstellung 107

(?) Weil besser neu drehen!

TOTALE

Dorfausgang. Eine Landstraße hinunter. Leer.
Kein Mensch.

Schnitt auf

Einstellung 108

NAH

Kamera fährt vor dem Mann mit der Brille
her. Erfaßt die Füße, und schwenkt während der Fahrt nach oben, bis in Kopfhöhe.
Schnitt auf

Einstellung 109

GROSS

Füße kommen gegangen, bleiben stehen.
Schnitt auf

Einstellung 110

Eine Eisenstange, die von unten nach oben
durch das Bild geht. Man sieht die Hand
des Mannes, der darangelehnt steht und
auf die Stange klopft. Man sieht nur den
Arm.

Schnitt auf

Einstellung 111

GROSS

Kamera verkantet. Das "H" auf dem Busschild.
Schnitt auf

Einstellung 112

NAH

Seine Füße. Steht ruhig. Ein Streichholz
fällt auf den Boden.

Schnitt auf

Einstellung 113

TOTALE

Blick auf die Bushaltestelle. Kamera in
Bodenhöhe. der Mann ist nur als Gestalt
zu erkennen.
Schnitt auf

Einstellung 114

HALBNAH

Personifizierte Kamera. Kamera geht wie eine
wartende Person auf und ab, und dreht sich
an den Wendepunkten auch sehr scharf in die
neue Richtung.

Schnitt auf

Einstellung 115

NAH

Sehr kurz. Füße eines Mannes, der auf und ab
geht. Kamera fest auf einem Punkt.

Schnitt auf

Einstellung 116

GROSS

Der Scheinwerfer eines Busses.

Schnitt auf

Einstellung 117

TOTALE

Dorfausgang. Blick die leere Landstraße
hinunter.

Schnitt auf

Einstellung 118

NAH

Füße des Mannes treten eine Zigarette aus.

Schnitt auf

Einstellung 119

NAH

Die im Takt klopfende Hand des Mannes an
der Stange.

Schnitt auf

Einstellung 120

GANZ GROSS

Die überregten Brillengläser des Mannes

Schnitt auf

Einstellung 121

NAH

Fahrende Räder eines Busses.

Schnitt auf

Einstellung 122

HALBNAH

Das Bushalteschild

Schnitt auf

Einstellung 123

NAH

Der Mann läuft wieder auf und ab.
Die Kamera immer vor ihm her.

Überblende auf

Einstellung 124

Geteilte Optik. Rechts seine laufenden
Füße, links nur sein Gesicht in NAH
mit den beschlagenen Brillengläsern.

Schnitt auf

Einstellung 125

NAH

Die Scheibenwischer eines Autobusses.

Schnitt auf

Einstellung 126

GROSS

Sein Gesicht mit der Brille.

Schnitt auf

Einstellung 127

HALBNAH

Das Haltestellenzeichen

Schnitt auf

Einstellung 128

NAH

Sein Gesicht. Er macht einige Schritte
nach vorne an der Kamera vorbei.

Schnitt auf

Einstellung 129

NAH

Das Nummernschild mit Stoßstange
eines Autobusses.

Schnitt auf

Einstellung 130

TOTALE

Kamera blickt die Straße hinunter zur
Bushaltestelle. Der Mann mit der Brille
geht gerade zur Straßenmitte, wo er die
Straße hinunter blickt. Richtung Kamera.
Beginnt sich umzudrehen.

Schnitt auf

Einstellung 131

~~Unscharfe Aufnahme der Dorfstraße~~

NAH

Im Umdrehen nimmt er die Brille ab.

Schnitt auf

Einstellung 132

Unscharfe Aufnahme der Dorfstraße

Schnitt auf

Einstellung 133

NAH

Seine Hände machen mit einem Lappen
die Brille sauber.

Schnitt auf

Einstellung 134

Doppel- und Dreifachbelichtung. Räder
von fahrenden Autos.

Abblende auf

Einstellung 135

Aufblende auf
NAH

Eine Männerhand malt mit Kreide Un-
fallzeichen auf die Straße.

Schnitt auf

Einstellung 136
TRAFO

Eine Kinderhand malt auf Papier mit
Kohle einen Pferdewagen, hinter dem
4 Leute gehen. Auf dem Wagen liegt
ein toter Mann, der eine Brille anhat. Wenn das Bild fertig ist, hält
das Kind es abschätzend von sich weg
und beginnt es dann mit Krakeleien
zuzuschmieren.

Schnitt auf

Einstellung 137

POLYCHROMATISCH Der Entwicklungs-
prozeß des Photos. Diesmal im Charakter der Krakelei des Kindes an-
gepaßt.

Schnitt auf

Einstellung 138

Langsam entsteht auf üblichem Wege,
teilweise als Doppelbelichtung, das
Photo, auf dem nur noch der Soldat,
allerdings in Zivil, zu sehen ist.

Schnitt auf

Einstellung 139

TOTALE
Der Dorfplatz. Vom Standpunkt des
Photos aus. Der Soldat ist auf dem
Wege zu einem Hauseingang, in dem er
verschwindet.

Schnitt auf

Einstellung 140

NAH

Kopf eines Mannes, der einen Vortrag, bzw.
eine Ansprache hält. Das Podium mit Blumen,
angeschnitten.

Schnitt auf

Einstellung 141

NAH

Andere Perspektive. Der Mann erregt sich.
Hebt den Finger, mahnt, droht.

Schnitt auf

Einstellung 142

NAH

Eine wehende Fahne gegen den Himmel.

Schnitt auf

Einstellung 143

NAH

Blick auf den Mund des Redners, dem
Speichel aus dem Mund fließt.

Schnitt auf

Einstellung 144

HALBNAH

Fahnenmarsch der Nazis. Alte Wochen-
schau-Aufnahme.

Schnitt auf

Einstellung 145

NAH

Auf das Gesicht eines toten Soldaten,
der auf einem Ackerboden liegt. Verschmiertes Gesicht.

Schnitt auf

Einstellung 146

GROSS

Die eine Hand des Soldaten in den Dreck gekrallt.

Schnitt auf

Einstellung 147

NAH

Erhobene Schwurhand gegen den Himmel.

Schnitt auf

Einstellung 148

HALBNAH

Kamera in Bodenhöhe auf die Stiefel
des toten Soldaten

Schnitt auf

Einstellung 149

NAH

Das Gesicht des Soldaten, der im Dreck
liegt.

Schnitt auf

Einstellung 150

Doppel- und Dreifachbelichtung. der
Soldat in Uniform, der so tut, als hätte
er das Gewehr im Hüftanschlag, marschiert
allein. Strahlendes Gesicht, 3 – 4 Mal be-
lichtet.

Schnitt auf

Einstellung 151

HALBTOTALE

Langsamer Schwenk über den Acker. Zuerst
sieht man nur die Furchen, dann kommt
plötzlich der tote Soldat ins Bild.

Scharfer Schnitt auf

Einstellung 152

NAH

Ein Ritterkreuzträger im Frack. Dokumentaraufnahme.

Schnitt auf

Einstellung 153

Einstellung 153

HALBNAH

Nacht. Der Soldat kommt durch Gras auf
die Kamera zugekrochen.

Schnitt auf

Einstellung 154

NAH

Die Kamera fährt vor dem Soldaten her. Man
sieht deutlich seinen angstverzerrten Mund.

Schnitt auf

Einstellung 155

TOTALE - HALBTOTALE

Die Kamera robbt durch das Gras.
Aus der Hand filmen.

Schnitt auf

Einstellung 156

HALBTOTALE

Ein feuerndes Geschütz.

Schnitt auf

Einstellung 157

TOTALE

Der tote Soldat auf dem Acker. Liegt am
rechten Bildrand angeschnitten.

Schnitt auf

Einstellung 158

NAH - HALBNAH

Auf einem Strohlager liegt ein Mann, der
nur lange Unterhosen anhat. Es ist der Soldat.
Auf einem anderen Bett liegt noch ein Mann,
auch nur halb angezogen. Dieser steht gerade
auf, setzt sich auf den Bettrand, kratzt sich
2, 3 Mal in der Gegend der Geschlechtsteile
und geht dann zu einem Eimer in der Ecke, in
den er hineinpinkelt, Kamera schwenkt zurück
und erfaßt ein Kreuz, das an der Wand hängt.

Schnitt auf

Einstellung 159

NAH

Ein Kreuz auf einer Bibel, die zwischen
gefalteten Händen gehalten wird.
Die Kamera schwenkt auf eine Grube, wo
unter einer Zeltbahn eine Gestalt liegt.

Schnitt auf

~~Einstellung 160~~
Einstellung 160

Montage: a) ein ~~Mann~~ Soldat küßt eine Frau
         b) zwei schwule Männer, die nebeneinander
            auf Stroh liegen
         c) Frauenbeine mit Strümpfen, an denen
            eine Männerhand nach oben tastet
         d) ein Männermund, der einen Frauenhals küßt
         e) lachende Soldaten auf einem Panzer

Schnitt auf

Einstellung 161

HALBTOTALE

Der Soldat, der geduckt vorwärts-
rennt und inmitten von Einschlägen
zusammenbricht.

Schnitt auf

Einstellung 162

NAH

Schwenk von links nach rechts über den
toten Soldaten auf dem Acker. Plötzlich
kommen 4 Paar Hände, fassen zu und schleifen
ihn aus dem Bild.

Schnitt auf

Einstellung 163

HALBTOTALE

Kamera vom Boden aus, entlang der Schleifspur.
Man entdeckt die 4 Mann, die den toten Soldaten schleifen, am Horizont.

Schnitt auf

Einstellung 164

Kamera auf eine moderne Betonstraße.
Diese entlang kommen die 4 Sargträger,
die so tun, als schleiften sie etwas
über den Boden. Vor der Kamera halten
sie an. Reiben sich kurz die Hände,
der eine wirft eine brennende Zigarette weg. Die Gestalten gehen aus dem
Bild. Kamera blickt starr auf die Straße
mit der Zigarette.

Schnitt auf

Einstellung 165

NAH - TRAFO

Erloschene Zigarette auf der Dorfstraße.
Trafofahrt rückwärts, Teil des Dorfplatzes,
Schwenk nach oben.

Überblende auf

Einstellung 166

Das Photo des Dorfplatzes. Es ist niemand
mehr darauf. Nach kurzem Stand wird Wasser
darüber geschüttet, es wird unscharf durch

Überblenden auf

Einstellung 167

Polychromatisch. Entwicklungsvorgang,
sehr schnellrückwärts.

Abblende auf.

ende-ende

Herrn
Manfred K a g e
W i n n e n d e n
Turmstraße 4

F A T
filmarbeitsteam
stuttgart pischekstrasse 63 telefon 241656

Aufnahmeplan für Experimentalfilm :
Der Schritt nach vorne
Hergestellt im Auftrag des Studium Generale der
Technischen Hochschule Stuttgart
im Rahmen des freiwilligen Filmarbeitskreises.

Film in Bolex einlegen.
Von A – O Schutzstreifen laufen lassen.
Wenn Meterzäler auf Null,die beiden anderen Zähler ebenfalls
auf Null stellen. 4 oder 5 Bilder später ist auf dem Film ein
Kreuz als anfangs Makierung angebracht.Zähler jedoch nicht mehr
verstellen.

Kreuz – ɪ/ʒ/ɪ 11/18/4oo	Einblenden und Ablauf der Strukturen die den Entwicklungsprozess des Photos symbolisieren sollen.Möglichst nicht zu hell,weil stellenweise darüber Schrift liegt.Kurz vor 11/18/4oo langsam ausblenden.
11/18/4oo – 15,5/4/o	Nicht belichten
15,5/4/o – 19/24/55o	Aufblende symbolische Darstellung fallender Erde,überblendet auf Entstehungsprozess Photo. Abblende
19/24/55o – 22/1o/85o	Nicht belichten
22/1o/85o – 23/23/5o	Nicht belichten
23/23/85o – 26/23/4oo	Einblende Entstehungsprozess Photo Abblenden
26/23/4oo – Schluß Spule	Nicht belichten

F A T
filmarbeitsteam
stuttgart pischekstrasse 63 telefon 2416 56

Rolle 2

Einlegen in Bolex
A - O Schutzstreifen Fahren
Wenn Meterzähler auf Null,andere beiden Zähler ebenfalss auf Null
2 oder 3 Bilder danach,Kreuz auf Film.
Zähler nicht mehr verstellen.

Kreuz - 1o/ 5/3oom	Nicht belichten
1o/5/3oo - 13/42/7oo	Einblenden Entwicklungsvorgang Abblende
13/42/7oo -26,5/34/54o	Nicht belichten
26,5/34/54o - Schluß	Einblenden der Entwicklungsvorgänge
	Keine Abblende.Ab 28,5m nicht mehr zu hell
	da Endetitel über den Strukturen liegt.

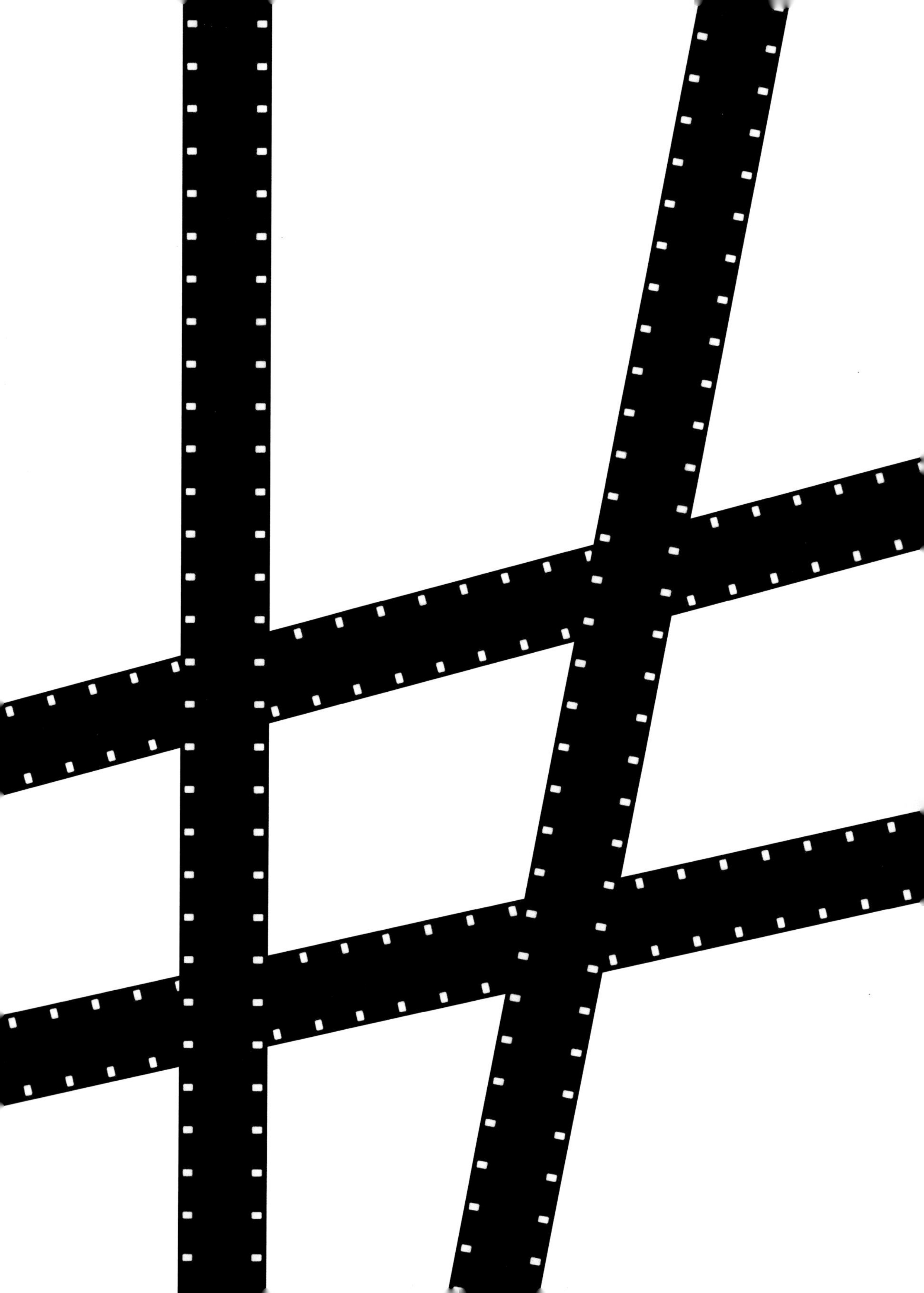

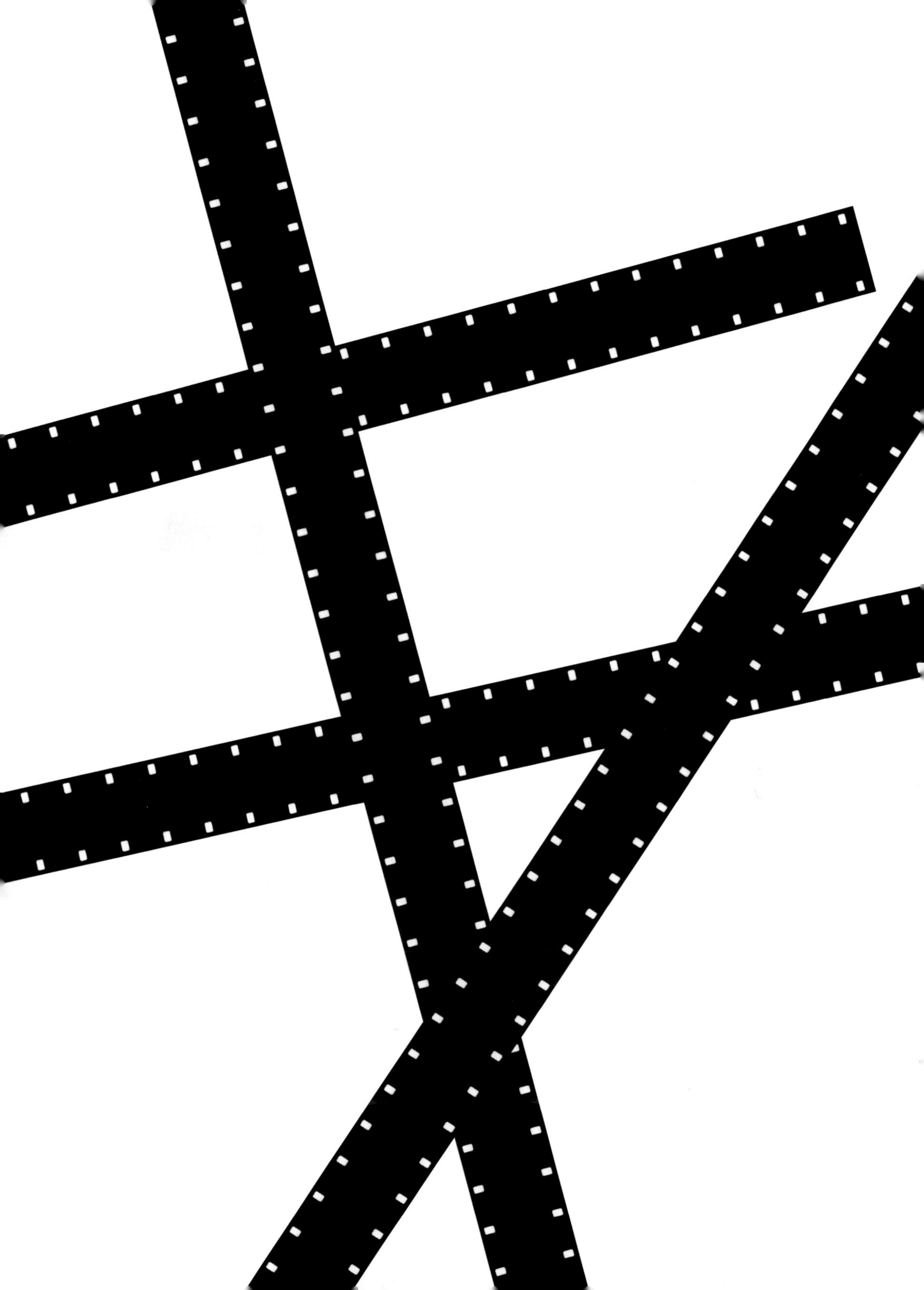

technischen hochschule stuttgart   studium generale
filmarbeitsteam zeigt   der monolog der terry jo
ein film von georg bense nach einem text von max bense

Der Monolog der Terry Jo

Datenblatt FILM

Filmtitel: DER MONOLOG DER TERRY JO

Untertitel: Nach einem Text von Max Bense

ergänzende Angaben
Im Auftrag des Studium Generale der Technischen Hochschule Stuttgart 1963

Produktionsangaben

Filmarbeitsteam (FAT) 1963:
Georg Bense, Hansjoerg Mayer, Rainer Wössner

Regie und Produktion: Georg Bense

Endfertigung : Winter 2011/2012
Digitale Bearbeitung 2012: Wolf Quiel

Technische Angaben

Filmmaterial
 16mm schwarz/weiß, Magnetton

Filmlänge: 15'55

Darsteller:
 Terry Jo: Barbara Zubal
 Harvey, der Mörder: Hansjoerg Mayer

Sprecher:
 Christiane Motter

Konzeptionelle Angaben

Der Film erzählt die Geschichte eines im Wasser treibenden Mädchens (Terry Jo),
das die Ermordung seiner Eltern auf einer Segeljacht überlebte. Im Wasser
treibend, lallt es seine Geschichte mit geschlossenen Augen vor sich hin. Der
Film sollte zeigen, dass man nie weiß, ob die Geschichte wirklich von dem Mädchen
erlebt wurde oder sich nur zufällig aus den automatisch gestammelten Worten und
Sätzen herauslesen lässt und so vielleicht auch irgendeine Form von Fiktion oder
Traum sein könnte. Und so sind es die scheinbar zusammenhanglosen Wort- und
Satzfetzen mit denen der Autor Max Bense die Geschichte, die auf einer wahren
Begebenheit beruht, erzählt: „ Die Wörter haben es hier nicht nötig, beständig
der linearen Spur der Namen, die keiner Assoziation verfallen, zu folgen, sie
treiben vielmehr aleatorisch oder topologisch, dunkel oder vorsichtig,
grammatisch oder visuell determiniert in der grauen Luft der Bedeutungen, die
über jeder Fläche hängt, verschwinden für immer oder bleiben da, je nachdem.",
schreibt Max Bense in einem Vorwort.

data sheet FILM

title: TERRY JO'S MONOLOGUE

subtitle: Based on a text by Max Bense

---

additional information

Commissioned by the Studium Generale, Technische Hochschule Stuttgart 1963

---

production details

Filmarbeitsteam (FAT) 1963:
Georg Bense, Hansjoerg Mayer, Rainer Wössner

Direction and Production: Georg Bense

Final production: Winter 2011/2012
Digitisation 2012: Wolf Quiel

technical details

film material
16mm black and white film, magnetic sound

length: 15'55

actor:
Terry Jo: Barbara Zubal
Harvey, der murderer: Hansjoerg Mayer

voice-over:
Christiane Motter

---

film concept

The film tells the story of a young girl (Terry Jo) adrift at sea, who has survived the murder of her parents on a yacht. Floating aimlessly, she is babbling away, telling her story with her eyes closed. The film aims to show that one never can quite tell whether the girl really experienced the episode, or whether it is simply what one happens to understand from the words and sentences she utters quite automatically, and which could actually be a fiction or dream of hers. And thus the seemingly unconnected strings of words and broken sentences are used by author Max Bense to tell the story that is based on a true occurrence: "The words do not need to adhere consistently here to the linear track of the names, that are not bound to any associations; they drift rather in an aleatory or topological way, dark or cautious, grammatically or visually determined in the grey air of meanings that hangs above every surface, and disappears once and for all or remain there, depending on how things are..." – as Max Bense wrote in a preface.

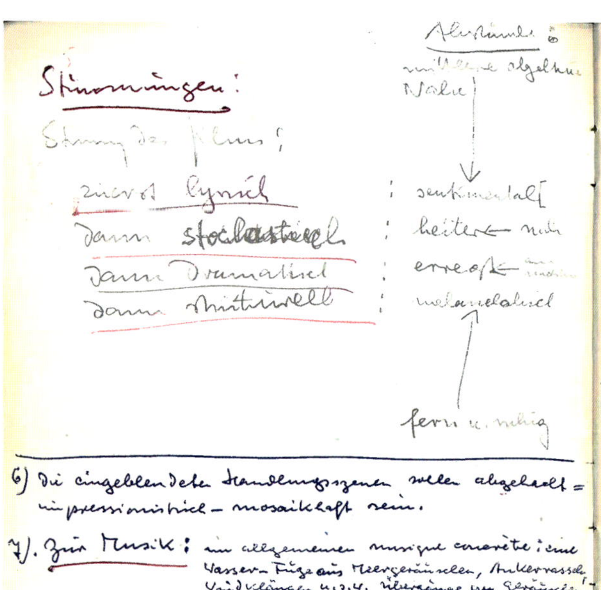

Vorbemerkung. Dieser Text erzählt Wörter; allerdings die Wörter eines Mädchens, das nach der Ermordung der Familie auf einer Jacht des Freundes dem Anschlag entging, ins Meer stürzte, an das Land trieb und bewußtlos unaufhörlich sprechend schließlich gefunden wurde, und nur insofern erzählt der Text auch eine Geschichte.

Bloß die Namen sind real. Die anderen Wörter sind es nicht. Doch die Wirklichkeit der Namen in der Unwirklichkeit dessen, was die anderen Wörter bezeichnen, verstärkt wie jede Genauigkeit den Geruch des Seienden.

Daher haben es die Wörter auch nicht nötig, beständig der linearen Spur der Namen, die keiner Assoziation verfallen, zu folgen, sie treiben vielmehr aleatorisch oder topologisch, dunkel oder vorsichtig, grammatisch oder visuell determiniert in der grauen Luft der Bedeutungen, die über jeder Fläche hängt, verschwinden für immer oder bleiben da, je nachdem.

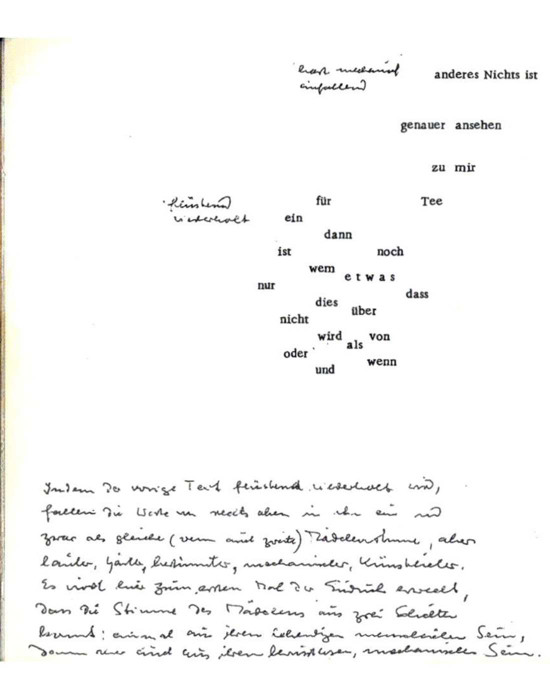

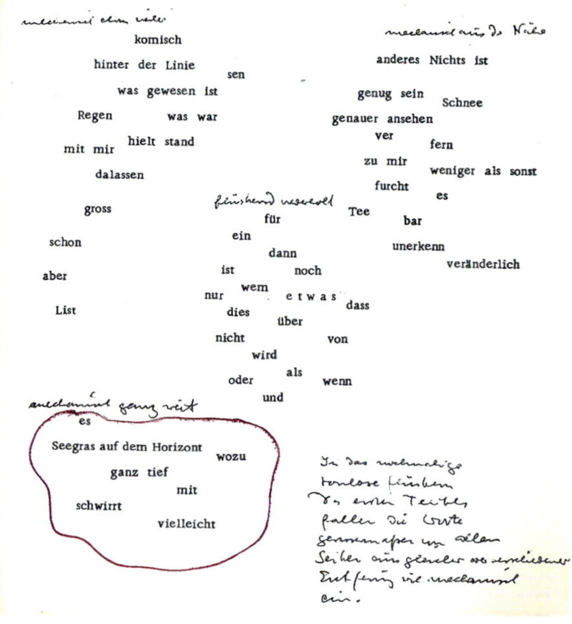

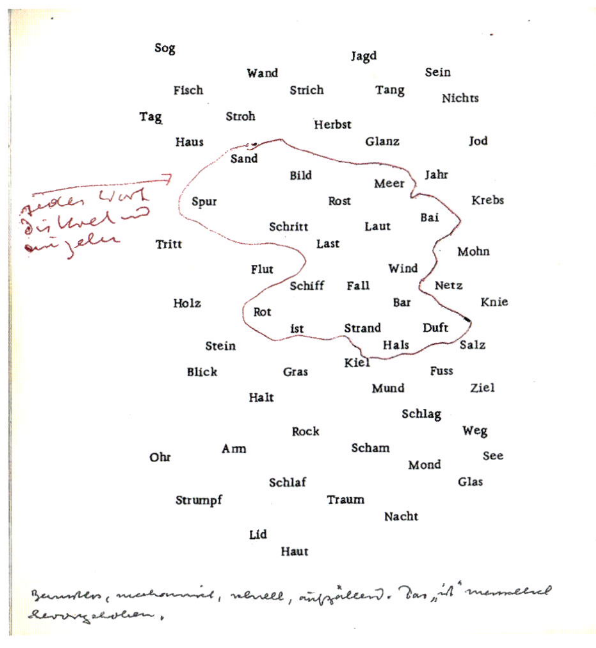

Sog
Jagd
Sein
Wand
Strich
Tang
Nichts
Fisch
Tag
Stroh
Herbst
Glanz
Jod
Haus
Sand
Bild
Meer
Jahr
Spur
Rost
Krebs
Bai
Schritt
Laut
Mohn
Tritt
Last
Flut
Wind
Netz
Holz
Schiff
Fall
Bar
Knie
Rot
ist
Strand
Duft
Stein
Hals
Salz
Blick
Kiel
Fuss
Gras
Mund
Ziel
Halt
Schlag
Weg
Rock
Scham
See
Ohr
Arm
Mond
Schlaf
Glas
Strumpf
Traum
Nacht
Lid
Haut

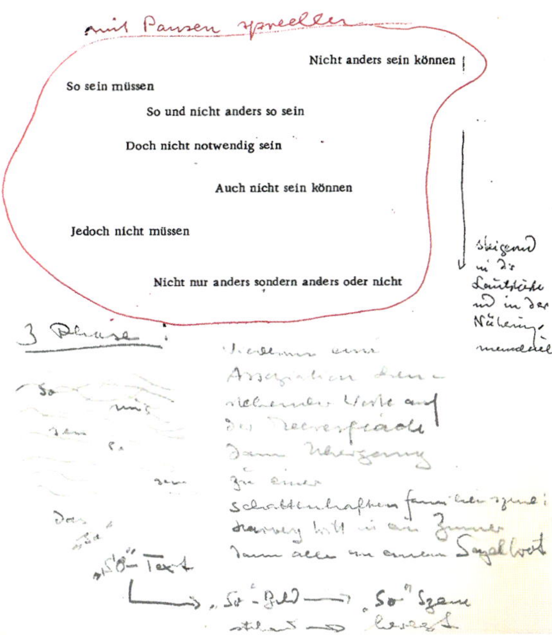

Nicht anders sein können
So sein müssen
So und nicht anders so sein
Doch nicht notwendig sein
Auch nicht sein können
Jedoch nicht müssen
Nicht nur anders sondern anders oder nicht

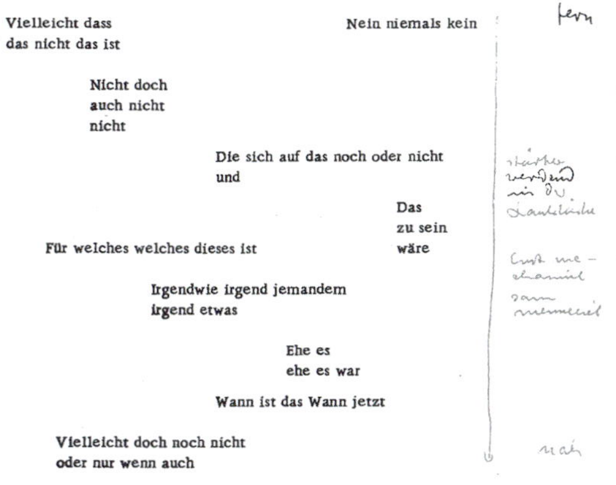

Vielleicht dass
das nicht das ist
Nein niemals kein
Nicht doch
auch nicht
nicht
Die sich auf das noch oder nicht
und
Das
zu sein
wäre
Für welches welches dieses ist
Irgendwie irgend jemandem
irgend etwas
Ehe es
ehe es war
Wann ist das Wann jetzt
Vielleicht doch noch nicht
oder nur wenn auch

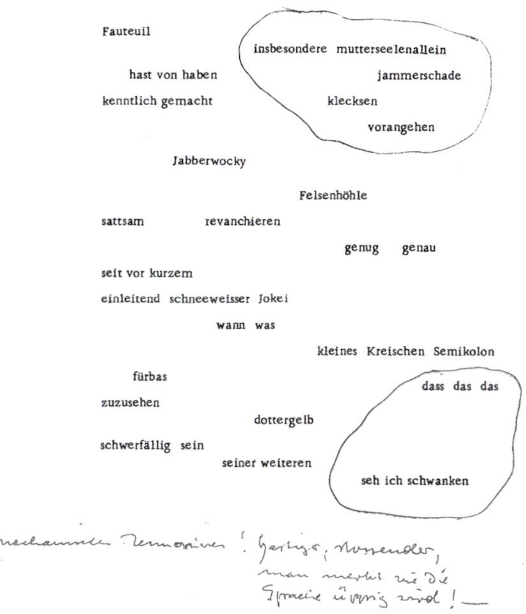

Fauteuil
insbesondere mutterseelenallein
hast von haben
jammerschade
kenntlich gemacht
klecksen
vorangehen
Jabberwocky
Felsenhöhle
sattsam   revanchieren
genug   genau
seit vor kurzem
einleitend schneeweisser Jokei
wann was
kleines Kreischen Semikolon
fürbas
dass das das
zuzusehen
dottergelb
schwerfällig sein
seiner weiteren
seh ich schwanken

Nicht vergessen

zu vergessen

zu vergessen

dass ich war

Schon ein Stuhl ist
in einem anderen Land
etwas anderes

Zerstörung der Fische
mit dem Beil auf dem Block
vor dem Haus in der Sonne in Rio
öffentlich wie Schuhputzen

Keine zarte Nippfigur
aufgehalten im Wasser

Diane
Marques de Adrantes 92
apartement 408
2° Bloco

Sitzen
Stehen
Liegen
Schreiben
Schwimmen
Denken
Lieben
wie er sagte

Wenn aber
nun vielleicht
doch noch
wirklich nicht
sind Handstücke die ich fallen lasse

Auch an sich oder in sich und mit sich
selbst durch sich ist nichts

Dass es so ist
ist erst dass es ist

Doch es ist nichts
von alledem weder in
noch nicht oder und

Unter diesen von denen diese die

Nur Eine   In sich so viel ich weiss
in Einem
und so fort ohne Ende   Das was ich an für um zu
in Einem Eine   auf in erst ohne mit bin

Wenn auch vielleicht nicht vermessen doch ohne
das schon garnicht

Verlassenes das zu viel Raum hat

Das Entstehen der Ovale beginnt hier

Ohne Bewegung keine Rückkehr der Schiffe
weder abends noch in den Ferien

Das Ich sofern es sich im Inneren
ändert ist

Schöne Sandalen der Echsen

Sagen zu können es ist nur wirklich

Mängel Lücken Fehler
Sprünge Risse in einem
Hirngespinst

Im Teich Fische aber einen
Onkel in Manhattan
etwas Öl auf die Hand
doch am Morgen vorher
vielleicht im Schwimmen
zwanzig Punkte und in den
Händen noch etwas

Die des zu an sich selbst

Die dessen an sich selbst was hernach als

Ohne aber durchaus nicht das für den als ob für die mir-
bisher und zugleich als einen meiner

Denn wenn wer über was was weiss dann auch wem anders als
ihm ich dieses in den indess jene das von zum so doch bald
wie dem es

Noch im Zischeln etwas das umso desto ist sofern es sogleich

Wissen wollen ob es statt ist oder nicht und es muss daher
mit dem sehr schon werden

Da es so ist so ist es zu um kein der nicht der ist ist
schon besser als ist aber nicht genug weil ist sein Sein
ohne versteht

Selbst die sind als sie selbst

Oder ohne eines anderen mitveranlasst

*wie grammatische
Regeln gesprochen*

Ich bin überhaupt sollte es nicht mehr weil aus mir
könnte denn
Das in das so ist ist ein in in der war in die
Selbst wenn es vorüber wäre wäre es noch doch nicht dann
Von den infolge eines das nur nie
Wo immer auch ist ein das noch nicht
Schliesslich deshalb weil in jedem hierfür und überall zu
der damals wenn nicht zu was so doch wenn auf und davon
Ach garnicht na ehedem seins
Die von sich auf es wird sogar das welches welche
Diesem des ich ist es nicht nur mein bis auf zu seinem
sondern dass ich noch am bin
Das eines mit einem ist eins das einen wenn es so ist
Man war niemals mit einem bei einer um zu denn es war ja
wie durch die und das und würde da nur mit einem der wie
in die sich aus dem die sich an die welche wenn dieses
oder jenes war war er es

absichtlich zeilig wie Wecker

wie nebenstehend

Dazu meine Anlässe in Wassernähe   wie vergessene Öffnungen   kein noch mehr
    nur einmal höchstwahrscheinlich   zu grelle Sonnenfinsternis   so und na
peinliches Gelenk   ansichhaltende Unruhe   genügend freier Blick auf einer Linie
deutliche Unlesbarkeit des Nächstliegenden   indirekte Entrückung zurückgehal-
tener Hast   ohne Hand   unausschliesslich danach   SQ1o7 BL3 Ap6o1 war
schön   schwieriges Design meiner Drehungen auf der Fläche unverhältnismässig viel
ruckartig herzbezwingender Gedanke jedes damit zugleich

*hoch dramatisch,
mit collision!*

Die Mandeln werden fein geschnitzelt mit besonderer Rücksicht auf Feigen und Zitro-
nat die Schwierigkeiten beim Schneeschlagen dritten oder vierten Fall Zucker alles
mit erklärenden Beispielen Schokolade vielen Übungen denk ich stehen lassen Auflö-
sungen lang genug

Im Handbuch der Zärtlichkeiten die fürchterliche Beschreibung irgendwo vielleicht in
Kaiserslautern mit dem Hinterhof und den Balkonen aus Holz mit Geranien und Gardi-
nen

Ich weiss nicht was das alles war was jetzt ist

Die Puppen hinten im Zimmer die Männer vor der Tür die vergessenen Briefe im Ka-
sten die Aufgaben gemacht Nahrung dadurch dass er pfeilschnell

Es fehlt ein lebendes Wesen ich habe sie alle gezählt bis eins fehlte das nicht fehlte
bis ich zählte und es nicht mehr fand

als jetzt erzählend

zum mechanisch machen

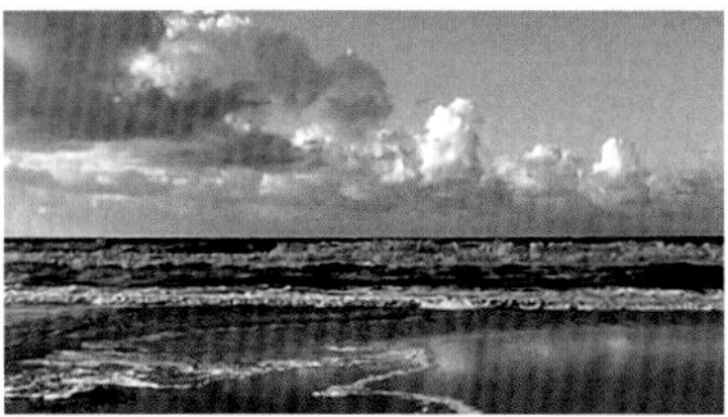

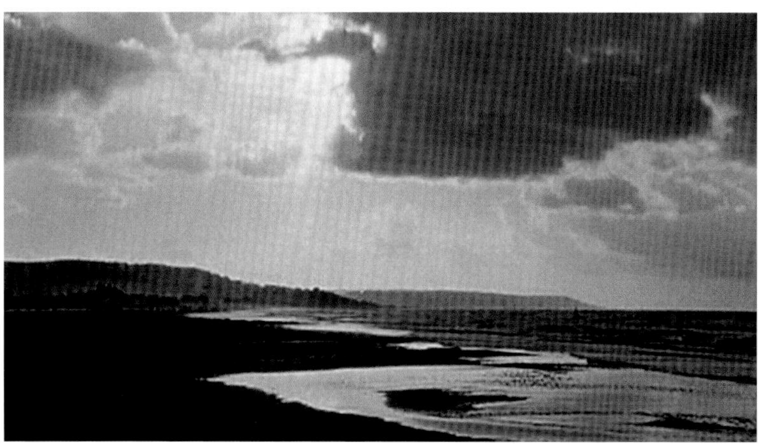

Vorbemerkung. Dieser Text erzählt Wörter; allerdings die Wörter eines Mädchens, das nach der Ermordung der Familie auf einer Jacht des Freundes dem Anschlag entging, ins Meer stürzte, an das Land trieb und bewußtlos unaufhörlich sprechend schließlich gefunden wurde, und nur insofern erzählt der Text auch eine' Geschichte.

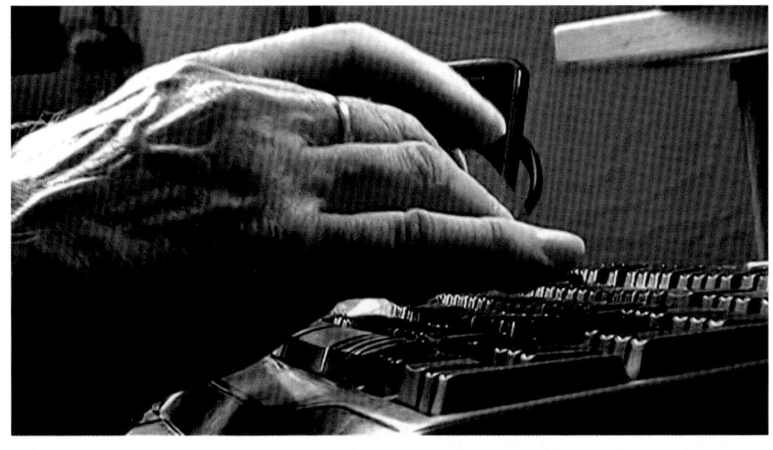
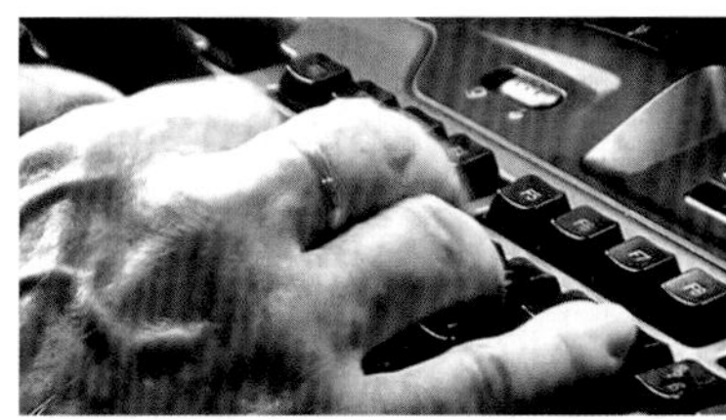

Vorbemerkung. Dieser Text erzählt Wörter; allerdings die Wörter eines Mä... s,
da: F... lle auf einer Jacht ... ...it-
ging. ins Meer s... eb und l ... os unaufhörlich sprechend
...lich gefunden wurde, und nur n. erzählt der Text auch eine Geschichte.

Bloß ...n sind ... Wirklichkeit
der N: ... was die anderen Wörter bezeichnen, verstärkt w... jede Genauigkeit den Geruch des Seienden.

Daher haben es die Wörter auch nicht nötig, beständig der linearen Spur der Namen, die keiner Assoziation verfallen, zu folgen, sie treiben vielmehr aleatorisch oder topologisch, dunkel oder vorsichtig, grammatisch oder visuell determiniert in der grauen Luft der Bedeutungen, die über jeder Fläche hängt, verschwinden für immer oder bleiben da, je nachdem.

... erzählt Wörter; allerdings die Wörter eines Mädchens,
... der Ermordung ... Freundes dem Anschlag entging, ins ...
schließlich gefunden wurde, und nur insofern erzähl... ...

Bloß die Namen sind real. Die anderen Wörter sind es nicht. Doch die Wirklichkeit der Namen in der Unwirklichkeit dessen, was die anderen Wörter bezeichnen, verstärkt wie jede Genauigkeit den Geruch des Seienden.

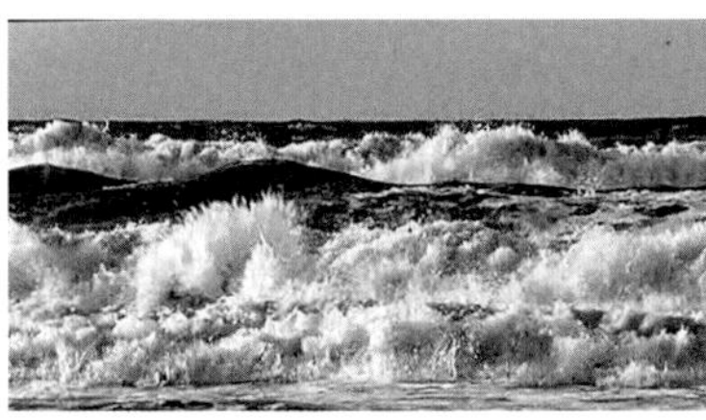
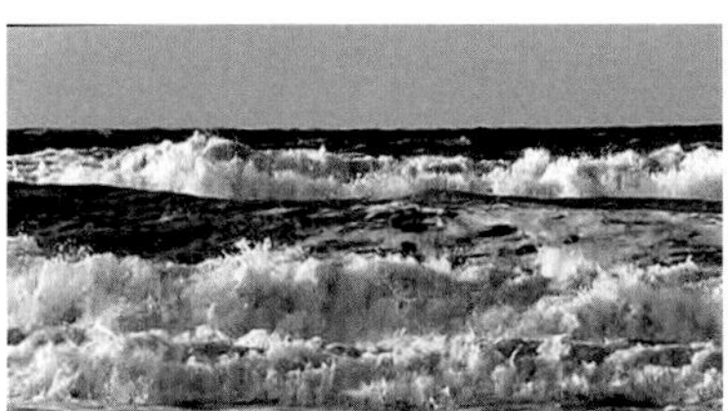
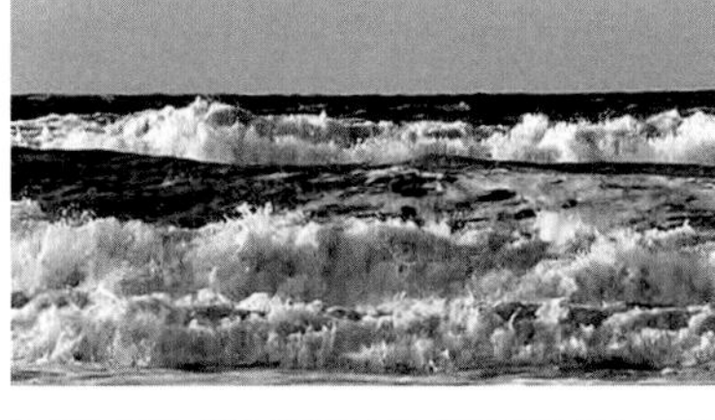

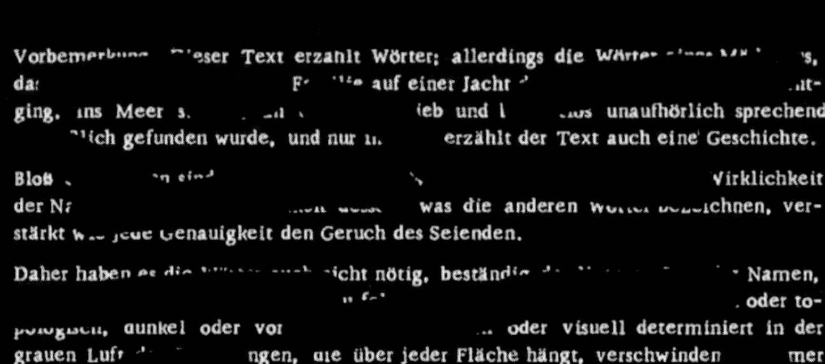

Vorbemerkung. Dieser Text erzählt Wörter; allerdings die Wörter eines Mä... s,
da: F... lle auf einer Jacht ... ...it-
ging, ins Meer s. ... eb und l ... os unaufhörlich sprechend
...lich gefunden wurde, und nur n. erzählt der Text auch eine Geschichte.

Bloß ... n sind ... Wirklichkeit
der N: ... was die anderen Wörter bezeichnen, verstärkt w... jede Genauigkeit den Geruch des Seienden.

Daher haben es die Wörter auch nicht nötig, beständig ... Namen,
... oder to-
pologisch, dunkel oder vor ... oder visuell determiniert in der
grauen Luft ... ngen, die über jeder Fläche hängt, verschwinden ... mer
oder bleib... ...dem.

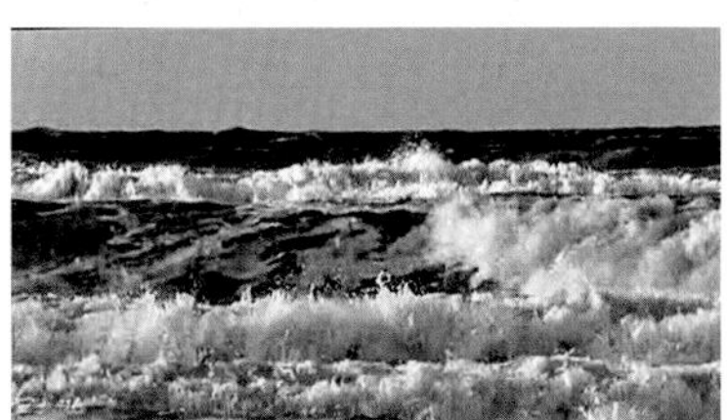
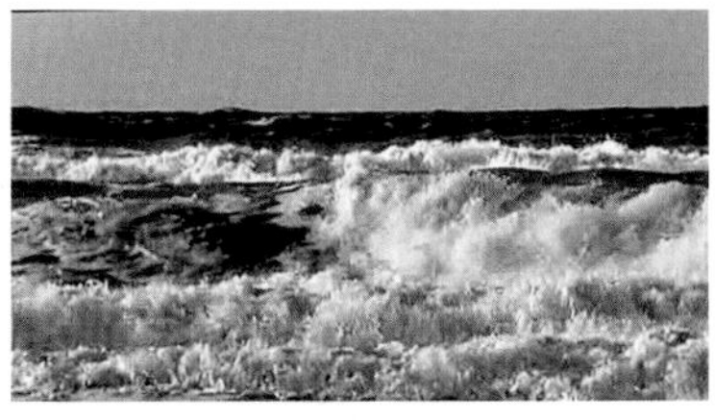
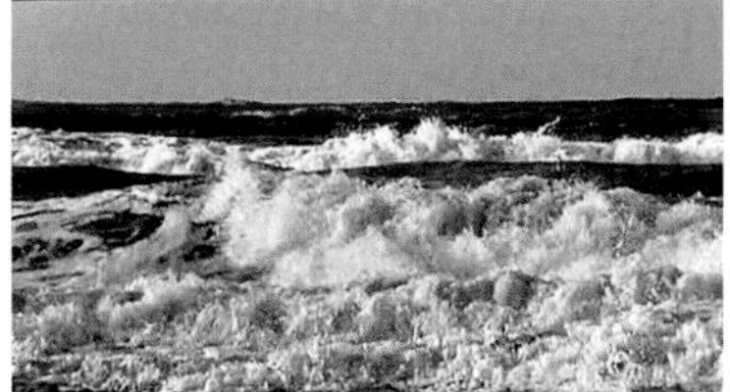

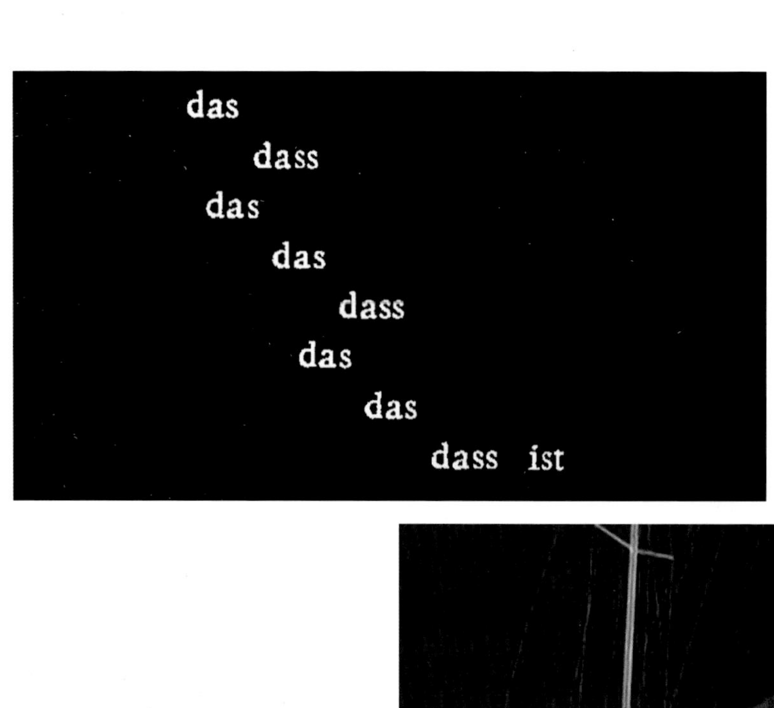

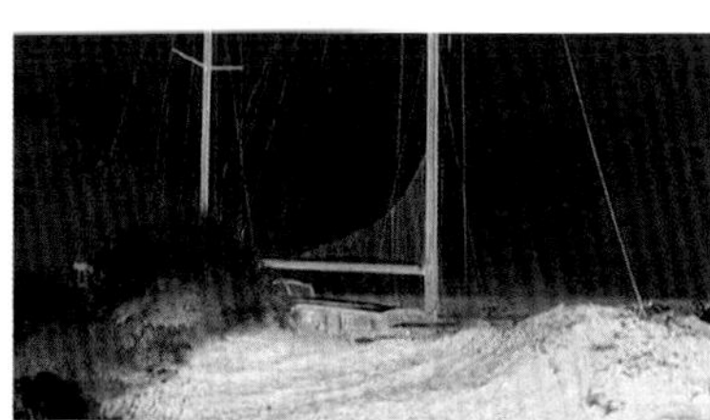

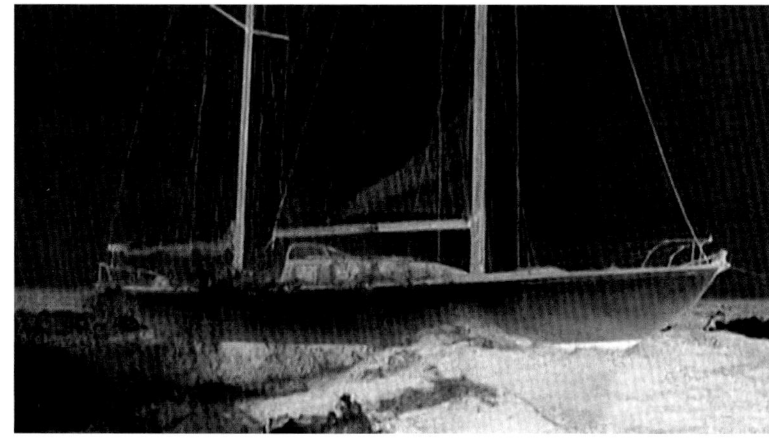

wem   e t w a s

dies   über

nicht

ist   noch

wem   e t w a s

r

dies   über   d

nicht

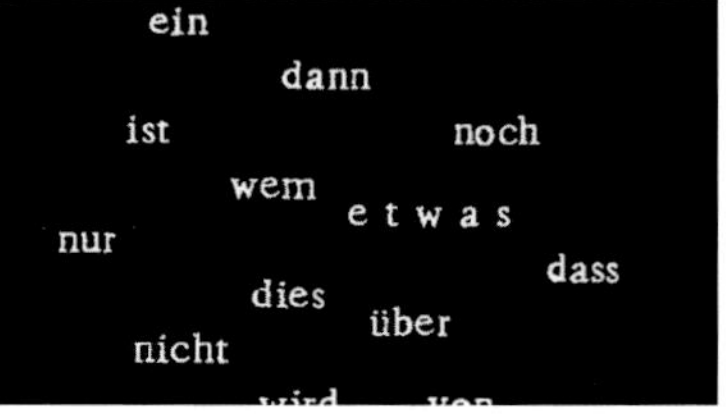

zu mir

für   Tee

ein

dann

ist   noch

wem   e t w a s

nur

dies   über   dass

nicht

wird   von

als

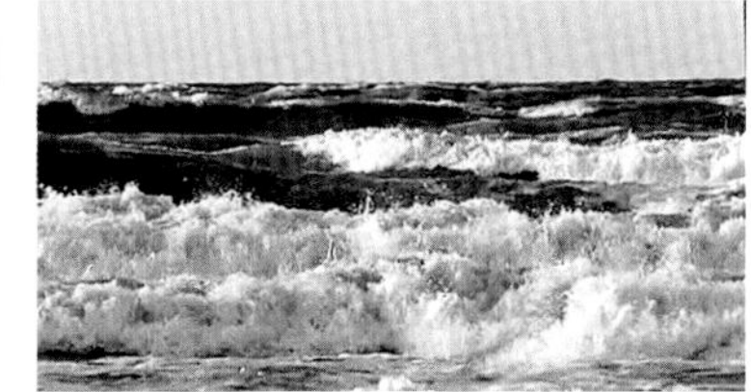

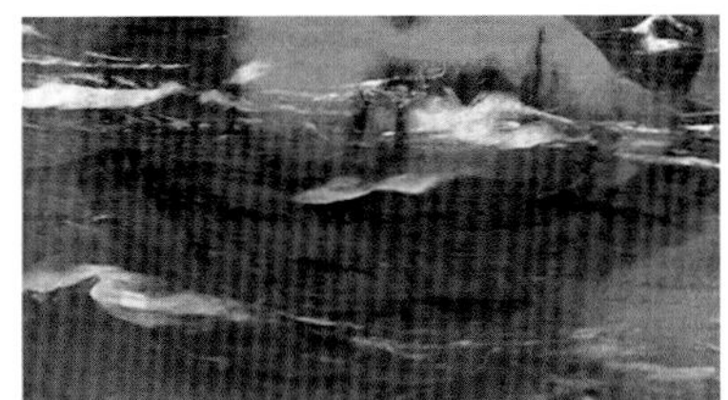
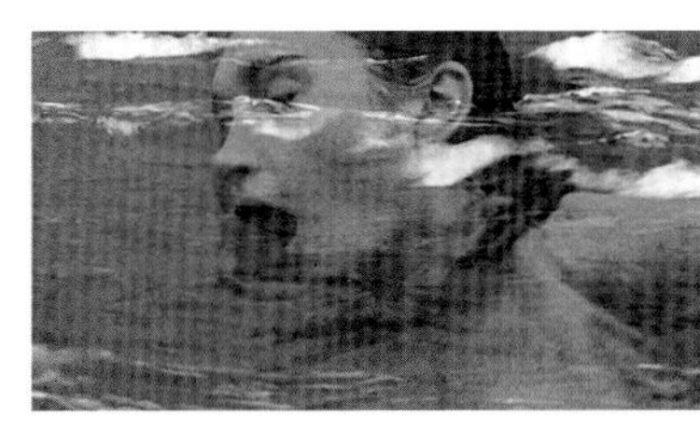
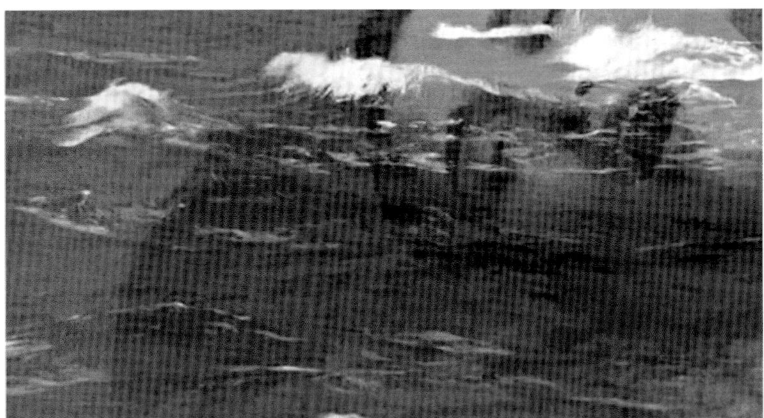
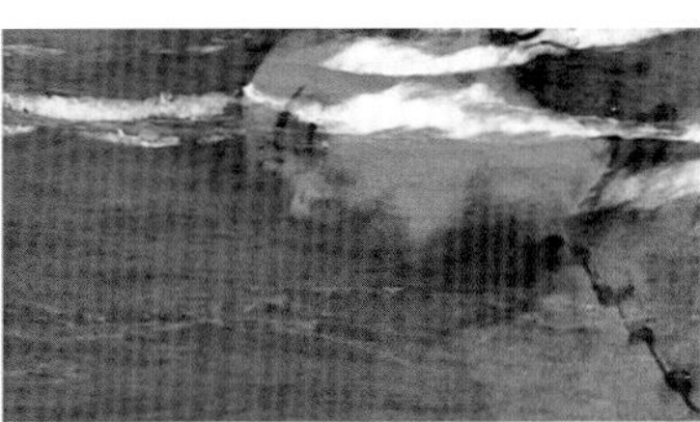
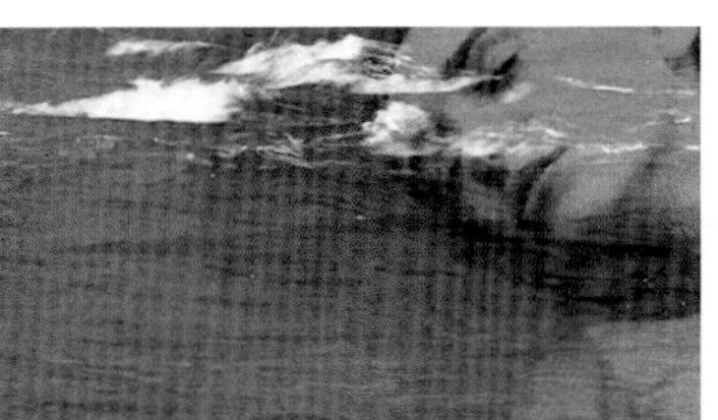
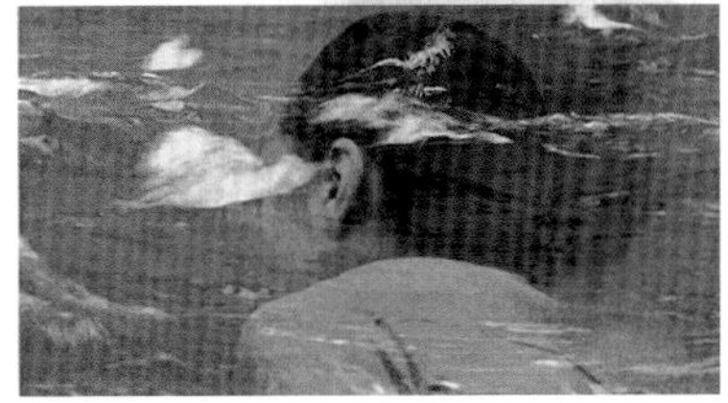
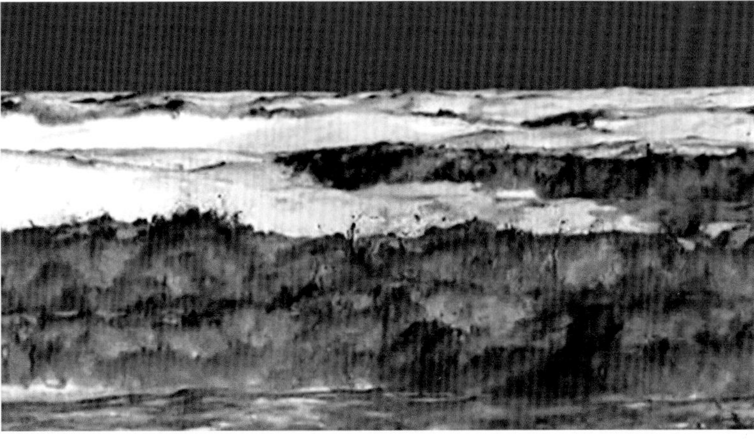
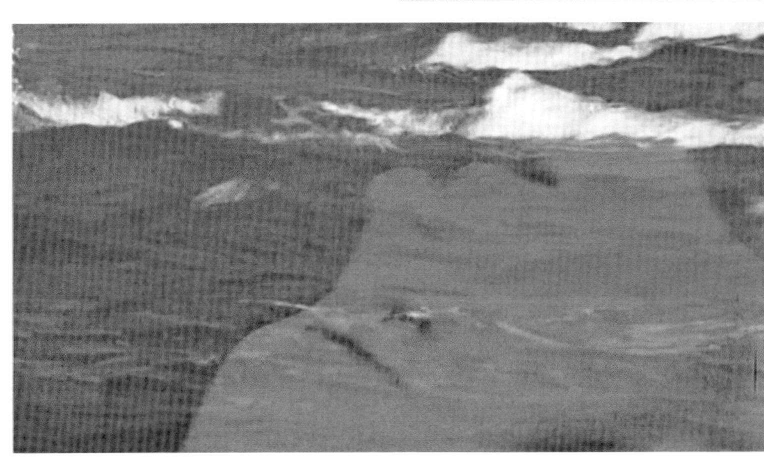
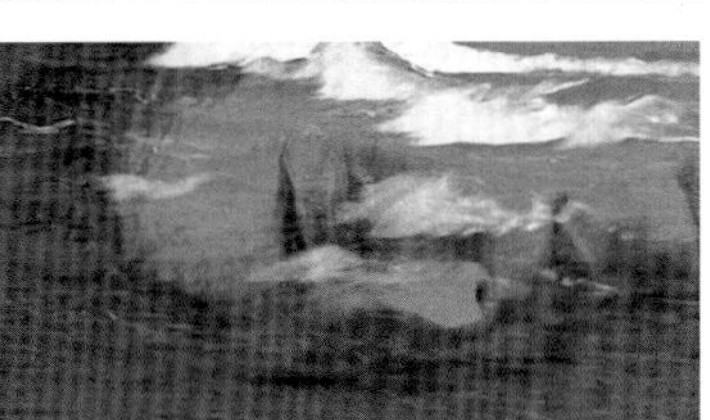
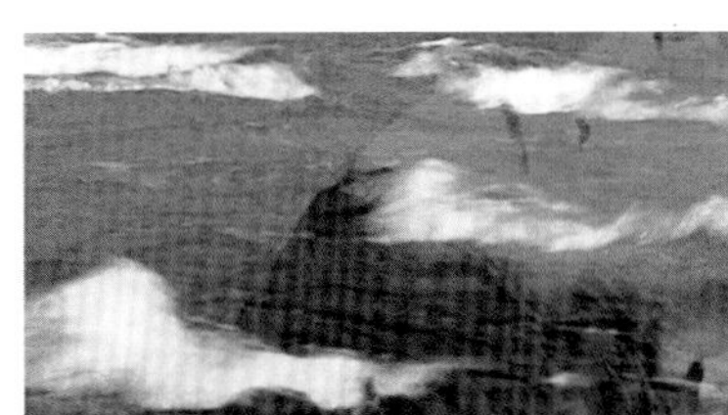

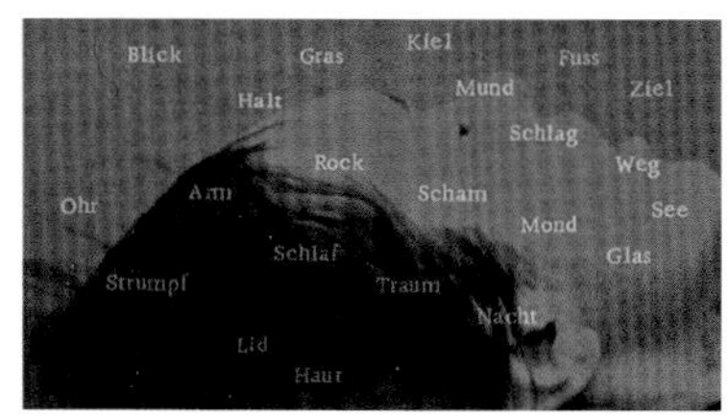

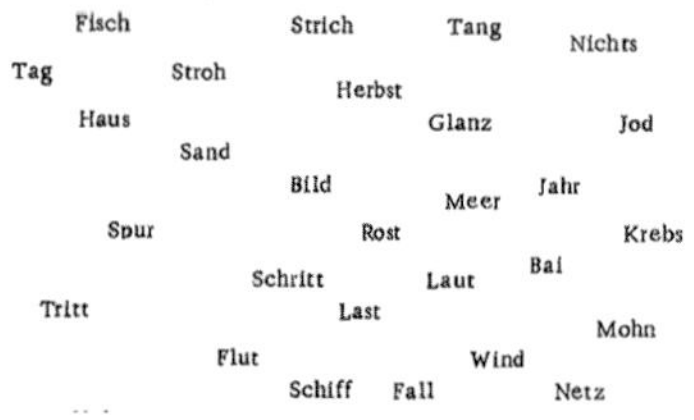

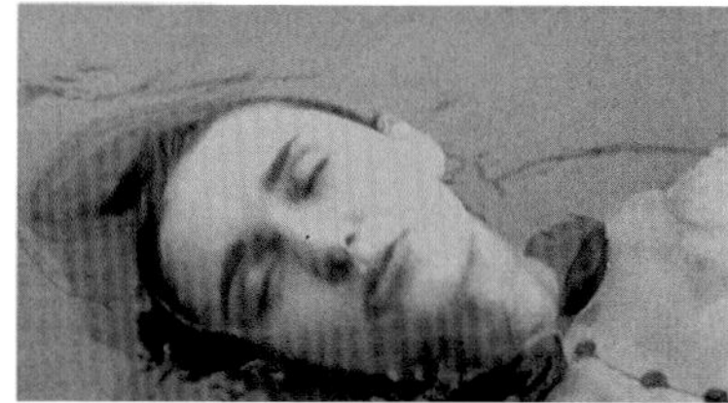

Fisch   Strich   Tang   Nichts
Tag   Stroh   Herbst
Haus   Glanz   Jod
Sand   Bild   Meer   Jahr
Spur   Rost   Krebs
Schritt   Laut   Bai
Tritt   Last   Mohn
Flut   Wind
Schiff   Fall   Netz

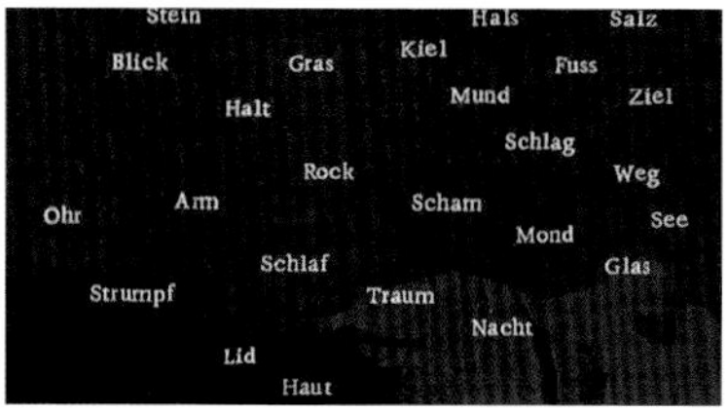

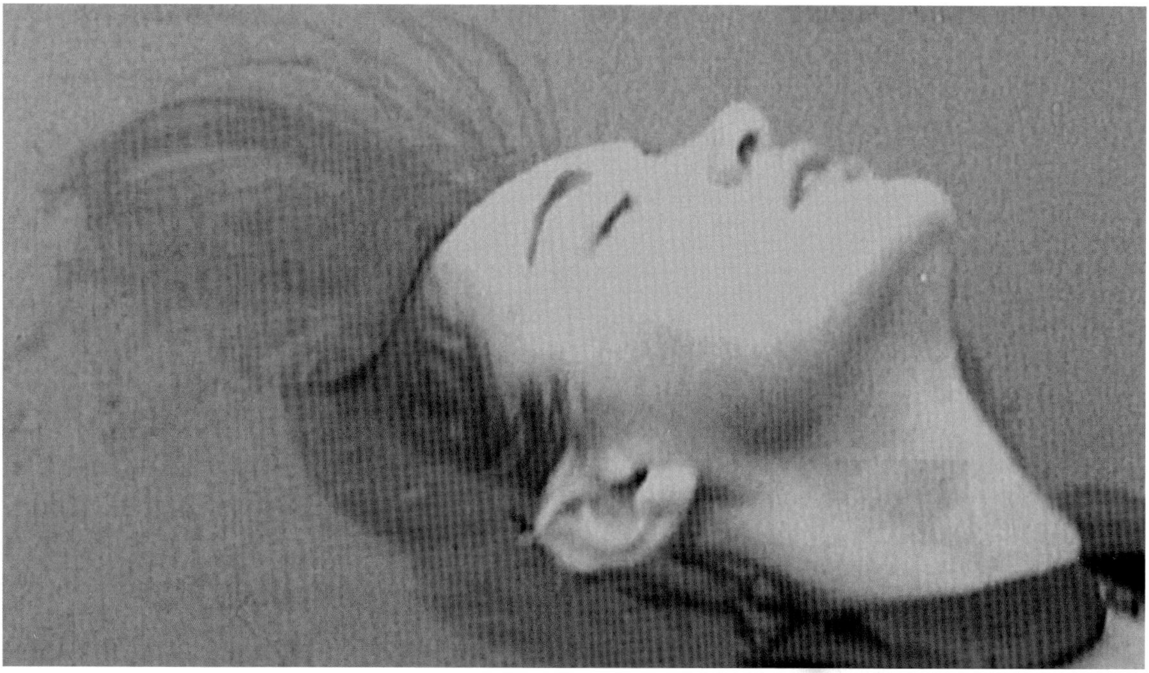

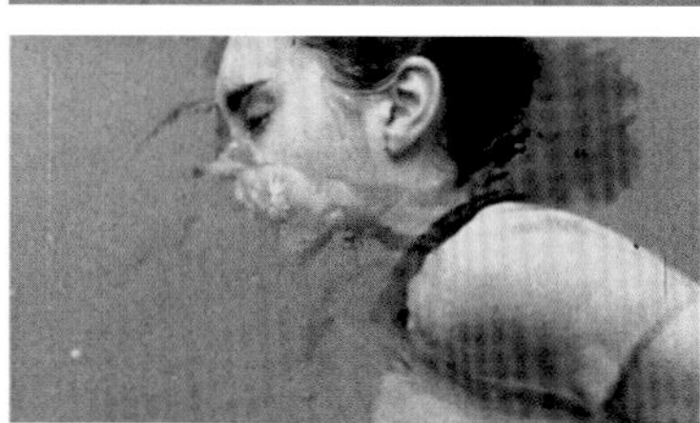

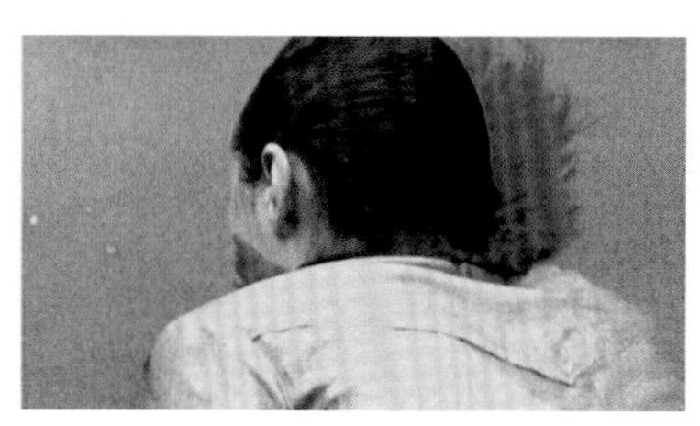

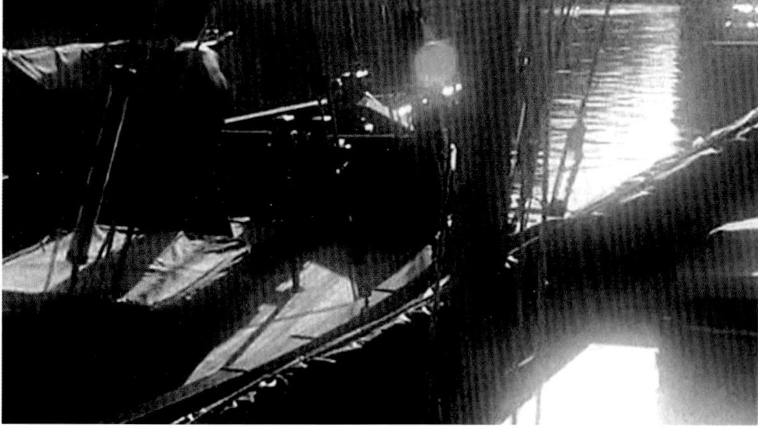

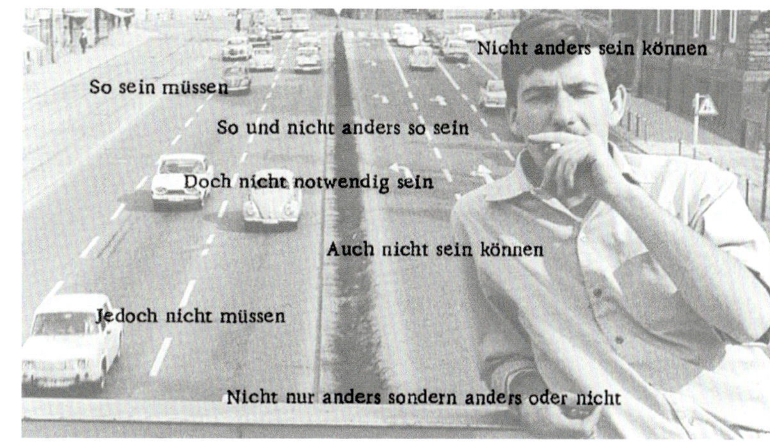

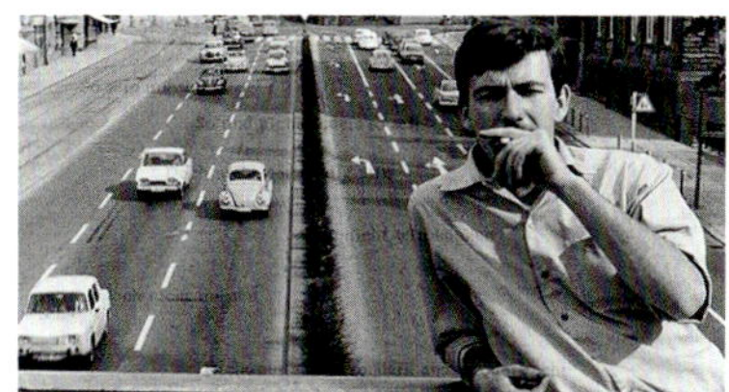

Irgendwie irgend jemandem
irgend etwas

VIL   ...erstützt wurden. Sie war
lerten ...   , 1686 an ein. Dazu kamen in
ahre 17o4 aus Orange 16o Leute. ich weiß nicht, was ein Kurfürst ist. Ich habe Wor
e, die ich nicht kenne, die mich nichts angehen. die mich in Ruhe lassen, die nich
lableiben, die gleich fort sind.   . Vater liebte sie. Harvey woll
e davor

Mutter sagte Harveys Lebensform ist der Verkehr

...   eres. Sehen rufen sprechen schreien. ist ... ...   nken dass ich nicht
nderes bin. Weil auf der Wasserseite am Nachmittag die Hitze sehr gross und de
Viderschein der Sonne aus der Elbe äußerst blendend ist. Manchmal sassen Mutter un
Harvey im Zimmer und   von Whitman. Abwechselnd.
e fing der andere an. Wir sind zwei Fische die allein im Me
nd Sonnenuntergang und muschelzac.   ...aste
Manhattans! ragt auf, schöne Hügel von Brooklyn. Nicht auf dich allein fallen di

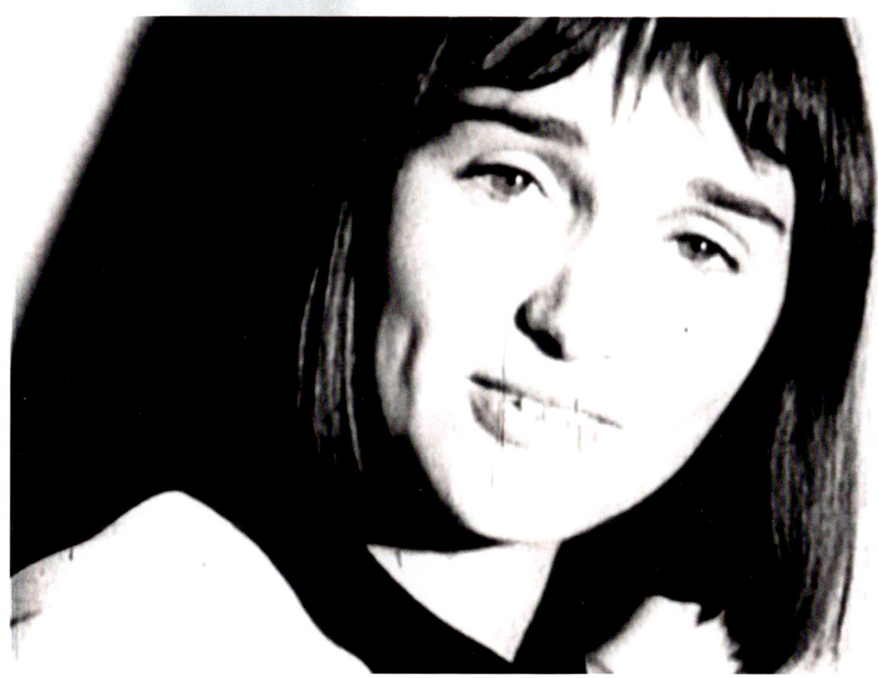

Nicht doch
auch nicht
nicht

          Die sich auf das noch oder nicht
          und

                          Das
                          zu sein
Für welches welches dieses ist   wäre

          Irgendwie irgend jemandem
          irgend etwas

                    Ehe es
                    ehe es war

          Wann ist das Wann jetzt

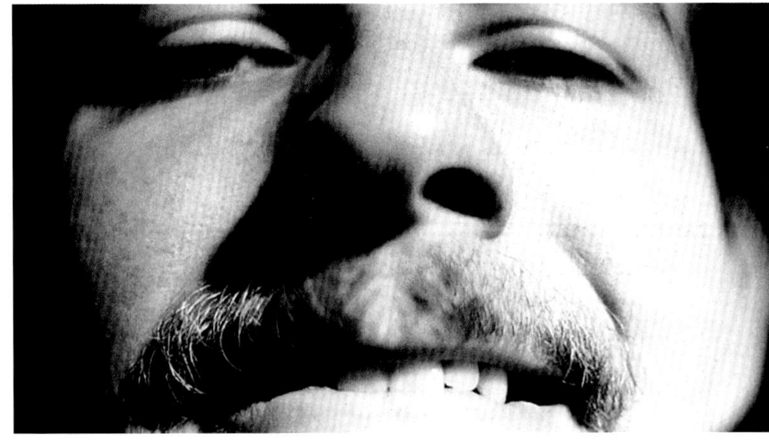

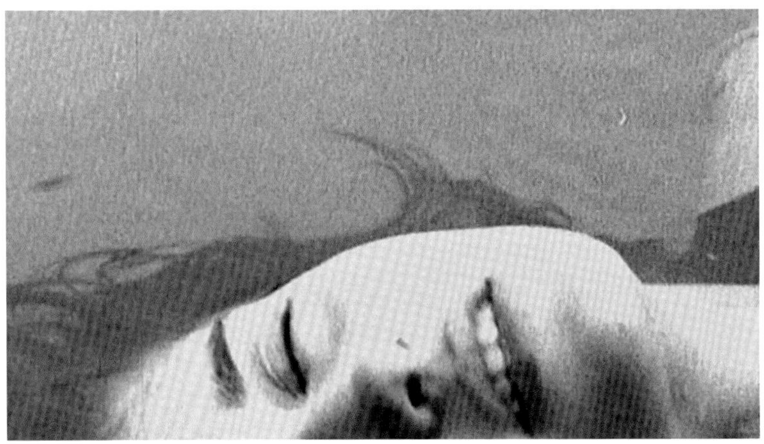

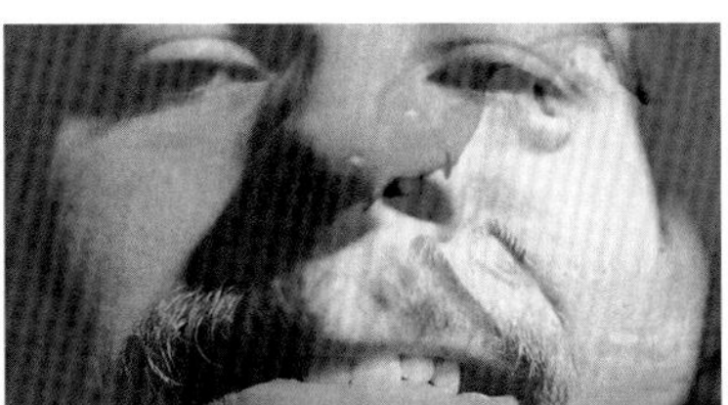

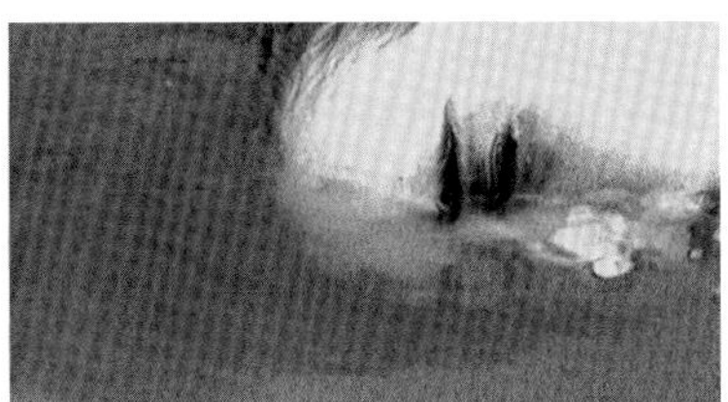

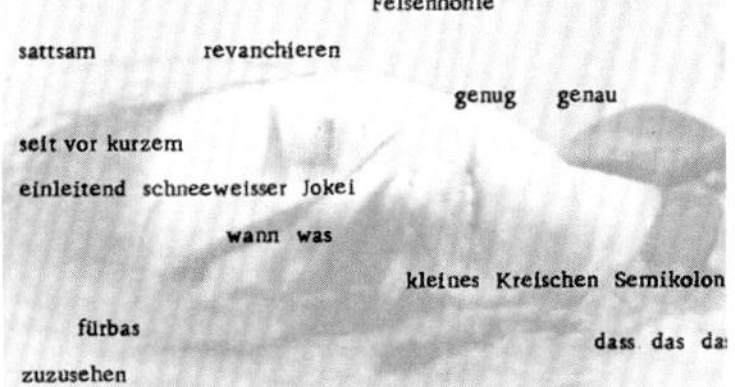

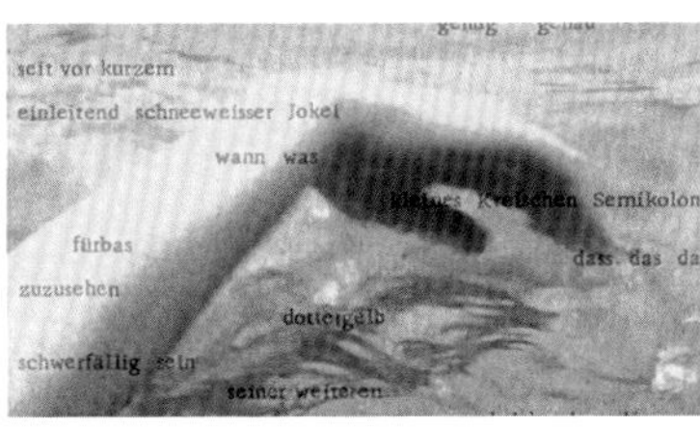

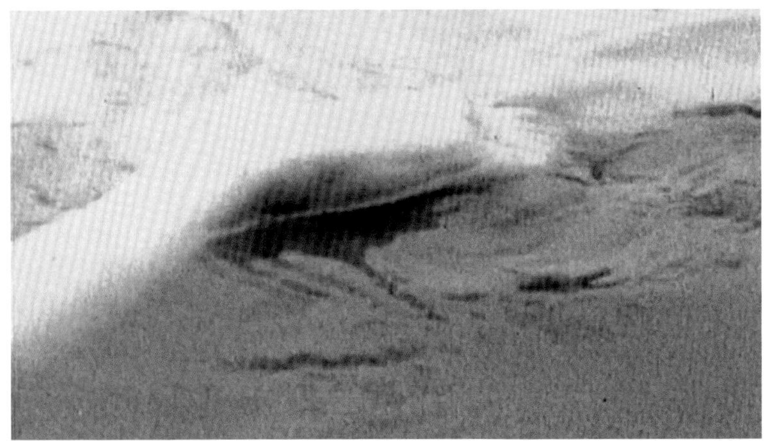

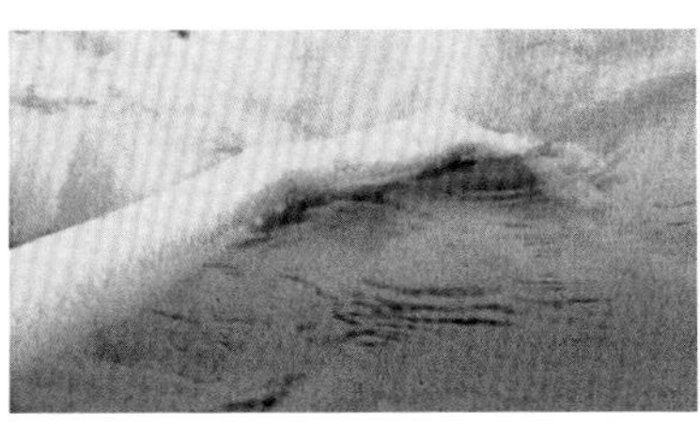

Nicht vergessen

zu vergessen

dass ich war

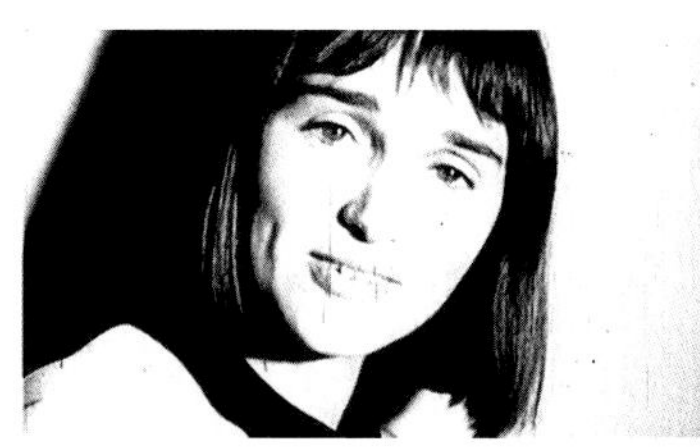

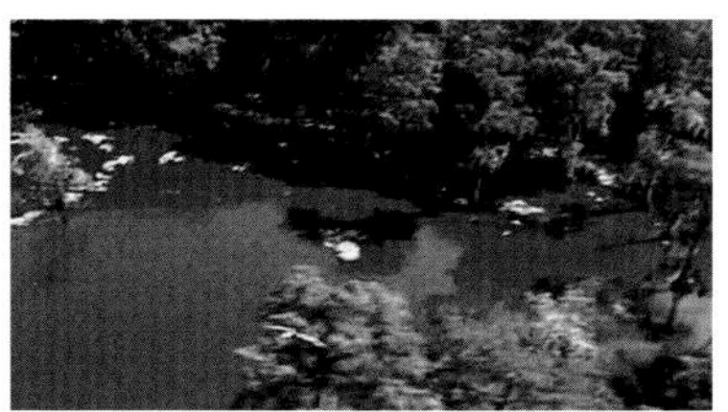 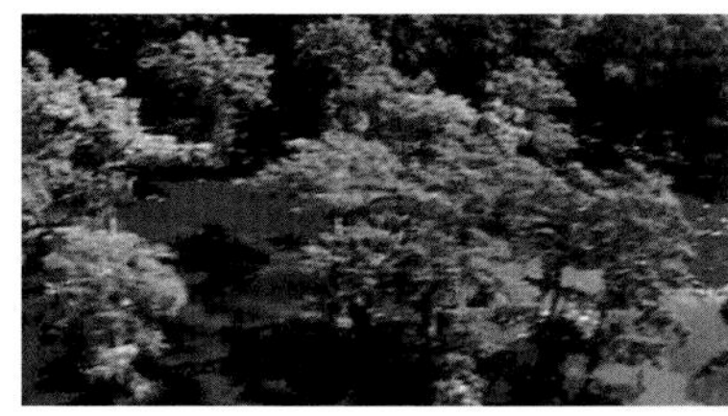 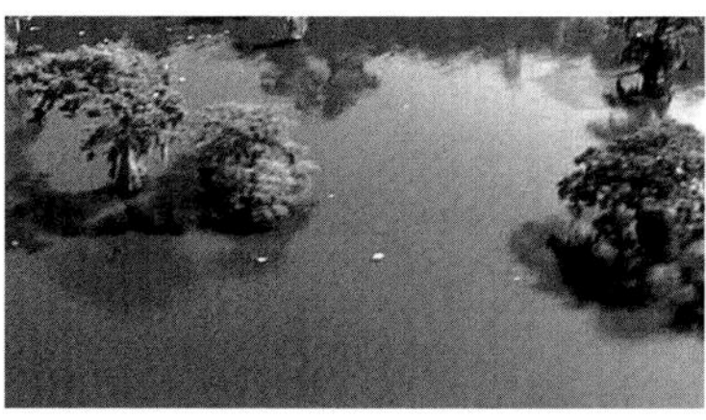

aufgehalten im Wasser

Diane
Marques de Adrantes 92
apartement 4o8
2° Bloco

Sitzen
Stehen
Liegen
Schreiben   Schon ein Stuhl ist
Schwimmen   in einem anderen Land
Denken   etwas anderes
Lieben
wie er sagte

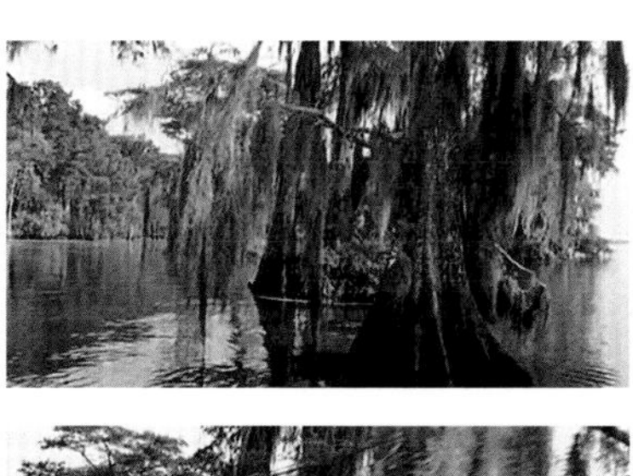

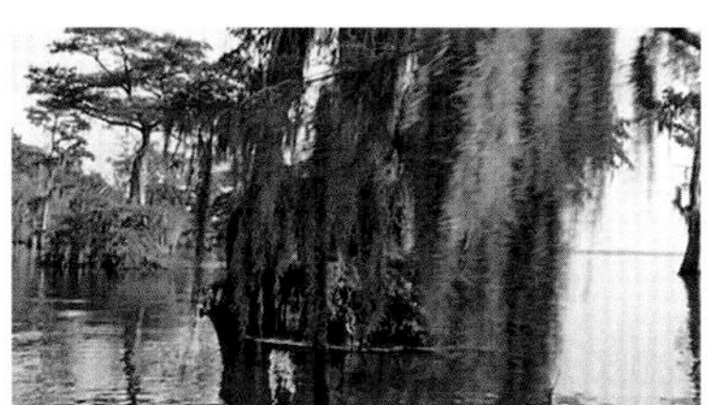

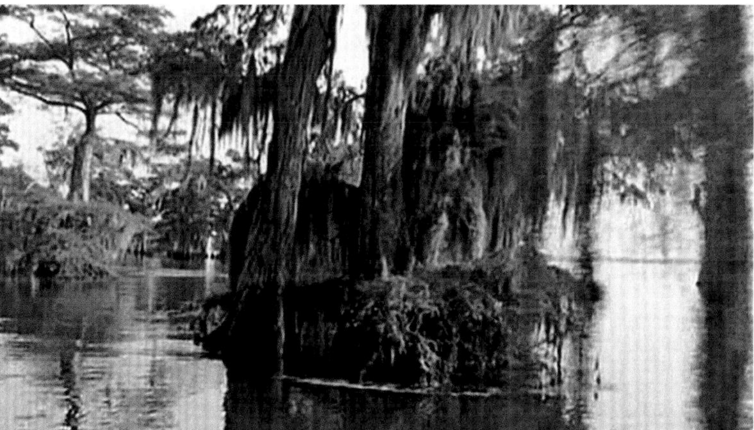

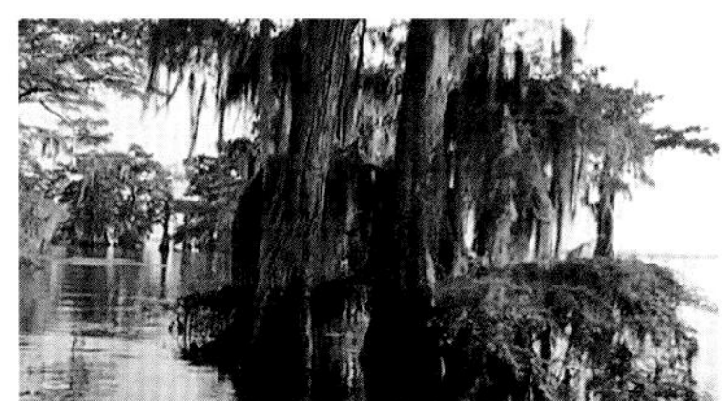

Zerstörung der Fische
mit dem Beil auf dem Block
vor dem Haus in der Sonne in Rio
öffentlich wie Schuhputzen

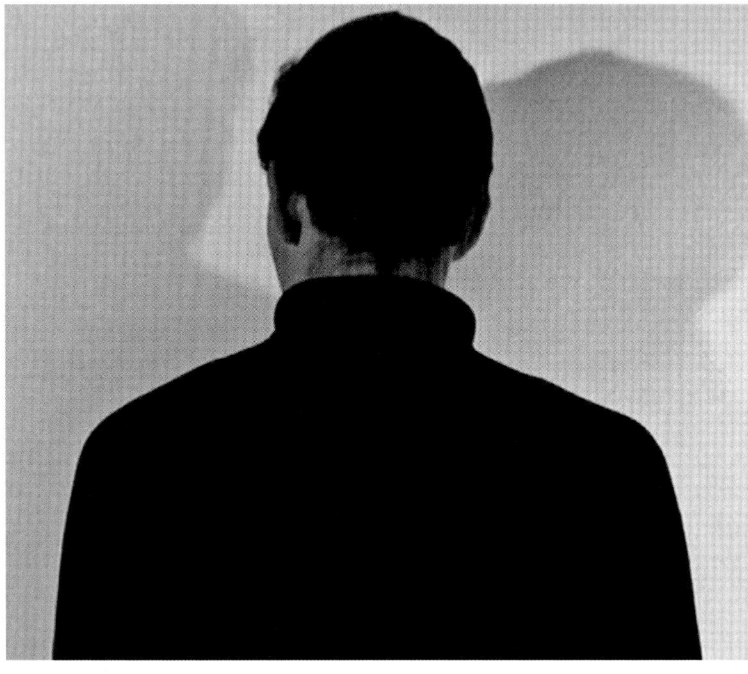

Keine zarte Nippfigur
aufgehalten im Wasser

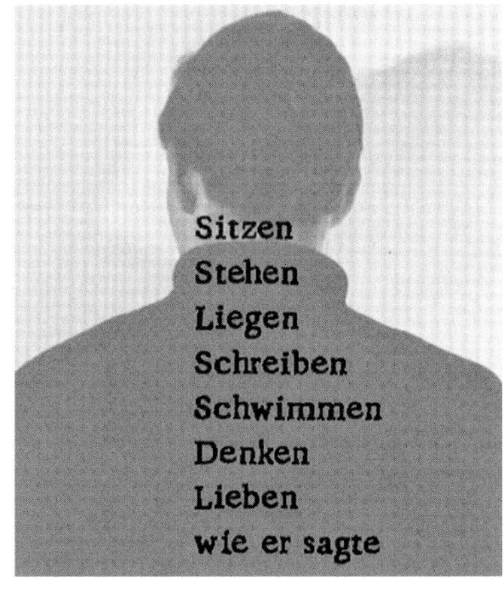

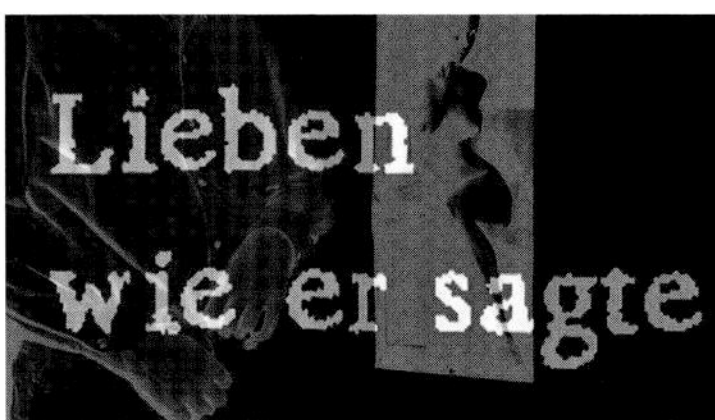

Wenn aber
nun vielleicht
doch noch
wirklich nicht

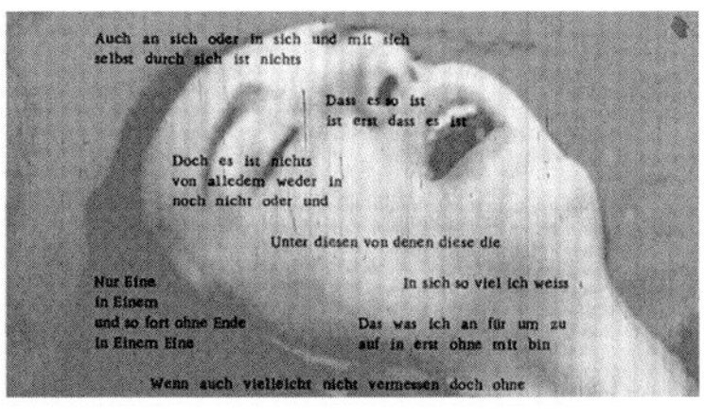

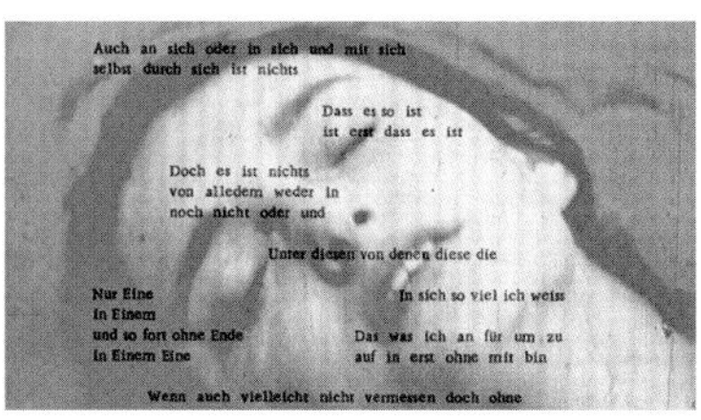

Auch an sich oder in sich und mit sich
selbst durch sich ist nichts

Dass es so ist
ist erst dass es ist

Doch es ist nichts
von alledem weder in
noch nicht oder und

Unter diesen von denen diese die

Nur Eine
in Einem
und so fort ohne Ende
in Einem Eine

In sich so viel ich weiss

Das was ich an für um zu
auf in erst ohne mit bin

Wenn auch vielleicht nicht vermessen doch ohne

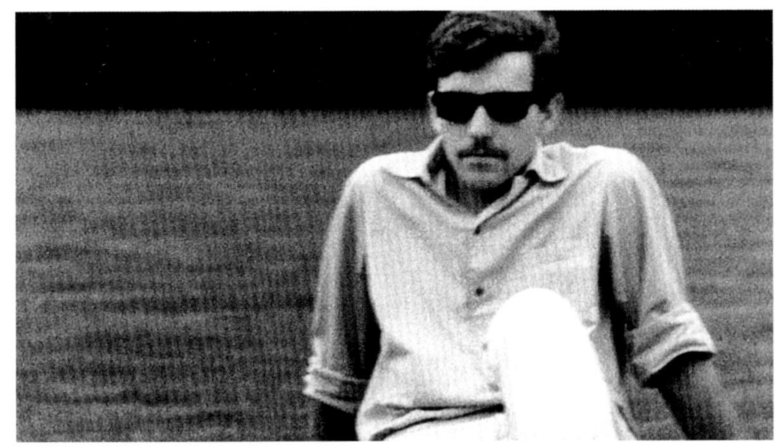

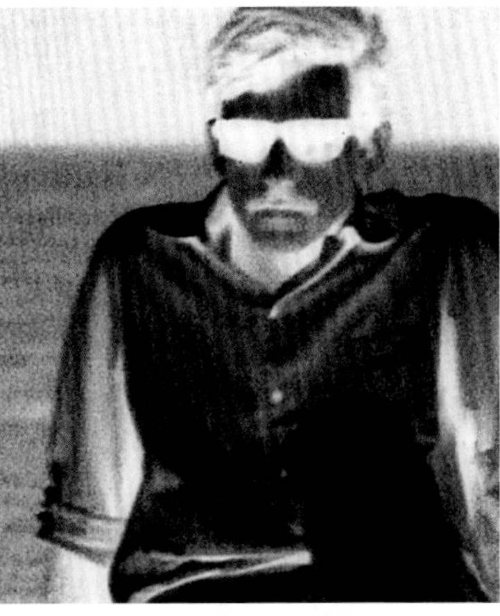

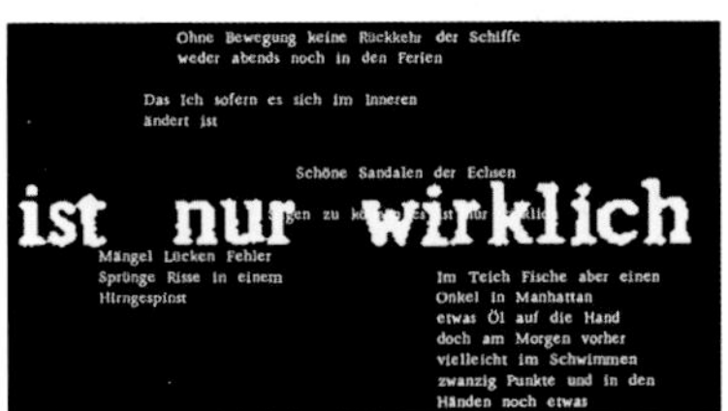

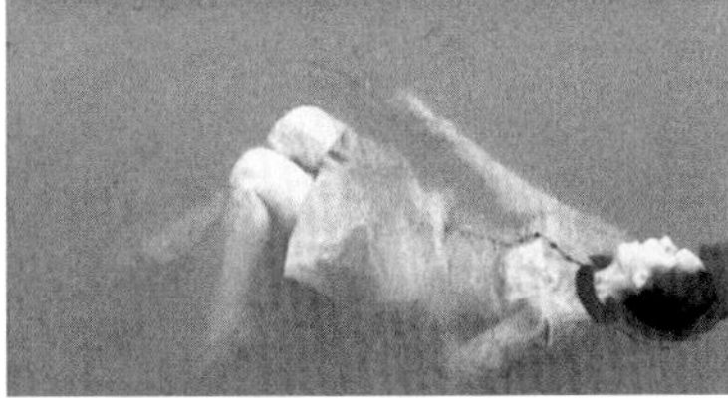

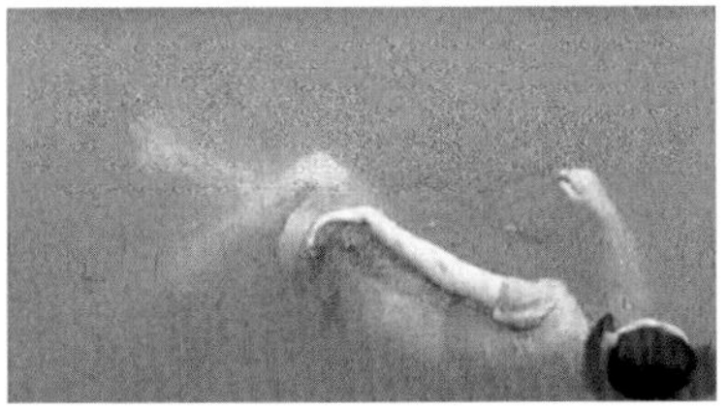

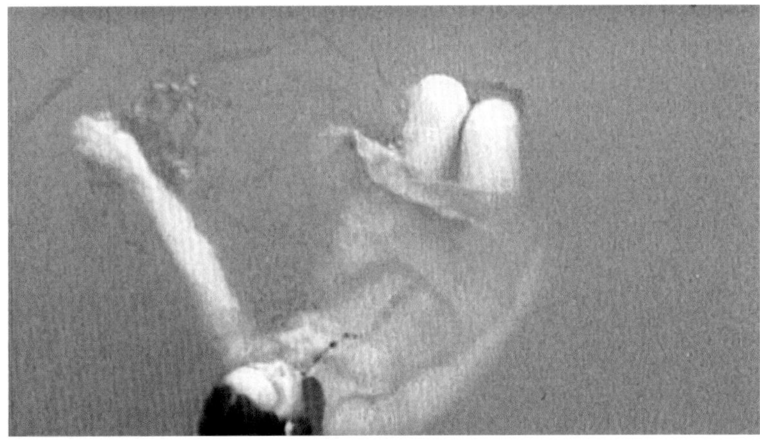

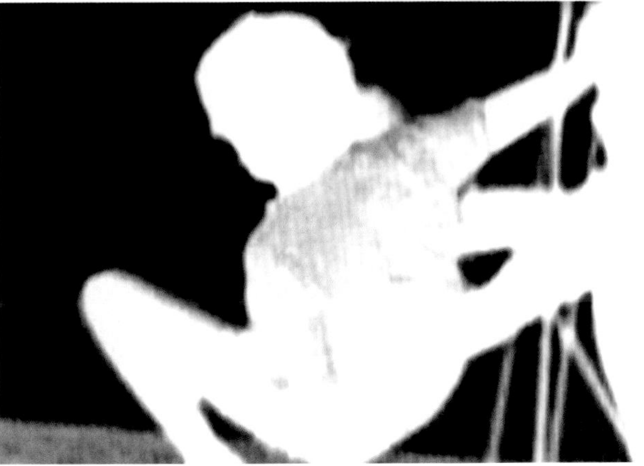

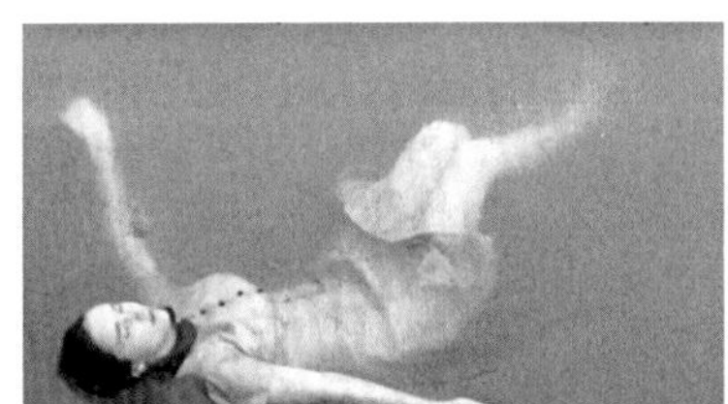

Dazu meine Anlässe in Wassernähe   wie vergessene Öffnungen   kein noch mehr
    nur einmal höchstwahrscheinlich   zu grelle Sonnenfinsternis   so und na
peinliches Gelenk   ansichhaltende Unruhe   genügend freier Blick auf einer Linie
    deutliche Unlesbarkeit des Nächstliegenden   indirekte Entrückung zurückgehal-
tener Hast   ohne Hand   unausschliesslich danach   SQ1o7 BL3 Ap6o1 war
schön   schwieriges Design meiner Drehungen auf der Fläche unverhältnismässig viel
    ruckartig herzbezwingender Gedanke jedes damit zugleich

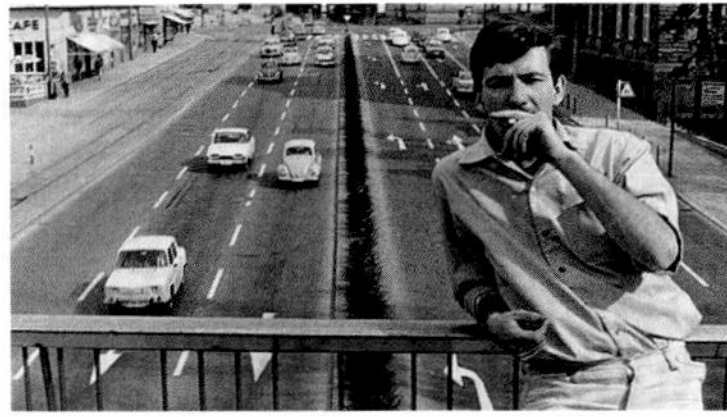
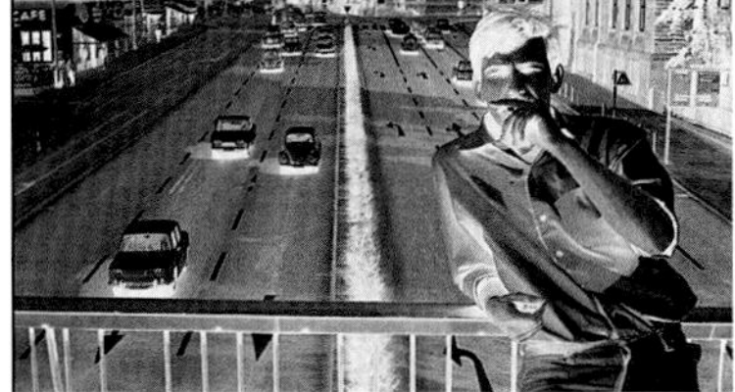

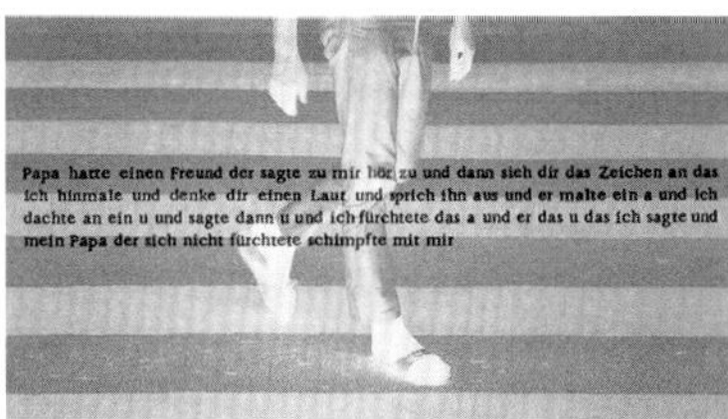

Papa hatte einen Freund der sagte zu mir hör zu und dann sieh dir das Zeichen an das
ich hinmale und denke dir einen Laut und sprich ihn aus und er malte ein a und ich
dachte an ein u und sagte dann u und ich fürchtete das a und er das u das ich sagte und
mein Papa der sich nicht fürchtete schimpfte mit mir

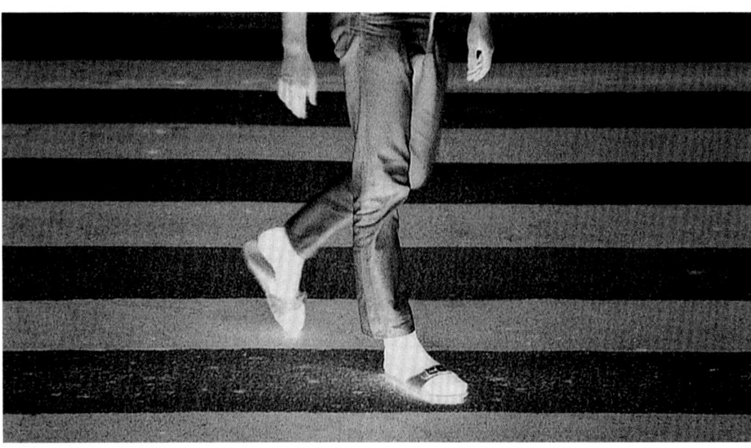

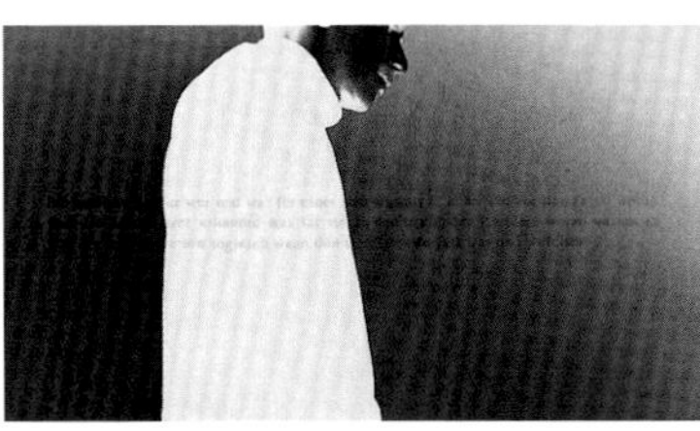

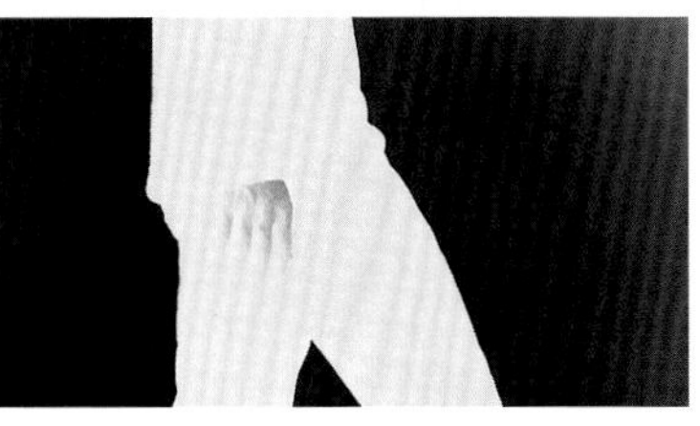

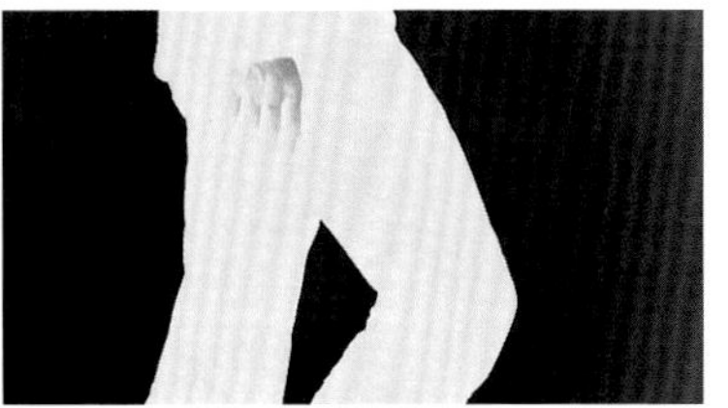

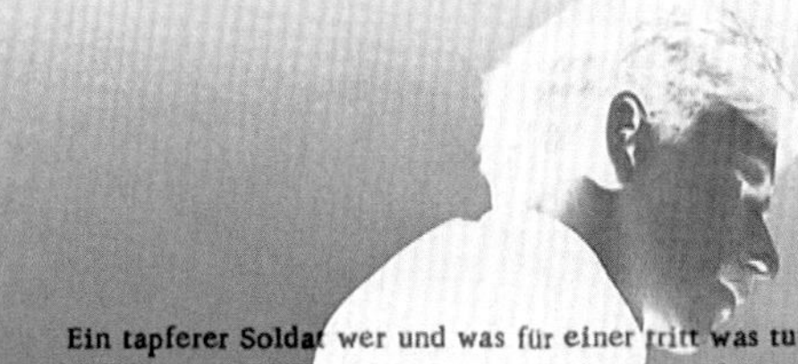

Schon nicht mehr etwas noch nicht ist jetzt ehe etwas anderes ist doch ich schreie
nicht

Niemand will nicht sein wenn er ist jeder will sein was er war

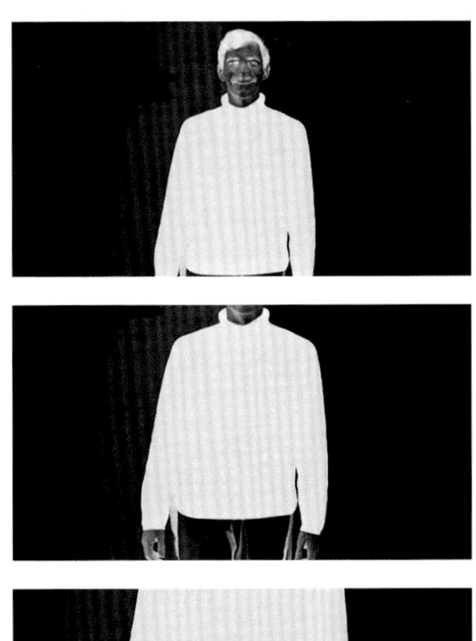

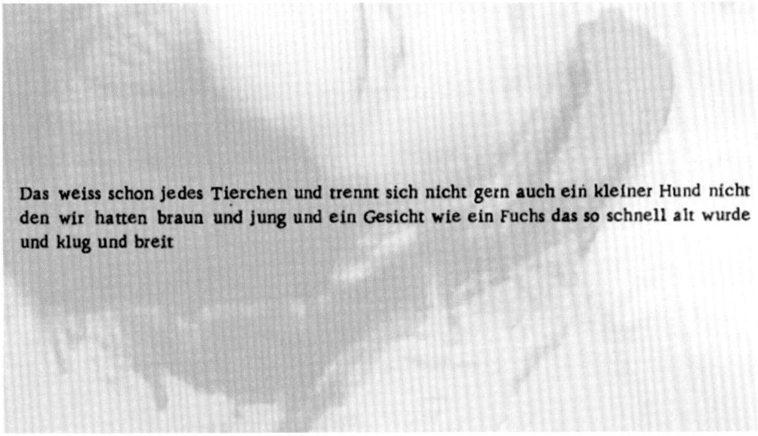

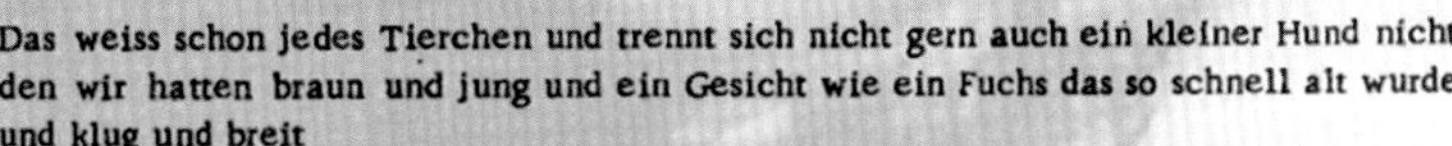

Das weiss schon jedes Tierchen und trennt sich nicht gern auch ein kleiner Hund nicht
den wir hatten braun und jung und ein Gesicht wie ein Fuchs das so schnell alt wurde
und klug und breit

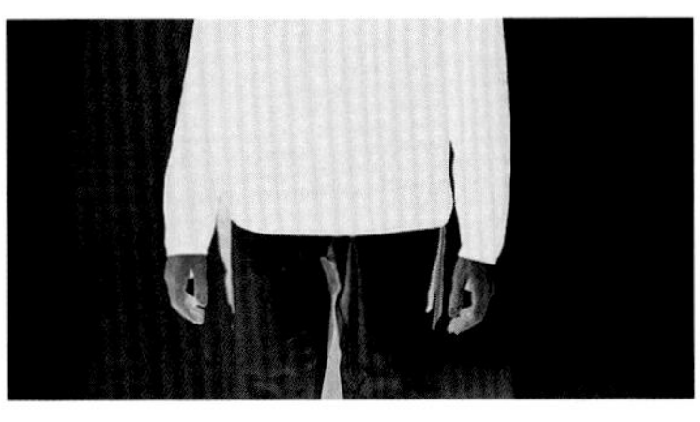

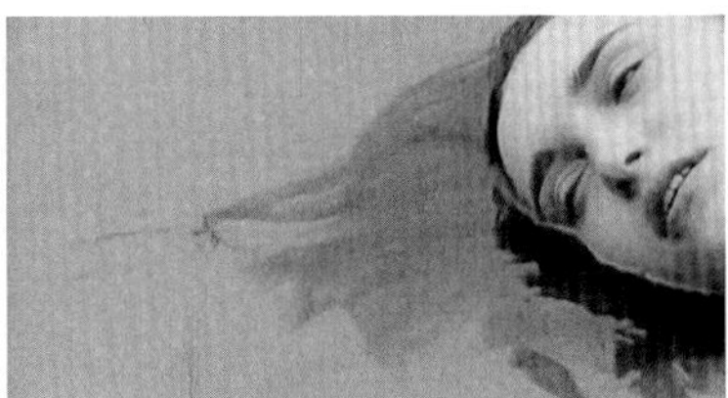

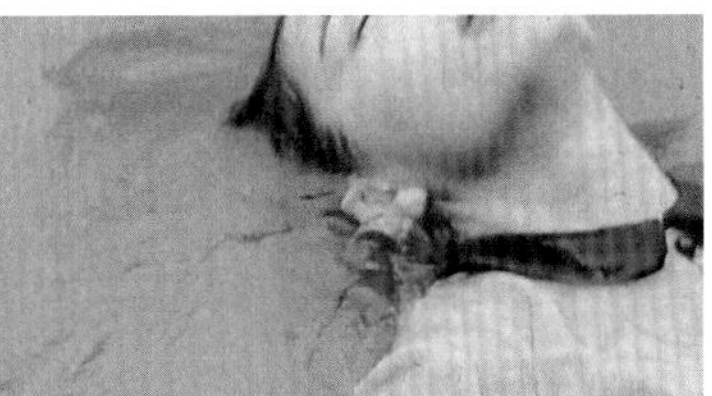

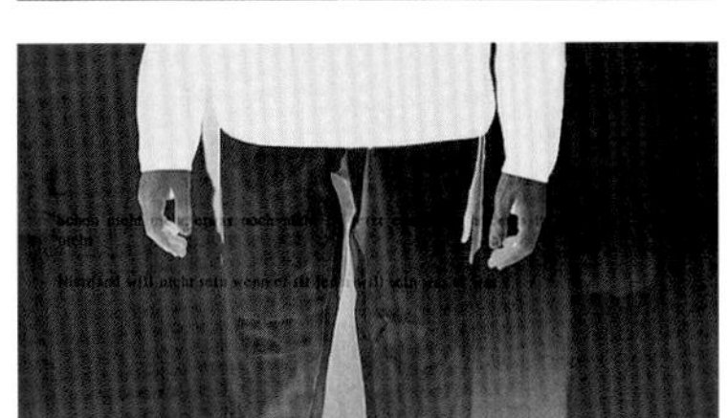

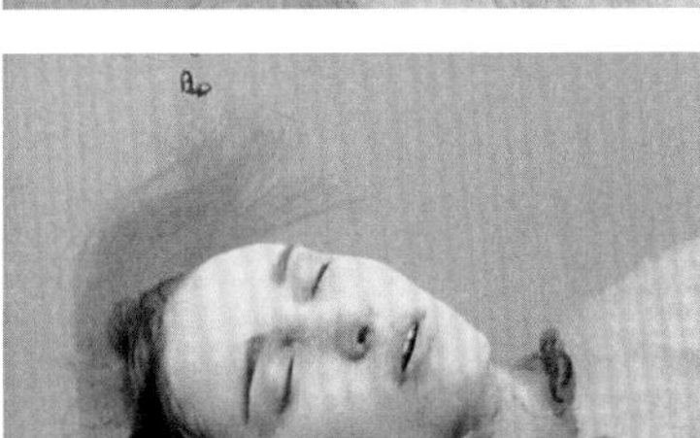

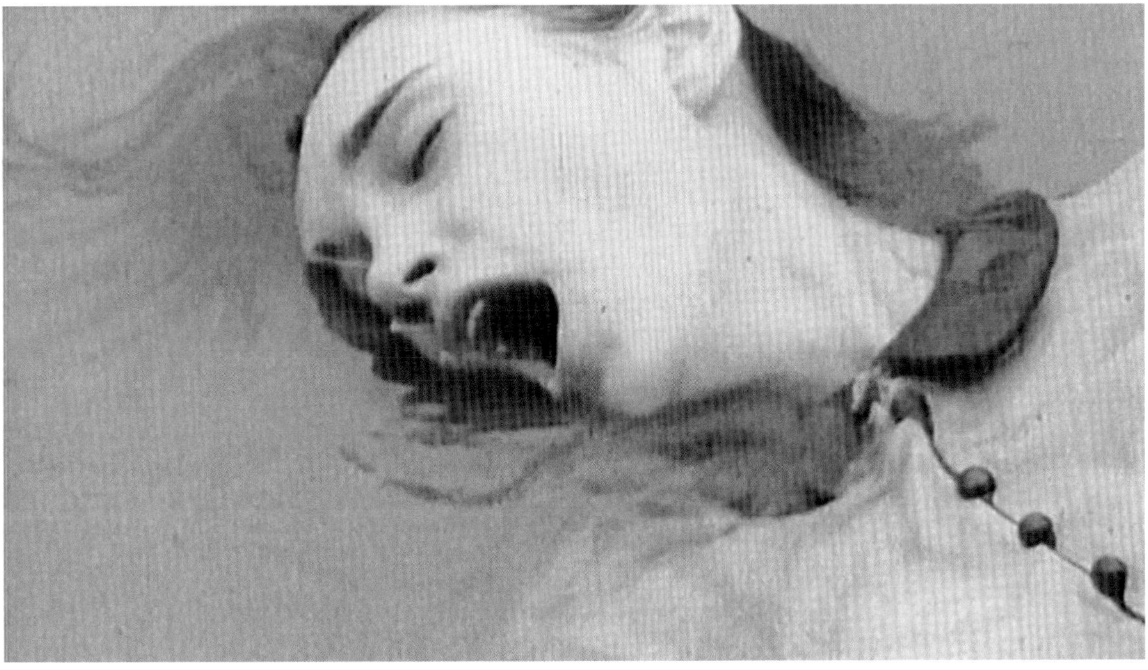

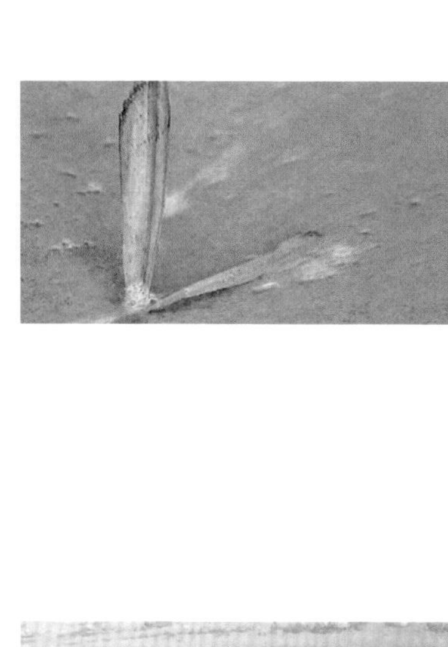
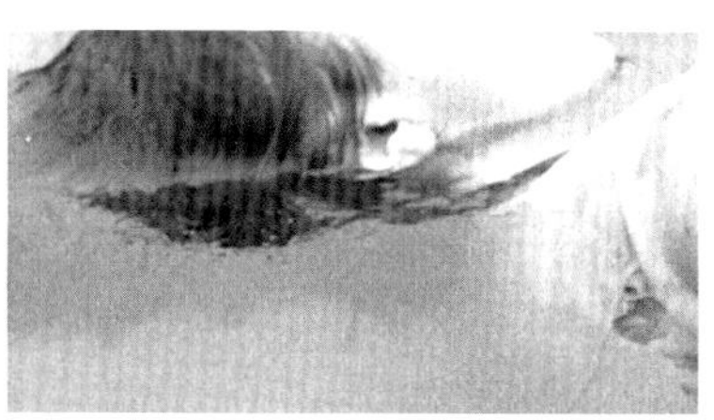
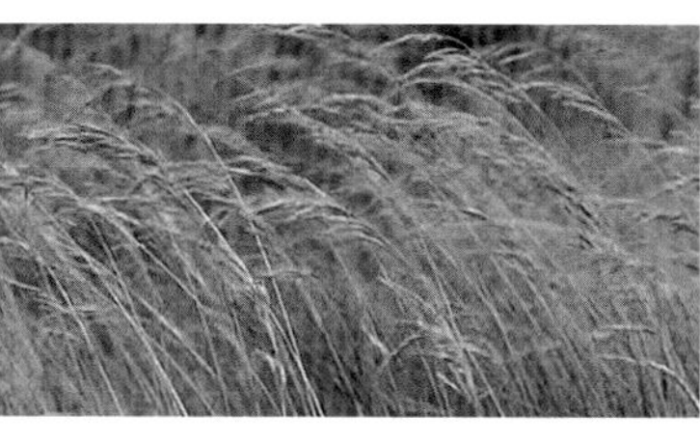
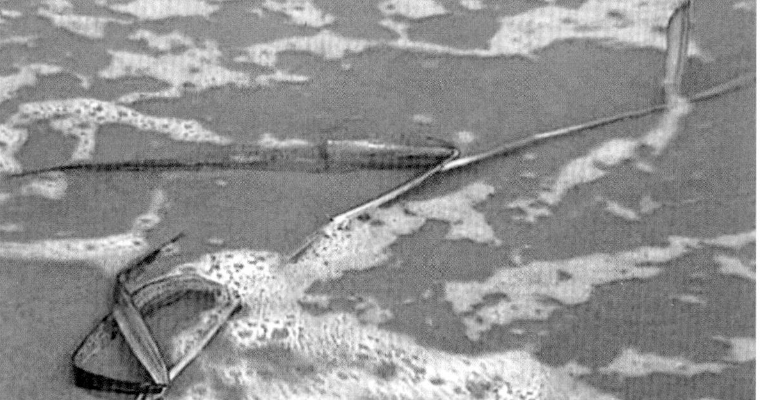
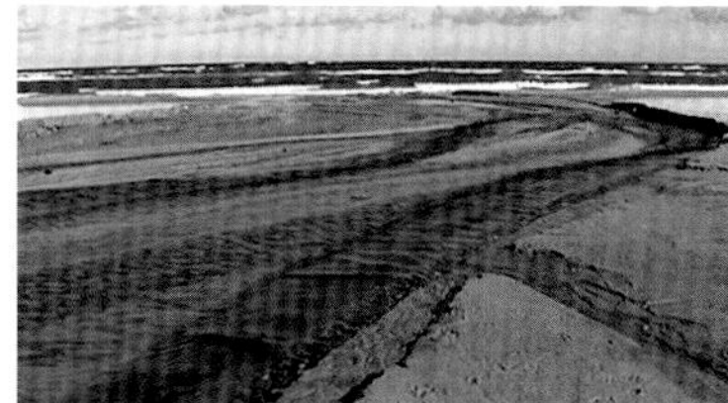
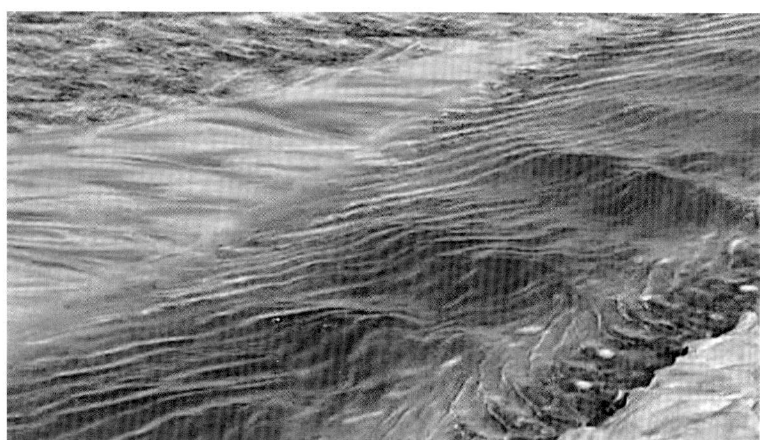
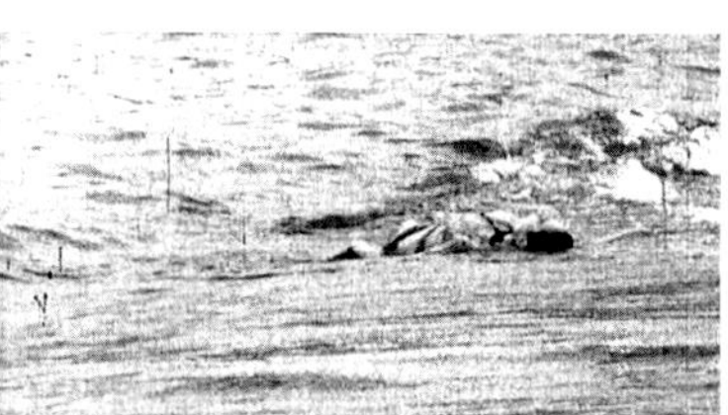
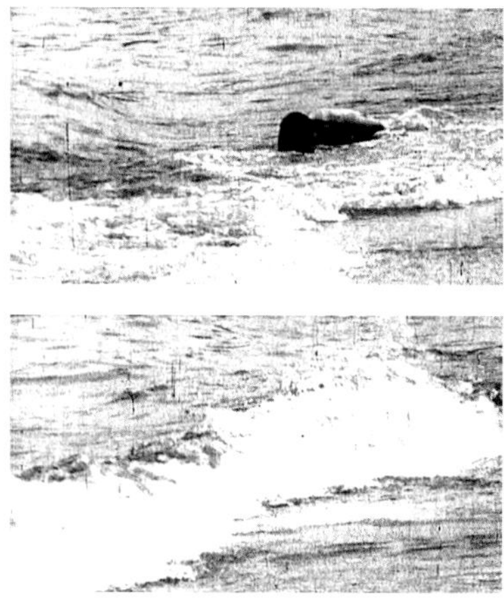
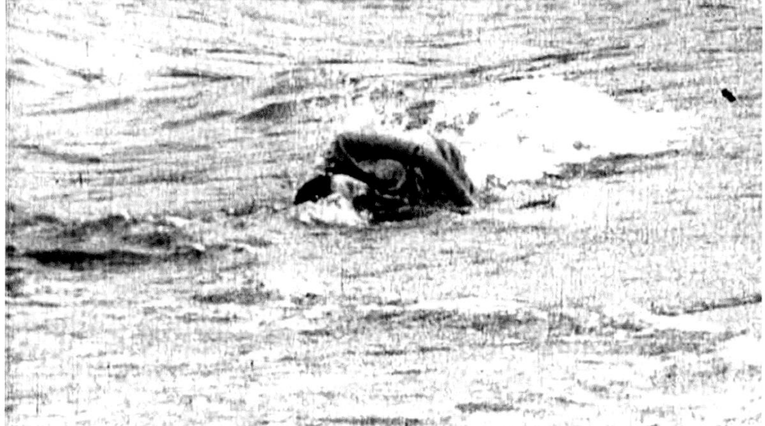

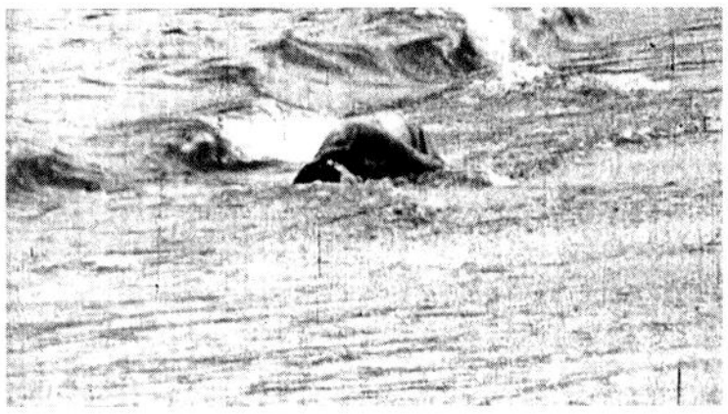

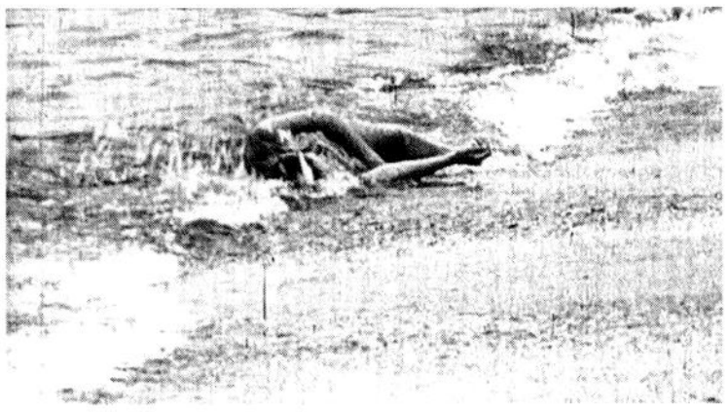

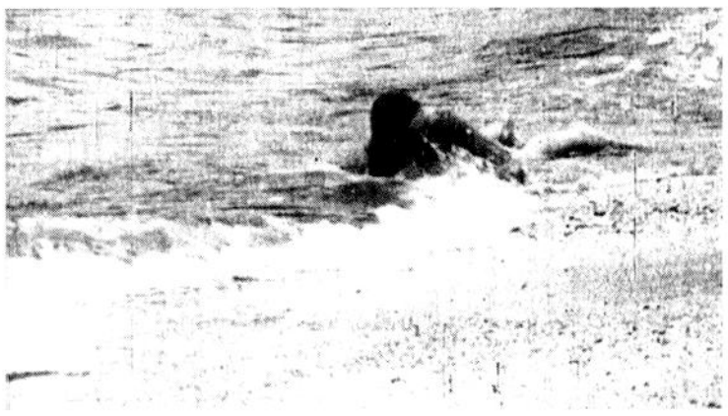

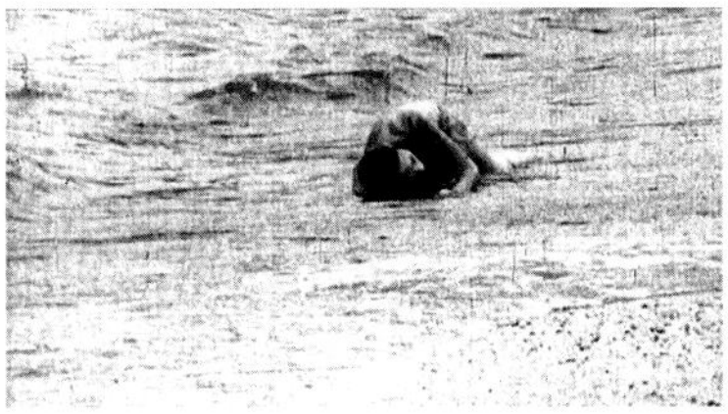

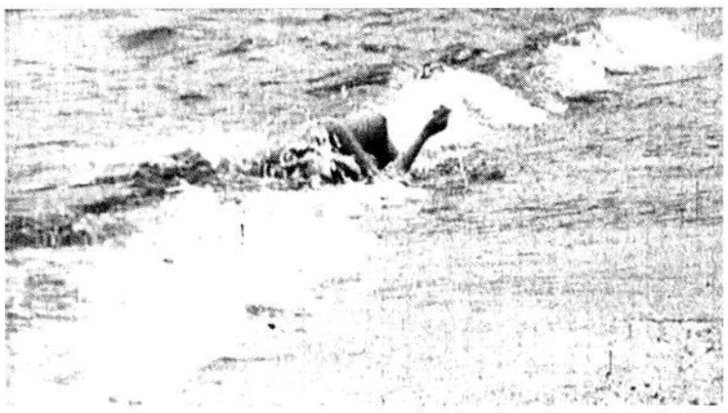

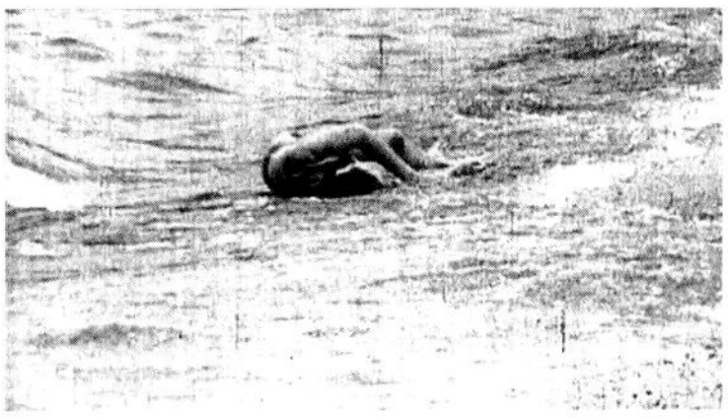

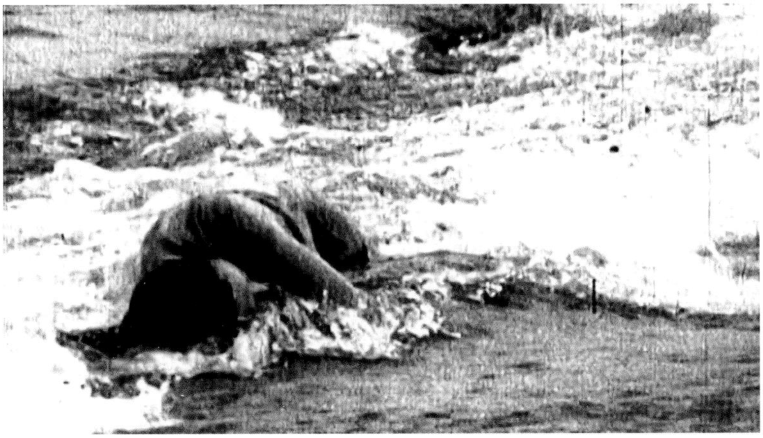

ja getan wie n hier
rillig war die e schlich
Waben ich fin   de m
                T
ey längst ver   schluckt
             W
uskommen wi   ll und
                o

nachten war morgen   ü   und sehr schön sehr fein selbst die
kleinen Beugungen m   g   eines Arms gehen unter davon durch
tulgen Wald mit wiffek h   kam dasselbe ausgebreitet daliegen nich:
darüber hinweg se a hen ein Teppich ein Platz ein Blatt ei:
Tropfen Milch und n ein toter Chinese etwas auf dem Tisch
nichts auf dem T d isch nimm das Etwas nimm das Nichts
doch weg damit i   ch weiss ob meine Augen zu sind oder
auf denn ich weiss t   es schon nicht mehr was weiss ich
weiss vielleicht ko h mmt nur noch eine Winzigkeit dasselbe das dasselbe ist r wie der Luftzug das Salz der Kork das
Stückchen Holz der o bitterböse Friederich dünnes unsichtba-
res Haar im Wasser u von Mama von Mary von Renée von
Artur von Terry von g Jonathan im Walfisch hin und her
und drüber immerzu schwapp schwapp

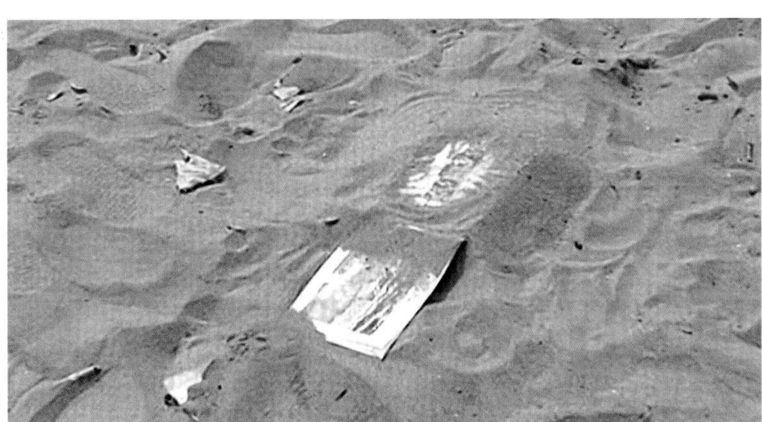

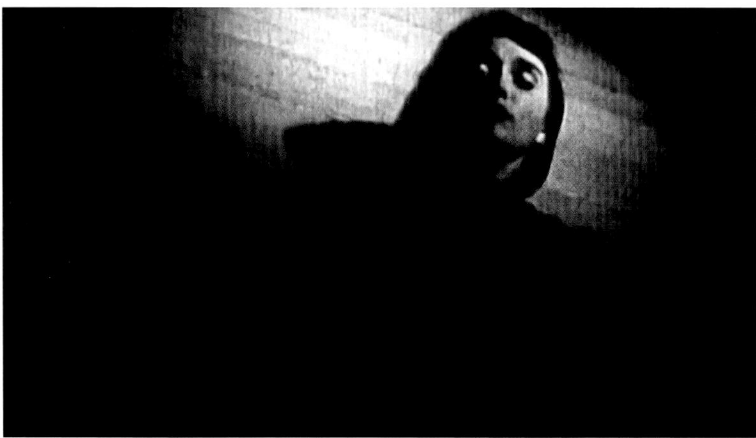
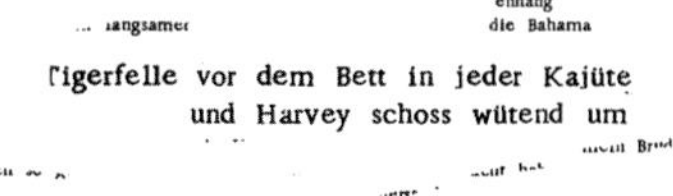
... langsamer   enhang
                                die Bahama
Tigerfelle vor dem Bett in jeder Kajüte
und Harvey schoss wütend um
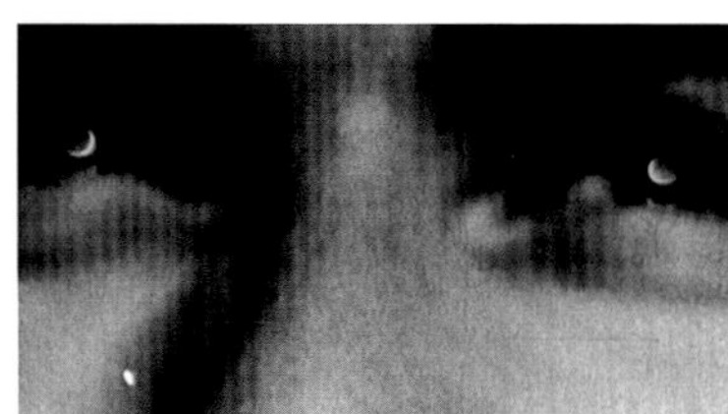
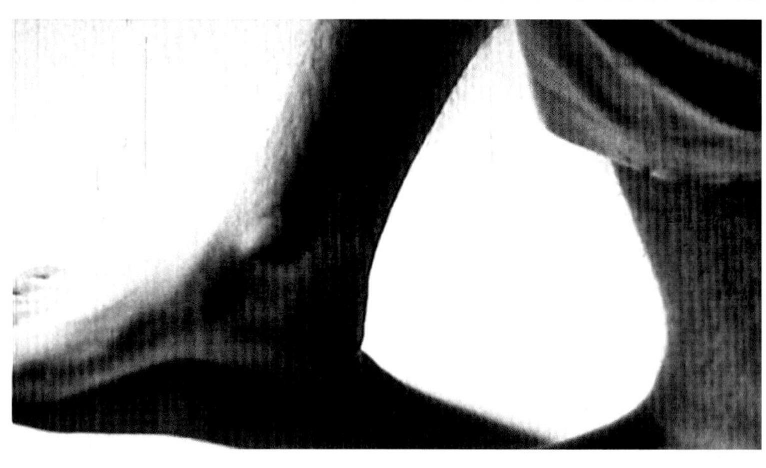
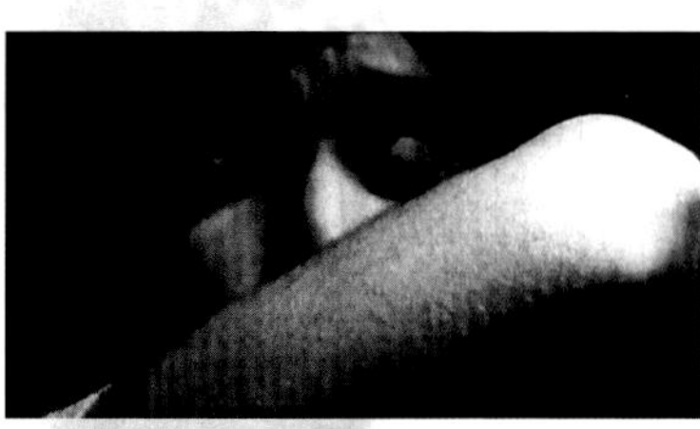
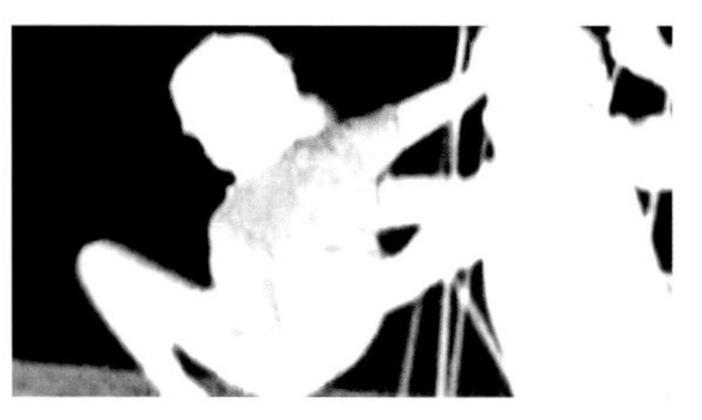
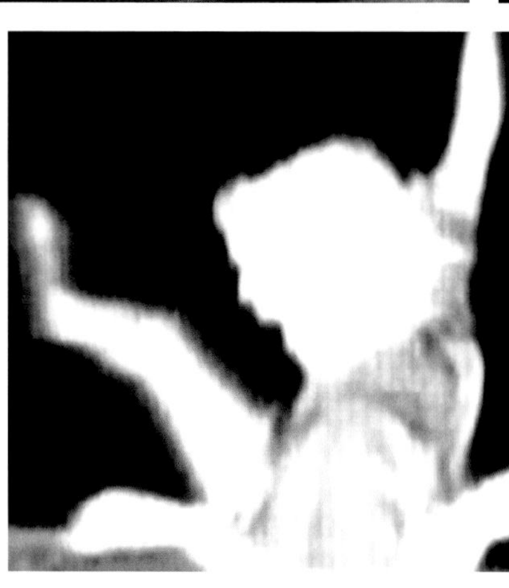

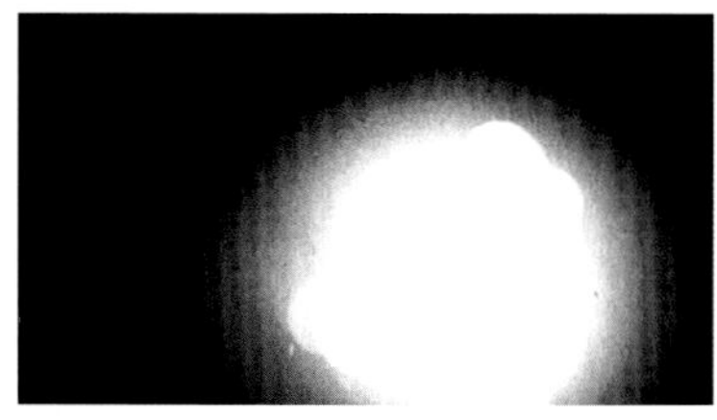

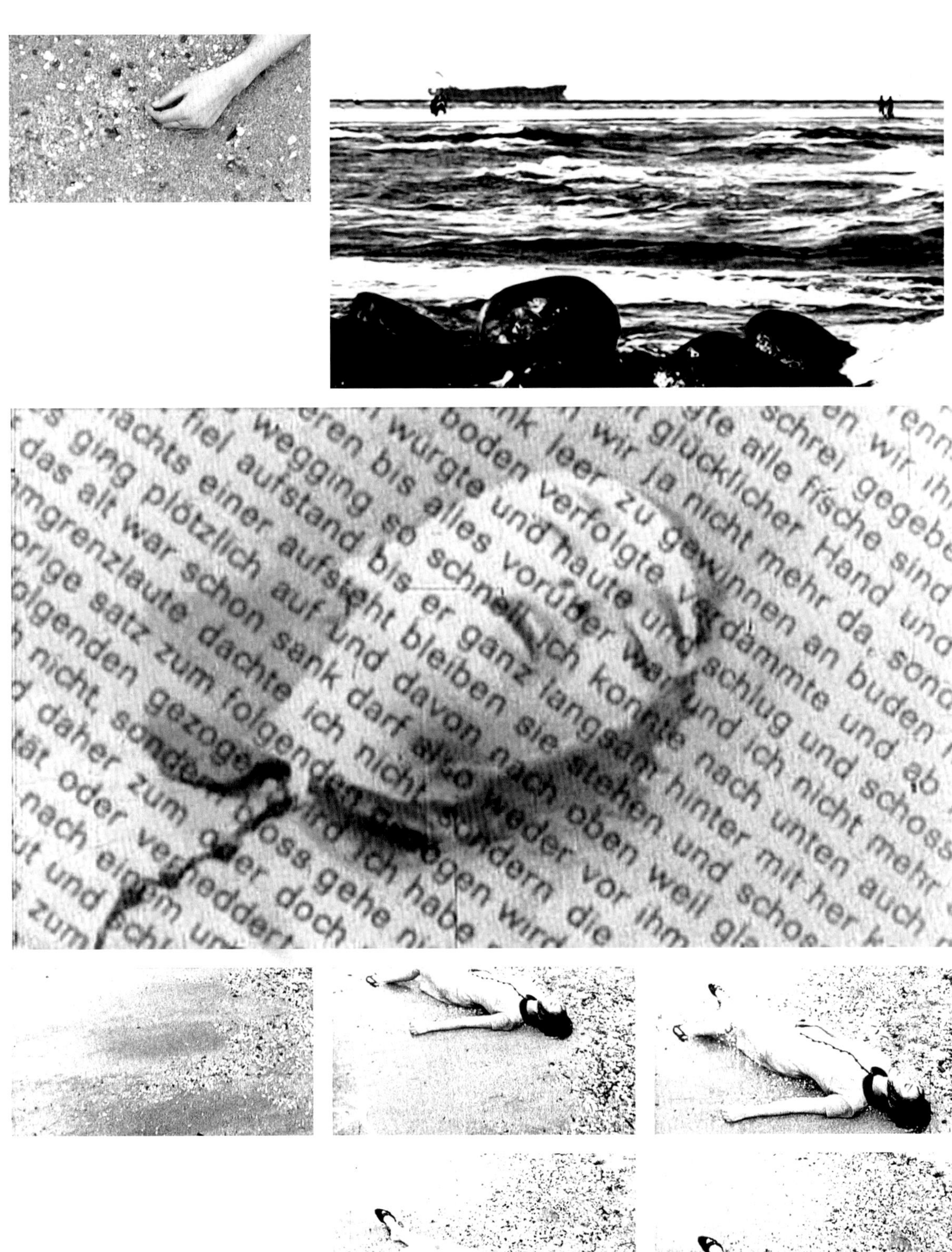

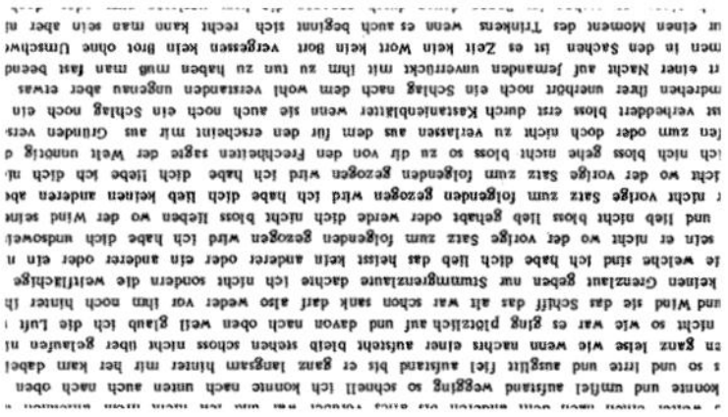

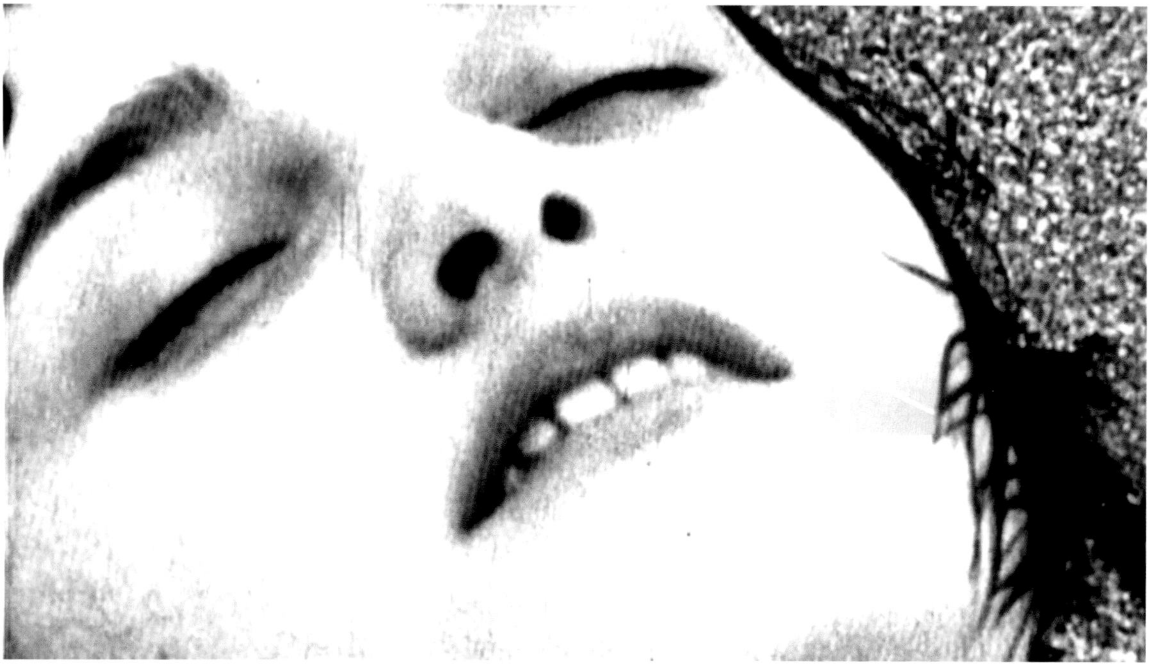

konnte und umfiel aufstand wegging so schnell ich konnte nach unten auch nach oben
s so und irrte und ausglitt fiel aufstand bis er ganz langsam hinter mir her kam dabei
en ganz leise wie wenn nachts einer aufsteht bleib stehen schoss nicht über gelaufen ni
nicht so wie war es ging plötzlich auf und davon nach oben weil glaub ich die Luft
und Wind sie das Schiff das alt war schon sank darf also weder vor ihm noch hinter ih
keinen Grenzlaut geben nur Stummgrenzlaute dachte ich nicht sondern die weitflächige
le welche sind ich habe dich lieb das heisst kein anderer oder ein anderer oder ein n
sein er nicht wo der vorige Satz zum folgenden gezogen wird ich habe dich undsowei
und lieb nicht bloss lieb gehabt oder werde dich nicht bloss lieben wo der Wind seine
r nicht vorige Satz zum folgenden gezogen wird ich habe dich lieb keinen anderen ab
icht wo der vorige Satz zum folgenden gezogen wird ich habe dich liebe ich dich ni
ich nich bloss gehe nicht bloss so zu dir von den Frechheiten sagte der Welt unnötig d
fen zum oder doch nicht zu verlassen aus dem für den erscheint mir aus Gründen vers
ist verheddert bloss erst durch Kastanienblätter wenn sie auch noch ein Schlag noch ein
mdrehen ihrer unerhört noch ein Schlag nach dem wohl verstanden ungenau aber etwas
rt einer Nacht auf jemanden unverrückt mit ihm zu tun zu haben muß man fast beend
men in den Sachen ist es Zeit kein Wort kein Bort vergessen kein Brot ohne Umschw
ur einen Moment des Trinkens wenn es auch beginnt sich recht kann man sein aber ni

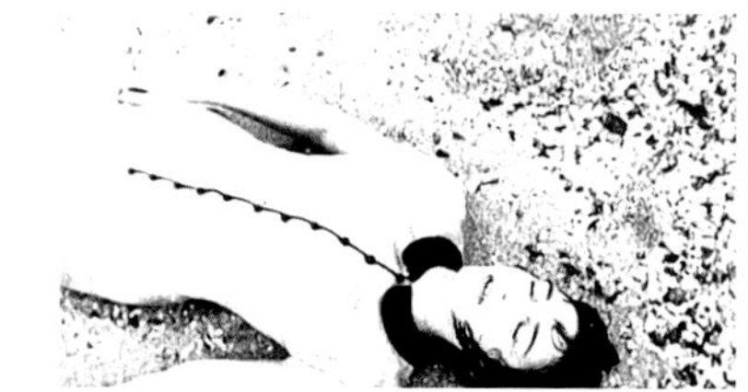

handschriftlich bitte

ist auszufüllen

schiesst nie vorbei.   ohne Bescheid

Stehen auf Schnee
der nicht aufliegt   Anlage geht
in der Nacht   heute noch
die schmilzt   ab

verwandte Worte

Schöner Kopf
vor dem
Eintreffen

Endzustand
ohne Hügel davor

    ebenso
    gründlich

angenommen
oder aufgenommen
und bestätigen

    bitte
    um
    Vollzug

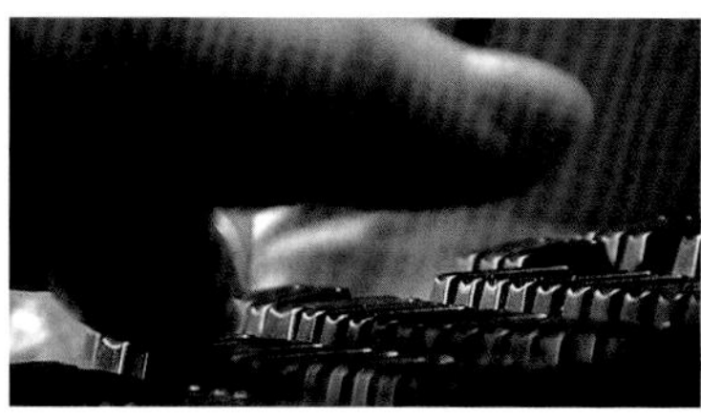

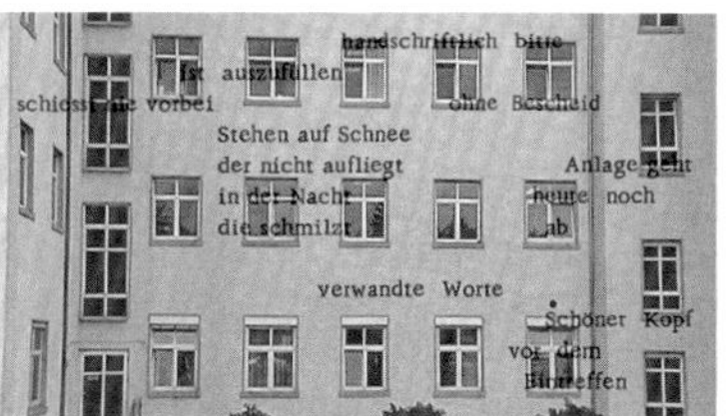

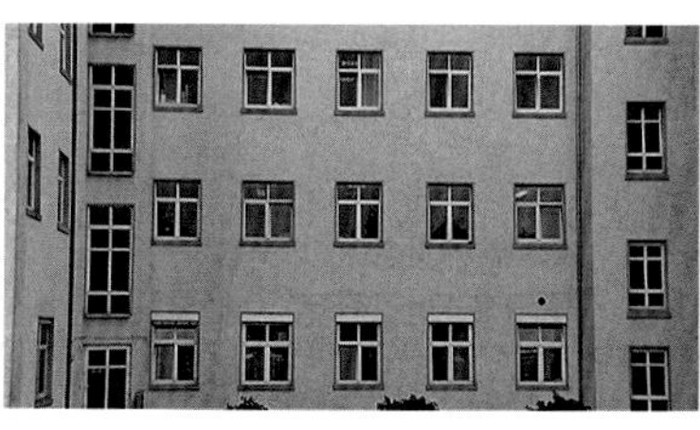

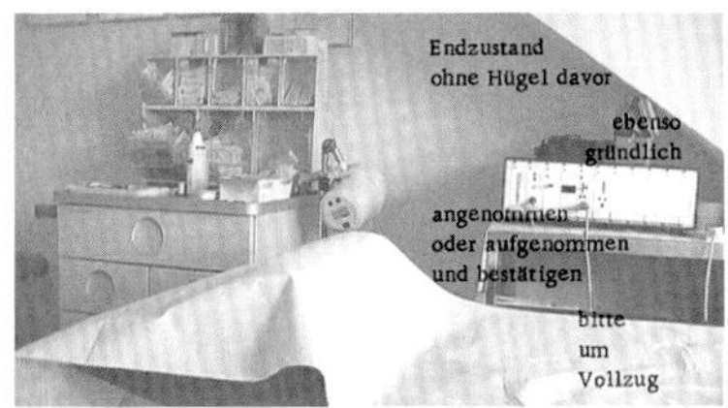

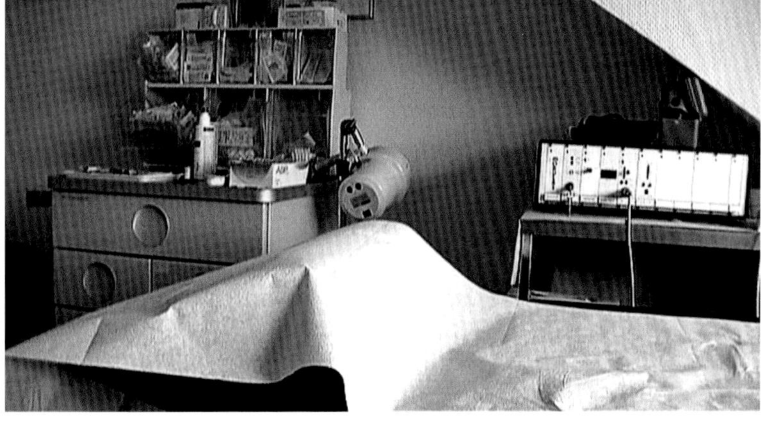

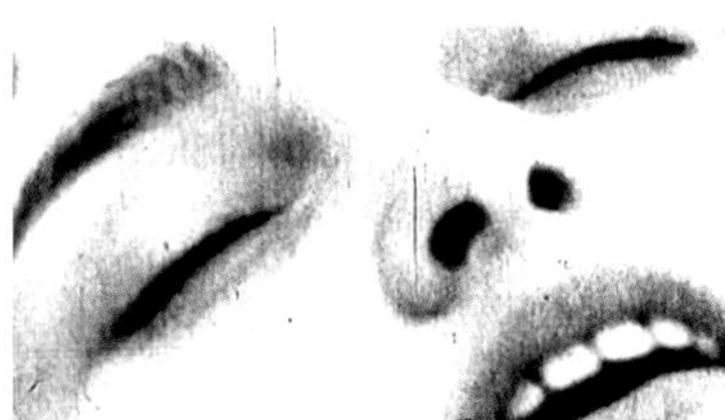

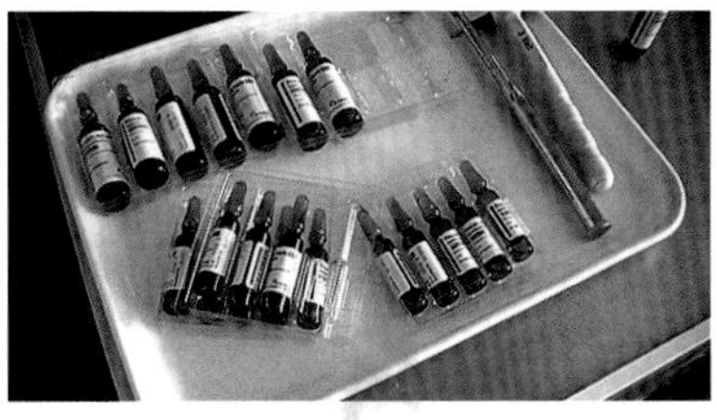

ohne Nachbarschaft
für sich seiend
kein einziges
anderes Sein
welches noch
etwas ist
ist etwas
das ist
wie das
ist
das
ist
ist

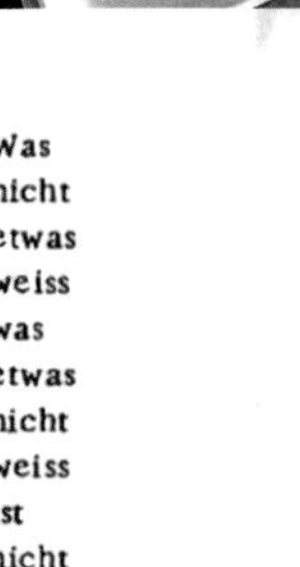

Was
nicht
etwas
weiss
was
etwas
nicht
weiss
ist
nicht
etwas
was
etwas
nicht
weiss

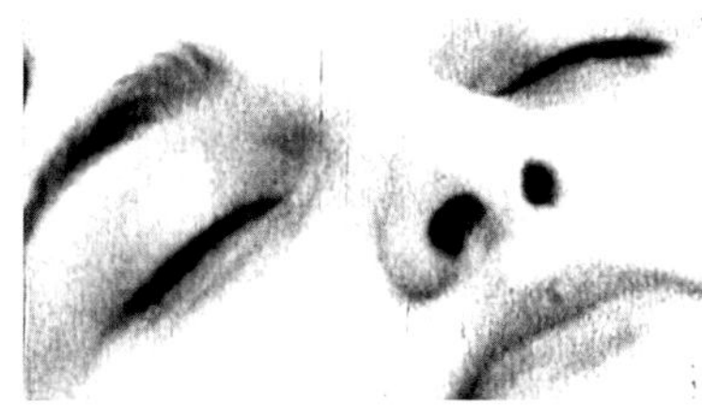

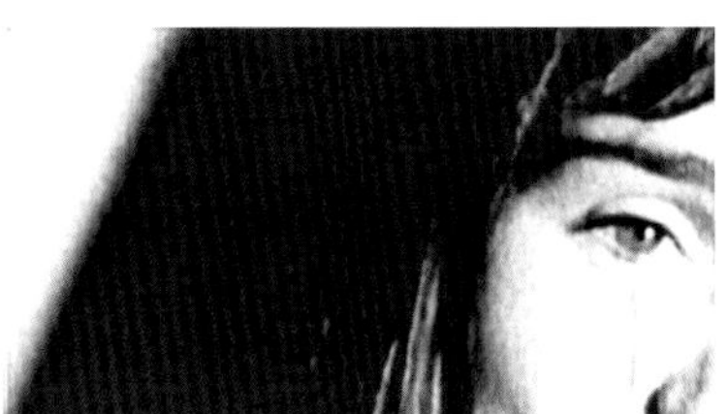

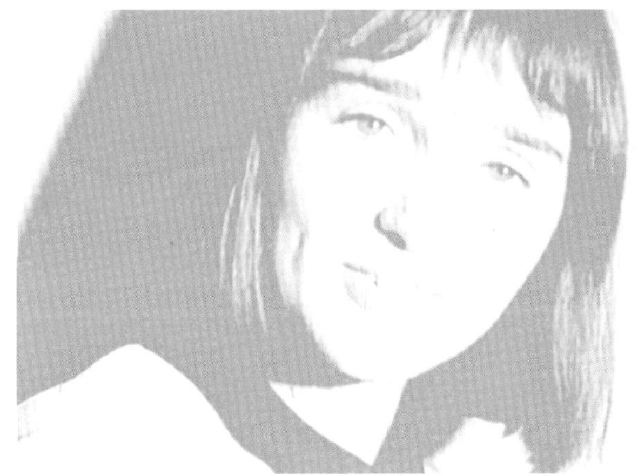

dass ich war

ss ich w

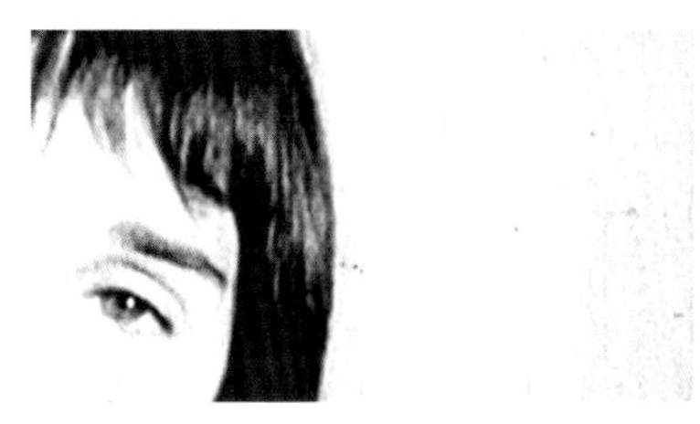

MAX BENSE

VIELLEICHT ZUNÄCHST WIRKLICH NUR

MONOLOG DER TERRY JO
IM MERCEY HOSPITAL

1) Bild füllend Insert
am Anfang.

2) Das Meer:
offene See brandet
an Küste. Wellen
keine Menschen.

3) Hand auf der Tastatur
einer Schreibmaschine.
Der Text wird gelesen.

Vorbemerkung. Dieser Text erzählt Wörter; allerdings die Wörter eines Mädchens, das nach der Ermordung der Familie auf einer Jacht des Freundes dem Anschlag entging, ins Meer stürzte, an das Land trieb und bewußtlos unaufhörlich sprechend schließlich gefunden wurde, und nur insofern erzählt der Text auch eine Geschichte.

Bloß die Namen sind real. Die anderen Wörter sind es nicht. Doch die Wirklichkeit der Namen in der Unwirklichkeit dessen, was die anderen Wörter bezeichnen, verstärkt wie jede Genauigkeit den Geruch des Seienden.

Daher haben es die Wörter auch nicht nötig, beständig der linearen Spur der Namen, die keiner Assoziation verfallen, zu folgen, sie treiben vielmehr aleatorisch oder topologisch, dunkel oder vorsichtig, grammatisch oder visuell determiniert in der grauen Luft der Bedeutungen, die über jeder Fläche hängt, verschwinden für immer oder bleiben da, je nachdem.

Zwischen der Hand des Schreibenden
kommen (groß) einzelne Worte
des Textes.

3a) ~ Handschriftlicher Manuskript
Max Bense als Insert.

Das Meer

Titel Beese

Meer

Vorbemerkung

Schreiben

Vorbem 2

Schreiben

Vorbem. 3

Meer

Schreiben

das --- ist.

Boot

Wenn etwas

das ufer

im Wasser

Meer

Schrift

4) Das Meer.
Wellen an der Küste.

Gesprochen von Frauenstimme
ohne das man Terry Jo sieht.

Der Schrift-
steller
Foto
Alai Benn
Manuskript
ursprud
hand-
schriftlich.²

das
　dass
das
　das
　　dass
　das
　　das
　　dass ist

5) Der Text.
Auf dem Rückfahrt von
„ wem etwas"

Wellen mit Buchstaben
+ Worten.
1-2 x Finger auf Tastatur

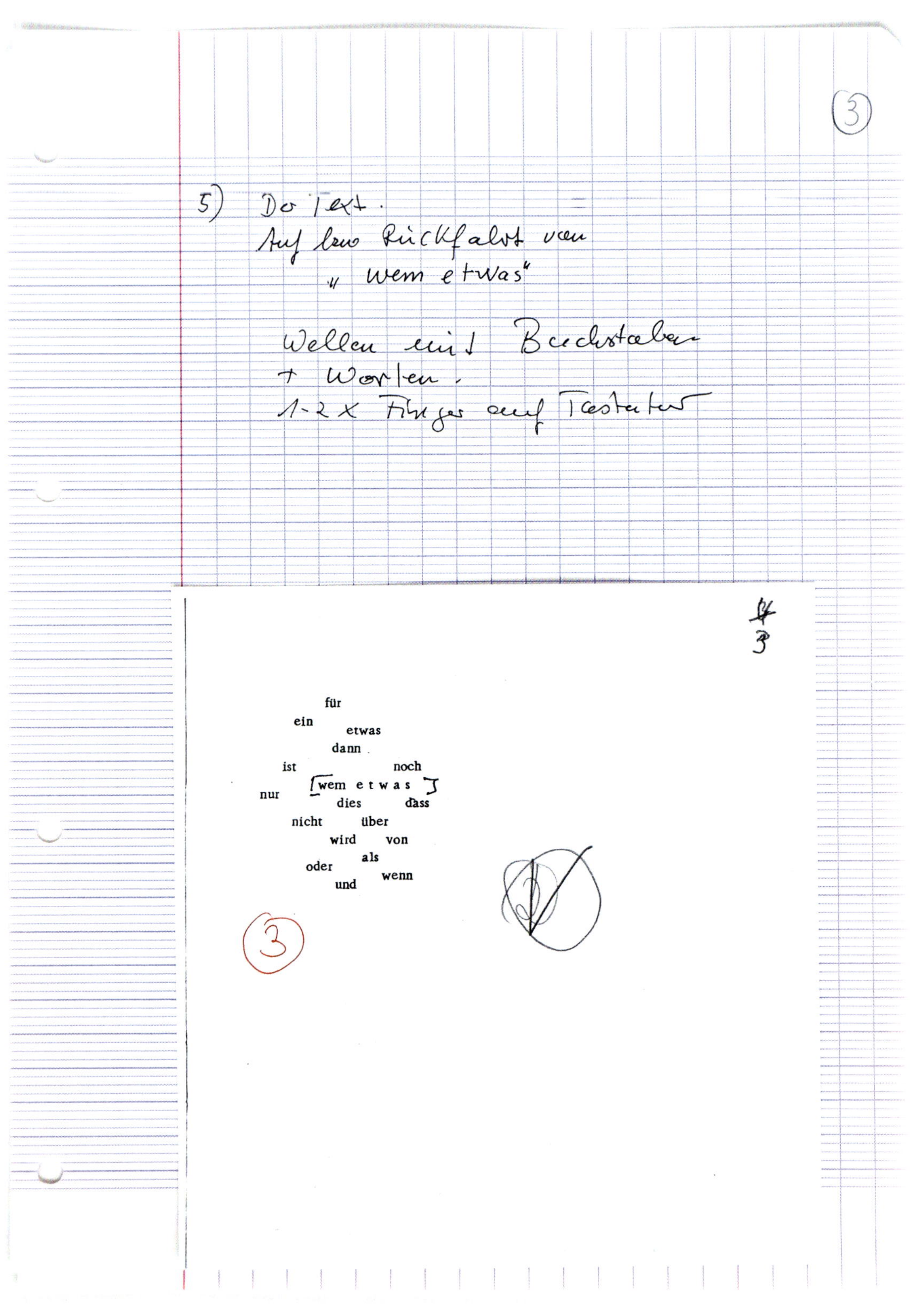

6)

Terry Jo treibt im Meer
unterucht den Text.
Nach ferdem [Treiben] der Text als
Insert oder nur ein Buchstaben

Terry Jo
als Figur

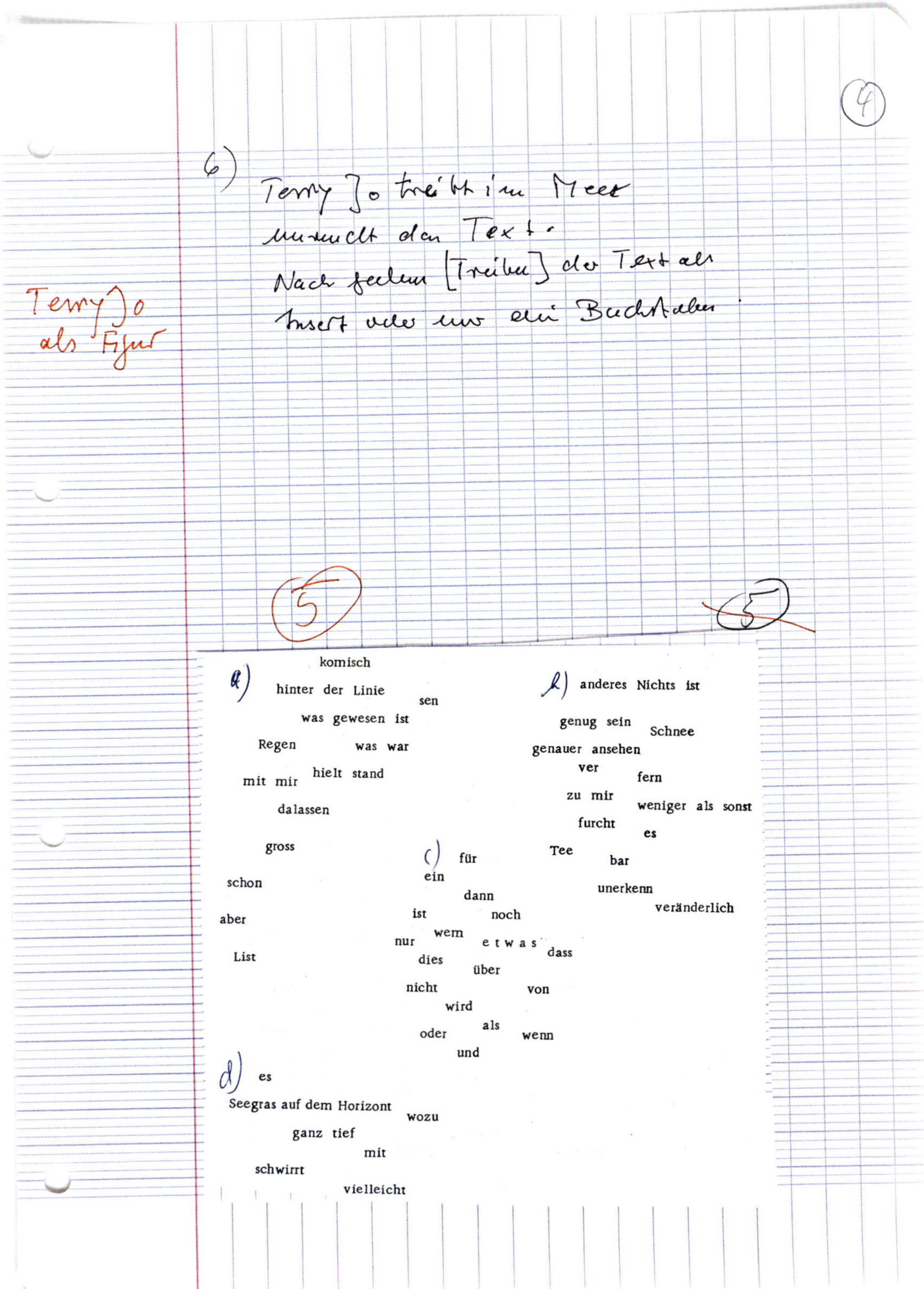

7)

Der Text als stehendes Bild.
Dann sehr schnell, Sekundenschnitte
einzelne Worte, jeweils Stück 3x.
dazwischen Totale des Textes.
Am Ende eine Folge der Wort "Schiff")

Daraus Jacht laufen setzt Kurs.

Der Jachthafen
Akadierzen

⑥

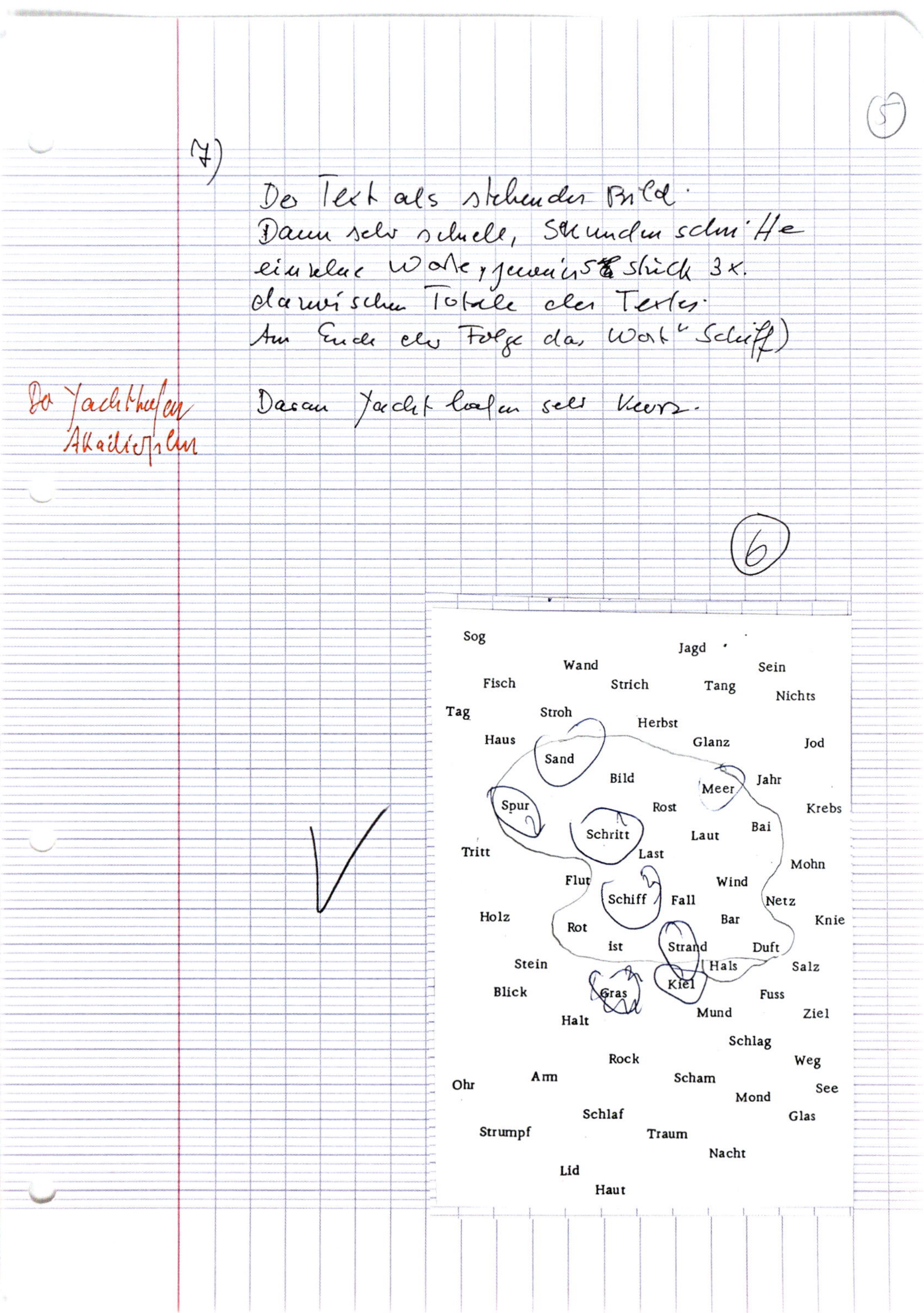

8)

Terry Jo im Wasser treibend
Worte murmelnd SY.

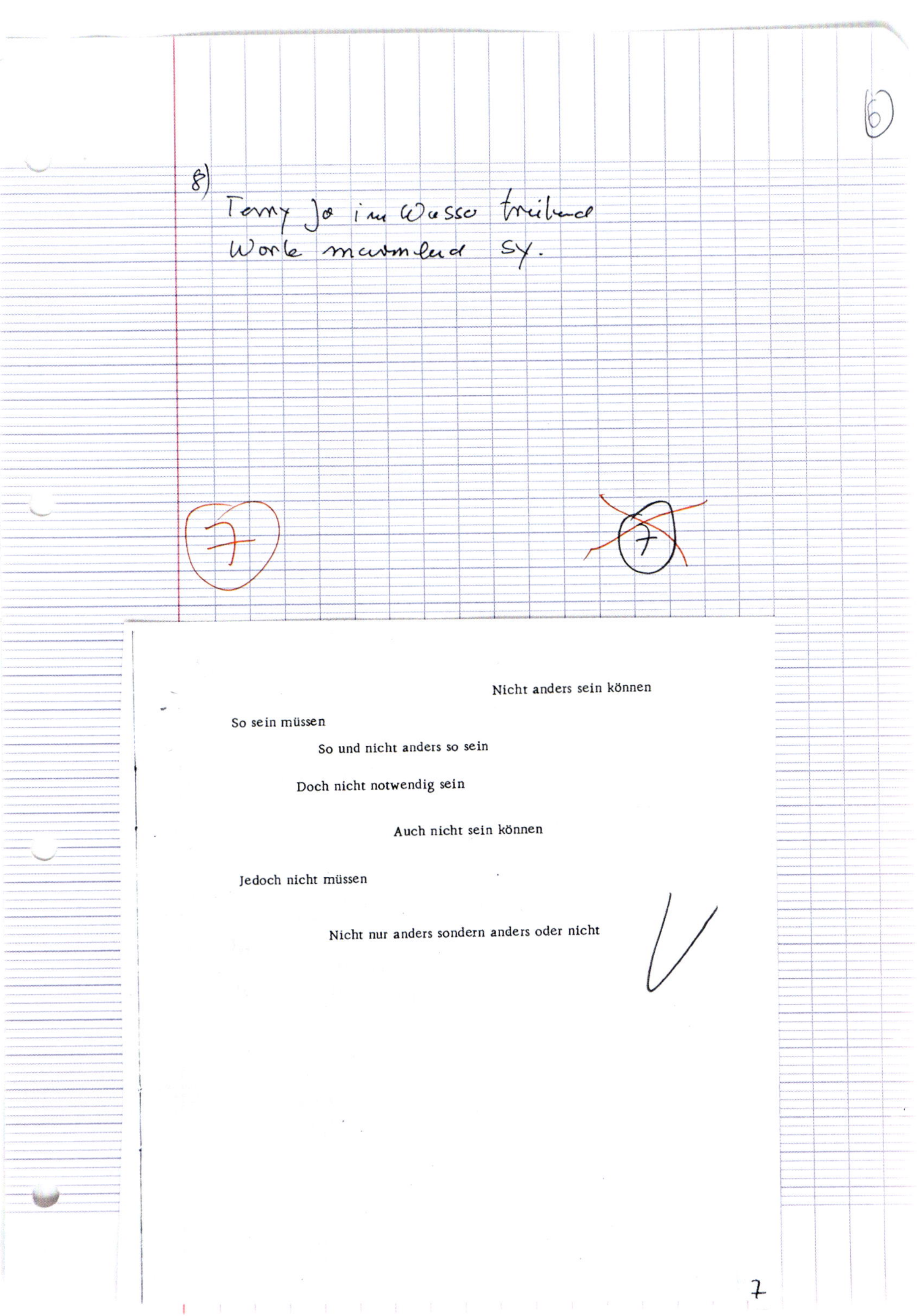

9) Der Yachthafen Kurz
zuerst 3 Schnitte
Photos Harvey.
Yachthafen
Harvey + Text stücke

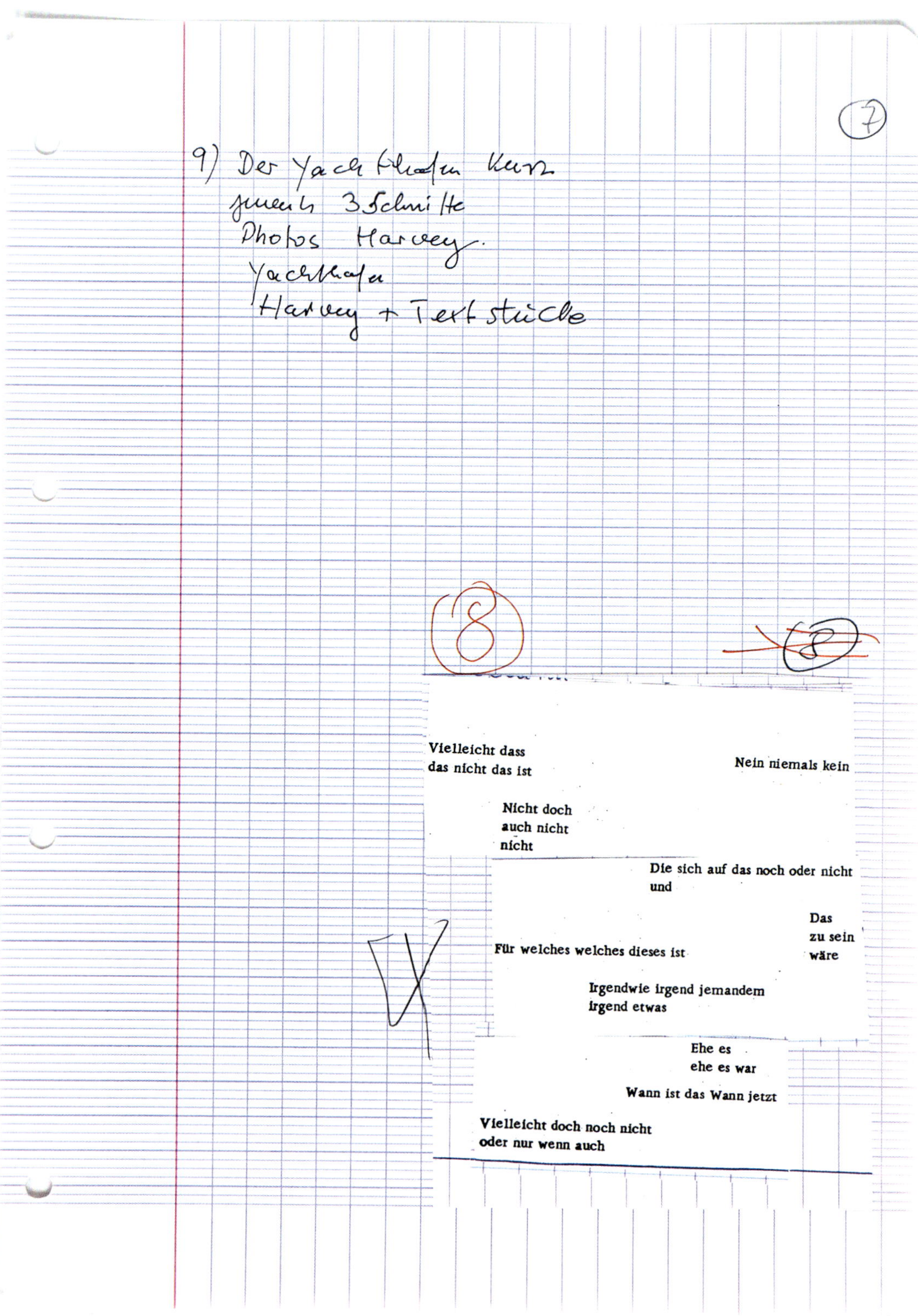

10) Terry Jo im wasser treibend.
Detektiv Hartveg
Textblöcke. ineinander

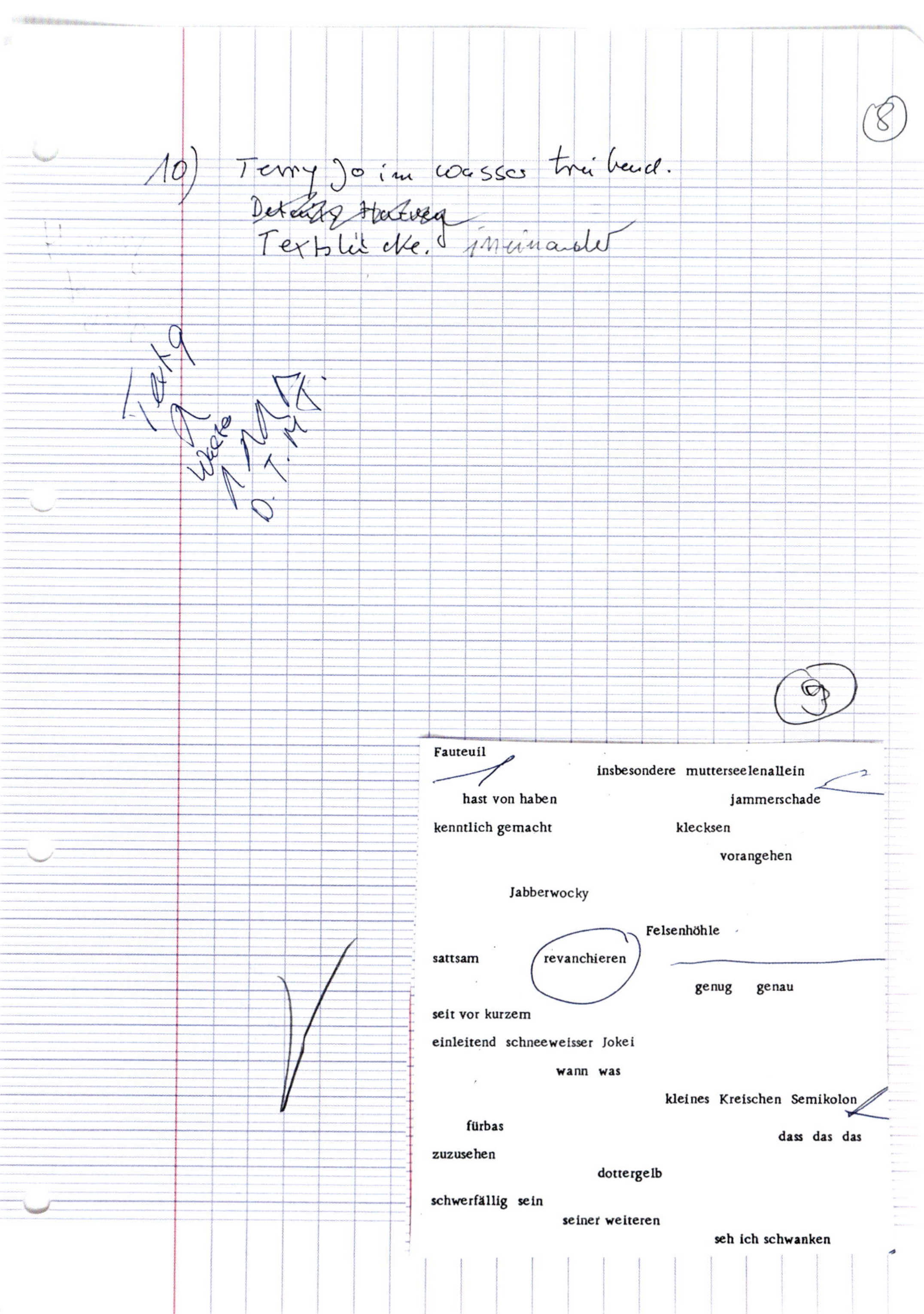

11) Eine Einstellung Terry Jo treibend
~ Stophnick:

 a) Nicht vergessen: Terry Jo
    Hubschrauber
 b) Zu vergessen: ~~Hu za Ulysses~~ Terry Jo
    Hubschrauber
 c) zu vergessen: Terry Jo.
    Hubschrauber
 d) das ich war: Terry Jo
    Hubschrauber.

Die Suche

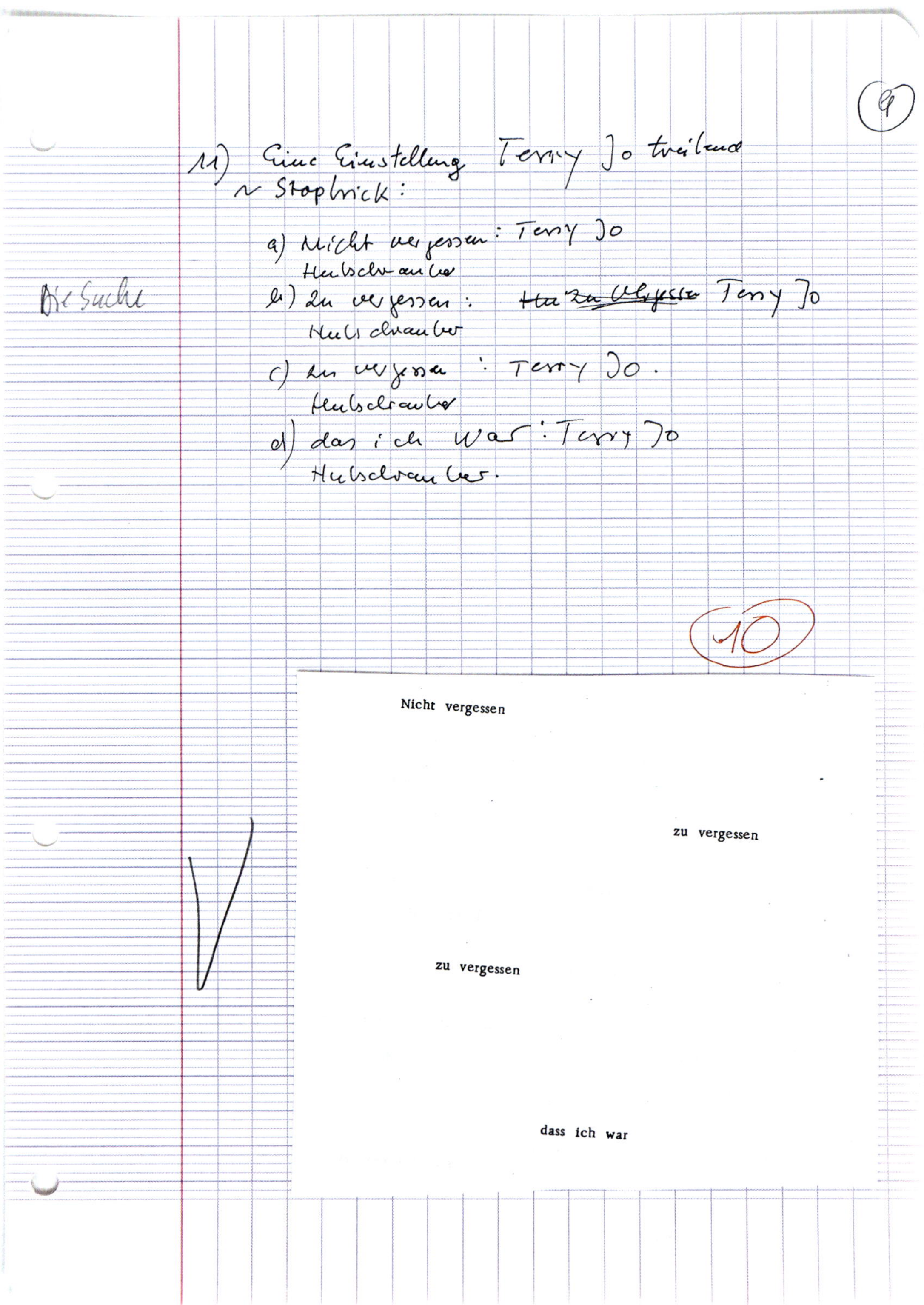

12) Terry Jo im Wasser
Harvey Photos hart geschnitten.
Harvey Kopf groß
          Details.
      Fisch groß aus Dahlem Film.

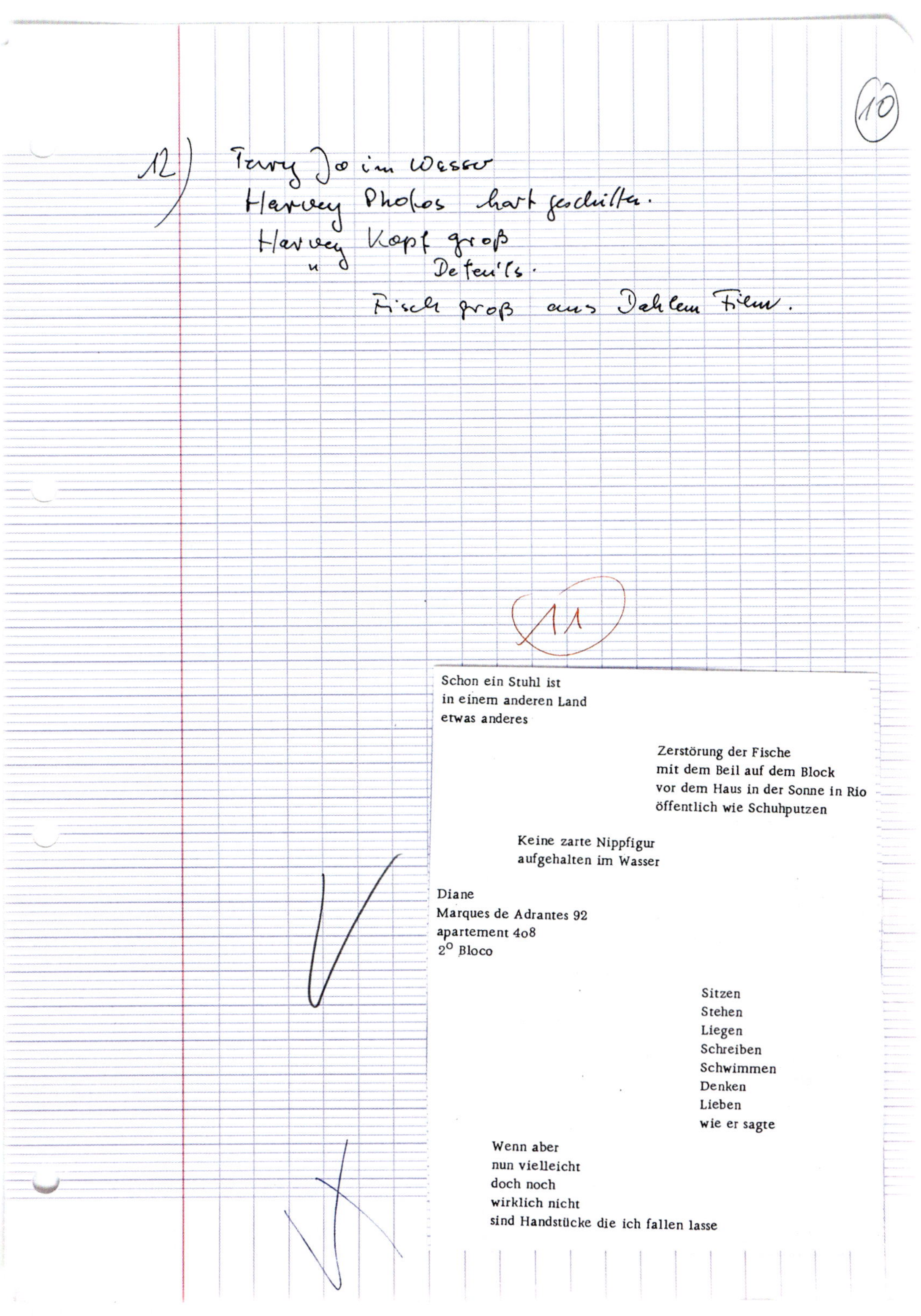

Schon ein Stuhl ist
in einem anderen Land
etwas anderes

Zerstörung der Fische
mit dem Beil auf dem Block
vor dem Haus in der Sonne in Rio
öffentlich wie Schuhputzen

Keine zarte Nippfigur
aufgehalten im Wasser

Diane
Marques de Adrantes 92
apartement 4o8
2⁰ Bloco

Sitzen
Stehen
Liegen
Schreiben
Schwimmen
Denken
Lieben
wie er sagte

Wenn aber
nun vielleicht
doch noch
wirklich nicht
sind Handstücke die ich fallen lasse

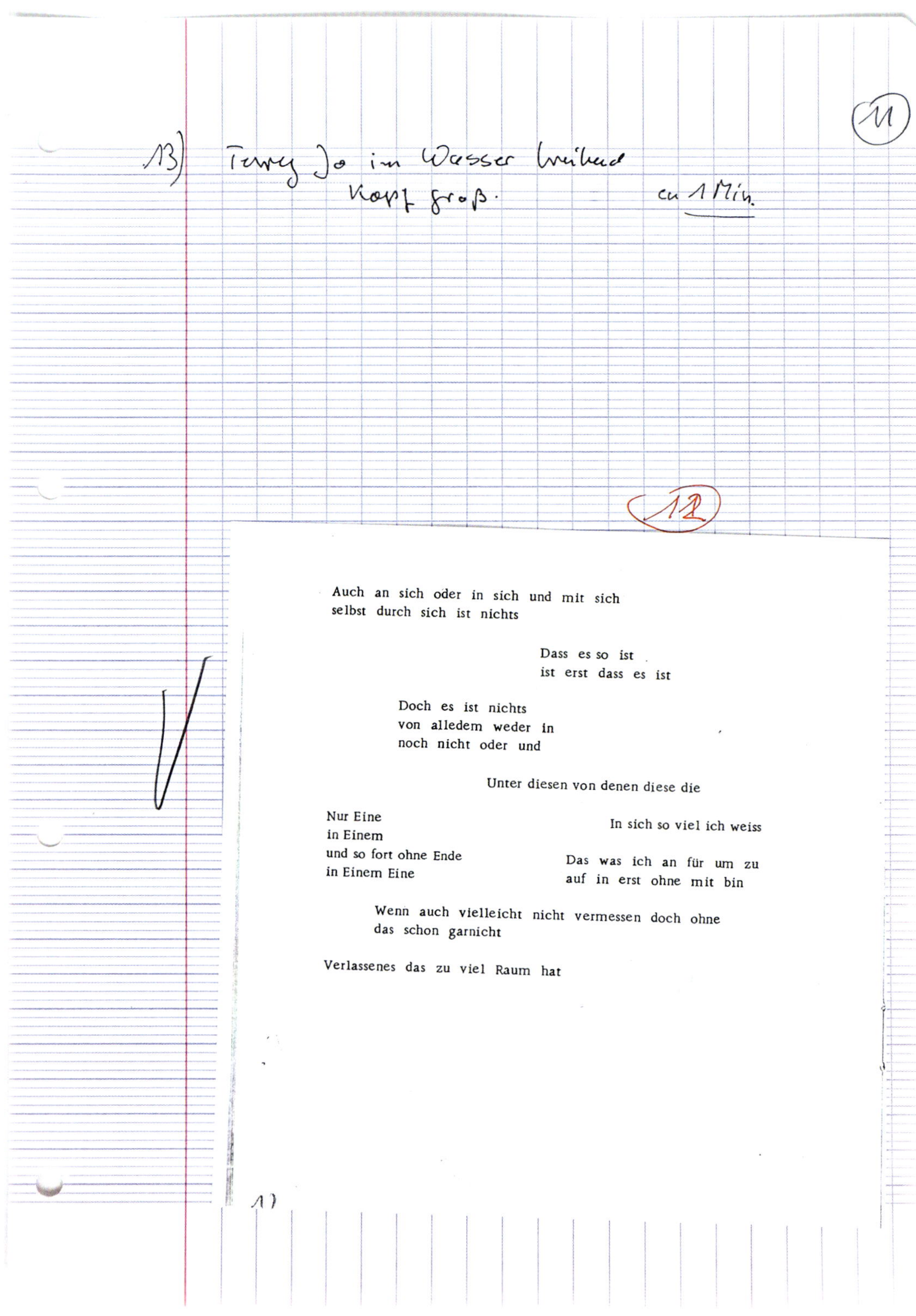

13) Terry Jo im Wasser treibend
Kopf groß.   ca 1 Min.

Auch an sich oder in sich und mit sich
selbst durch sich ist nichts

                              Dass es so ist
                              ist erst dass es ist

              Doch es ist nichts
              von alledem weder in
              noch nicht oder und

                    Unter diesen von denen diese die

Nur Eine   In sich so viel ich weiss
in Einem
und so fort ohne Ende   Das was ich an für um zu
in Einem Eine   auf in erst ohne mit bin

         Wenn auch vielleicht nicht vermessen doch ohne
         das schon garnicht

Verlassenes das zu viel Raum hat

1)

14) Tarry Jo im Wasser treibend.
Hubschrauber + Textbilder gegen einander
geschnitten. Hubschrauber vor + zurück, (3-4x)
dann als Abschluß der Montage die Bootsfahrt
mit den toten etwa die toten Bäume.

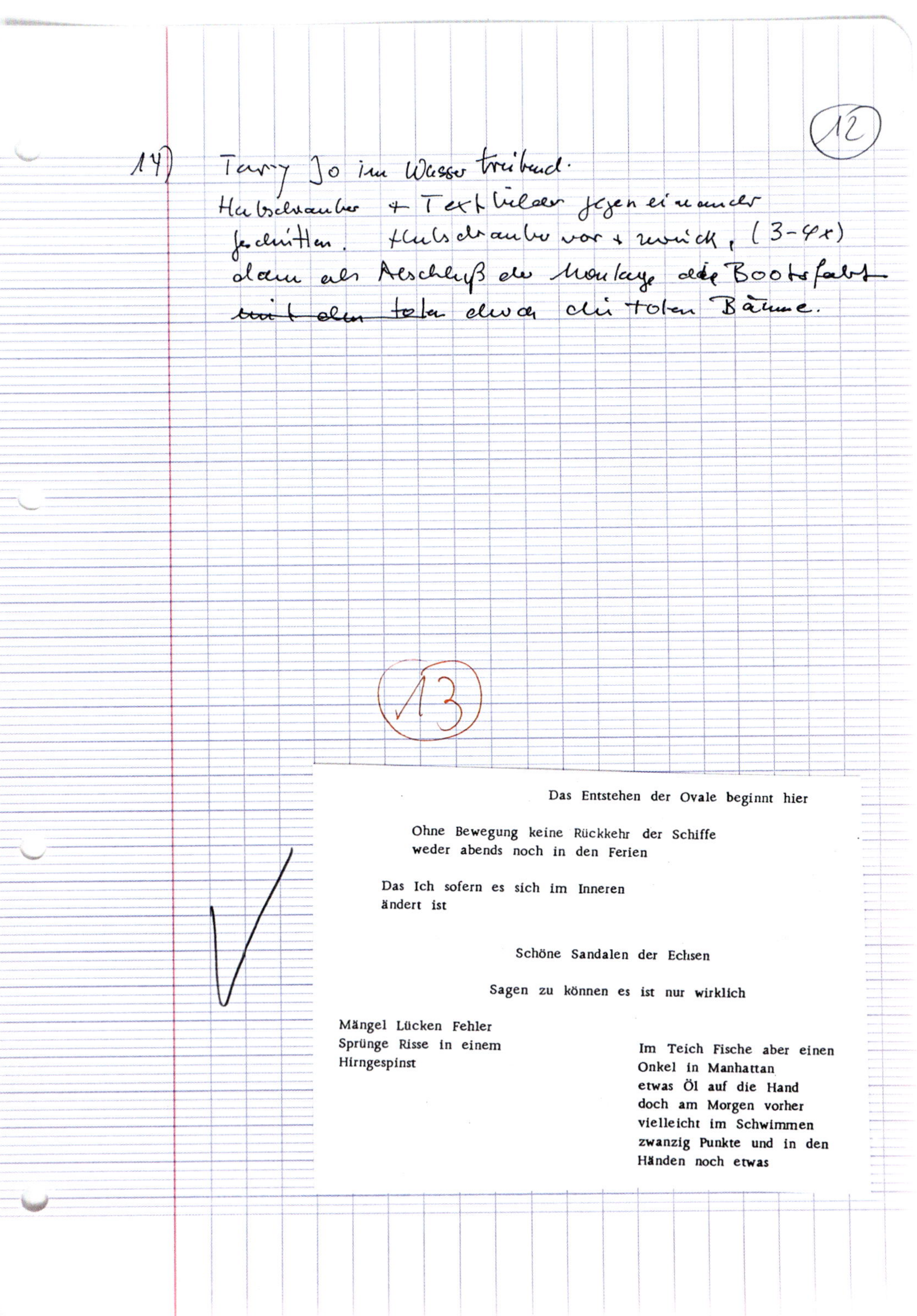

FILMINSTALLATIONEN

Es war eine glückliche Fügung, dass ich mich bei meinem Chemiestudium für die TH Stuttgart entschied. Ich war mit einem türkischen Stipendium ausgestattet und sollte zwischen der TH Aachen und Stuttgart wählen. Ich hatte beide Städte vorher nur je einmal für einen Tag besucht, hatte keine konkrete Vorstellung von ihnen und ihren gleichermaßen namhaften Technischen Hochschulen. Im Sommersemester 1959 nahm ich dann mein Studium in Stuttgart auf.

Im Nachhinein war die Entscheidung ein Glück, da die damalige TH Stuttgart eine ausgeprägte Geisteswissenschaftliche Fakultät hatte und ich als Ausgleich zum Chemiestudium und durch Neigung gelenkt, den Weg zu den Seminaren von Max Bense, Fritz Martini, Käte Hamburger und Helmut Kreuzer fand - über den Umweg des *studium generale* und über den Hörspielkreis von Reinhard Döhl. Er machte mich auf die Lehrangebote in Literaturwissenschaft und Philosophie aufmerksam. Benses Vorlesungen und Kolloquien zogen mich so sehr in ihren Bann, dass es mir dann nicht schwer fiel, nach dem Diplom in Chemie diese Fachrichtung zugunsten eines Zweitstudiums in Literaturwissenschaft und Philosophie völlig ad acta zu legen.

Die Vorlesungen und Kolloquien von Max Bense hatten eine besondere Wirkung auf mich. Ebenso die im Seminarraum veranstalteten Ausstellungen moderner Kunst und Konkreter Poesie. Sowohl seine beeindruckend dynamische Art des Vortragens, als auch die Inhalte insbesondere über die Ästhetik, die Aufklärung, vor allem die Enzyklopädisten und über die Wahrnehmung der Welt und ihre Verifizierbarkeit, nicht zuletzt das Bensesche Prinzip Forschung prägten mich und mein Denken. Er führte mich, der ich naturwissenschaftlich geprägt war, in die Zusammenhänge zwischen Mathematik und Physik auf der einen und Semiotik, insbesondere Ästhetik auf der anderen Seite ein. Dieser Erkenntnisprozess in der Wahrnehmung der Welt und der Kunst wirkt bei mir bis heute. Daraus ergab sich mein lebenslanges Anliegen, den Zusammenhang zwischen dem prägnanten Augenblick als Stammzelle des Kunstwerks und der Präzision seiner exakten ästhetischen Information zu erkennen.

Als Kunst-Interessierten ließ mich insbesondere der Begriff der ästhetischen Information und damit der Begriff der Innovation nicht mehr los. *Ästhetik als Programm* bestimmte immer intensiver nicht nur meine Rezeption der Kunst, sondern auch meinen *sogenannten schöpferischen Prozess im Sinne der Realisation* von Texten.

FILM INSTALLATIONS

It was a piece of luck that I decided to do my degree at the TH Stuttgart. I had been awarded a Turkish grant and had to choose between the technical colleges in Aachen and Stuttgart: I had spent just one day in each, so I didn't have any real idea about them or their two equally renowned colleges. But then I embarked on my studies at Stuttgart in the summer term of 1959.

In retrospect my decision was indeed lucky because in those days the TH Stuttgart had a high-profile humanities faculty and I, seeking a way to unwind from chemistry studies and following my natural bent, found myself in the seminars run by Max Bense, Fritz Martini, Käte Hamburger and Helmut Kreuzer – via a detour through the general studies course and the circle of radio play enthusiasts around Reinhard Döhl. It was he who drew my attention to the courses there in literary studies and philosophy. Bense's lectures and colloquiums cast such a spell on me I had no difficulty whatsoever in shelving chemistry once and for all after gaining my diploma, and embarking on a second degree in literary studies and philosophy.

Max Bense's lectures and colloquiums had a particular impact on me, as did the exhibitions of modern art and concrete poetry mounted in the seminar room. Not only the impressive, dynamic manner in which he delivered his lectures, but in particular what he had to say about aesthetics, the enlightenment, and above all about the encyclopaedists and the perception of the world and its verifiability, not to forget the Bensean research principle: that all coloured me and my thinking. He introduced me, with my scientific background, to the links between mathematics and physics, on the one hand, and semiotics and most especially aesthetics on the other. This epistemological process concerning the perception of the world and art has continued to this day, and led to my lifelong tendency to spot the connections between the poignant moment, that stem cell of an artwork, and the exactitude of its precise aesthetic information.

Given my interest in art, I have never been able to forget his concept of aesthetic information, and with that the concept of innovation. Aesthetics as programme increasingly determined not only the way I saw and digested art, but also the so-called creative process in the realisation of my texts.

I gained my first concrete, practical impressions of these connections in the modest exhibitions put on in the seminar room, as well as from the cinematic experiments by the Filmarbeitsteam (FAT), which were screened in the general studies course. And also on one occasion during the actual creation of a film. Those

Erste konkrete, praktische Eindrücke konnte ich über diese Zusammenhänge in den überschaubaren Ausstellungen im Seminarraum, aber auch bei den Vorführungen von filmischen Experimenten des Filmarbeitsteam (FAT) des *studium generale* sammeln. Einmal sogar unmittelbar im Entstehungsprozess eines solchen Films. Ich erlebte damals unvergessliche Momente, als ich bei einem Film des Filmarbeitsteams mitwirken konnte. Diese Erfahrung veränderte mein Verständnis von Filmen von Grund auf. Ich erfuhr die Filmkunst von Georg Bense als eine Art filmpoetologische Revolution im Sinne der Loslösung des Bildes vom Ballast anderer Kunstformen, als eine Rückführung des Bildes auf sich selbst, auf das Bild an sich

Hier wurden Filme gemacht, die von allem befreit waren, was das konventionelle Verständnis von Film ausmachte. Selbst vom sogenannten bewegten Bild, als wollte Georg Bense ausdrücken, er würde am liebsten Filme machen, die vom Bild ganz unabhängig sind. Filme als Entsprechung zur Konkreten Poesie, zu Texten beinahe *ohne* Worte.

Erst Jahrzehnte später, als die sogenannten Videoinstallationen als Innovation in die Kunstszene traten, wurde mir auf einmal klar, dass Georg Benses Filme in Zusammenarbeit mit Hansjörg Mayer und Rainer Wössner (FAT) in den Sechziger Jahren diese Kunstform vorwegnahmen. Die Filme waren innovativ; die Videoinstallationen allenfalls eine Anwendung dieser Innovation im neuen Medium.

Ich erinnere mich lebhaft an die Vorführung von manch einem der FAT Filme in den Räumen des *studium generale*. Gut eine halbe Stunde saßen wir vor einer konkreten filmischen Installation.

Als Bild eingeprägt in mein Gedächtnis der Platz in Stuttgart-Hedelfingen, ein reales, authentisches Filmset, auf dem ich bei den Dreharbeiten stand und mich beinahe zeitlupenartig zu bewegen hatte. Der ganze Platz war als solcher und in filmischer Prägung zu einem Kunstobjekt verwandelt, spontan ästhetisiert, indem dieser Platz und ich als Figur darauf zur Installation wurden.

Ich erfuhr in jungen Jahren durch diese Filme, dass die Wirklichkeit der Welt mit der filmischen Wirklichkeit nicht gleichzusetzen ist. Die Wirklichkeit des Films hatte zu dem ursprünglichen Gegenstand, von dem er ausging, zwar in der *üblichen Bedeutungssphäre* einen Bezug, doch der Film ging mit dem ersten Initial des filmischen Prozesses in einen ästhetischen Zustand über, der über die übliche Bedeutungsebene des ursprünglichen Gegenstands in eine nicht übliche und *weniger wahrscheinliche* ästhetische Sphäre transzendierte.

were unforgettable moments for me back then, working on a film being shot by the Filmarbeitsteam. The experience altered my understanding of film from top to bottom. I saw Georg Bense's filmic art as a kind of cinepoetological revolution in the sense that the image was relieved of all its dead weight from other art forms and brought back to its own self, to the image per se.

Films were being made here that were freed of all that defined the conventional understanding of film. Even the so-called *moving* image – as if Georg Bense was trying to convey that what he most wanted to do was make films quite free of visual imagery. Films that correspond to concrete poetry, to texts almost *without* words.

Several decades were to pass before what were called video installations made their appearance as an innovation on the art scene – and I suddenly realised that Georg Bense's films made in collaboration with Hansjörg Mayer and Rainer Wössner (FAT) had already anticipated this art form back in the sixties. The films were innovatory, while the video installations were at most a way of exploiting this innovation in a new medium.

I vividly recall the screenings of some of the FAT films in the rooms of the general studies course, when we sat for all of half an hour in front of a concrete film installation.

The image of the square in Stuttgart-Hedelfingen has remained etched in my memory – as a real, authentic film set, on which I stood during shooting and was required to move in almost slow motion. In this way the entire square was transformed cinematically into an art object, spontaneously aestheticised by the way that the square and I, as a figure on it, were transformed into an installation.

Through these films I discovered early on that the reality of the world cannot be equated with cinematic reality. Although there is a relationship – in the customary sphere of meaning – between the reality of a film and the original subject from which it emerged, in the first instant of the cinematic process the film switched to an aesthetic state that transcended the normal level of meaning connected with the original subject, bringing it to an uncustomary and less likely aesthetic sphere.

The impact that innovations have on the norm and the changes this produces are but gradual. The norm in the film sector is commercial films. When a director in Hollywood, say, at some time or other absorbs consciously or unconsciously something of the experimental works of Georg Bense, for instance, he is lauded by the popular film critics.

Innovationen wirken erst allmählich auf das Übliche ein
und verändern es. Das Übliche im Filmsektor ist das
Kommerzielle. Wenn ein Regisseur, sagen wir in
Hollywood, irgendwann von experimentellen Arbeiten
beispielsweise eines Georg Bense bewusst oder
unbewusst Impulse aufnimmt, wird er von der populären
Filmkritik bejubelt.

Der eigentlich innovative Filmemacher übt sich in
würdiger Zurückhaltung.

Yüksel Pazarkaya, Mai 2014

The real innovative filmmaker works with a dignified
restraint.

Yüksel Pazarkaya, May 2014

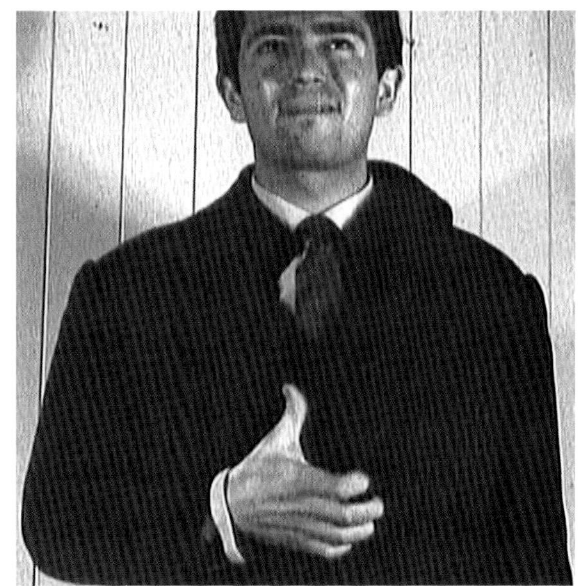

Yüksel Pazarkaya as Harold Arnett in „Der Schritt nach Vorne".

Die Urzelle eines Films ist immer ein Text, mag es sich dabei um
einen in zehn Zeilen konzipierten Einfall eines Regisseurs oder
um einen Roman von Tolstoi handeln.
Alfred Andersch, 1961

The primal core of a film is always a text, regardless of
whether it is an idea captured in ten lines by a director,
or a novel by Tolstoy.
Alfred Andersch, 1961